Les femmes d'Onassis

Kiki Feroudi Moutsatsos
avec la collaboration de Phyllis Karas

Les femmes d'Onassis

Traduit de l'anglais (États-Unis)
par
Claude Nesle

Plon

Titre original

The Onassis Women

ISBN original : G.P. Putnam's Sons, New York, 0-399-14443-9.
ISBN Plon : 2-259-18971-7.

À la mémoire de mon cher ami et patron, Alexandre S. Onassis.

KIKI

Pour mon mari, Jack.

Phyllis KARAS

Prologue

Par une de ces éclatantes journées de juin, les rires montaient de l'île vers les cieux, les dieux se réjouissaient, impatients de se joindre aux mortels. L'île était tout entière une aire de jeux que se partageaient les hommes et les divinités. Lorsque les mortels dormaient d'un sommeil bienheureux, les dieux se délectaient à leur tour de ses trésors. Ils chérissaient ce joyau partagé avec des mortels sans méfiance. Nulle mer n'enserrait île plus divine. A l'extrémité montagneuse d'Ithaque, Skorpios, en forme de scorpion, étincelait comme un bijou parfait dans la mer Ionienne.

En cette journée de juin, les dieux donc regardaient les mortels festoyer de moussaka, *soupa avgolemono*, ouzo, *dolmades* (feuilles de vigne farcies), *souvlakia* (brochettes de mouton ou de porc) et *octapi* (poulpe), accompagnés d'œufs d'oursins. Les hommes chevauchaient des étalons et chantaient des chansons d'amour. Lorsque la femme aux cheveux de jais ouvrait la bouche et que les notes fusaient vers l'azur, tout l'Olympe se taisait.

Les dieux enviaient les mortels de jouir d'une pareille nature : de gracieux chevaux blancs, un gazon qui ressemblait à un tapis de velours, des bougainvillées aux couleurs flamboyantes. Oliviers et amandiers parsemaient le paysage, ceints de bosquets de hauts cyprès. L'arôme du jasmin imprégnait l'île. Nul à Skorpios n'imaginait la vie plus belle ailleurs.

Un jour, les dieux, ivres de jalousie, décidèrent que ces mortels éprouvaient trop de volupté. Skorpios était trop précieuse pour n'appartenir qu'à eux. Ils déclenchèrent leurs foudres et leurs flèches atteignirent leur but. Lorsque les dieux eurent lancé la dernière contre les infortunés mortels de Skorpios, l'île avait irrémédiablement changé. Là où s'élevaient demeures pleines de meubles et d'œuvres d'art, ne restait plus qu'une seule maison. Les murs de chaux de la minuscule chapelle où Jackie et Ari avaient échangé leurs vœux n'étaient plus que ruines. Les zèbres et les oiseaux rares avaient disparu, et le gazon vert était desséché. Quant au bateau luxueux, dont les lumières scintillantes avaient baigné l'île, il avait levé l'ancre à jamais. Mais la plus grande tristesse venait de ces pierres tombales sortant de terre, dont chacune portait un nom unique gravé dans le granite gris : ONASSIS.

Aujourd'hui, les dieux ne regardent plus Skorpios d'un œil jaloux. L'île devenue leur, ils ont compris leur fatale erreur. Sans ces mortels et leur demi-dieu, l'île n'était plus qu'un morceau de terre cerné par la mer, peuplé des fantômes qui y régnaient jadis.

Une fois l'an, un hélicoptère dépose une adolescente aux yeux et aux longs cheveux noirs, mince, gracieuse. Athina ne vient jamais seule. Parfois, elle est accompagnée de son père, un Français, Thierry, ou de ses trois frères et sœur. Elle se rend sur les tombes qui jonchent l'île et dépose des fleurs sur chacune. D'abord, elle se penche sur celle de sa mère, Christina Onassis, qui la chérit pendant près de quatre ans. Puis elle s'agenouille devant celle de son oncle, Alexandre Onassis. Ensuite, elle s'incline sur celle de sa grand-tante, Artémis, qui mourut alors qu'elle était bébé. Enfin, elle s'assoit près de la tombe de son grand-père, Aristote Onassis, mi-dieu, mi-mortel, qu'elle n'a jamais connu.

Elle reste silencieuse un moment, adolescente plus âgée que son âge, émue par le paysage déchu alentour. Puis elle redevient enfant, et son rire tinte lorsqu'elle pénètre avec ses amis dans l'ancienne maison rose délavé où les accueille Olga, la vieille gouvernante, qui attend toute une année ce jour où revient le dernier membre de l'infortunée famille. Quelques trésors demeurent pour Athina, mais elle n'est escortée que par les souvenirs d'une dynastie éphémère que les dieux ne lui ont pas donné la chance de connaître.

S'ils observent cette scène d'en haut, qu'ils détournent le regard, navrés de ce qu'ils ont commis pour ne plus jalouser Skorpios

1

Rencontre avec Jackie à Glyfada

J'ai rencontré Jackie lors d'une chaude soirée, début août 1968. J'étais depuis peu la secrétaire personnelle d'Aristote Onassis. M. Onassis possédait une maison voisine de la villa de sa sœur, presque identique.

A Athènes, les activités de la famille se concentraient chez Artémis Garofalidis. M. Onassis et ses deux enfants, Christina et Alexandre, ne se contentaient pas de prendre leurs repas chez Artémis, ils y passaient la plus grande partie de leur temps. Cette maison d'Athènes était leur foyer. Vaste demeure de deux étages, vieille de plus d'un siècle, il y flottait un parfum de l'ancien monde. Le 35 Vassileos Georgiu à Glyfada reflétait la grâce et la séduction de sa propriétaire.

En ce soir d'août, une atmosphère inhabituelle régnait. Le chauffeur d'Artémis, George Margaritis, me déposa devant la villa vers 19 heures. Je sentis que la soirée allait me réserver une surprise. La domestique, après m'avoir ouvert la grande porte de bois, me fit entrer au salon. Elle paraissait fébrile et pleine d'enthousiasme. Artémis, vêtue d'une robe longue rehaussée de bijoux, une grande écharpe de dentelle enroulée de manière fantasque autour de son cou et drapée sur ses épaules, m'accueillit comme à l'ordinaire d'un baiser sur chaque joue. Menue, Artémis ne pesait pas plus de quarante kilos. Elle avait de grands yeux noirs, soulignés par une couche épaisse de rimmel et de mascara. Sur ses lèvres minces, elle avait appliqué un rouge brillant. De nature romantique, Artémis prenait plaisir à organiser des soirées exceptionnelles chez elle. Elle passait la journée entière à mettre au point le menu et à préparer sa parure et sa maison. Ce soir-là, l'animation empourprait son visage étroit et basané, et ses mains, longues et fines, voletaient nerveusement devant sa poitrine. Je la savais énergique et facilement survoltée, mais c'était la première fois qu'elle manifestait une telle euphorie.

« Tu vas faire la connaissance d'une femme très intéressante ce soir, Kiki, m'apprit-elle, tandis que le majordome, Panagiotis, me tendait un verre de vin. Tu seras la seule à la rencontrer. Ne me pose pas de questions. Contente-toi de savourer ton vin et laisse-moi te regarder. »

Comme à l'ordinaire, je lui obéis. Je n'avais que dix-neuf ans et j'avais l'habitude qu'Artémis me traite comme si elle était ma mère. Qui était cette mystérieuse invitée ?

Au même moment, un avion survola la maison. Comme le 35 Vassileos Georgiu se situait à deux pas de l'aéroport, il fit vibrer tous les murs de la belle demeure. Comment des gens aussi fortunés pouvaient-ils tolérer d'être dérangés si souvent ? Après minuit, les avions étaient plus rares, mais il ne se passait toutefois pas de demi-heure sans qu'un appareil ne survole la maison. Aucun membre de la famille Onassis n'avait le sommeil perturbé par le vrombissement des moteurs. Tous, y compris Artémis, une femme relativement fragile, s'endormaient bercés par ce vacarme, sans souffrir d'insomnies. Les avions faisaient partie de leur vie. Non seulement parce que M. Onassis était le propriétaire d'Olympic Airways, mais parce qu'ils avaient dans le sang l'excitation de se déplacer plus vite que le commun des mortels, que ce fût à bord d'un yacht, d'un pétrolier géant, d'une voiture ou d'un avion. M. Onassis avait pour héros Ulysse, dont le voyage légendaire inspirait son existence. L'ironie du sort, la tragédie, voulut que ce fût ce penchant à aller plus vite que le temps qui détruisit cette famille. Mais je raconterai plus tard cette histoire. Cette soirée d'août 1968 débordait de promesses et de vie, et le vacarme incessant des avions ne faisait qu'accroître cette effervescence.

Une atmosphère électrique régnait dans la villa, qui ressemblait à un château chimérique. Il était cependant bizarre que je sois seule conviée ce soir-là à rencontrer la visiteuse exceptionnelle d'Artémis. M. Onassis était en voyage d'affaires à Londres et ses enfants, Christina et Alexandre, en vacances en Suisse auprès de leur mère. Artémis ne manquait jamais d'invités pour le dîner. La plupart du temps, elle conviait les associés et amis proches de son frère, Costas Gratsos et le professeur Georgakis, ou son cousin et associé, Costas Konialidis, et sa femme, Ritsa. Ses autres invités comprenaient aussi bien des amis comme le prince Stanislas et Lee Radziwill, que Greta Garbo, Elizabeth Taylor et Richard Burton.

J'étais arrivée depuis presque une heure et je papotais avec mon hôtesse lorsque son invitée mystérieuse apparut enfin sur l'escalier tournant du salon dans lequel nous étions assises. Il y avait quatre chambres à l'étage, et le mari d'Artémis, le professeur Théodore Garofalidis, était à la chasse. La présence de quelqu'un en haut me surprit. Mon étonnement se mua en choc lorsque je reconnus la femme mince, grande et brune. C'était Jacqueline Kennedy, la veuve du président assassiné.

Je me repris vite. Le nom de Mme Kennedy circulait souvent dans les bureaux d'Olympic Airways depuis quelques mois. J'avais organisé sa visite à Skorpios plusieurs mois auparavant, alors qu'elle venait d'effectuer une brève croisière dans les Caraïbes à bord du yacht de M. Onassis. J'avais également mis au point celle que son beau-frère, Edward Kennedy, avait rendue à M. Onassis à Skorpios au début du mois d'août. Au cours de l'été, M. Onassis avait effectué deux voyages aux États-Unis liés à Jacqueline Kennedy. La première fois, il était allé rendre visite à Hyannis Port à certains des Kennedy, dont Rose Kennedy ; la seconde, il avait séjourné en compagnie de sa fille, Christina, dans la famille de Jacqueline Kennedy, à Newport dans le Rhode Island. Quelques mois auparavant, juste avant l'atroce assassinat de Robert Kennedy, de nombreuses discussions avaient tourné au bureau autour de la généreuse contribution d'Onassis à la campagne de John Kennedy pour la présidence des États-Unis. Depuis deux mois, pas un jour ne passait sans que le nom de Jacqueline Kennedy ne soit mentionné au bureau. Mais ce genre de bavardage n'avait rien d'inhabituel chez nous. Rares étaient les femmes belles et célèbres dont le nom n'avait pas été accolé à celui d'Onassis, ne serait-ce que pour un bref moment. Pourtant... Jackie Kennedy en personne... A Glyfada... Vêtue d'un simple fourreau vert orné d'un unique rang de perles, ses cheveux épais légèrement ondulés révélant de ravissantes boucles d'oreilles d'or, l'ancienne première dame pénétra dans la pièce d'un pas hésitant.

La voir approcher me fit perdre la voix. A dix-neuf ans, j'étais facilement impressionnable, et en cette circonstance extraordinaire, je piquai carrément un fard. Se trouver dans la même pièce que cette femme célèbre ! Qu'allais-je pouvoir lui dire ? Le respect que m'inspirait Jacqueline Kennedy m'incita à détourner le regard, mais elle plongea les yeux dans les miens. Ravalant mon malaise, je lui rendis son regard.

Je la trouvai tout d'abord enfantine, innocente et douce, puis, derrière cette simplicité apparente, j'entrevis immédiatement une forme de sagesse et d'intelligence.

Artémis tendit la main pour accueillir son invitée. En dépit de sa longue robe fluide, elle paraissait minuscule à côté de la grande et chic Mme Kennedy. L'hôtesse avait vingt ans de plus que son invitée, mais, malgré leur différence d'âge, ces deux femmes avaient noué des liens d'amitié. Le sourire qu'elles échangèrent, la poignée de main traduisaient leur joie de se retrouver. Elles s'étaient déjà rencontrées deux fois lors d'une croisière de Mme Kennedy sur le *Christina*, mais Artémis ne m'avait jamais laissé entendre que Jackie Kennedy lui rendrait visite à Glyfada.

« Jackie, je vous présente Kiki », annonça-t-elle en français à son invitée, tandis que j'essayais de me remettre de ma surprise.

Artémis ne parlait pas anglais et ne s'exprimait qu'en grec ou en français. « Je la considère comme ma nièce, poursuivit-elle. Mais vous découvrirez vite qu'elle est notre fille. A Olympic Airways, elle fait tout pour tout le monde. Surtout pour Aristote. Vous allez l'aimer comme nous tous.

— Je suis ravie de vous rencontrer, Kiki, répondit Jackie dans un français parfait, ses grands yeux marron plongés dans les miens. On m'a déjà dit beaucoup de bien de vous. »

Son naturel me stupéfia. Elle ne ressemblait pas du tout à l'idée que je me faisais d'une ancienne première dame des Etats-Unis. Mon embarras se prolongeait, mais peu à peu son sourire et ses paroles de gentillesse m'aidèrent à me détendre. Je trouvai ce sourire honnête et sincère ; j'appris plus tard que tout le monde ne partageait pas mon impression. Beaucoup le trouvaient faux et hypocrite. Peut-être étais-je naïve. Ou alors, je voyais un autre sourire que ces gens-là.

« Racontez-moi, Kiki, poursuivit Jacqueline Kennedy, tandis que j'essayais de trouver une réponse adaptée à sa gentillesse, êtes-vous mariée ? »

Cette question directe me déconcerta.

« Oh non ! répondis-je, en français bien entendu, même si je parlais anglais. Pas encore.

— Mais cela ne saurait tarder, observa-t-elle de sa petite voix essoufflée.

— Bien sûr, acquiesça Artémis, dès que nous lui aurons trouvé chaussure à son pied. »

Elle et Jackie échangèrent un regard entendu, comme si elles visualisaient déjà mon futur époux.

Nous passâmes toutes les trois l'heure suivante dans le salon d'Artémis à boire du vin et à savourer les hors-d'œuvre que nous servait Panagiotis. Jackie ne fit pas la fine bouche. Pour une femme mince, elle avait un solide appétit et goûta avec plaisir aux carottes préparées selon la sauce spéciale d'Artémis, à la salade d'aubergines, aux petits friands au four et à la mozzarella. Elle sembla particulièrement apprécier les petits rouleaux d'aubergines de Panagiotis. Ce dernier, d'ordinaire imperturbable, rougit de plaisir quand elle le félicita. Bien qu'habitué à servir toutes sortes de gens célèbres dans ce salon, lui aussi était troublé par la présence de Jacqueline Kennedy.

Trop fascinée pour avaler autre chose qu'un petit morceau de fromage, je découvris l'amour que Jackie portait à la littérature, l'art, la cuisine, l'histoire, la philosophie grecs. Elle nous raconta que lors de sa visite à M. Onassis sur le *Christina* en août 1963, ils avaient assisté à une représentation dans le célèbre théâtre antique d'Epidaure. « J'ai vu *Electre* dans ce théâtre, nous apprit-elle, les yeux brillants à l'évocation de ce souvenir. Anna Synodinou, interprétait le rôle titre. Elle m'a impressionnée. Après la représentation, j'ai tenu à aller lui dire ma stupéfaction de voir une actrice si jeune capable de jouer un tel rôle. Elle m'a répondu qu'elle n'était pas si jeune que cela, qu'elle avait en fait l'âge d'Electre. J'étais sidérée. »

Jackie nous raconta que des employés du théâtre d'Epidaure lui avaient offert une broderie confectionnée par des jeunes filles du village voisin. Je lui dis que je demanderais au professeur Georgakis de la présenter à Niki Goulandris, vice-président du plus célèbre musée d'Athènes, afin qu'elle puisse se documenter sur les arts et l'histoire grecs : elle me serra la main de plaisir.

Nous abordâmes de nombreux sujets ce soir-là sans évoquer une seule fois l'éventualité d'un mariage avec M. Onassis. Mme Kennedy portait une très belle bague, mais je n'osai lui en parler. Je savais qu'il avait acheté une bague de grande valeur en Espagne, ressemblant, d'après les descriptions, à celle qu'elle avait au doigt. Je savais également que M. Onassis et Mme Kennedy restaient en contact téléphonique depuis sa première croisière sur le *Christina* en août 1963, trois mois avant l'assassinat de son mari. J'avais eu de nombreux échos de cette croisière : la sœur de Mme Kennedy, la princesse Lee Radziwill, avait suggéré que Jackie la rejoigne sur le *Christina* pour se remettre de la mort de son bébé, qui n'avait vécu que quelques jours. Elle tenait absolument à voir Jackie guérir physiquement et reprendre goût à la vie. Lee, racontait-on, dansait souvent pieds nus à bord du bateau le soir et nageait en tenue d'Eve dans l'océan. Des rumeurs circulaient sur une aventure entre Lee Radziwill et M. Onassis. Des années plus tard, entendant dire que Mme Kennedy avait été la maîtresse d'Onassis durant cette croisière, je souris devant une assertion aussi absurde. Les graines d'une future aventure amoureuse avaient peut-être été semées, mais Artémis m'avait catégoriquement affirmé que leur relation ne fut pas consommée durant ce voyage : son frère n'aurait jamais eu l'outrecuidance de prendre deux sœurs pour maîtresses au cours d'une même croisière.

On était près de cinq ans après cette croisière mémorable. M. Onassis était divorcé depuis neuf ans de Tina Onassis, et en dépit de l'adoration qu'il semblait vouer à Maria Callas, les ragots au sujet d'autres maîtresses ne tarissaient pas. Jackie m'apprit qu'elle ne passait que quatre ou cinq jours en Grèce. Ses deux enfants lui manquaient et elle avait hâte de les rejoindre à New York. Lors d'un autre voyage, assura-t-elle à Artémis, elle les amènerait en Grèce pour qu'ils puissent faire notre connaissance. « Caroline et John seront enthousiasmés de venir ici. Je suis persuadée qu'ils seront ravis de vous rencontrer toutes les deux. »

Quelques minutes avant vingt et une heures, Jackie nous pria de l'excuser et se retira dans sa chambre pour la nuit. Son long voyage l'avait épuisée. En nous quittant, elle nous embrassa, Artémis et moi, à la grecque. Sa présence m'inhibait toujours un peu, mais beaucoup moins qu'au début de la soirée. De plus, j'avais appris pas mal de choses. La sympathie mutuelle entre Jackie et Artémis promettait de se transformer en amitié solide et durable. Au cours des deux années précédentes, j'avais pu constater qu'Artémis avait une âme de professeur. C'était une femme qui aimait prendre les choses en main, qui voulait être écoutée et respectée. Elle entretenait avec son unique frère une relation très profonde.

Mon employeur allait-il épouser Jacqueline Kennedy, cette femme charmante et célèbre, la femme la plus désirée du monde ? Depuis deux ans que je travaillais pour lui, Aristote Onassis me sidérait et me fascinait. Assise sur le sofa rose d'Artémis, j'essayais de me concentrer sur ses paroles, tout en me disant que Jacqueline Kennedy aurait bien de la chance d'épouser cet homme remarquable. Ils formeraient un couple pour qui rien ne serait impossible. Un couple qui choquerait et fascinerait le monde. Un couple extraordinaire, en effet.

2

Entrée dans un monde nouveau

Deux ans avant cette soirée d'août 1968 où je fus présentée à Jacqueline Kennedy chez sa future belle-sœur, j'avais rencontré l'homme qui allait devenir son second mari. En ce jour d'automne 1966 où j'ai commencé à travailler pour Olympic Airways, j'avais dix-sept ans. Cet emploi allait changer ma vie, me faire pénétrer dans un monde éblouissant, foisonnant de richesses, d'effervescence et d'inconcevables tragédies.

Mon père, George Feroudi, m'avait bien prévenue, alors que je quittais notre maison d'Athènes pour me rendre à mon entretien d'embauche : il ne s'agissait que d'un travail de secrétariat. Collaborateur de deux journaux athéniens, le *News* et l'*Acropolis*, il entretenait des relations professionnelles étroites avec un parent d'Amalia Hadjiargyris, la secrétaire personnelle d'Aristote Onassis. Journaliste connu et respecté, il fréquentait de nombreux Grecs et familles grecques influents. Il avait appris qu'Amalia cherchait une assistante. Le poste n'était pas important. Le travail en soi risquait d'être inintéressant, voire même ennuyeux. Mais il s'agissait d'entrer à Olympic Airways, dans le bureau même de M. Onassis.

Le simple fait de penser à M. Onassis me rendait si fébrile que la nuit précédant mon entretien, je fermai à peine l'œil. Il n'était pas possible en Grèce d'ignorer qui était M. Onassis. Chaque jour, des articles paraissaient sur lui et sur sa famille : ses deux enfants, Christina et Alexandre, son ex-épouse, Tina Livanos-Onassis, ses trois sœurs, Artémis, Mérope et Kalliroi — sans oublier, bien entendu, sa maîtresse, la cantatrice Maria Callas, célèbre dans le monde entier.

Je les avais tous lus. J'étais au courant de tout : sa liaison avec Callas avait débuté en 1959, lors d'une croisière de trois semaines sur le *Christina*, à laquelle participait aussi Winston Churchill.

Après la croisière, Tina Onassis avait demandé le divorce, tout comme le mari de Maria, Giovanni Meneghini. Depuis huit ans, je voyais des photos des célèbres amants, et comme tous ceux fascinés par eux je me demandais si leur aventure se conclurait un jour par un mariage. Tina avait épousé Sonny Blandford cinq ans plus tôt. Aucune raison apparente n'empêchait plus l'homme le plus riche de Grèce et la plus grande diva de convoler. Leurs querelles défrayaient néanmoins la chronique, et la carrière de Maria semblait décliner au fur et mesure que grandissait son amour pour lui. Selon la presse, elle avait des principes et ne voulait pas être tenue pour responsable de l'effondrement du mariage d'une autre femme. Pourtant, avant de s'éprendre du mari de Tina Onassis, elle savait comme nous tous que celle-ci avait des problèmes conjugaux.

Maria Callas et Aristote Onassis étaient faits l'un pour l'autre. La plupart des Grecs voyaient en eux les deux parties d'une même personne, un couple inséparable. C'était une femme volcanique, grande et belle. Elle s'était magiquement approprié le rôle de Tosca, rôle qu'elle avait appris en vingt-quatre heures, exploit sans précédent, et elle était devenue, à dix-sept ans, la plus ravageuse des Tosca, cette femme détruite par la haine, la jalousie et le chagrin. Il était riche, fascinant et n'avait peur de rien ni de personne. Si elle était Tosca, il était Zeus, contrôlant le monde à ses pieds par son argent, son audace et son intelligence foudroyante. La voix de Maria faisait lever le public, et son talent divin lui arrachait des larmes. Avec ses quatre-vingt-quinze mètres de long, le yacht d'Aristote, le *Christina*, tout comme son île privée de Skorpios étaient prisés des plus hautes personnalités ; son sens des affaires lui valait le respect et la crainte des hommes d'affaires du monde entier.

En 1956, mes parents m'avaient emmenée écouter Maria Callas chanter *Norma* à Epidaure. Je n'avais que onze ans à l'époque. Il s'agissait de la répétition générale et la nervosité de Maria était visible. Pendant toute la représentation, elle n'avait cessé de tirer avec impatience sur son costume trop serré. Son perfectionnisme crevait les yeux. Le moindre petit détail incorrect la contrariait.

A la seconde où elle avait ouvert la bouche, j'avais été ensorcelée. Elle ressemblait à une déesse. Sa personnalité passionnée était en parfaite harmonie avec sa voix magnifique. Son talent atteignait des cimes, comme la fortune et la réussite professionnelle de M. Onassis. Ces deux individus n'appartenaient pas au commun des mortels.

Et j'allais avoir un entretien pour travailler dans une société appartenant à un être exceptionnel !

La veille de mon rendez-vous à Olympic Airways, allongée dans mon lit, les yeux ouverts, je repensais à une photo de Tina Onassis. Elle portait une longue robe du soir chatoyante et une étole de fourrure blanche drapée sur ses épaules. Ses cheveux étaient d'un blond miel chaud, mais ses yeux sombres paraissaient tristes et fatigués. Peut-être n'était-ce dû qu'à la prise de vue. Peut-être était-elle une femme triste et fatiguée depuis son divorce avec Aristote. Elle était beaucoup plus petite et frêle que Maria Callas. Quelle vie menait-elle depuis qu'elle avait cessé d'être Mme Onassis ? Dans une interview, M. Onassis confiait qu'il avait toujours été attiré par les femmes grandes et sculpturales. « En fait, j'aurais dû être sculpteur », avait-il conclu. La délicate Tina Livanos-Onassis n'avait absolument rien de grand ni de sculptural. Comment avait-elle réagi — si elle l'avait lu — à la lecture de cet article ?

Fille d'un riche armateur, Stavros Livanos, Tina avait dix-sept ans lorsqu'elle avait épousé Aristote, alors âgé de quarante ans, le 29 décembre 1946, dans la cathédrale orthodoxe grecque Saint-Trias de New York. Mariage suivi d'une somptueuse réception dans la grande salle de bal de l'hôtel Plaza et d'une lune de miel d'un mois et demi en Floride. Née en 1929 en Angleterre, Tina s'était installée avec sa famille à Montréal en 1940, puis à New York en 1942. Elle avait été pensionnaire dans le Connecticut. Elle parlait le français et l'anglais, et très peu le grec. Un grand nombre de magazines et de journaux avaient colporté des rumeurs d'infidélité et de problèmes conjugaux, tout en publiant des photos idylliques d'Aristote et elle en compagnie de leurs deux enfants, baptisant des navires, en croisière sur le *Christina* ou en vacances dans des lieux exotiques.

Comme beaucoup de Grecs, me fascinait l'idée de cette femme blonde, belle, mince comme un mannequin, mariée à l'homme le plus riche du monde, évincée par la diva sculpturale, élégante, à la chevelure de jais, et cherchant désormais l'amour auprès d'hommes plus ordinaires.

L'ex-Tina Onassis n'était pas l'unique femme de la famille Onassis occupant mes pensées cette nuit-là. Des trois sœurs d'Aristote, c'était l'aînée, Artémis Garofalidis, dont la presse parlait le plus souvent. Seule à être née du même lit que lui, elle était censée être la plus proche de lui. On la décrivait souvent comme froide, distante et sombre. Sur les photos, elle paraissait assez jolie, quoique affreusement maigre. Elle portait des bijoux exquis mais présentait un visage solennel et fermé. Des clichés la montraient en compagnie de sa nièce, Christina, avec qui elle était, disait-on, très liée. Christina, ma cadette d'environ un an, ressemblait davantage à sa tante Artémis qu'à sa mère Tina, pâle et délicate, tout en étant beaucoup plus charpentée que sa tante. Elle avait un physique indubitablement grec.

Aristote Onassis possédait une résidence voisine de celle de sa sœur à Glyfada, où ses enfants se sentaient davantage chez eux que dans toutes leurs autres demeures. Je n'avais jamais vu de photo d'Artémis en compagnie de Maria Callas et je les soupçonnais de ne pas s'entendre, alors qu'elles aimaient le même homme. De toute façon, à supposer que j'obtienne un poste à Olympic Airways, je ne rencontrerais sûrement pas la mystérieuse Artémis.

Christina Onassis. Ce simple nom faisait travailler mon imagination. Souvent, je me demandais quelle était sa vraie vie. Qu'éprouvait-on quand on roulait sur l'or ? Quand on vivait sur un grand yacht dont le nom de baptême était le sien ? Quand on était libre d'aller partout où on voulait, quand bon vous semblait ? Sur les photos, Christina n'était pas très séduisante, avec ses grands cernes et son nez grec imposant. Ses cheveux étaient souvent indisciplinés et sa coiffure peu flatteuse. On racontait qu'elle envisageait d'avoir recours à la chirurgie esthétique. Des clichés la montraient dans des tavernes, dansant dans les bras de beaux jeunes gens, ou exécutant des danses grecques frénétiques sur les tables. Son corps semblait un accordéon : fort, souvent ; plus mince, à l'occasion. Selon la presse, elle avait un problème de poids et les photos sur lesquelles on la voyait en maillot de bain ou robe courte dévoilaient un corps lourd. Sans doute lui était-il difficile de côtoyer sa mère, si menue, et sa tante, si frêle. De mes lectures et des photos j'avais conclu qu'elle était une jeune fille émotive ne paraissant pas mener une vie heureuse en dépit de sa grande fortune. Rares étaient les clichés où elle offrait un visage radieux.

Alexandre Onassis m'inspirait de tout autres réflexions. En dépit de ses lunettes épaisses, c'était un jeune homme d'une grande beauté. Comme son nez sur les photos paraissait plus court qu'un an plus tôt, j'accordais foi aux rumeurs selon lesquelles il l'avait fait opérer. Il n'avait qu'un an de plus que moi, mais les journaux avaient publié une multitude de clichés de lui en compagnie de femmes belles, beaucoup plus âgées que lui. Les potins le dépeignaient, en dépit de son jeune âge, comme un amant très doué. Il travaillait à Olympic Airways. A la simple idée de le rencontrer peut-être le lendemain, la tête me tournait.

Comment franchir la porte d'Olympic Airways ? Tout au long de cette nuit sans sommeil, je me posai la question. Aristote Onassis, sa maîtresse et sa famille étaient plus grands que nature. Ne t'inquiète pas, Kiki, me dis-je alors que l'aube commençait à pointer, de toute façon, tu ne croiseras même pas cet homme. Serais-tu engagée à Olympic Airways, il est peu probable que tu rencontres un jour Aristote Onassis ou son ex-épouse, sa fille, son fils, ses sœurs ou sa maîtresse. Cela n'arrivera pas, tout simplement.

Je me trompais. Le lendemain, non seulement je rencontrai Aristote Onassis, mais je commençai à travailler pour lui. Et dès le premier jour, mon emploi n'eut rien d'un pensum. Les bureaux d'Olympic Airways à Athènes, au quatrième étage du 8 rue Othonos sur la place Syntagma, étaient impressionnants. Au rez-de-chaussée, un portier faisait entrer les visiteurs dans l'ascenseur, et au quatrième, un autre portier les en faisait sortir. La présence de plusieurs policiers dans le bâtiment, pour protéger les employés, m'inspira une espèce d'inquiétude. Tout l'immeuble appartenait à Olympic. Le bureau de M. Onassis était situé au dernier étage, le sol était revêtu d'une épaisse moquette bleu et gris. Les grandes baies vitrées étaient recouvertes d'un matériau permettant à ceux qui se trouvaient à l'intérieur de voir dehors, tout en interdisant à quiconque de voir de l'extérieur.

J'étais installée derrière un bureau, en train d'attendre la personne qui me ferait passer mon entretien d'embauche, lorsque M. Onassis pénétra dans la pièce. Je le reconnus sur-le-champ. Il avait des yeux noirs et sérieux et des cheveux épais qui commençaient à grisonner. Si on détaillait ses traits, il était évidemment tout sauf beau au sens classique du terme, mais son visage et sa manière de se déplacer dégageaient quelque chose d'unique qui me fascina immédiatement. Ayant remarqué que j'étais assise à un bureau qui n'était pas le mien, il me fixa, m'adressa un bref signe de tête et entra dans une autre pièce. Il ne m'adressa pas la parole, mais ces quelques secondes suffirent pour me faire percevoir sa force, son intelligence et son charme. Plus tard dans la soirée, j'essayai d'expliquer à mon père ce que j'avais ressenti, mais les mots me manquèrent. J'avais conscience d'avoir rencontré un homme exceptionnel, et qu'un jour il jouerait un rôle capital dans ma vie.

Amalia Hadjiargyris était sa secrétaire particulière depuis 1956, époque à laquelle Aristote Onassis avait fondé Olympic Airways. Elle prit tout de suite la décision de m'engager comme assistante.

Mon travail me plaisait énormément, j'étais jeune, enthousiaste et avide d'apprendre. Quand Amalia partit en vacances, un an après mon entrée à Olympic Airways, j'étais capable d'effectuer toutes ses tâches. Grâce à ses instructions patientes et aux longues heures que je passais au bureau, j'assumai des responsabilités supplémentaires et devins ainsi d'autant plus précieuse pour Megalos, ou Big Boss, comme la plupart des employés appelaient Onassis, mais jamais devant lui.

Plusieurs fois au cours de cette première année, on me chargea de porter des billets d'avion ou des papiers importants à Artémis à Glyfada. Amalia avait le plus grand mal à trouver des personnes de confiance pour effectuer ce genre de courses. Les chauffeurs ou les messagers finissaient souvent par utiliser la famille Onassis en racontant leurs visites à des reporters, parfois même en prenant des photos de la maison de Glyfada en catimini. Quand je me proposai de me rendre chez Artémis, Amalia fut enchantée. En vérité, j'appréciais ces occasions de sortir du bureau et je trouvais naturel de faire preuve de gentillesse à l'égard de la famille de mon employeur.

« Tu es un ange, me disait Artémis lorsque j'arrivais avec les papiers ou les billets. Comment vais-je pouvoir te remercier ?

— Vous n'avez aucune raison de me remercier », insistais-je. Artémis Garofalidis portait toujours des robes longues et fluides, y compris au plus torride de l'été. Jamais, au cours de toutes les années où je l'ai connue, je ne l'ai vue en pantalon. Même lorsqu'elle effectuait une longue promenade sur la plage devant sa maison de l'autre côté de la route, elle portait une robe. Courte au lieu de longue, mais une robe. Lors de mes visites, elle était toujours maquillée et coiffée, le plus souvent d'un joli chignon sur le sommet du crâne. Elle avait une préférence pour les pendants d'oreilles sophistiqués, visibles, quelle que soit sa coiffure. Pour une femme si petite et si légère, elle semblait avoir de grands pieds. En fait, elle préférait se chausser trop large, car elle détestait ne pas avoir ses aises. Près de la porte du fond de la maison, Artémis laissait toujours plusieurs paires de bonnes chaussures de marche pour ses promenades quotidiennes le long de la plage.

Dès ma première visite, je fus séduite par cette élégante villa de deux étages, très entretenue et emplie d'œuvres d'art et de meubles inestimables. Les tapis venaient de Perse, d'Espagne et de Grèce et, comme le mobilier et les tapisseries, traduisaient le raffinement et la fortune. C'était un honneur d'être invitée dans cette maison, même pour un moment si court.

Après une année de ces coups de téléphone et de ces visites chez elle, Artémis décida de me remercier par une invitation à dîner. Elle me confia plus tard qu'elle avait parlé de moi avec ses deux sœurs cadettes, Mérope et Kalliroi, avant de me rencontrer : « Notre frère nous a parlé de cette jeune femme — une enfant, en vérité — qui travaillait désormais dans ses bureaux. Il nous a raconté que tu étais très intelligente et que tu avais le don de régler rapidement les problèmes. Comme cette petite Kiki excitait ma curiosité, j'avais envie de faire sa connaissance. »

Je n'ai jamais vraiment compris pour quelle raison j'étais la seule employée d'Olympic Airways dont la relation avec M. Onassis ne se terminait pas à la fin de la journée de travail. Parmi les avantages de ma nouvelle position figuraient ma jeunesse — j'étais beaucoup plus jeune qu'Amalia —, mon énergie et mon désir de satisfaire mon nouvel employeur et sa famille. Artémis, comme ses deux sœurs, aimait les jeunes gens. J'étais jolie, ce qui ne jouait pas non plus en ma défaveur. Je m'employais toujours, au téléphone ou en leur présence, à manifester le respect adéquat à tous les membres de la famille. Peut-être était-ce à cause de mon attitude à leur égard qu'au bout de moins d'un an, contrairement à Amalia qui travaillait pour M. Onassis depuis de nombreuses années, je commençai à développer des relations personnelles avec les membres de la famille, dont Christina, âgée de seize ans à l'époque, et Alexandre, qui en avait dix-huit.

Ravie, grâce à mon poste de secrétaire à Olympic Airways, de rencontrer d'autres membres de la famille Onassis, mes parents, eux, commencèrent par ne pas en être enchantés. Ils craignaient que mes contacts directs avec la famille ne nuisent à mon emploi. Ils reconnurent néanmoins que je ne pouvais qu'accepter l'invitation de Mme Garofalidis et me montrer sous mon meilleur jour. L'idée de passer une soirée entière en compagnie de la sœur de M. Onassis m'enchantait. Pas davantage que mes parents, je ne m'attendais à ce qu'elle ne soit que la première d'une série interminable d'invitations à dîner qui me lieraient pour toujours à la famille Onassis.

Pour quelle raison t'inviteraient-ils, *toi*, à leur table ? me demandais-je nerveusement en me préparant pour ma première soirée à Glyfada. Je savais que M. Onassis trouvait que j'étais une excellente secrétaire, mais comment devais-je me conduire dans la demeure de sa sœur ? Dès ce premier dîner, Artémis fit comprendre que dans sa maison, on ne devait pas me traiter comme la secrétaire de son frère. Au 35, Vassileos Georgiu, je n'étais pas seulement une invitée dont elle faisait grand cas ; en dépit des trente-cinq années qui nous séparaient, j'étais en passe de devenir pour elle une amie précieuse.

Le mari d'Artémis s'absentait souvent pour la chasse, son passe-temps favori. Le couple avait perdu leur fille unique, Popi, à l'âge de dix-huit ans, à la suite d'une poliomyélite. Artémis parlait rarement de sa fille, car elle était incapable de l'évoquer sans en avoir les larmes aux yeux. Dès cette première invitation à dîner, elle tint à me faire asseoir à côté d'elle pendant l'apéritif. Chaque fois que je levais les yeux ou presque, elle me fixait. Plus tard, je constatai qu'en dépit de l'adoration qu'elle portait à Christina et à Alexandre, elle m'accordait davantage d'intérêt qu'à eux lorsque nous étions tous réunis.

« Tu me fais penser à ma belle Popi, me disait-elle. Parfois, Kiki, je jette un coup d'œil sur toi et l'espace d'un instant, j'ai l'impression qu'elle est de nouveau près de moi. Excuse-moi, mais je ne peux pas m'empêcher de te fixer ce soir. » Sur les photos en noir et blanc de Popi qui couvraient les murs et les meubles de la maison d'Artémis, à côté d'autres clichés de la famille Onassis, je remarquai effectivement une légère ressemblance entre Popi et moi. Elle paraissait avoir les mêmes mensurations que moi, nos yeux, noirs et grands, se ressemblaient, et nous avions le même visage rond.

Cet intérêt me mettant mal à l'aise, j'appris très tôt à garder une distance entre elle et moi comme je le faisais avec son frère. Je l'appelais, comme j'allais appeler plus tard ses sœurs cadettes et Jackie, madame Artémis, madame Mérope, madame Kalliroi ou madame Jackie. Je gardais les yeux baissés, sans jamais les fixer tant qu'elles ne s'adressaient pas à moi, et sans jamais leur adresser la parole la première. Il était clair que je rappelais à Artémis sa fille bien-aimée et je voyais bien qu'elle s'attachait à moi. Mais je savais où je me situais dans leurs vies à toutes et je faisais attention de ne compromettre en rien cette position.

Au fur et à mesure que mes liens avec la famille Onassis se resserraient, Artémis s'impliquait davantage dans ma vie. La première année, je rentrais toujours directement chez moi après le travail. Etant donné ma grande jeunesse, mon père tint au début à venir me chercher tous les soirs. Quand je travaillais tard, parfois jusqu'à une ou deux heures du matin, il m'attendait toujours devant le bâtiment. « Dites à votre père de monter, me disait M. Onassis. Il n'a aucune raison de vous attendre dehors. » Mais mon père préférait m'attendre en bas, quel que soit le temps.

Au bout d'un an, il consentit à ce que le chauffeur de M. Onassis, George Margaritis, me reconduise du bureau d'Olympic Airways à notre maison d'Athènes. Durant les quelques minutes que je passais à parler à mes parents de ma journée et à me changer pour la soirée, le chauffeur m'attendait devant la porte. Puis il me conduisait à Glyfada dans la Cadillac noire, à environ un quart d'heure de chez moi, où je restais jusqu'à minuit. Une nuit, sachant que j'avais mon permis, George me demanda si j'avais envie de conduire la Cadillac. « Oui, j'aimerais bien essayer », répondis-je. Je pris le volant derrière l'aéroport, mais tout en trouvant excitant de conduire cette voiture de rêve, je préférais de loin en être la passagère.

Presque chaque soir, à la fin du dîner à Glyfada, alors que les invités s'apprêtaient à prendre congé, Artémis me suppliait de passer la nuit chez elle. « J'aimerais tellement que ma Popi retrouve son lit », m'implorait-elle. Pourtant, même lorsque j'étais très lasse, je refusais catégoriquement. J'avais du mal à rentrer chez mes parents après minuit, après un dîner bien arrosé, et à me lever tôt le lendemain matin pour aller travailler. Si j'étais restée à Glyfada, je n'aurais jamais pu dormir assez pour travailler correctement le lendemain. Cependant, Artémis m'interdisait parfois tout simplement de partir, sans que je puisse rien y faire. Ces nuits-là, je dormais dans l'ancienne chambre de Popi, une pièce lumineuse et chaleureuse décorée d'un dessus-de-lit de satin pastel, avec des rideaux assortis. Des lucarnes augmentaient la luminosité et donnaient l'impression qu'elle était plus spacieuse. En dépit de sa beauté, je n'y dormais pas aussi bien que dans ma propre chambre, hantée par des images d'une jeune fille morte trop tôt, sans avoir eu le temps de vivre sa propre vie.

Le fait d'être invitée à dîner à Glyfada m'embrouillait souvent les idées sur ma position exacte. A chaque invitation, j'étais emportée sur un nuage, comme Cendrillon, lorsque la limousine me déposait devant la villa. Chaque fois que je me rendais à Glyfada, je me disais que c'était la dernière, qu'Artémis allait se lasser de moi, me remercier de mes services. Mais le lendemain elle m'appelait au bureau : « J'ai hâte de te voir ce soir, ma chérie, insistait-elle. George t'attendra, quelle que soit l'heure à laquelle tu termineras. »

J'acceptais donc et avant de comprendre ce qui m'arrivait, je me retrouvai traitée, non plus comme une invitée ou une amie, mais comme un membre de la famille. Artémis se montrait aux petits soins pour moi et me faisait des confidences. Tout au long des soirées, elle me cherchait des yeux et me réservait presque tous ses sourires. Elle veillait constamment à faire remplir mon assiette et mon verre, et touchait ma main quand elle entrait ou sortait d'une pièce. Certains soirs, elle me faisait monter dans son boudoir pour épingler une de ses broches sur ma robe ou nouer une écharpe de soie autour de mon cou.

Chaque soir, assise à sa table, je me pinçais pour ne pas oublier qu'en dépit du collier emprunté que j'avais au cou, je n'étais qu'une employée d'Olympic Airways, la secrétaire du frère de mon hôtesse ; chaque soir, j'avais de plus en plus de mal à le croire.

Chaque soirée se révélait plus exceptionnelle que la précédente, chaque dîner plus délicieux, chaque conversation plus stimulante, chaque invité plus fascinant. Et j'étais une invitée aussi chouchoutée qu'une princesse en visite. Ce qui m'arrivait était inimaginable. La porte donnant sur le monde de ces êtres hors du commun s'était ouverte pour moi, rien de ce que je pouvais dire ou faire n'allait les inciter à la refermer.

3

Megalos

Aussi étroitement que m'ait introduit M. Onassis dans sa famille, je n'étais pour lui ni une amie ni une confidente, mais une simple employée. Mon visage, je l'appris vite, devait afficher une distance correspondant à ma position. Il adoptait une attitude familière à l'égard de ses employés et des membres de son conseil d'administration. Mais si cette familiarité lui était retournée, son comportement changeait, allant jusqu'au renvoi des « imprudents ». J'avais un statut impossible à définir, à l'intérieur duquel il m'était difficile de naviguer, mais que je devais absolument préserver si je voulais continuer à travailler pour lui. Mon travail se révéla varié, jamais lassant. Je ne me contentais pas de traiter une myriade d'affaires importantes, j'étais également responsable de nombreux détails se rapportant à la vie privée de mon patron.

En qualité de secrétaire personnelle, je payais toutes les factures de la société et je faisais le tri entre les lettres importantes et celles destinées à la corbeille à papiers. Je répondais à presque toutes ses lettres — j'en ai encore de nombreuses en ma possession — et je fixais l'heure des réunions avec tous les directeurs de la société. Je prenais des notes détaillées de toutes ces réunions, que je tapais ensuite. Je décidais aussi des appels téléphoniques que je devais lui passer : son fils, Alexandre, son collègue et beau-frère, le professeur Garofalidis, son ami et associé, le professeur Georgakis, ou son cousin et associé, Costas Konialidis. Ce dernier était le président du conseil d'administration d'Olympic Airways, poste que le professeur Georgakis assuma par la suite. La mère de M. Onassis et celle de M. Konialidis étant sœurs, les deux hommes étaient donc cousins, amis intimes et associés. M. Konialidis, contrairement à M. Onassis, disposait d'un véritable bureau au dernier étage, avec des meubles de valeur, des objets d'art et des canapés de cuir. Une lampe rouge était installée sur sa porte. Lorsqu'elle était allumée, M. Konialidis parlait à quelqu'un au téléphone et personne ne devait le déranger. Au bout d'un an à Olympic Airways, M. Konialidis m'informa que je pouvais me dispenser d'obéir à cet ordre.

Une de mes attributions consistait à transférer l'argent de M. Onassis d'un de ses comptes à un autre. Selon la valeur de la drachme, du dollar ou du franc, ou de besoins spécifiques de mon patron, j'écrivais des lettres privées à ses différentes banques, afin de transférer de l'argent de Grèce à Monte-Carlo, Genève ou New York. Je faisais porter ce courrier par voiture à l'aéroport, et un jet de la compagnie l'expédiait à Genève ou à New York. J'effectuais cette opération en un temps record, me débrouillant pour faire porter le courrier à bord de l'avion quelques secondes avant le décollage. Ces transferts s'élevaient à des dizaines de milliers de dollars à la fois. Je devais me tenir informée du marché monétaire mondial, faire preuve de méticulosité et, surtout, de discrétion.

On a souvent reproché à M. Onassis de ne pas faire flotter le pavillon grec sur la centaine de pétroliers géants naviguant pour lui. Ce n'était pas seulement le coût élevé des impôts grecs qui le poussait à recourir au pavillon du Liberia, ou du Panama, mais aussi la paperasserie excessive du régime grec. Il appliquait des règlements très stricts à bord de ses pétroliers et s'assurait que la sécurité de ses marins n'était jamais compromise, mais il évitait comme la peste ce qu'il considérait comme un barrage inutile de règlements stupides.

Je m'occupais aussi des affaires personnelles de M. Onassis. Rares étaient les journées où je ne passais pas un coup de fil pour m'assurer de l'arrivée de chemises ou de costumes, pour passer commande et attendre la livraison d'un de ses mets ou boissons préférés, eau et pain de Paris, oranges de son jardin de Glyfada, mozzarella de Rome, ouzo de l'île de Mytilène, cigares de La Havane, vitamines ou cigarettes suisses.

J'organisais aussi les déplacements de M. Onassis. Il les prévoyait rarement à l'avance. Souvent il décidait d'embarquer sur un vol d'Olympic Airways quelques heures avant le décollage. Il ne divulguait pas à l'avance ses projets de voyage, les gardant secrets le plus longtemps possible. Je devais tout organiser à la dernière minute, m'assurer que tout était en place sur le lieu de son arrivée. Olympic Airways avait des bureaux dans le monde entier ; dès que j'étais au courant du programme de M. Onassis, j'envoyais un télex au directeur de l'agence de destination, pour qu'il l'accueille à sa descente d'avion et s'assure que son hôtel ou sa maison étaient préparés.

A Athènes, je téléphonais au valet de chambre de M. Onassis de lui apporter un costume propre au bureau ou d'accomplir une tâche pour lui. Je m'occupais de ses réservations à dîner et appelais ses amis ou ses cadres pour les prier de déjeuner avec lui.

Toutes ces tâches auraient été plus simples à accomplir si mon employeur avait fonctionné comme tout le monde, en planifiant plusieurs semaines, à la rigueur plusieurs jours à l'avance. Mais M. Onassis n'était pas du tout ce genre d'homme. Les horaires étaient ce qu'il détestait le plus au monde. Il ne consultait jamais le calendrier et ne prévoyait jamais rien pour le mois à venir. Il se contentait de partir dès qu'il était prêt. Cette mentalité dérangeait beaucoup de ses collaborateurs qui s'efforçaient de lui organiser un programme. Il n'existait qu'un seul moyen de faire face : être constamment prête à tout. S'il décidait à dix heures du matin de partir deux heures plus tard pour Paris en compagnie du professeur Georgakis, je passais quelques coups de fil — allant même jusqu'à faire rayer quelques passagers — et le professeur et lui partaient pour Paris.

M. Onassis ne se contentait pas de ne pas prévoir à l'avance, il lui arrivait souvent de ne pas respecter ses rares projets. Quand il m'annonçait qu'il partait déjeuner à Glyfada, je me hâtais de téléphoner à Panagiotis pour qu'il prépare le repas du patron dans le quart d'heure qui suivait. Panagiotis sonnait le branle-bas de combat parmi le personnel, afin de cuisiner en un temps record les mets préférés de Megalos. Une demi-heure plus tard, je recevais un coup de fil frénétique du maître d'hôtel : « "Oncle" n'est pas arrivé, se plaignait-il. Le déjeuner est prêt, le pain tranché, la viande, les légumes et le fromage sur la table, mais "Oncle" est invisible. Où est-il, Kiki ? »

J'appelais son chauffeur et j'apprenais que M. Onassis avait changé d'avis cinq minutes avant d'arriver à Glyfada. Il avait passé de la voiture un coup de fil au professeur Georgakis et il avait rendez-vous avec lui chez Antonopoulos, un restaurant de poisson à Athènes. Il ne me restait qu'à communiquer la nouvelle à Panagiotis.

Le fait que mon patron ne respectait aucun programme était moins difficile que de m'adapter à ses sautes d'humeur constantes. Je devais absolument tenir ses proches conseillers et ses avocats au courant de sa disposition d'esprit. Ils me téléphonaient afin de savoir quel était le moment le plus approprié pour voir « Thios », comme beaucoup le surnommaient. S'ils devaient lui demander un service ou lui apprendre une mauvaise nouvelle, nous tentions de trouver le moment où M. Onassis serait le mieux disposé à les entendre. Malheureusement, ses sautes d'humeur se produisaient souvent avant même les dix minutes nécessaires pour que le conseiller présent dans le bâtiment parvienne à son bureau. Je constatai rapidement que mon patron préférait écouter que parler. Il prêtait l'oreille aux propos des autres, et même s'il ne leur répondait pas toujours, pas un mot ne lui avait échappé. Pendant les réunions, il parlait au téléphone, soit d'une voix très feutrée, soit en rugissant de colère.

Onassis n'aimant pas parler davantage que nécessaire et se montrant caractériel et difficile à côtoyer, je dus harmoniser ma personnalité à la sienne. Je compris très vite que le visage de M. Onassis révélait rarement ses pensées. Lorsqu'il était triste ou soucieux, rien ne l'indiquait. Au cours d'une réunion d'affaires, il était impossible pour ses interlocuteurs de deviner ses pensées. Ses épaisses lunettes lui servaient à dissimuler son regard pour que personne ne puisse saisir ce qu'il avait en tête. Malgré tous les aspects extravertis de sa personnalité, c'était un homme extrêmement secret qui gardait pour lui ses sentiments et ses projets.

M. Onassis était également un perfectionniste, réclamant de ceux qui étaient à son service ce qu'il exigeait de lui-même. Avant de partir en croisière à bord du *Christina*, pour une excursion d'une journée ou un voyage de trois semaines, il inspectait son navire de fond en comble. S'il tombait sur la moindre négligence, un bouton de cuivre mal lustré, il était capable de sortir de ses gonds et d'accabler le personnel coupable de lui avoir fait cet affront d'un chapelet de jurons que je serais bien en peine de répéter. Chaque fois que M. Onassis s'emportait contre un de ses employés, sur le *Christina* ou au bureau, sa réserve inépuisable de jurons orduriers me faisait défaillir.

Il lui arrivait de se tromper et d'accuser à tort quelqu'un d'une erreur dont il n'était pas responsable. Quand il s'était rendu compte qu'il avait fait fausse route, M. Onassis se contentait de hocher la tête, de baisser la voix ou de réengager l'employé qu'il avait congédié. Mais il ne présentait jamais d'excuses. Contrairement à ses affreux jurons, l'expression « je suis désolé » ne faisait pas partie de son vocabulaire.

Sa faculté de discerner qui lui disait la vérité ou lui mentait était impressionnante. Quoique fort rarement, il accordait foi à des menteurs. Dans ces cas-là, il se mettait en colère, avant tout contre lui-même, mais y mettait tout de suite bon ordre, congédiant la personne qui l'avait trahi ou refusant de travailler de nouveau avec elle. Là encore, il ne présentait jamais d'excuses.

Je fus bientôt capable de déceler ses inquiétudes et je m'arrangeais pour les minimiser. S'il me parlait d'une lettre compliquée qu'il souhaitait écrire, je lui disais : « Je sais ce que vous voulez dire, partez tranquille, elle sera prête à votre retour. » En revenant, il prenait connaissance de la lettre avec un large sourire.

« Vous êtes si intelligente, *pedimou* (mon enfant), disait-il. Vous avez exactement traduit ma pensée. »

Parfois, après une réunion avec Costas Konialidis, il affichait une certaine expression en entrant dans mon bureau. Je composais sur-le-champ un numéro de téléphone et je lui tendais le combiné. « M. Zambelas (du service financier de l'entreprise) est en ligne », lui annonçais-je.

« Vous êtes une vraie sorcière, Kiki, me disait-il. Vous avez su avant moi à qui je voulais parler. »

Ou bien j'entrais dans son bureau, une tasse de café à la main, et il me disait : « J'allais justement vous en demander une. » Cet homme qui n'aimait pas parler davantage que nécessaire n'avait pas à le faire avec moi. Je le comprenais à demi-mot. J'étais capable de lire les choses sur son visage ou de les entendre à sa voix.

Pourtant, j'étais loin d'être une secrétaire idéale à ses yeux. Il entrait dans mon bureau pour me demander l'heure de son rendez-vous avec un de ses associés : « Oh non, monsieur Onassis ce rendez-vous est prévu la semaine prochaine. »

Il me fusillait du regard, derrière ses verres épais. « Je suis sûr que ce rendez-vous est pour aujourd'hui, insistait-il. Vous vous êtes trompée. »

J'avais beau lui montrer son agenda, il continuait à hocher furieusement la tête. « Non, Kiki, répétait-il, vous vous êtes trompée. »

Durant le reste de la journée et une bonne partie du lendemain, il ne m'adressait pas la parole à moins d'y être absolument contraint, et en détournant les yeux. Je m'efforçais de rentrer dans ses bonnes grâces. « Voulez-vous une tasse de café ou un roulé au fromage, monsieur Onassis ? » Il hochait négativement la tête en me regardant à peine. « Vous êtes superbe, aujourd'hui, monsieur Onassis », lui disais-je plus tard, mais là encore, sur un sec hochement de tête il s'éloignait rapidement. Chaque fois qu'il passait devant mon bureau, il baissait la tête en faisant comme si je n'étais pas là. Toute la journée et toute la nuit, je me rongeais les sangs à l'idée que Miltos Yiannacopoulos allait m'annoncer qu'il me renvoyait, sur l'ordre de M. Onassis. Je finis par comprendre qu'il ne s'agissait que d'une attitude de mon patron. Jamais il ne reconnaîtrait que je n'avais pas commis d'erreur, mais il oubliait son mouvement d'humeur.

« Bonjour, Kiki, me disait-il le surlendemain comme si de rien n'était. Comment allez-vous aujourd'hui ? » Je poussais un soupir de soulagement, en attendant la prochaine fois.

J'avais du mal à me faire à certains autres aspects de sa personnalité. Il arrivait rarement au bureau au moment où on l'y attendait. « Où est Aristo, Kiki ? me demandait Costas Konialidis. Ça fait une heure qu'il devrait être ici. »

A la vérité, M. Onassis ne s'attardait pas souvent dans les bureaux d'Olympic Airways. Il n'y faisait une apparition que lorsqu'une réunion était programmée ou qu'un problème devait être résolu. Quand il était attendu et n'arrivait pas, j'appelais son majordome à Glyfada. « Où est Megalos ? » Panagiotis m'apprenait que M. Onassis avait quitté la maison plus d'une heure auparavant. Il ne nous restait donc plus qu'à attendre l'arrivée de sa Cadillac noire. Pourtant, la limousine pouvait nous induire en erreur. Garée devant le bâtiment, M. Onassis restait invisible. Un des chauffeurs, George Margaritis, Andreas ou Stavros, nous affirmait que M. Onassis était entré dans l'immeuble depuis au moins une heure, mais personne ne l'avait vu. Quand il arrivait enfin à la réunion, nous étions tous sur les charbons ardents. Lui manifestait un calme olympien. Je le soupçonnais de se livrer à cette mise en scène afin d'avoir le dessus au cours de la réunion.

Je faisais tout ce qui était en mon pouvoir pour que le moindre détail soit exécuté à la perfection, afin que la vie professionnelle et personnelle de mon employeur fonctionne sans à-coups. M. Onassis me facilitait la tâche. En dépit de sa fortune, de son pouvoir et de ses sautes d'humeur, il était, à de nombreux points de vue, un homme simple. La plupart du temps, si je ne lui demandais pas ce qu'il voulait manger, il oubliait l'heure du repas. « Voulez-vous que j'aille vous chercher quelque chose à déjeuner, monsieur Onassis ? lui demandais-je quand il s'attardait au bureau après treize heures.

— Quelle bonne idée, Kiki ! me répondait-il en levant les yeux du journal.

— Que souhaitez-vous, monsieur Onassis ?

— Ce que vous voudrez.

— Du fromage et un petit pain, peut-être ? »

Il faisait oui de la tête et se replongeait dans sa lecture. Ce repas léger le satisfaisait pleinement. Il l'avalait sur-le-champ. Mais si je ne lui avais pas rappelé le déjeuner, il n'aurait pas bougé.

Un après-midi, à son arrivée au bureau, il me demanda de lui apporter un café. Je le lui préparai et le déposai devant lui. « Votre café, monsieur Onassis.

— Une seconde, Kiki. Et le sucre ?

— Oh, mon Dieu, je l'ai oublié ! »

Je le lui apportai immédiatement.

J'étais presque sortie du bureau : « Et la cuiller, Kiki ?

— Oh, répondis-je, fort embarrassée. Excusez-moi, je vous l'apporte tout de suite.

— Ça ira, dit-il en riant. Prêtez-moi votre crayon. »

Il s'en servit pour mélanger le sucre au café. J'avais honte, mais cela ne parut pas le gêner du tout.

La manière dont M. Onassis mangeait les fruits traduisait sa grande simplicité. Contrairement à la plupart des Grecs, il n'utilisait ni assiette ni couverts pour les manger.

« Dégustez-les comme moi », me suggérait-il. Je le regardais mordre en souriant dans une pêche juteuse et laisser le jus couler sur ses doigts. Le tout terminé, il se léchait les doigts.

Je travaillais depuis trois ans avec lui lorsqu'il me demanda pourquoi, à mon avis, il m'avait engagée comme secrétaire particulière. « Vous étiez une jeune fille inexpérimentée, de dix-sept ans. Quelle raison pouvais-je avoir de vous engager ?

— Je l'ignore.

— Devinez, insista-t-il. Je devais avoir au moins une bonne raison.

— Peut-être avez-vous pensé que j'étais intelligente ? finis-je par répondre, en formant le vœu qu'il ne m'ait jamais posé une question si embarrassante.

— Oh non ! s'écria-t-il en riant. Ce n'est pas ça. Allez, devinez. »

Je rougis jusqu'aux oreilles.

« Parce que j'étais plutôt mignonne ?

— Ne cherchez plus. C'est très simple. Le cours de la drachme a augmenté le jour où je vous ai rencontrée. Vous me portiez chance. Et je ne me trompais pas. »

M. Onassis avait peut-être raison de penser que je lui portais chance ; de longues années durant, j'en eus effectivement le sentiment. La réciproque était vraie. Il m'ouvrait un monde fascinant que je n'aurais jamais connu sans lui. La partie la plus importante de mon travail était les contacts directs que j'avais avec cet homme si magnétique ; je ne m'ennuyais jamais.

M. Onassis était grec jusqu'au bout des ongles. Nombre de personnes qui le connaissaient bien l'appelaient « El Greco » ou « Le Grec ». Dans ses relations avec les femmes, il n'aurait pas pu être davantage « El Greco ». Un de ses amis les plus proches et associé en affaires était Costas Gratsos, directeur de ses entreprises new-yorkaises et vice-président de Victory Carriers, son département armateur. Costas et Aristote étaient amis d'enfance. Ils s'étaient connus petits garçons à Smyrne, et leur affection mutuelle ne s'était jamais démentie. Costas était l'une des rares personnes capables de regarder M. Onassis droit dans les yeux et de lui dire qu'il avait tort. Les deux hommes ne se contentaient pas de s'aimer ; ils se respectaient.

Un jour, Costas entra dans notre bureau et, devant Amalia et moi, commença à parler à Aristote des femmes : « Un Grec ne devrait jamais broyer du noir à cause d'une femme, dit-il. Il ne devrait sortir qu'avec des créatures aux jambes superbes et leur offrir tout ce qu'elles désirent. Il devrait les inviter dans des restaurants chics, déjeuner longuement avec elles et les emmener écouter de magnifiques concerts. Il devrait montrer à une femme qu'elle l'intéresse en tant que personne et que tout ce qu'elle fait compte à ses yeux. Mais un vrai Grec n'a pas besoin d'épouser cette femme. Il lui suffit de l'aimer. De tout son cœur et avec tout son argent.

« Les femmes t'aiment parce que tu es un vrai Grec, Aristo, poursuivit Costas. Tu t'occupes très bien des femmes de ta vie. Elles ne peuvent que t'aimer. Mais ne les épouse pas, sinon elles te causeront du chagrin. »

Cette tirade fit rire Aristote, qui n'était pas encore sérieusement lié à Jacqueline Kennedy. Il répondit qu'il trouvait ce conseil avisé. Mais s'il était effectivement un vrai Grec, toujours épris de femmes belles et intelligentes, il ne suivit pas toujours les conseils de son ami. Il le fit pour Maria Callas ; mais pas pour la belle Jacqueline Kennedy.

Ces deux femmes n'étaient pas les seules à l'intéresser. M. Onassis ne donnait pas de subventions significatives aux institutions caritatives en Grèce, mais se montrait d'une immense générosité à l'égard de milliers de citoyens grecs qui, lorsqu'ils avaient besoin de quelque chose, décidaient de l'obtenir de M. Onassis en personne. Les patrons des night-clubs d'Athènes qu'il fréquentait lui réclamaient de l'argent pour les opérations de leurs enfants ou lui demandaient de leur procurer un emploi. Il leur disait de se présenter au bureau le lendemain et je tenais une liste de tous ces gens et de leurs besoins. Il se souvenait toujours de ceux qui viendraient au bureau et m'annonçait souvent une requête qu'on lui avait faite la veille.

Il me disait que la plupart du temps, aider les gens dans le besoin était facile. Le difficile, selon lui, consistait à le faire sans les insulter. Un jour, il était sur le point de détacher son Chris-Craft amarré le long du *Christina* quand il remarqua un garçon qui lui tenait la petite embarcation. « Qui es-tu et que fais-tu ici ? hurla-t-il. Personne ne te voit. Tu ne sais donc pas que c'est dangereux de rester comme ça à côté du bateau ?

— Tout ce que je sais, répondit le garçon de quinze ans, qui s'appelait Georgakis, c'est que je veux vivre, que je dois travailler, et que j'ai besoin d'argent. »

M. Onassis fut profondément touché par la sincérité de Georgakis et lui demanda quel travail il se sentait capable d'accomplir. « Peu importe. Celui que vous m'offrirez, répondit le garçon. Je vous en prie, prenez-moi sur votre bateau. »

M. Onassis vérifia que l'adolescent disait la vérité, qu'il n'avait pas de famille et l'engagea à bord du *Christina*. Au bout de plusieurs années, Georgakis entra à Olympic Airways où il resta jusqu'à la mort de M. Onassis.

Dans nos bureaux de l'avenue Syngrou où nous avions déménagé en 1968, un homme n'arrêtait pas de venir nous raconter que ses enfants étaient très malades et qu'il était complètement démuni. M. Onassis me dit de lui donner un peu d'argent, mais j'en fis trop, et j'augmentai la somme à chacune de ses visites. J'avais pitié de ce malheureux qui paraissait tellement égaré. Un jour, il arriva au bureau le visage en sang. Je poussai un hurlement. M. Onassis entra pendant que je lui remettais de l'argent. Après avoir scruté l'homme du regard, il posa une main sur son visage. Il n'était pas couvert de sang, mais de jus de tomate. « Kiki, vous êtes trop bonne ! » se moqua M. Onassis. Il renvoya l'individu ; l'incident le fit longtemps rire.

Nous n'avons jamais ri de Christo, un petit leucémique dont le père avait demandé de l'argent à M. Onassis pour pouvoir le soigner. Tous les ans, M. Onassis versait la somme permettant aux parents de Christo de l'emmener à Paris suivre un traitement. A treize ans, les complications de sa maladie emportèrent Christo. Un peu plus tard, M. Onassis me demanda si je m'étais occupée de l'argent destiné au voyage de l'enfant à Paris. « Nous n'avons pas à en donner cette année, monsieur Onassis, lui répondis-je.

— Et pourquoi, Kiki ?

— Christo est mort. »

Il se prit le visage entre les mains et pleura. « Oh non ! » répétait-il à travers ses larmes. Cette scène se passait avant la mort de son propre fils, Alexandre. C'était la première fois que je voyais M. Onassis pleurer. Les hommes de Smyrne, à en croire la légende, ne pleuraient jamais. M. Onassis venait de Smyrne, mais en réagissant de la sorte au décès d'un adolescent qu'il connaissait à peine, il façonnait sa propre légende. La mère de Christo m'avait envoyé une photo de son fils. Je la sortis de mon bureau pour la montrer à M. Onassis. Il la regarda longuement, me demanda s'il pouvait la garder.

« Bien sûr », répondis-je, et il glissa la photo dans la poche de son pantalon.

Un autre homme qui travaillait dur fut récompensé de son ambition par mon employeur. Il était propriétaire d'une petite boutique où mon patron aimait acheter des friands au fromage. Un jour, M. Onassis entra dans le magasin pour en acheter cinquante. « Désolé, répondit l'homme, mais vous devez attendre votre tour. Il y a d'autres clients avant vous. »

M. Onassis fit la queue comme tout le monde. Quelques jours plus tard, il retourna à la boutique. « Je suis Onassis, dit-il au propriétaire. Je veux cinquante friands au fromage.

— Désolé, mais vous devez encore attendre », répondit l'homme. M. Onassis attendit donc et, son achat effectué, demanda au marchand son nom et son adresse. Le lendemain, il lui envoya un chèque de 1 500 dollars.

L'homme, stupéfait, l'appela pour lui demander pourquoi il lui avait envoyé un aussi gros chèque. M. Onassis lui répondit : « J'ai constaté, chaque fois que je vais dans votre boutique, que vous savez comment gagner et garder l'argent. Vous traitez tous vos clients équitablement et c'est comme ça qu'on réussit. » L'homme put ouvrir avec succès quatre autres boutiques. Mais chaque fois que M. Onassis venait acheter ses friands, il l'obligeait à faire la queue.

Le vrai Aristote pouvait néanmoins se montrer impitoyable et cruel lorsque quelqu'un commettait un acte qu'il jugeait inapproprié, voire bien pire, en affaires. Il parlait le grec, l'anglais et le turc couramment, mais quand lui et ses cousins et associés, Costas et Nikos Konialidis qui avait épousé sa sœur cadette, Mérope, évoquaient des détails confidentiels, ils s'exprimaient en espagnol. Parfois, M. Onassis avait une manière amusante de détourner les mots anglais pour insulter ceux qui l'avaient offensé. Par exemple, il me disait souvent : « Ne faites pas attention à lui, il n'a pas d'après-midi. » Je décryptais sur-le-champ : le mot grec signifiant « cervelle » est le même que celui signifiant « midi ». Bref, je ne devais pas prêter attention à ce que cet « idiot » me disait.

Je l'entendais hurler et fulminer contre des employés, directeurs ou hommes d'affaires en les traitant de termes bien pires qu'« idiot ». Un jour, je provoquai sa vindicte verbale contre un de mes proches. A vingt-deux ans, je vécus une histoire d'amour malheureuse. M. Onassis apprit la conduite peu brillante du jeune homme à mon égard et voulut sur-le-champ vérifier ces informations. « Tout ceci est-il vrai, Kiki ? » J'opinai. « Appelez-le-moi tout de suite », m'ordonna-t-il. Je m'exécutai.

« Si vous la blessez de quelque façon que ce soit, déclara M. Onassis à ce jeune homme durant une brève conversation téléphonique que j'écoutais de mon bureau, pétrifiée, je vous détruirai financièrement pour le reste de vos jours. Vous allez lui fiche la paix. Je vous interdis de la rappeler et de lui compliquer la vie. Compris ? » Je ne sais pas exactement ce que répondit le jeune homme, mais je pense que c'était « oui ». Je n'entendis plus jamais parler de lui.

Parfois, il m'arrivait de voir comment M. Onassis usait de son immense fortune pour obtenir le dessus dans ses transactions d'affaires. En 1969, alors qu'il s'efforçait d'aplanir les détails de son projet Oméga, dans lequel il devait investir 400 millions de dollars, M. Onassis (malgré les protestations de ses conseillers) loua à George Papadopoulos, le dictateur militaire, sa villa de Lagonissi, en bord de mer, pour 20 000 drachmes (environ 600 dollars) par mois. Il fit preuve également d'une générosité excessive à l'égard d'autres membres de la junte militaire. Je m'occupai d'organiser la livraison de liquide, de montres de grand prix et de crucifix des joailliers Lalaounis et Zolotas, et en une occasion, de meubles très chers importés de Hongkong.

Tout avisé qu'il fût en affaires, M. Onassis ne se montrait pas toujours raisonnable avec son argent. Un jour, il fit déposer une grosse somme en liquide à mon bureau. A la fin de la journée, il me demanda l'argent en liasses d'un million. Après avoir mis les dix liasses que je lui tendais dans ses poches, il m'annonça : « Maintenant, je vous raccompagne chez vous, Kiki. »

Dans l'ascenseur, il m'entretint d'autre chose en gesticulant tellement que deux liasses tombèrent de ses poches. Je les ramassai sans rien dire. Sur le chemin de la voiture, il continua à me parler. Je lui demandai s'il avait toujours l'argent sur lui. « Bien sûr », répondit-il et il entreprit de compter les liasses.

Il en manquait deux. Je les sortis de mes poches, il éclata de rire et fit mine de me donner une tape sur le bras. Pendant que George nous reconduisait à la maison, il se pencha pour me donner un baiser sur la joue, en me disant, d'un ton sérieux : « Merci, mon enfant. »

Chaque fois qu'il demandait à George de me reconduire chez moi, M. Onassis se montrait protecteur à mon égard. Qu'il fût ou non pressé, il demandait toujours à son chauffeur de garer la Cadillac devant ma porte et d'attendre que je sois entrée dans la maison pour redémarrer. J'étais gênée de me trouver à bord de cette énorme limousine qui empruntait lentement l'étroite rue sinueuse dans laquelle je vivais. Cette grosse voiture ne pouvait pas échapper à l'attention de mes voisins qui s'interrogeaient sur son propriétaire. M. Onassis se refusait absolument à me laisser parcourir à pied la courte distance entre l'entrée de la rue et ma maison. « Attendez que l'enfant soit en sécurité, ordonnait-il à George. Même quand je ne suis pas là, attendez de ne plus la voir avant de démarrer. »

Pour ses importantes décisions d'ordre professionnel, M. Onassis consultait Miltos Yiannacopoulos, inspecteur général de toutes ses entreprises, Olympic Maritime, Springfield Shipping, Olympic Airways, Olympic Aviation, Victory Carriers et Financiera Panama, lui-même armateur fortuné. À Olympic Airways, c'était toujours Miltos, le conseiller le plus puissant de M. Onassis, qui décidait des promotions ou renvois des employés, du poste de directeur général ou de ceux aptes à devenir directeurs. Lorsque M. Onassis prenait la décision de renvoyer quelqu'un, Miltos l'exécutait en son nom. Je devais chacune de mes augmentations de salaire à Miltos, qui s'occupait de l'aspect financier des entreprises de M. Onassis. M. Onassis l'envoyait à Singapour inspecter les navires qu'il y faisait construire. Et Miltos servait d'intermédiaire entre M. Onassis et le gouvernement, qu'il s'agisse d'un gouvernement démocratique ou de la junte dirigée par M. Papadopoulos. Avant d'installer une raffinerie, d'agrandir ses compagnies aériennes, M. Onassis chargeait Miltos de présenter le projet au gouvernement. Miltos Yiannacopoulos était un homme grand, sérieux, qui ne se séparait jamais de ses lunettes. Il avait fait des études d'économie et jouissait d'une réputation d'infaillibilité en ce qui concernait la finance. Au cours des années où je travaillai pour M. Onassis, nombre de ses associés tombèrent en disgrâce ; la confiance absolue qu'il portait à Miltos Yiannacopoulos ne connut jamais la moindre défaillance.

Pour autant, M. Onassis ne répugnait pas à traiter directement avec ses employés. Lorsque ceux d'Olympic Airways se mirent en grève, je pris peur et demandai à M. Onassis si je devais aller travailler. « A mon avis, ce n'est pas nécessaire », me répondit-il, mais à son expression, je compris qu'il pensait le contraire.

Il m'interrogea sur l'ambiance parmi les grévistes : « Ils se lamentent au sujet de votre épouse, disent que vous dilapidez votre fortune pour elle et qu'il ne reste rien pour eux.

— Les pilotes et le reste du personnel en ont assez, me répondit-il. Si la grève continue, elle aboutira à un lock-out. » J'allai effectivement travailler ce jour-là et, à mon grand soulagement, la grève se conclut très rapidement.

Les pilotes d'Olympic Airways se laissaient toujours embobiner par leur patron, tant il avait l'art de les manier. Quand ils demandaient à le rencontrer pour réclamer une augmentation de salaire ou lui faire part d'un grief, M. Onassis ne refusait jamais. Il me chargeait de sonder le meneur du groupe afin de connaître avec précision l'objet de leurs plaintes. Puis il décidait du jour et de l'heure de la réunion et me demandait de les en informer. La réunion se déroulait toujours en fin d'après-midi, dans le bureau que M. Onassis partageait avec Costas Konialidis. Comme il était situé derrière le mien, tous ses visiteurs étaient obligés de passer devant moi.

Pendant la réunion, j'offrais des boissons, des pistaches, du pain, du fromage, du café, des sandwiches et des gâteaux aux pilotes. Au bout de plusieurs heures, ces derniers, las et rassasiés, demandaient à M. Onassis d'interrompre la réunion et de la reprendre le lendemain matin. Mais il refusait. « Non, je prends vos exigences très au sérieux et nous continuerons aujourd'hui, jusqu'à ce qu'elles soient toutes réglées. » Il gagnait en vigueur et s'animait au fur et à mesure que les pilotes s'affalaient. Pour finir, les pilotes, épuisés, acceptaient ses conditions et quittaient la réunion à quatre pattes, avec une seule idée en tête : rentrer chez eux et se coucher. Le visage rayonnant, M. Onassis les regardait sortir d'un pas chancelant de mon bureau. Ces hommes comprenaient évidemment la stratégie de leur patron, mais ils ne pouvaient rien y faire.

Que cet homme puissant ne possédât pas un bureau personnel m'a toujours fascinée. Comme il ne restait jamais longtemps dans l'entreprise, cela ne le gênait aucunement de n'avoir qu'un simple meuble de bureau, devant lequel il s'asseyait rarement, dans la grande pièce occupée par Costas Konialidis. Ce dernier avait une méthode de travail complètement différente de M. Onassis. Il arrivait au bureau très tôt et y restait très tard, était toujours d'humeur égale et procédait de manière organisée. C'était merveilleux de travailler pour lui, mais il était l'inverse exact de son cousin, au caractère théâtral et changeant.

Avenue Syngrou, une querelle particulièrement vive entre M. Onassis et M. Konialidis nous contraria beaucoup. Nous étions accoutumés à leurs fréquentes et bruyantes divergences, mais leurs disputes étaient toujours résolues avant la fin de la journée. Ce jour-là, pourtant, elle ne cessa de s'envenimer et continua les jours suivants. Finalement, au comble de l'énervement, M. Konialidis annonça à son cousin : « Tu n'aimes pas le genre d'homme que je suis, ça crève les yeux. Nous ne pouvons plus travailler ensemble. Il ne me reste plus qu'à quitter la société. »

M. Onassis se contenta de hocher la tête et de me demander d'appeler quelqu'un au téléphone qui n'avait rien à voir dans l'histoire. Silencieuse et désespérée, je regardai M. Konialidis entasser ses papiers dans une petite boîte et quitter le bureau sans un mot.

Deux années durant, Costas Konialidis ne remit pas les pieds avenue Syngrou. A la place, il travailla dans son entreprise de tabac de Montevideo, en Uruguay. Un jour, au cours de ces deux ans, j'assistai à une rencontre fortuite entre les deux hommes à l'aéroport d'Athènes ; M. Konialidis avait l'air de vouloir parler à son cousin, mais M. Onassis lui tourna le dos. Avant de suivre mon employeur, je vis les larmes monter aux yeux de M. Konialidis qui regardait M. Onassis s'éloigner.

Un jour où je m'y attendais le moins, M. Onassis me demanda le plus naturellement du monde d'appeler M. Konialidis à Montevideo. Deux jours après, M. Konialidis était de retour au bureau, et les deux hommes bavardaient, plaisantaient et se querellaient comme s'ils ne s'étaient jamais brouillés.

Mon employeur ne mêlait jamais sentiments et affaires. Pour lui, une affaire était une affaire, et il ne pensait qu'à une chose lorsqu'il en traitait une : gagner de l'argent. Il établissait sans le moindre problème, comme il le démontra avec son cousin, la démarcation entre amis personnels et affaires. Les membres du conseil d'administration d'Olympic Airways disaient souvent que M. Onassis se servait de ses employés, et en particulier de ses directeurs, comme s'ils étaient des citrons. « Il presse tout notre jus, se plaignit l'un d'eux à moi. Puis il jette l'écorce quand nous ne lui servons plus à rien. »

En ce qui concernait les postes de directeur, M. Onassis se fiait toujours à son instinct. La bonne éducation d'un homme ne lui importait pas particulièrement ; il tenait davantage compte de l'intelligence et du physique agréable d'un individu. Cela n'empêchait nullement ses collaborateurs, tous autant qu'ils étaient, d'être sur un siège éjectable. Ils avaient beau répondre oui à tout ce que disait M. Onassis, le flatter constamment ou s'adresser à lui avec respect, il leur suffisait de commettre une erreur ou d'être traités en termes peu élogieux par un de ses hommes de confiance pour se faire remercier, la plupart du temps par Miltos Yiannacopoulos. Parfois, il ne renvoyait pas directement l'individu en question. Il m'informait qu'il ne voulait plus prendre ses appels téléphoniques et qu'il préférait s'adresser à son assistant. Il ne fallait pas longtemps au directeur pour s'apercevoir que son pouvoir et son poste appartenaient désormais au passé. Tous ces hommes travaillaient dur pour obtenir une position importante, et une fois au sommet risquaient à tout moment d'en chuter précipitamment.

Les neuf années durant lesquelles je travaillai directement pour M. Onassis, les affaires constituaient la part essentielle de sa vie. Rien ne comptait davantage pour lui que la réussite. Il me déclara une fois : « Les affaires sont les affaires et les amis sont les amis. » Il ne pouvait être plus clair. Il impliquait nombre de ses plus proches amis dans ses affaires, mais leurs liens professionnels passaient alors avant tout le reste, amitié comprise. Au bureau, voire même hors contexte professionnel, Miltos Yiannacopoulos l'appelait monsieur Onassis, et jamais Aristo. Le professeur Georgakis, de même que Costas Gratsos et ses autres associés proches l'appelaient Aristo en tête à tête ou en société, mais au bureau, devant les autres associés, tous l'appelaient monsieur Onassis.

« Il n'est pas bon d'être l'ami de M. Onassis, me confia un jour Miltos. Mon ami n'aime pas mêler les affaires et l'amitié. Ce serait certainement plus simple d'être uniquement son partenaire en affaires, et pas son ami. » Mais Miltos était les deux, position qu'il assuma toujours fermement, en qualité de conseiller le plus écouté de M. Onassis.

Il agissait rapidement dans tous les domaines professionnels. En 1971, il décida que son projet de construction d'une raffinerie de pétrole en Grèce, le projet Oméga, n'était pas viable. En dépit du fait que nombre de ses employés y étaient impliqués, il y mit brusquement un terme. Décision prise, il refusa de revenir dessus.

« Ça suffit, me dit-il simplement un jour. Je ne veux plus en entendre parler. »

Mon patron pouvait déployer la même énergie qu'il mettait dans son travail à s'amuser. M. Onassis était capable de travailler une journée entière et de passer les douze heures suivantes à boire et à se donner du bon temps à Athènes. Sa taverne préférée était le Neraida, à Palaion Phaleron, un faubourg de bord de mer, à vingt kilomètres d'Athènes, où il écoutait de la musique traditionnelle, dansait et buvait de l'ouzo toute la nuit, la plupart du temps en compagnie du professeur Georgakis. Lorsqu'il était d'humeur particulièrement allègre, lui et le professeur jetaient de la vaisselle contre les murs et sur le sol du night-club, cassant des dizaines et des dizaines d'assiettes en une nuit.

Après une virée nocturne dans une taverne, il revenait au bureau vers huit heures du matin, prenait une douche, se changeait et travaillait toute la journée avant de retourner dans la soirée à Glyfada. J'étais persuadée qu'il allait s'endormir dès qu'il serait assis à son bureau, mais il ne manifestait pas le moindre signe de fatigue.

Mon employeur avait aussi un talent d'acteur qui lui permettait de passer rapidement d'un rôle à un autre. Au cours d'une réunion avec les pilotes où il s'opposait farouchement à eux à propos de leurs salaires et de leurs exigences, il était capable de hurler, de donner des coups de poing sur la table, de lancer d'horribles jurons à tue-tête et de devenir écarlate. Assise dans mon bureau, j'entendais ces bruits abominables venant de la réunion. Un jour, après leur mariage, Jackie téléphona. « Pouvez-vous vérifier si Aristo est d'accord pour que l'hélicoptère m'emmène de Skorpios à Athènes cet après-midi ?

— Je suis certaine que cela ne pose pas de problème, lui répondis-je, sur fond de vociférations de son époux dans la pièce voisine. Vous pouvez le lui demander vous-même.

— Oh non, Kiki », insista-t-elle de sa voix douce de petite fille essoufflée. Elle était, je l'appris vite, d'une grande habileté. Elle n'avait pas son pareil pour manier son mari. Ellc pouvait tout obtenir de cet homme, à condition d'adopter la bonne attitude à son égard. « Je ne veux pas le déranger. Auriez-vous la gentillesse de lui poser la question pour moi ?

— Bien sûr, madame Jackie. » Je frappai à la porte du bureau de M. Konialidis. « Navrée de vous déranger, monsieur Onassis, votre épouse aimerait utiliser l'hélicoptère, si vous n'y voyez pas d'inconvénient. »

En un éclair, le visage cramoisi de M. Onassis redevint normal.

Il annonça aux pilotes qu'il revenait tout de suite et sortit de la pièce pour prendre l'appel dans mon bureau. « Bien sûr, ma chérie, dit-il d'un ton parfaitement calme, tu peux prendre l'hélicoptère de Skorpios. Veux-tu que j'organise autre chose pour toi pendant que tu seras à Athènes, ma chérie ? » Il raccrocha et retourna affronter les pilotes, reprenant sa phrase laissée en suspens, le visage de nouveau congestionné.

Il n'était pas rare qu'à son arrivée au bureau le matin, M. Onassis me demande d'annuler un rendez-vous avec un de ses associés. « Cet homme est un menteur et un voleur ! hurlait-il. Je ne veux plus jamais avoir affaire à lui. Plus jamais ! »

Une heure plus tard, il me demandait si j'avais bien annulé le rendez-vous. « Oh, j'ai essayé, monsieur Onassis, mais sa ligne est occupée. Ne vous inquiétez pas. Je le joindrai à temps pour lui transmettre votre message. »

Il hochait la tête et s'éloignait. Cette scène se répétait à deux ou trois reprises. Une heure avant le rendez-vous, il me demandait calmement à quelle heure exacte l'homme devait arriver. « Il sera ici dans une heure. » Il acquiesçait d'un air aimable et repartait travailler. La rencontre entre les deux hommes se passait sans la moindre anicroche. En d'autres occasions, j'exécutais sa demande d'annulation sur-le-champ. Cela faisait partie de mon travail de décrypter les colères authentiques de celles qui s'envolaient avec le vent.

Il me fallait mettre mon nez partout. J'usais de tactiques sournoises pour déterminer l'endroit où mon employeur passait ses nuits, afin de programmer correctement ses journées. Chaque matin, à mon arrivée au bureau, j'appelais Panagiotis à la résidence de M. Onassis : « Comment s'est passée la nuit de Megalos ? » Il me tenait au courant de ce que je devais savoir. S'il s'était disputé au cours du dîner avec Maria et qu'elle avait passé la nuit à bouder dans sa suite du *Christina*, c'était un autre employé du bateau qui m'en faisait part. Ou bien, après son mariage avec Jackie, il arrivait parfois que le domestique ayant servi à dîner à Jackie et Aristote à bord du *Christina* ait surpris des mots désagréables alors qu'il versait le potage dans l'assiette de son employeur. Ou alors, une domestique de la Maison Rose avait vu les nouveaux mariés s'enlacer amoureusement dans le jardin et se retirer dans leur chambre plus tôt qu'à l'ordinaire. Ou bien encore, le pilote de l'hélicoptère de M. Onassis m'apprenait que ce dernier lui avait demandé de l'amener dans une île où Maria séjournait lorsque Jackie était à New York.

Tous les employés de la famille Onassis savaient que les humeurs de M. Onassis se répercutaient sur chacun d'eux. Si j'apprenais qu'il avait passé une mauvaise nuit ou qu'il s'était disputé avec Maria ou Jackie, je réorganisais sa journée de travail, repoussant en fin d'après-midi un rendez-vous important, pour lui donner le temps de se calmer ou de résoudre son problème. Le personnel de M. Onassis ne jugeait aucun détail trop trivial ou trop important pour ne pas m'en informer. J'utilisais le moindre de ces renseignements pour que tout marche sur des roulettes dans sa vie. On aurait dit que nous luttions tous de concert pour comprendre et satisfaire l'homme qui nous avait réunis. Lorsqu'il était heureux et productif, cela se répercutait sur nous tous.

Contrairement à M. Onassis, M. Konialidis laissait toujours au vestiaire ses problèmes d'ordre privé. Nul n'était besoin de vérifier auprès de son personnel comment il avait passé la nuit. Quoi qu'il ait pu se produire entre lui et sa femme, Ritsa, il était d'humeur égale, jour après jour. Il en allait tout autrement de M. Onassis. Je ne dirais pas que sa vie privée était plus intéressante que celle de M. Konialidis, mais elle déteignait beaucoup plus sur sa vie professionnelle.

M. Onassis retournait parfois à Glyfada après une soirée très arrosée. On m'informait qu'il allait probablement dormir jusqu'à midi, ce qui lui ferait rater une réunion importante dans la matinée. Obligée de mentir à ses visiteurs, je leur racontais que M. Onassis avait été appelé à l'extérieur pour un problème urgent. Puis je téléphonais à Panagiotis de réveiller M. Onassis avant midi et de l'informer des événements. En général juste avant midi, M. Onassis m'appelait : « J'arrive, Kiki, me disait-il. Contentez-vous de maintenir les choses en l'état en attendant. »

J'inventais encore une excuse quelconque et je marchais de long en large jusqu'à ce qu'il arrive enfin, me saluant d'un « Bravo, Kiki », avant de rencontrer ses visiteurs. La réunion se passait toujours miraculeusement bien, sans souffrir du fait que mon patron avait bamboché toute la nuit.

En d'autres occasions, M. Onassis ne voulait pas voir les visiteurs qui se présentaient dans mon bureau et demandaient à le rencontrer. Nous avions inventé un petit stratagème : je les introduisais dans un autre bureau, pendant que M. Onassis se faufilait dehors en passant par le mien. Il prenait plaisir à ces petites ruses, mais j'en ressortais complètement épuisée, contente que le visiteur n'ait pas compris qu'on le rejetait. Certains ne parvenaient jamais à rencontrer M. Onassis, et je finissais par leur dire que mon patron répondrait à leur demande par courrier et non en tête à tête. D'autres avaient davantage de chance. Je parvenais à convaincre M. Onassis de prendre rendez-vous avec eux un autre jour pour les rencontrer face à face.

Que ce soit lors des réunions d'affaires à Olympic Airways ou dans une taverne, M. Onassis s'amusait énormément en compagnie du professeur Georgakis. Il avait un merveilleux sens de l'humour, mais je ne me souviens pas de l'avoir entendu plaisanter autant avec personne qu'avec le professeur. Un jour, lors d'un déjeuner de travail à l'aéroport entre M. Onassis et les membres du conseil d'administration, il se délectait de son poisson préféré, le *tsiros*, arrosé d'ouzo, tout en discutant avec eux. Les problèmes réglés, le professeur leur raconta qu'il avait fait une affaire et gagné une très grosse somme. « Vraiment ? releva M. Onassis en buvant une gorgée d'ouzo. Dis-nous combien d'argent tu as volé, mon ami. » Cela fit rire le professeur, comme tous les autres directeurs. Si quelqu'un d'autre s'était permis de faire une telle réflexion au professeur, il se serait senti insulté, mais lui et Aristote ne cessaient de blaguer et ne se querellaient jamais.

Le sens de l'humour de M. Onassis n'échappait à personne. Il me racontait très souvent des blagues un peu lestes, mais qui m'enchantaient. Il me narrait des petites histoires à propos des femmes et du pouvoir qu'elles exercent sur les hommes. Il aimait les comparer à la mer : « Savez-vous pourquoi elles se ressemblent, Kiki ? » Comme chaque fois qu'il se lançait dans ce genre d'histoires, je me contentais de hocher la tête. « Je vais vous le dire, poursuivait-il, savourant son rôle de conteur. Une femme peut détendre un homme qu'elle tient dans ses bras, de même qu'il peut être apaisé par l'étreinte paisible de la mer qui caresse doucement son corps, par la force tranquille de l'océan qui le berce. Mais il arrive aussi qu'une femme fasse perdre sa maîtrise à un homme, lorsqu'il est ballotté sauvagement sur ses vagues géantes. Il ne peut alors que s'abandonner à la mer et la laisser faire de lui ce qu'elle veut. L'homme se croit capable de maîtriser la mer. Il construit des navires géants et utilise la puissance de la mer pour les faire aller là où il le désire. Mais au fond de lui, il se sait impuissant contre ses fureurs. » J'acquiesçais, pas du tout persuadée que quelque chose, y compris la mer, puisse réduire mon patron à l'impuissance.

Sa nature superstitieuse se manifestait ouvertement comme lorsqu'il m'avait engagée parce que le cours de la drachme avait augmenté le jour de notre rencontre. Un jour, il projeta d'aller rendre visite au quartier général de l'industrie aéronautique à Dallas, au Texas, en compagnie de son pilote personnel, Jean-Pierre de Vitry. J'organisai leur voyage sur Olympic Airways, avec départ d'Athènes, escale à Paris et New York, d'où ils iraient directement à Dallas. M. Onassis se présenta au départ de l'avion avec plus de trois quarts d'heure de retard. Jean-Pierre était à bord avec les autres passagers, qui se plaignaient bruyamment de ce retard inexpliqué, susceptible de leur faire rater leurs correspondances à Paris. Finalement, au soulagement du pilote et des stewards, la Cadillac noire de M. Onassis apparut en bout de piste, et M. Onassis sortit de la voiture. Il mit une éternité pour monter en première classe et s'installer à côté de Jean-Pierre. « Quel jour sommes-nous aujourd'hui ? demanda-t-il à la jolie hôtesse qui lui tendait un verre.

— Mardi, monsieur Onassis. » Avant qu'elle puisse ajouter un mot, il détacha sa ceinture de sécurité, bondit de son siège et fonça vers la porte arrière qu'une hôtesse était en train de verrouiller.

« Ne fermez pas la porte, lui dit-il. Je descends. Mardi n'est pas un bon jour pour moi. Je ne prends jamais l'avion le mardi. »

M. Onassis remonta à bord de sa Cadillac noire, et le pauvre Jean-Pierre décolla dans un avion plein de passagers furibonds. Une réaction que j'ai souvent vue sur le visage d'hommes d'affaires qui se présentaient à nos bureaux. Ces hommes avaient peut-être envie de l'étrangler, mais ils étaient émerveillés par sa détermination. Personne n'obligeait Aristote Onassis à faire une chose qu'il n'avait pas envie de faire. Pas même les femmes qu'il aimait.

4

Artémis, la première femme Onassis

La relation d'Onassis avec les femmes de sa vie se comprend mieux à la lumière des liens qui l'attachaient à sa sœur Artémis. Elle avait huit ans et Aristote six ans lorsque leur mère, Pénélope, mourut. Première des trois sœurs d'Aristote Onassis, elle devint davantage dans son existence qu'une sœur aînée. Après avoir divorcé de Tina, il ne se contenta pas d'habiter à côté de chez elle à Glyfada : ses enfants passaient la plus grande partie de leur temps chez leur tante, et lorsqu'il n'était pas avec Maria Callas, lui-même prenait la plupart de ses repas chez elle.

Artémis tenait un rôle clé dans la vie de M. Onassis. Elle appelait le bureau en moyenne deux ou trois fois par jour. Je me montrais immanquablement polie. « Comment va mon frère aujourd'hui, Kiki ? » demandait-elle chaque matin lors de son premier coup de fil.

Cette question était claire comme de l'eau de roche : elle voulait connaître l'humeur de son frère. En véritable Grecque, elle s'impliquait énormément dans la vie de son cadet. Chez nous, la mère attache une importance démesurée à ses fils.

L'adoration vouée à l'enfant mâle ne se discute pas, et ses sœurs se sentent souvent inférieures. Lorsque la mère vient à mourir, la sœur aînée endosse le rôle maternel et déverse sur son frère l'affectation que lui apportait leur mère.

Artémis Garofalidis adorait son frère cadet et lui accordait la place centrale de son existence, plus qu'à son mari. Elle exerçait un ascendant capital sur sa vie, mais en usait avec prudence. C'était un jeu, qu'ils jouaient constamment tous les deux, dans lequel j'interprétais un rôle à mon insu. « Il va bien, madame Artémis, lui répondais-je chaque matin. De petites frictions avec certains collaborateurs, mais sinon, tout va bien.

— Très bien, Kiki, répondait-elle. Donc, pas de coup de fil contrariant d'une femme ce matin ?

— Non, aucun.

— Tant mieux. Peux-tu t'arranger pour savoir s'il a l'intention de venir dîner à Glyfada ce soir ? Ou s'il envisage de sortir avec quelqu'un ? »

Je savais exactement ce qu'elle entendait par « quelqu'un ». Mais si Maria n'avait pas appelé et s'il n'avait pas demandé l'hélicoptère pour lui rendre visite sur une île, il dînerait le soir à Glyfada. « Je suis presque sûre qu'il dînera chez vous ce soir, répondais-je, et la voix de sa sœur s'égayait nettement. Puis-je faire quelque chose pour vous, madame Artémis ?

— Non, Kiki, tu es très occupée. Juste une petite chose : si tu parviens à savoir à quelle heure mon frère a l'intention de partir, préviens-moi afin que je prépare le dîner en conséquence. »

Mon travail pour la famille Onassis m'avait fait monter en grade à l'intérieur de ma propre famille. J'avais un frère, John, de huit ans mon cadet, que mes parents considéraient comme la prunelle de leurs yeux. En dépit de mon statut, j'avais souvent la sensation de ne pas valoir grand-chose à côté de lui. Dès que je devins la secrétaire d'Aristote Onassis, mes parents me considérèrent sous un jour nouveau. Ma mère, en particulier, s'intéressait à la famille Onassis et attendait avidement d'en savoir davantage sur eux. Au bout de quelques mois de travail à Olympic Airways, je commençai aussi à recevoir des requêtes d'amis de ma famille ou de parents proches. J'obtins des entretiens d'embauche pour certains à Olympic Airways ou dans d'autres entreprises dont M. Onassis était le propriétaire. A des amis très proches, je fournissais des billets gratuits ou à prix réduit sur les vols de la compagnie. A d'autres, je permettais d'obtenir un rendez-vous avec de grands médecins proches de la famille Onassis, mais qu'un Grec ordinaire avait du mal à atteindre. J'obtins un petit emploi, l'été, pour mon propre frère à Olympic Airways, qui lui permit de gagner un peu d'argent de poche. Mes parents, impressionnés par la facilité avec laquelle je rendais service à leurs amis et aux membres de notre famille, me firent des compliments pour la première fois de ma vie. « Vous avez beaucoup de chance que votre fille travaille pour Onassis », leur disaient de nombreux amis, et ils acquiesçaient fièrement.

Au début, au vu de mes longues heures de travail, mes parents s'inquiétèrent de ma santé et de ma sécurité. Souvent, lorsque je travaillais le soir sur un projet qui devait être bouclé le plus vite possible, je ne rentrais pas du tout à la maison. Ces nuits-là, je dormais deux ou trois heures sur le canapé du bureau. Une nuit où je m'étais ainsi effondrée, M. Onassis me fit la surprise d'entrer. Comme j'ai le sommeil léger, je me réveillai en sursaut. M. Onassis rit de mon ahurissement. « Rendormez-vous, insista-t-il en me voyant me lever. Je vous promets de ne plus vous importuner. » Sidérée de le voir entrer au bureau à trois heures du matin, j'appris qu'il dormait de façon totalement erratique. Il trouvait parfaitement normal de réveiller son chauffeur à n'importe quelle heure de la nuit pour se faire conduire au bureau. Mes parents, d'abord horrifiés par mes longues heures de travail, puis flattés par ma position, n'y virent plus d'inconvénient. Enfin, quand ma mère rencontra M. Onassis et ses trois sœurs au 35, Vassileos Georgiu, elle et mon père cessèrent de s'inquiéter de ma sécurité.

Dîner chez Artémis Onassis à Glyfada enchantait ma mère tout autant que cela me fascinait. Parfois, Artémis invitait mon frère cadet, John, à se joindre à nous. A l'époque, John n'avait que onze ou douze ans, mais il adorait venir à Glyfada. Artémis était aux petits soins pour lui et chargeait Panagiotis de préparer ses plats préférés. Si John mangeait du bout des lèvres, elle envoyait Panagiotis lui préparer autre chose à la cuisine. Elle s'empressait de faire remplir son assiette. Parfois, elle invitait aussi mes amies ou mes petits amis à dîner chez elle, et traitait chacun d'eux comme s'il était la personne la plus importante au monde. Elle était une hôtesse parfaite, toujours impatiente de rencontrer les êtres qui comptaient dans ma vie.

J'appréciais de voir ma mère, mon frère ou mes amis conviés à la table d'Artémis. Au fur et à mesure que mes liens avec elle se resserraient, ces invitations se raréfièrent. En leur absence, Artémis était plus détendue et évoquait des questions d'ordre privé. Je devins rapidement sa confidente, rôle qui me plaisait et que je prenais très au sérieux. Je ne répétais pas nos conversations à ma mère et me rendais disponible chaque fois qu'Artémis avait besoin d'une oreille attentive à ses problèmes. Quand elle ne parvenait pas à joindre son frère, elle me faisait part du souci dont elle voulait l'entretenir. Quand elle redoutait une de ses colères, elle me demandait mon opinion avant de lui présenter une requête. Elle évoquait avec moi des sujets dont elle ne parlait à personne, écoutait avec attention mes suggestions. Bien qu'elle fût beaucoup plus âgée que moi, je n'hésitais pas à lui dire le fond de ma pensée. Au début déconcertée de la voir accorder de la valeur à mes propos, cela me fit bientôt fort plaisir.

Les intimes du frère d'Artémis satisfaisaient toujours la curiosité qu'elle manifestait à son propos. A bord du *Christina*, Aristote avait placé un grand portrait de sa sœur aînée au-dessus de son lit. Elle y apparaissait triste et rébarbative, alors que dans la vie elle était tout le contraire. Débordante d'énergie et de nature extravertie, elle ne pesait pas plus de quarante kilos, mais celui qui estimait sa force à l'aune de sa silhouette commettait une grave erreur.

« Aristo, disait-elle lorsque nous étions tous réunis, comment se porte mon frère chéri ce soir ? Tu as l'air fatigué. Tu devrais prendre du repos. Je t'aime, tu sais, et je m'inquiète pour toi. Tu dois me promettre de prendre soin de toi. Aristo, puis-je faire quelque chose pour que tu te sentes mieux ce soir ? Dis-moi ce que tu désires et tu l'auras. »

Artémis se préoccupait aussi beaucoup de l'alimentation de son frère : « Mon chéri, disait-elle à M. Onassis, ne mange pas autant de friture. Je t'ai fait préparer des boulettes de viande à la place. C'est bien meilleur pour toi. Je t'en prie, très cher, ne reprends pas autant de sauce épicée. Ça va te rendre malade. »

Pourtant, elle ne tournicotait pas autour de lui sans tâter d'abord le terrain et s'assurer que le moment était bien choisi. Lorsqu'elle se trompait, il piquait une crise, et sans tenir compte des personnes présentes, lui reprochait à tue-tête de se mêler de ce qui ne la regardait pas. Artémis craignait son frère et s'efforçait toujours de ne pas déclencher sa colère. Elle hésitait à prendre des décisions concernant ses propres finances ou sa vie privée sans le consulter. S'il lui disait de faire telle chose et qu'elle ne suivait pas ses instructions de A à Z, il la réprimandait cruellement. Quand il refusait de la prendre au téléphone ou ne venait pas dîner comme prévu, elle était inconsolable. Souvent elle m'appelait en pleurant et me suppliait de lui dire ce qu'elle avait fait pour mettre son frère dans un tel état. Elle savait bien que personne ne pouvait prédire ses sautes d'humeur et qu'elle ne parviendrait ni à le joindre ni à lui plaire. L'inverse se produisait beaucoup plus souvent : il lui retournait son affection, touché de la voir s'inquiéter de lui. Et il était extrêmement rare qu'il laisse passer une journée sans lui parler, indépendamment de son état d'esprit ou de sa colère. Il rendait bien à sa sœur Artémis l'amour qu'elle lui portait.

Tout en sachant qu'elle pouvait ulcérer son frère en s'immisçant dans sa vie privée, Artémis continuait à le faire. Elle avait une opinion très arrêtée sur Maria Callas. Dès le début de l'aventure de son frère avec Maria, Artémis s'opposa à leur mariage. Maria était de souche paysanne. Elle était physiquement forte. Cantatrice de réputation mondiale, certes, elle ne serait jamais une épouse idéale pour son frère unique. Maria n'était, tout simplement, pas assez bien pour lui. En présence de tiers, Artémis ne se permettait jamais de critiquer son frère et sa relation avec Maria. Lorsqu'elle me fit entrer dans son intimité, elle me répéta leurs conversations. « Aristo chéri, lui avait-elle dit, prends garde à cette femme. Elle n'est pas faite pour toi. Si tu la voyais moins, tu pourrais peut-être en trouver une qui te convienne mieux. »

Aristote s'en prenait souvent à Artémis lorsqu'elle lui faisait part de ses sentiments. Il s'opposait à ses suggestions et la défiait ouvertement, mais il se peut qu'il n'ait jamais épousé Maria Callas à cause de l'opinion de sa sœur. Rien ni personne ne pouvait en apparence l'intimider, et pourtant il se laissait influencer par sa sœur aînée.

Artémis était peut-être l'ennemie de Maria, alors que les sœurs cadettes d'Aristote, Mérope et Kalliroi, se montraient plus douces à l'égard de sa maîtresse. S'il aimait une femme, elles estimaient devoir l'aimer aussi. Vivant toutes deux assez loin de lui, Mérope Konialidis à Monte-Carlo, avec son mari et ses deux fils, et Kalliroi Patronikolas à Lagonissi avec son mari et sa fille, elles ressentaient moins la présence des femmes dans sa vie.

Mérope et Kalliroi ne ressemblaient pas à leur sœur aînée. Les trois femmes se parlaient pratiquement tous les jours, mais les deux cadettes étaient plus proches l'une de l'autre qu'elles ne l'étaient d'Artémis. Mérope passant la plus grande partie de son temps à Monte-Carlo, elle ne venait pas à Glyfada aussi souvent que Kalliroi. Cette dernière aimait particulièrement faire la fête et s'amuser. Après son divorce, elle passa moult soirées dans des tavernes, à danser et à prendre du bon temps. Juvénile, débordante de vie, très chic dans ses robes ravissantes aux couleurs gaies, Kalliroi dansait des nuits entières dans les bras d'infatigables beaux garçons. De nombreuses photos la représentaient s'adonnant à sa passion de la musique et de la danse au club de Neraida.

Kalliroi avait presque cinquante ans lors de notre première rencontre, mais la plupart de ses amis avaient plus de dix ans de moins qu'elle. Sa fille unique, Marilena, avait mon âge. Physiquement, cette dernière ressemblait un peu à sa cousine Christina, avec un caractère complètement différent. Kalliroi possédait une joie de vivre et une vitalité bien plus grandes que ses deux sœurs. Son sourire chaleureux, son rire contagieux, sa beauté ténébreuse et sensuelle, sa nature généreuse et aimante rendaient sa compagnie délicieuse.

Je travaillais pour son frère depuis environ un an quand Kalliroi nous invita, ma mère, mon frère John et moi à passer le week-end à Lagonissi. Nous nous étions rencontrés à Glyfada et ma mère avait apprécié la compagnie de Mme Patronikolas. Le week-end, dans sa villa au bord de la mer Egée, fut un enchantement. John et moi nageâmes dans la piscine, à quelques mètres de la mer, et partageâmes une vaste chambre. Nous fîmes des promenades sur la plage avec Marilena, qui nous plut beaucoup. Le soir, Kalliroi, qui adorait cuisiner, nous prépara de petits plats succulents, et nous régala des heures durant d'anecdotes tout aussi savoureuses. La remerciant pour ce week-end magnifique, elle nous invita sur-le-champ à revenir très vite et nous acceptâmes tout de suite.

Kalliroi avait invité Artémis à se joindre à nous, mais cette dernière venait rarement dîner à Lagonissi, et elle n'aurait jamais songé y passer la nuit. Les rares fois où elle dîna avec nous chez sa sœur cadette, Artémis se fit accompagner de Panagiotis, qui transportait ses repas personnels dans un grand sac. Je compris qu'Artémis était passablement jalouse du temps que je consacrais à Kalliroi et je m'abstins de lui dire à quel point j'appréciais mes visites à Lagonissi. J'avais du mal à refuser les invitations fréquentes de Kalliroi. Un problème se posa un samedi soir où Artémis m'invita à Glyfada alors que j'avais déjà accepté une invitation de sa cadette. Je l'avouai à Artémis et lui promis de rentrer tôt le dimanche afin de dîner en sa compagnie. En hiver, je ne risquais pas de rencontrer ce dilemme : dès la fin de l'été, Kalliroi fermait sa villa de bord de mer et déménageait dans son bel appartement situé près du stade, 12, rue Riggilis. Elle y séjournait jusqu'en janvier, où elle partait pour sa villa en Suisse. Je m'occupais de toutes ses réservations d'avion, chaque fois qu'elle allait en Suisse ou en revenait, accompagnée d'une flopée de domestiques et d'une tonne de bagages.

Mérope, de deux années plus âgée que Kalliroi, était beaucoup plus sérieuse que sa cadette. Femme d'affaires consciencieuse, elle était la collaboratrice de son mari mais se vouait avant tout à ses deux fils. Les deux sœurs cadettes appelaient Artémis chaque jour pour prendre des nouvelles de leur frère et de ses deux enfants. En général, elles avaient une opinion identique sur la plupart des sujets et ne voyaient pas toujours les choses comme leur aînée. Elles ne comprenaient pas l'antipathie de leur sœur pour Maria Callas, mais convenaient d'une chose : mieux valait ne pas manifester ouvertement leurs dissensions avec Artémis.

Elles savaient pertinemment que cette dernière exerçait une autorité plus grande qu'elles sur leur frère. Intelligente comme elle l'était, Artémis trouverait toujours des moyens détournés d'exprimer son aversion à l'égard de Maria Callas et de l'empêcher d'épouser leur frère. L'entrée de Jackie Kennedy dans la vie d'Aristote lui offrit l'arme la plus efficace pour gagner la bataille contre Maria.

Cette influence, aussi typique soit-elle des coutumes grecques, il m'arrivait de la trouver étrange. Les incessants coups de fils d'Artémis pour prendre la température des humeurs de son frère étaient partie intégrante de mon travail, mais je me demandais comment elle s'y prenait avant que je ne sois la secrétaire de son frère. Artémis avait d'autres moyens de s'informer, étant donné qu'elle parvenait toujours à s'immiscer dans la vie de son frère. Il traitait des affaires impliquant des millions de dollars, il avait des liaisons avec certaines des femmes les plus célèbres et les plus désirées du monde, mais sa sœur aînée conservait une position toute-puissante dans sa vie privée. S'aliéner Artémis Garofalidis, ou ne pas gagner ses bonnes grâces, était une erreur de la part d'une femme qui souhaitait faire partie de cette vie. Cette erreur fut fatale à Maria Callas.

Le sujet préféré de conversation d'Artémis était son frère, et elle ne pouvait pas trouver oreilles plus réceptives que les miennes. Elle disposait d'une liste interminable d'histoires à son sujet. En voici une : Aristote, adolescent, vivait encore à Smyrne. Leur père, Socrate Onassis, un riche exportateur de tabac, désirait donner à son fils unique la meilleure éducation possible. Malheureusement, ce dernier était très mauvais élève et ses résultats scolaires décevaient beaucoup son père. Lorsque ce dernier engagea un professeur pour lui donner des cours particuliers de français, Aristote se montra subitement assidu.

« Son professeur de français était très belle, m'expliqua Artémis. Résultat, non seulement mon frère devint très bon en français, mais il tomba amoureux pour la première fois de sa vie. Depuis lors, il n'a cessé de s'améliorer dans ces deux domaines : la pratique du français et les liaisons avec les très belles femmes. »

Elle me racontait souvent une autre histoire : à dix-huit ans, son frère avait quitté la Grèce pour faire fortune en Argentine. Lors de la prise de Smyrne par les Turcs en 1922, Socrate Onassis perdit son immense fortune, et plusieurs membres de sa nombreuse famille furent massacrés ou expulsés. Socrate lui-même fut jeté en prison. A sa libération, il s'installa avec sa famille à Athènes. Incapable de trouver un travail décent en Grèce, Aristote partit pour Buenos Aires. Alors qu'il passait à San Remo, non loin de Monte-

Carlo, il aperçut les milliers de lumières qui illuminaient Monte-Carlo. « Un jour, écrivit-il à sa sœur en Grèce, je posséderai une des plus belles maisons de ce petit paradis. »

« Il le pensait vraiment, me disait Artémis. Et comme toujours, il a fait ce qu'il avait dit. »

Peu de temps après l'arrivée d'Aristote en Argentine, poursuivait-elle, leur grand-mère, Gesthsemane, sortit d'un camp de Samos et prit un bateau pour le Pirée. Elle avait survécu au camp, mais sur le bateau, un voleur tenta de lui subtiliser son sac, elle fit une chute et en mourut. Artémis et Aristote adoraient leur grand-mère et son décès les rapprocha encore. Ayant perdu sa mère et sa grand-mère, Aristote devint de plus en plus dépendant de sa sœur aînée.

Les liens entre la sœur et le frère, au plan matériel et affectif, éclataient aux yeux de tous. L'époux d'Artémis, M. Théodore Garofalidis, était chirurgien orthopédiste et président du conseil d'administration d'Olympic Airways. Mais son frère organisait de fabuleuses croisières sur son yacht, auxquelles étaient conviées des célébrités, à qui il offrait de somptueux dîners et des cadeaux hors de prix. Il n'était pas seulement un des hommes les plus importants de Grèce, mais indubitablement l'homme qui comptait le plus dans sa vie.

Artémis, à Glyfada, traitait son personnel de façon anarchique. Perfectionniste, difficile à satisfaire, elle se montrait d'une très grande exigence. Elle dirigeait sa maison avec l'aide de cinq domestiques, trois chauffeurs et un jardinier. Ce dernier s'occupait du grand jardin entourant la demeure, avec ses arbres d'essences différentes, des orangers aux fruits succulents, son gazon vert importé d'Afrique du Sud par M. Onassis pour Skorpios, ses somptueux parterres de roses, et sa belle piscine. Les cinq domestiques, dont Panagiotis était sans conteste le chef, vivaient dans des quartiers séparés, attachés à la maison, 35 Vassileos Georgiu. Si l'une d'elles commettait une erreur, comme renverser un plat en le sortant du four ou casser un verre, Artémis pouvait s'emporter. Même en présence d'invités, elle n'hésitait pas à haranguer la coupable, l'embarrassant tout autant qu'elle gênait ses hôtes. Pourtant, sa colère, contrairement à celle de son frère, n'était en général qu'un feu de paille. A peine explosée, elle s'évanouissait et cédait la place aux sourires et aux excuses.

« Pardonnez-moi, disait-elle à sa victime en larmes. Vous savez que je vous aime beaucoup et que je suis très satisfaite de votre travail. Tout le monde se fiche de ce plat stupide. L'essentiel, c'est que vous ne vous soyez pas blessée. Immédiatement, la domestique pardonnait à sa patronne, tenait absolument à assumer la responsabilité de l'incident et lui promettait d'être plus attentive à l'avenir.

Artémis faisait preuve d'une évidente pingrerie avec son personnel. « Je ne peux pas leur accorder d'augmentation, m'expliquait-elle. Si je le faisais, je montrerais le mauvais exemple à mes amis et voisins qui emploient des domestiques. J'aimerais être plus généreuse, mais je ne peux rien faire pour eux. »

Au cours de nos vingt années d'amitié, aucun domestique ne quitta Artémis, en dépit de sa langue acérée et de son avarice. Tous semblaient satisfaits de la servir pour un salaire de misère et sous la menace de son tempérament soupe au lait. Ils l'aimaient tous et lui pardonnaient ses défauts, en raison de l'affection qu'elle leur prodiguait. Peut-être aussi l'ambiance effervescente de la maison et les largesses de M. Onassis à leur égard les incitaient à ne pas quitter leur emploi.

Je n'aurais pas renoncé pour un empire à ces soirées passées au 35 Vassileos Georgiu. Tandis que Panagiotis, pantalon noir, veste blanche et nœud papillon blanc, se mouvait à travers la maison pour donner des ordres à ses collègues, Artémis régalait ses invités des mets, vins et musiques exquis.

La plupart des soirées débutaient de la même façon : Artémis, le visage radieux, faisait son apparition sur le grand escalier tournant, sa robe longue ondulant derrière elle, impeccablement maquillée. Elle aimait particulièrement l'organza, souvent brodé de fleurs roses, mais avait aussi un faible pour les teintes vives et les camaïeux de bleus. Sa couturière préférée, Roula, dessinait toutes ses robes, en travaillant avec sa cliente tous les aspects de ses créations. Artémis n'achetait ses vêtements que rarement, sinon jamais, dans un magasin ; elle préférait de loin les faire couper sur mesure par la talentueuse Roula. Cette dernière faisait en sorte que sa célèbre cliente ait une réserve inépuisable de longues écharpes de soie ou de dentelle, qu'Artémis drapait théâtralement autour de ses épaules et de son cou, parfois même autour de ses jambes, ne manquant jamais de faire une entrée spectaculaire, marquant ainsi l'ouverture officielle de la réception.

« Vous êtes vraiment en beauté ce soir, Artémis ! » déclaraient tous ses invités à son entrée dans le salon.

Elle retournait le compliment aux femmes, tout en félicitant les hommes de leur élégance. Souvent, elle me demandait de monter l'aider à se coiffer ou à se décider entre deux toilettes. Sa chambre m'émerveillait toujours. Les deux lits, avec leurs têtes de lit sculptées et leurs courtepointes de satin rose, étaient placés l'un contre l'autre. Mais c'était les bijoux éparpillés sur celui d'Artémis qui frappaient l'attention. Sa femme de chambre les rangeait le soir avant qu'Artémis se mette au lit, mais toute la journée et en début de soirée, les bijoux restaient soumis à sa constante inspection. Comme une enfant jouant avec ses jouets favoris, Artémis éprouvait une totale satisfaction à regarder et toucher chaque bague, bracelet, collier, boucles d'oreilles ou broche recouvrant la courtepointe de satin. Parfois, on aurait dit que la lumière émanant de cet amas d'or, de diamants, de rubis et d'argent illuminait le lit entier, comme les lucarnes qui le surplombaient.

Dans le boudoir d'Artémis, j'admirais la vaste collection de crèmes et de parfums dont elle s'enduisait la peau. Elle passait beaucoup de temps devant son miroir à appliquer crèmes et produits de maquillage et à dessiner ses yeux et ses lèvres exactement comme elle souhaitait les montrer. La plupart des crèmes que je commandais pour elle venaient de Suisse, et les parfums de Paris. Elle s'aspergeait généreusement de Cabochard, son parfum préféré. Sa sœur Kalliroi préférait une eau de toilette d'homme, qui portait le nom d'Alain Delon et dont le parfum seyait de façon étonnante à sa peau. Sur nombre des crèmes d'Artémis, la date d'expiration était dépassée. Je les passais en revue et je jetais celles qui n'étaient plus utilisables. Elle n'accordait en revanche pas les mêmes soins à ses ongles qu'à son visage. Elle mettait rarement du vernis, préférant les laisser à l'état naturel, contrairement à sa peau et à ses cheveux.

Si j'appréciais une crème, elle n'hésitait jamais à m'en faire cadeau, au point que je ne fis plus de commentaires trop enthousiastes sur les tubes et pots qu'elle posait devant moi.

En bas dans le salon, installée sur l'un des canapés, la plupart du temps à côté d'Artémis, je passais de longues soirées à bavarder avec Christina, Alexandre et M. Onassis, ainsi que Mérope et Kalliroi. Parfois, je m'asseyais derrière l'escalier, où avaient été installés un petit sofa et une table réservés aux discussions en tête à tête.

Dans cette pièce spacieuse au parquet toujours rutilant, de superbes bouquets de roses étaient éparpillés dans des vases de cristal. Les deux canapés, tendus du même tissu rose piqué de petites fleurs délicates, étaient installés face à face aux deux extrémités de la pièce, de manière à permettre d'admirer sur les murs les tableaux de Picasso, Tsarouhis et Thalassinos, doucement éclairés.

Je contemplais le célèbre tableau *La Marine* de Tsarouhis, adorant le garçon en uniforme bleu marine qui semblait vous regarder droit dans les yeux.

Les soirées d'hiver, un feu de bois rehaussait la majesté de la cheminée de marbre. Les rideaux rouge vif, tissés de fils d'or, étaient fermés hermétiquement, cachant le panorama sur la mer. Un vaste éventail de photos de famille dans des cadres d'or ou d'argent, représentant Mérope et Kalliroi en compagnie de leurs maris et enfants, Alexandre, Christina et même Tina, recouvraient le couvercle de bois du vieux piano à queue qui trônait au milieu de la pièce.

Les mets étaient présentés sur la longue table de bois ancienne de la salle à manger, éclairée en son centre par les chandelles d'un grand candélabre d'argent.

Souvent, les soirées se passaient en petit comité, avec Artémis, ses vieux amis de Smyrne, Roula et Letta, son cousin Tiamkaris et moi. Lorsque son frère était présent, la maison se remplissait d'autres hôtes. Un ami intime de M. Onassis, le professeur Georgakis, président du conseil d'administration d'Olympic Airways à une certaine époque, était souvent convié. Esprit brillant, il nous divertissait avec ses histoires sur les gens et la politique. De culture allemande, le professeur avait écrit de nombreux ouvrages universitaires sur l'Allemagne. Il parlait une multitude de langues, mais possédait surtout un sens de l'humour qui ravissait les hôtes de Glyfada. Des célébrités comme Elizabeth Taylor, Rudolf Noureev, Richard Burton ou le prince et la princesse Radziwill venaient dîner 35 Vassileos Georgiu. Kalliroi, après les avoir reçus à dîner un soir dans sa villa de Lagonissi, me raconta qu'elle les avait trouvés charmants, mais que Richard Burton avait bu comme un trou. Elle était encore médusée par la quantité d'alcool qu'il avait ingurgitée sans manifester d'ivresse. La plupart des gens célèbres qui venaient à Athènes se retrouvaient embarqués à bord d'un hélicoptère qui les transportait dans l'île de Skorpios, d'où on les escortait à bord du *Christina*. Mais cela est une autre histoire.

Moins opulents que ceux à bord du *Christina*, les dîners à Glyfada, divertissants et sophistiqués, avaient leur charme propre. Au titre de « Première Dame » de la villa, Artémis supervisait la soirée dans ses moindres détails. Chaque jour, elle donnait ses instructions à ses domestiques à propos de la préparation des plats qu'elle avait choisis pour le repas du soir. Elle ne pouvait s'empêcher d'expliquer à ses invités que les mets au menu étaient légers et de toute première qualité. Quand l'un deux faisait l'éloge d'un plat, elle rosissait de plaisir avant de décrire en détail le moindre ingrédient entrant dans sa composition. Dès que nous avions vidé notre assiette, elle se hâtait d'envoyer Panagiotis la remplir. Elle tirait un tel plaisir de nous voir apprécier ses plats que nous avions le plus grand mal à refuser de nous resservir.

En dépit de ma jeunesse, ces soirées ne m'ennuyaient jamais. Pas davantage je ne m'y trouvais déplacée. Peut-être aurais-je dû ne pas me sentir dans mon élément, mais il n'en était rien. De plus, elles étaient trop exceptionnelles pour que je laisse la timidité ou un sentiment d'insécurité en gâcher un seul instant. Les plats étaient servis par Panagiotis sur la longue table drapée de nappes brodées main, éclairée aux chandelles et dressée de couverts d'argent. De tous ses services de table, c'était celui de porcelaine blanche avec un liseré d'or orné de délicates fleurs bleues qu'Artémis préférait. Elle servait souvent sa spécialité de boulettes de viande au chili que son frère et ses enfants adoraient. Bien entendu il y avait des œufs de caviar rouge et de l'ouzo grec pour M. Onassis. Mais il y avait aussi des *kourabiedes* (sucre candi blanc), des *souvlakia*, du poulet aux pommes de terre cuisiné à la mode de Smyrne, des rouleaux d'aubergines frites, des baklavas, du *galaktoboureko* (équivalent de la crème caramel), du café grec, du fromage italien, du pain français et de l'eau minérale française. Notre hôtesse orchestrait la distribution des places. Elle faisait en sorte de s'asseoir à côté de son frère et en face de moi, et s'assurait que chaque femme était installée entre deux hommes.

Contrairement à sa tante, Christina, lorsqu'elle partageait notre dîner, préférait s'habiller d'une jupe noire, d'un chemisier blanc et de talons plats. Elle se maquillait très peu et se contentait de repousser ses cheveux noirs derrière ses oreilles. Son frère et elle avaient souvent hâte de terminer leur repas afin d'aller finir gaiement la soirée dans une taverne. Avant de partir, Christina enfilait en général une robe de couturier, Dior ou Chanel, et passait un long moment à se coiffer. « Je regrette qu'elle ne me laisse pas la conseiller en matière vestimentaire », remarquait rituellement Artémis après son départ. J'acquiesçais gentiment, tout en sachant que Christina ne porterait jamais le genre de toilettes arborées par sa tante pour ses soirées.

Le père de Christina n'assistait pas non plus à toutes les réceptions données par sa sœur. En particulier avant d'épouser Jackie, il dînait en hâte avant de se rendre en compagnie du professeur Georgakis dans sa taverne préférée. Après son mariage, Aristote ne sortit avec le professeur que lorsque Jackie était à New York, ou lorsqu'elle l'accompagnait dans un night-club où elle se divertissait énormément. En Grèce, extrêmement rares étaient les occasions où il la laissait le soir à la maison pour sortir seul. Quand il sortait avec son ami, les deux hommes pouvaient boire dans la taverne toute la nuit et se donner du bon temps avec les belles femmes invitées à leur table. Le lendemain de ces soirées, je recevais une facture du propriétaire du restaurant, énumérant toute la vaisselle que les deux amis avaient jetée contre les murs ou la cheminée. Coutume grecque que M. Onassis s'empressait de suivre à l'excès. Parfois je devais verser jusqu'à mille dollars en paiement de cette coutume.

M. Onassis croyait fermement au *kismet*, ou destin, et pouvait se montrer tout aussi superstitieux que nous, même s'il ne faisait pas pratiquer la lecture dans le marc de café. Artémis, en son absence, demandait à une de ses invitées, Letta Kiosseoglou, certains soirs à Glyfada, de lire dans nos tasses de café. Letta avait fait la connaissance de M. Onassis et de ses trois sœurs durant leur enfance à Smyrne. Son mari, homme fortuné, avait aidé la famille Onassis lorsqu'elle touchait le fond. Le jour où il perdit tout son argent et sa propriété de Smyrne, M. Onassis lui fit don d'une grosse somme d'argent pour subvenir aux besoins de sa famille. Letta était veuve et vivait près de Glyfada. Elle avait le même âge qu'Artémis dont elle était l'amie intime. Femme silencieuse, elle n'ouvrait la bouche que lorsqu'on lui adressait la parole. Elle était bonne, gentille et très portée sur la lecture du marc de café. Lorsque nous dînions toutes les trois à Glyfada, elle se penchait sur nos tasses, sitôt le repas terminé. Parfois, elle nous disait des choses exactes, mais la plupart du temps, nous nous contentions de rire et de nous amuser, sans vraiment prendre ses prédictions au sérieux.

Souvent, quand elle avait bu trop de vodka, Artémis, agacée par une chose que j'avais dite ou faite, s'adressait à moi sur le ton qu'elle employait avec ses domestiques : « Que tu es stupide, Kiki ! lançait-elle sèchement. Qu'est-ce qui t'arrive ? Tu n'as donc pas de cervelle ? Comment peut-on être si bête ! » La première fois qu'elle me traita ainsi, je fus très choquée et blessée. Je voulus m'enfuir, mais j'étais trop paralysée par la surprise pour bouger. Je n'arrivais pas à croire qu'une personne qui me traitait avec tant de gentillesse fasse subitement preuve d'une telle cruauté.

Il lui arrivait même de m'insulter encore plus vivement, lorsqu'elle m'accusait d'avoir des aventures. Quand j'arrivais une minute en retard et qu'elle était mal embouchée, elle hurlait : « Je ne te laisserai plus jamais entrer dans cette maison, tu es la personne la plus mal élevée que j'aie jamais rencontrée ! »

Le jour où je fondis en larmes devant Letta, cette dernière me consola : « Ne t'inquiète pas, Kikitsa, me dit-elle. Artémis se prend pour ta mère. Elle s'imagine être en droit de te donner des leçons. Elle ne se rend pas compte à quel point elle te blesse. Mais en réalité, elle t'aime énormément. » Réconfortée par la gentillesse de Letta, je séchai mes larmes. Et quelle que soit la profondeur de mon chagrin, je pardonnais sa méchanceté à mon mentor et amie, car je savais que c'était la vodka, et non son cœur, qui parlait.

En présence de M. Onassis, les repas n'étaient jamais suivis des prédictions de Letta. A la place, la soirée était consacrée à la musique. Un invité s'installait au beau piano que M. Onassis avait acheté des années auparavant en Espagne. Les photos qui le recouvraient, non seulement représentaient nombre de personnes célèbres, mais les amis et membres de la famille s'y montraient sous leur jour le plus souriant. Lorsque venait mon tour de m'asseoir au piano, M. Onassis me demandait toujours de jouer sa chanson grecque préférée, « Un rêve fou ». Souvent, un autre invité m'accompagnait sur un bouzouki, l'instrument grec qui ressemble à une guitare, et M. Onassis affichait le sourire lointain que lui inspirait toujours cette musique, en sirotant son ouzo.

Lors de ces soirées mémorables où je jouissais de l'affection et de la chaleur de sa famille, j'étudiais le visage de mon employeur, la manière dont il regardait sa fille, Christina. Je ne dirais pas qu'il exprimait amour et bonté. Au contraire, il paraissait agacé par les manifestations d'étrangeté, d'humeur maussade et de tristesse qui ont toujours fait partie du caractère de sa fille. Quand Christina se goinfrait de chocolat ou d'autre chose, il montrait du dégoût, et lorsqu'elle disait quelque chose qui lui déplaisait, il fulminait contre elle, sans tenir compte des personnes présentes. En d'autres occasions, il ne manifestait pas le moindre intérêt pour ce que sa fille disait ou faisait. Rares étaient les moments où il lui prodiguait son affection, alors que ces manifestations d'amour comblaient davantage Christina qu'aucun cadeau extravagant n'aurait jamais pu le faire. Elle devenait alors *chrysso mou*, ma dorée, et ne pouvait rien faire de mal à ses yeux.

Selon certaines rumeurs, Tina ne désirait pas un second enfant et aurait préféré mettre un terme à sa grossesse. Après tout, comme toutes les Grecques, elle avait eu un fils et cela lui suffisait. Les fils sont tellement portés aux nues dans les familles grecques qu'en comparaison, les filles sont quantité négligeable. Artémis pensait que c'était son frère qui avait convaincu Tina de ne pas se faire avorter. Indépendamment des sentiments de Tina sur l'arrivée de ce second enfant, Christina fut élevée dans une famille qui lui accordait moins de valeur qu'à son frère.

Je pus noter l'évolution de l'attitude de M. Onassis à l'égard de sa fille au fur et à mesure qu'elle grandissait. A seize ans, elle se montrait plus obéissante et plus soumise. A l'époque, il lui donnait tout ce qu'elle désirait et la couvrait de cadeaux somptueux. Lorsqu'elle commença à faire preuve d'indépendance d'esprit, elle se mit à faire des choses qui déclenchaient la colère de son père, surtout à propos de ses relations masculines. Il se retourna contre elle et l'accusa de n'avoir aucun discernement et de prendre les mauvaises décisions. Quand elle cessa de suivre ses suggestions, il comprit qu'il ne pouvait plus la battre comme il le faisait avant ses dix-huit ans. Frustré de ne plus pouvoir la contrôler, il manifesta plus de froideur et moins de générosité à son égard.

M. Onassis se montrait ouvertement plus aimant avec Alexandre. Pourtant, il lui arrivait également souvent de sortir de ses gonds contre son fils et de le dénigrer devant des tiers. Une attitude typique entre pères et fils grecs. Les pères comme M. Onassis adorent farouchement leurs fils, tout en exigeant énormément d'eux et se fâchent lorsqu'ils ne se montrent pas à la hauteur de leur attente. Mais la fureur de ce père grec se muait souvent en une fierté et un amour ardents que je ne vis jamais prodigués à sa fille. Il pouvait rire aux éclats avec Alexandre, et quelques minutes plus tard, lui en vouloir assez pour lui jeter un objet au visage. Il l'enlaçait par les épaules comme pour se rapprocher davantage de lui ; mais ce même bras pouvait, une minute plus tard, lui donner une gifle. Comme tous ceux qui aimaient M. Onassis, Alexandre luttait pour accepter sans sourciller ces sautes d'humeur.

De même qu'Alexandre et Christina apprenaient à s'adapter aux changements d'humeur de leur père, j'apprenais à me faire aux attitudes que provoquait la vodka chez leur tante. Artémis était tout autant mon amie et ma protectrice que ma persécutrice. Sans elle pourtant, je ne serais jamais entrée dans la vie menée par mon employeur et sa famille hors des murs de l'avenue Syngrou. Ni Artémis ni son frère n'étaient faciles à comprendre. En ce qui concernait M. Onassis, je m'évertuais à faire mon travail le mieux possible. Pour Artémis, ma position était plus floue. Je devais être à la fois une amie à ses pieds, sa fille chérie mais à l'occasion désobéissante, et la secrétaire personnelle de son frère qui avait toute confiance en elle. Je devais prêter l'oreille à ses problèmes et l'aider à les résoudre. Je devais joindre son frère chaque fois qu'elle avait besoin de ses conseils ou de sa présence. Remplir tous ces rôles dans la vie des deux Onassis me valait de larges récompenses. Non seulement je recevais beaucoup d'argent de mon employeur ainsi que des vêtements et des bijoux de sa sœur, mais ils m'accordaient de l'importance dans leur existence. De nombreuses années durant, je n'y vis que bonheur et paillettes dorées, parfois entachés de peine. Pourtant, plus j'entrais dans la vie des Onassis, plus j'en vins à comprendre qu'entremêlées à cette joie et ces paillettes, les souffrances, quoique cachées, n'étaient jamais absentes.

5

Maria, une passion grandiose

Le mariage de M. Onassis avec Jacqueline Kennedy eut de grandes répercussions sur la vie de tous les membres de sa famille. Pourtant aucun de ses parents — que ce soient ses sœurs, sa fille, son fils ou son ex-épouse — n'en fut affecté de manière aussi irrévocable que Maria Callas. Son existence, à partir du moment où elle tomba amoureuse d'Aristote, se déroula comme une tragédie grecque. Elle fit son entrée dans sa vie dans des circonstances dramatiques et en ressortit au milieu de tragédies plus grandes encore. Aristote, le philosophe grec, définit la tragédie comme « l'imitation d'une action grave, complète en soi, et d'une certaine magnitude ». Selon lui, la catastrophe émane d'un défaut dans le caractère du héros. D'autres soutiennent qu'elle provient d'événements que le héros n'est pas en mesure de maîtriser. Les héros de tragédie, dit Aristote, sont des « hommes de haut rang jouissant d'une grande notoriété ou de la prospérité ».

Nul ne niera que ces deux Grecs modernes, la diva et l'armateur, étaient de « haut rang » et « jouissaient d'une grande notoriété ou de la prospérité ». Secrétaire de l'un des deux, je m'interrogeais : la tragédie qui se dessinait ne pouvait-elle être évitée, leurs existences ne pouvaient-elles être baignées de tendresse et d'amour joyeux ? Il n'en était rien, je l'appris avec tristesse.

Maria Callas était déjà une légende avant que je commence à travailler pour M. Onassis. En dépit des nombreux contacts avec elle au téléphone ou en personne, j'eus toujours du mal à me convaincre que je parlais bien à la diva.

Je n'ai pas rencontré une seule fois Maria à un dîner à Glyfada. Artémis ne souhaitait pas sa présence et Maria ne voulait pas venir.

Il arrivait à Aristote et Maria de dîner chez Artémis, mais il s'agissait en général d'un tête-à-tête.

Le personnel de Glyfada me relatait souvent ces repas. « Le déjeuner d'*Afentiko* (le patron) et de madame Maria s'est très mal passé, me prévenait Panagiotis avant le retour de M. Onassis au bureau. Il ne sera pas de bonne humeur le reste de l'après-midi. »

Ou bien un des chauffeurs m'appelait pour me dire qu'il avait conduit le couple au restaurant Astéria d'Athènes. Pendant le trajet, M. Onassis avait tenu la main de Maria en l'appelant « Maritsa », surnom qu'on lui aurait donné dans sa Smyrne natale. En rentrant du restaurant, la voiture avait été le théâtre d'une telle profusion de rires et de baisers que le chauffeur était convaincu qu'*Afentiko* ne reviendrait travailler que tard dans l'après-midi. S'il revenait. J'organisais la fin de la journée en conséquence.

Dès le début de leur liaison, le *Christina* devint le refuge préféré d'Aristote et de Maria.

« Elle s'y sent à l'abri, me dit Artémis. Elle y échappe à ses fans et aux paparazzi, et personne ne lui demande quand elle va donner sa prochaine représentation. Mon frère fait en sorte qu'elle y soit en sécurité. De plus, c'est une femme très secrète, et ça lui convient d'être seule avec lui. Elle a le sentiment que sa mère et sa sœur aînée, Jackie, l'ont utilisée. Jackie a toujours été plus jolie que Maria et sa mère la préférait. Maria pense que son mari, Meneghini, la maltraitait aussi, qu'il s'est servi d'elle pour amasser une fortune sur son talent. Mon frère ne lui ferait jamais une chose pareille. Il prend soin d'elle maintenant. Elle n'a pas besoin de nous. Seulement de lui. »

Je comprenais ce qu'elle entendait par là. Au téléphone, la voix célèbre s'adressait toujours à moi d'un ton doux et hésitant. « Kiki, pourrais-je dire un mot à M. Onassis, s'il vous plaît ? S'il n'est pas trop occupé.

— Bien sûr, madame Maria. Je vous le passe tout de suite. »

M. Onassis n'était pas homme à manifester de l'enthousiasme quand il recevait des coups de fil, mais, là, il paraissait content d'apprendre qui l'appelait. Je fermais la porte de son bureau quand il lui parlait, surprenant quelques mots énoncés parfois plus haut qu'à l'ordinaire.

Beaucoup de Grecs affirment qu'une part de la tragédie entre ces deux êtres vient du fait que Maria abandonna sa carrière pour Aristote. Cela n'est pas tout à fait vrai. A l'époque où elle fit sa connaissance, Maria, épuisée par sa carrière de chanteuse d'opéra, avait déjà des problèmes de voix. Dans ses moments de colère,

Aristote qualifiait cette voix de « sifflet qui ne fonctionne plus ». Des paroles cruelles qu'il retirait la plupart du temps, mais Maria s'était fait cruellement huer lors de plusieurs concerts et elle avait de plus en plus le trac quand elle rencontra Aristote.

Artémis adorait me raconter une histoire datant de 1957 à propos de Maria, bien avant les débuts de la liaison entre son frère et la cantatrice. Maria avait retardé une représentation en Italie, car elle ne sentait pas la salle, persuadée que le public malveillant attendait que sa voix déraille, ne serait-ce qu'une seconde, pour la huer. Refusant catégoriquement de se produire, elle annula la représentation sous prétexte d'une indisposition.

Mais c'était la chute de l'histoire qui plaisait le plus à Artémis : en rentrant chez eux plus tôt que prévu de l'Opéra, beaucoup avaient trouvé leurs conjoints au lit avec leurs maîtresses ou leurs amants. A tous ces gens qui voulaient la blesser en lui réservant un accueil glacial, Maria rendait la monnaie de leur pièce.

Artémis me raconta aussi la première représentation de Maria dans *Norma* à l'Opéra d'Athènes. En 1941, âgée de dix-huit ans, on l'avait fait venir en hâte pour remplacer une cantatrice d'âge mûr, souffrante, qui s'opposait violemment à son entrée dans la compagnie. La soprano avait délégué son mari pour empêcher Maria d'entrer en scène, mais elle réagit en griffant le visage du pauvre homme jusqu'au sang. Il répondit d'un coup de poing qui valut à Maria de faire son entrée avec un œil au beurre noir. Sa réputation de Tigresse venait de naître. A dater de cette soirée et jusqu'au bout, le feu brûlant dans son cœur échapperait par ses lèvres. « Peux-tu imaginer une jeune inconnue se conduisant de la sorte ? s'interrogeait Artémis, encore stupéfaite par la détermination de Maria. Mon frère ferait mieux de prendre garde. Cette femme sera toujours la Tigresse. »

Artémis était fière du comportement de Maria et admirait l'énergie qu'elle déployait pour ne pas se laisser maltraiter. Elle ne voulait pas que son frère épouse la diva, mais ne manquait jamais une occasion de reconnaître son talent et son caractère.

J'étais déjà au courant de détails sur leur liaison avant de devenir la secrétaire de M. Onassis, mais les entendre confirmer de la bouche de sa sœur, qui avait assisté à une grande partie des événements et s'opposait avec véhémence à leur mariage, leur donnait un caractère encore plus dramatique.

Aristote s'était épris de Maria alors qu'elle chantait *Médée* à Londres, après l'avoir poursuivie des mois à Paris et Venise. Lors d'une croisière sur le *Christina* en juillet 1959 de Monte-Carlo à

Istanbul via la Grèce, et à laquelle participaient Artémis et son mari, Sir Winston et Lady Churchill, Tina et le mari de Maria, Giovanni Meneghini, Aristote et Maria avaient entamé une liaison qui allait choquer le monde et détruire leurs deux mariages.

« Les choses se sont déroulées sous mes yeux, me raconta Artémis, sans que personne puisse faire quoi que ce soit pour les arrêter. Toute sa vie, mon frère a choisi des femmes célèbres pour maîtresses. L'amour qu'il leur portait était proportionnel à leur importance ou à leur célébrité. Maria était la Grecque la plus célèbre de notre époque. Il ne pouvait pas ne pas s'éprendre d'elle. »

A la fin de cette croisière de trois semaines, Maria annonça à son mari qu'elle aimait Aristote et, selon le récit d'Artémis qui le déplorait encore, quitta le bateau avec un bracelet que lui avait offert son nouvel amant, gravé des initiales TMWL (To Maria With Love). Soit dit en passant, Tina possédait déjà un bracelet avec les initiales TTWL et Jackie recevrait son TJWL plus tard !

Ce bracelet n'était qu'un exemple de l'intention des amants de ne pas cacher leur amour. Le 10 septembre, en compagnie d'Artémis et du Dr Garofalidis, Maria embarqua à bord du *Christina* à Venise pour une croisière de deux semaines avec M. Onassis. Lorsque le couple débarqua du navire en Grèce, créant un beau tumulte, leur vie commune commença officiellement dans leur pays. « Je ne pouvais rien y faire, m'expliqua Artémis. Leur liaison était un fait accompli. Mais ils n'étaient pas pressés de devenir mari et femme. »

Artémis m'affirma toujours que Maria n'avait pas abandonné sa carrière pour Aristote, mais qu'elle en avait tout simplement assez de son existence en tant que plus grande chanteuse d'opéra du monde. « Aristo lui a dit qu'elle n'avait besoin de chanter que pour lui. Et elle ne se plaint jamais quand il le répète devant des tiers. » D'autres, par ailleurs, prétendent que la voix de Maria devint plus chaude, d'une expressivité plus grande, après sa rencontre avec M. Onassis. Tous ceux qui ont suivi sa carrière sont d'accord sur le fait qu'à partir du moment où elle tomba amoureuse de lui, sa vie changea complètement.

En 1958, elle donna vingt-huit représentations de sept opéras dans six villes à travers le monde. En 1960, elle n'en donna que sept de deux opéras dans deux villes ; en 1961, elle en donna cinq — deux *Médée* à Epidaure et trois à la Scala ; en 1962, elle chanta deux fois *Médée* à la Scala et en 1963 elle ne chanta aucun opéra sur scène. Elle donna bien des concerts et fit quelques enregistrements, mais en 1964, alors que sa relation avec Aristo battait de l'aile, elle revint sur scène pour les dernières représentations d'opéra de sa vie. Beaucoup affirment qu'elle perdit sa voix au cours de ces cinq années, de même que son désir de chanter devant des milliers d'adorateurs. Le trac qu'elle avait toujours réussi à maîtriser la paralysait peu à peu et, à l'évidence, son désir de vivre une existence à l'écart des personnages de fiction dont elle avait incarné les voix l'emportait sur son art.

Artémis affirmait aussi que Maria était une perfectionniste et que lorsqu'elle ne fut plus capable de chanter selon les critères qu'elle s'était fixés, elle n'en éprouva plus le désir. Selon elle, il était clair aux yeux de tous ceux qui les voyaient ensemble qu'Aristote lui offrait une nouvelle existence à laquelle elle n'avait jamais songé. Il captait toute la fougue qu'elle mettait dans sa voix et lui fournissait un autre débouché pour toute l'énergie et la passion qui l'habitaient : lui. Au lieu d'apparaître sur les scènes des grands Opéras du monde, face à un public passionné et exigeant, Maria se tenait maintenant sous les cyprès de Skorpios, face à un fan unique qui l'adorait. S'il ne la faisait pas revenir saluer seize fois en l'applaudissant frénétiquement, il canalisait toute la sensualité qu'elle déversait auparavant dans la musique. Elle n'était plus seulement une diva ; désormais elle était *aussi* une femme. Le soleil, l'océan, les fleurs et les arbres de Skorpios remplaçaient les feux de la rampe et, comme une fleur à laquelle aurait été refusée la lumière du soleil, elle s'épanouit subitement en une rose exotique.

Maria, à bout de forces, accueillit à bras ouverts cette chance de vivre une vraie vie auprès d'un vrai homme. Mais Artémis pensait que Maria attendait d'Aristote encore davantage qu'il ne lui donnait. La protéger de toutes les personnes qui l'utilisaient, toujours prêtes à trouver un moyen de profiter de son talent, était un présent immense que personne d'autre n'aurait été en mesure de lui offrir. Mais en plus de ce cadeau inestimable, Maria attendait une histoire d'amour éternelle et la respectabilité que confère le mariage. Les choses ne devaient pas se passer ainsi.

Les années vécues par Maria auprès de Meneghini l'avaient beaucoup fragilisée. Quelle que soit la force de l'amour qu'Aristote lui portait, elle ne fut jamais suffisante pour la rassurer. « Une femme qui est adorée de ses fans mais maltraitée par son mari ne sera jamais sûre d'elle, disait Artémis. J'ignore si mon frère parviendra jamais à compenser ce que Meneghini lui a fait. »

Bien que le divorce de Maria et de Meneghini ait été prononcé le 14 novembre 1959, suivi, onze jours plus tard, après presque treize années de mariage, par la demande en divorce de Tina au motif d'adultère, Aristote n'épousait toujours pas Maria. Et il s'amusait à des petits jeux guerriers avec ses nerfs déjà malades. Elle en sortait presque toujours perdante, réduisant d'autant l'éventualité de son retour sur scène. Pourtant, au cours des neuf années que dura leur liaison avant qu'il ne se remarie avec une autre femme, Aristote sembla remplacer le chant dans la vie de sa maîtresse, et selon les membres du personnel qui les voyaient à Skorpios, il parvint à débrider en elle, en dépit de son insécurité fondamentale, une sensualité dont peu la croyaient douée.

Durant ces années, il y eut autant de hauts et de bas dans la vie de Maria que dans l'échelle musicale. Par moments, on avait l'impression qu'elle pouvait tout avoir : Aristote et sa carrière. Le 6 août 1961, elle donna une représentation de *Médée* à Epidaure, qui fut couronnée par dix-sept rappels. Mais en 1964, au cours d'une représentation de *Poliuto* à la Scala, elle faillit s'évanouir de trac. Ils faisaient ensemble de belles croisières, mais couraient aussi les rumeurs d'une liaison entre Aristote et Lee Radziwill. Il l'émerveillait en la couvrant de somptueux bijoux puis l'humiliait en lui lançant des insultes en public.

Et sa sœur n'acceptait pas que cette femme devienne un jour l'épouse de son frère. « Elle ne le rendra jamais heureux, me répétait Artémis. Ils se ressemblent trop. Ils aiment trop mener leur monde à la baguette. Comment peuvent-ils vivre ensemble sans s'entre-tuer ? » Je comprenais son point de vue, car M. Onassis et Maria avaient tous deux des caractères très forts. Ils faisaient ce qu'ils voulaient, quand ils le voulaient. Ils étaient aussi incapables l'un que l'autre de faire preuve de générosité dans leur couple.

Selon les membres du personnel parisien qui les virent ensemble avant et après le mariage d'Aristote avec Jackie, ils étaient encore plus liés après qu'avant. Ils avaient été amants, mais lorsqu'il eut épousé Jackie, ils devinrent des jumeaux que rien ne pourrait jamais séparer. On aurait dit que ce mariage avait exacerbé la passion qu'Aristote portait à Maria. Comme si l'Américaine qui entrait dans sa vie, malgré sa beauté et son caractère unique, ne parviendrait jamais, en dépit de ce qu'il avait pu se mettre en tête, à remplacer complètement Maria.

« S'ils avaient vraiment voulu se marier, ils l'auraient fait, me disait Artémis. Ce n'est pas seulement à cause de moi que ce mariage n'a pas eu lieu. Cela provenait également d'eux. » De nombreuses rumeurs circulèrent à propos d'un mariage proche, qui ne se concrétisa jamais. Je commençais tout juste à travailler pour M. Onassis quand le chauffeur m'apprit qu'*Afentiko* allait se marier à Londres la semaine suivante. Il avait entendu Maria et M. Onassis en parler alors qu'il les conduisait un soir au restaurant Psaropoulos à Athènes. La semaine, et plusieurs autres, s'écoula, mais de mariage, point. Une autre fois, un employé du *Christina* raconta que le mariage allait être célébré à bord du yacht, mais là encore, il n'en fut rien. Plus tard, une des personnes au service de M. Onassis dans son pied-à-terre parisien de l'avenue Foch nous informa de l'imminence du mariage. Là encore, il ne se produisit pas.

Artémis avait une autre théorie sur la raison pour laquelle ils ne se marieraient jamais. « Mon frère est un vrai Grec, disait-elle. Les vrais Grecs aiment être les premiers à faire la demande en mariage. Maria a demandé à Aristo de l'épouser. Donc il ne le fera jamais. »

Pourtant, ceux qui les voyaient sur le *Christina* et à Paris disaient qu'ils donnaient l'image d'un couple effectivement marié. En présence de Maria, Aristote se montrait naturel, expansif et plein d'entrain. Ils étaient capables de discuter ensemble des heures d'un problème qu'il ne pouvait pas résoudre sans son conseil. Je vis plus tard, après son mariage avec Jackie, que M. Onassis ne s'emportait jamais autant contre sa seconde femme que contre Maria. Mais il ne paraissait pas non plus éprouver pour elle une passion aussi violente que celle que lui inspirait Maria.

Aristote et Maria ne se contentaient pas d'être tous deux grecs ; à bien des égards, ils étaient une seule et même personne.

Maria était sans nul doute la Grecque la plus fêtée de notre pays. Je la trouvais belle, presque divine. De nature forte, elle avait toujours lutté contre l'embonpoint. Elle possédait d'immenses yeux noirs, des cheveux noirs lustrés, une peau de porcelaine et un nez patricien proéminent qui donnait de la noblesse à son beau visage. Elle était animée d'une foi profonde et attribuait tout ce qui lui arrivait à la volonté de Dieu. Elle priait souvent et tirait une grande force de ses convictions religieuses.

Si sa liaison avec M. Onassis constitua pour eux deux la grande histoire d'amour de leur vie, on ne peut nier qu'elle fut orageuse. Les employés du *Christina* m'ont toujours raconté qu'ils se disputaient violemment, y compris en public. Si elle allait trop loin, il en arrivait même à la frapper. Mais leurs querelles amoureuses n'étaient guère différentes de celles d'autres couples grecs plus grands que nature. Tous deux avaient des opinions très arrêtées sur tout et refusaient de les garder pour eux.

Panaghis Vergottis, un armateur grec et ami proche d'Aristote qui devint par la suite un ami intime de Maria et qui servit d'intermédiaire entre les deux amants, ne cessait de les comparer au feu et à la dynamite. Il leur arrivait de se disputer avec une telle violence qu'on pouvait penser qu'ils allaient s'entre-tuer. Quelques minutes plus tard, ils s'embrassaient passionnément et se démenaient pour gagner la cabine la plus proche afin d'y faire l'amour. Car indépendamment de la virulence de leurs querelles, ils se réconciliaient toujours et continuaient à s'aimer.

Maria adorait les fleurs et un bouquet pouvait la rendre plus heureuse qu'un bijou. Lorsque j'apprenais par le personnel du *Christina* ou de l'appartement parisien qu'ils s'étaient disputés, je savais que j'allais recevoir l'instruction d'envoyer un bouquet à l'endroit en question. Comme je l'ai dit, M. Onassis ne présentait presque jamais d'excuses aux personnes avec lesquelles il se conduisait mal, et Maria ne faisait pas exception à la règle. Parfois, cependant, il accompagnait les fleurs d'un petit mot pour exprimer ses regrets, mais bien plus souvent laissait le soin aux ravissants bouquets de l'excuser à sa place.

Le personnel du *Christina* m'apprit à quel point Maria était inquiète et triste lorsqu'elle attendait l'arrivée d'Aristote, seule à bord du yacht. Parfois elle ne parlait pas du tout et passait la journée entière à contempler la mer. Elle refusait tout ce que le personnel lui offrait et passait tout ce temps à attendre face à l'océan, sans boire ni manger. Les marins du *Christina* l'auraient emmenée partout où elle aurait désiré aller, mais, comme toujours, elle se satisfaisait d'être à bord, loin de la foule, profitant de cette paix solitaire au cœur du luxe. Mais sans Aristote, la paix devenait douloureuse. « On dirait une femme de pêcheur attendant le retour de son mari d'une journée en mer, plaisanta un jour un employé du *Christina*. A mon avis, elle croit qu'il ne va pas revenir. » Dès que Maria apercevait le Chris-Craft venant de l'hydravion, elle revenait à la vie, retrouvait son rire et courait à la rencontre de son précieux Aristo.

Maria et Aristote passèrent de merveilleux moments à bord du *Christina*, avant le mariage de M. Onassis avec Jackie. Maria y disposait de sa propre suite, la suite Santorin, décorée dans le style typique des maisons de l'île du même nom. Le bleu et le blanc dominaient dans la chambre meublée d'un grand lit, recouvert d'une courtepointe bleu outremer ornée de petites fleurs blanches. Les murs blanchis à la chaux étaient décorés d'appliques bleues et de tableaux de l'île signés d'artistes locaux. Maria laissait une partie de sa garde-robe dans la penderie ; ses flacons de parfum et ses pots de crème étaient posés sur le bureau. Elle séjournait parfois dans la plus grande des maisons d'amis de Skorpios, mais ce n'était qu'à bord du *Christina* qu'elle se sentait vraiment chez elle.

Maria surnommait toujours M. Onassis « *passa mou* » ou « mon patron » d'un ton affectueux et bon enfant. Et on peut dire qu'il était effectivement son patron. Surtout en ce qui concernait son incomparable voix. Elle chantait souvent pour ses invités et, lors des soirées à bord, occupait le centre de l'attention. Un soir, il la pressa de donner un concert pour les habitants de Leucade, une île voisine qui fournissait l'eau potable à Skorpios. Maria commença par refuser, sous prétexte qu'elle ne se sentait plus capable de chanter en public, puis céda. Toute la population de Leucade fut conquise par son interprétation de *Cavalliera rusticana.*

Ce soir-là, beaucoup de gens demandèrent un autographe à Maria, mais comme souvent, elle hésita à signer par timidité. A la place, elle nota tous leurs noms un à un. Plus tard, dans l'intimité du *Christina*, elle fit une dédicace à chacun qu'elle leur envoya par courrier.

Durant les premières années de leur liaison, Aristote obligeait souvent toute sa famille à venir écouter Maria avec lui. Qu'ils eussent ou non envie d'assister à la représentation, Artémis, Kalliroi, Mérope ou leurs maris lui obéissaient. Aucun ne voulait irriter Aristote, qui ne leur aurait jamais pardonné de refuser d'entendre Maria dans *Médée* ou *Tosca.*

Maria n'était pas très sociable, mais elle appréciait les petites soirées à bord du *Christina* en compagnie des amis de M. Onassis. Avec Greta Garbo et Bette Davis, qu'il invitait fréquemment, elle se montrait particulièrement détendue. A leur arrivée à Skorpios, les deux actrices étaient gentiment accueillies par le couple. M. Onassis aimait bien les inviter ensemble et il organisa même une croisière dans les Caraïbes à bord du *Christina* pour eux quatre.

Indépendamment de ces invitations, il se montrait particulièrement généreux à l'égard de Mlle Garbo. Chaque fois qu'elle avait des problèmes financiers, ce qui n'était pas rare, il n'hésitait pas à lui envoyer un chèque important.

Lors de leurs séjours à Skorpios, les deux actrices passaient beaucoup de temps à nager sur les plages de l'île ou dans la piscine du *Christina*. Toutes deux portaient des lunettes noires et s'enveloppaient la tête de turbans. Contrairement à Maria, elles se déplaçaient toujours avec aisance, conscientes de leur beauté et d'être l'objet de l'admiration unanime. Maria se comportait avec une simplicité rafraîchissante, à l'opposé de Greta Garbo et de Bette Davis. Cette Grecque qui possédait la plus belle voix du monde était une grande dame, naturelle et pleine de classe.

A chacune des visites des actrices à Skorpios, seules ou ensemble, le chef du *Christina* essayait de leur servir des plats qu'elles appréciaient. Je me souviens de spaghettis préparés pour Bette Davis, accompagnés d'une sauce rouge spéciale à l'ail, au poivre et aux légumes, qu'ils dégustèrent tous les trois.

Maria se montrait d'humeur plus détendue et joyeuse avec ces deux femmes qu'avec nombre des autres invités du *Christina*. Souvent, quand M. Onassis lui annonçait leurs noms, elle se plaignait amèrement : « Mais Aristo, ne penses-tu pas que nous serions beaucoup mieux seuls ? Nous ferions un voyage merveilleux en tête à tête. Nous n'avons besoin de personne pour être parfaitement heureux. » Chaque fois, il parvenait à la convaincre qu'il avait eu raison de les inviter. Parfois, elle acceptait à sa demande de se mettre au piano sur le *Christina* pour s'accompagner elle-même. M. Onassis adorait la musique, et outre le beau piano ancien du yacht, il avait acheté des pianos pour sa maison de Glyfada et pour celle d'Artémis. Maria ne touchait jamais aux claviers de Glyfada, mais lorsqu'elle emplissait le yacht de sa voix magique, les membres du personnel avaient l'impression de se trouver à la Scala et ils devaient se retenir à la dernière note de se précipiter pour l'applaudir à tout rompre. Plusieurs d'entre eux me confièrent qu'ils avaient du mal à accomplir leurs tâches quotidiennes quand la diva chantait à deux pas d'eux.

En revanche, M. Onassis n'avait jamais besoin de la convaincre de faire bon accueil à Greta Garbo ou Bette Davis. Pourtant, il ne pouvait s'empêcher de flirter avec elles, de leur tenir la main, de les regarder dans les yeux en les complimentant sur leur beauté. Chaque fois que Maria était témoin de ce badinage, la tristesse assombrissait son visage et elle fondait en larmes. « Voyons, Maria, disait-il en se détournant des actrices pour se concentrer sur elle, tout le monde sait que tu es la plus belle femme du monde. J'adore ton physique. Tout le monde le sait. » Il couvrait son visage de baisers, sous les yeux des deux actrices. Comme une enfant, Maria rougissait, souriait et sa tristesse s'évanouissait.

Les compliments de M. Onassis ne parvenaient qu'un temps à calmer la nature jalouse de Maria. Il ne pouvait s'empêcher de faire la cour aux jolies femmes et en particulier à Greta Garbo. Un soir de 1967, je dînais à bord du *Christina* avec Maria et

Mlle Garbo. Ce soir-là, Maria était particulièrement silencieuse, mangeant du bout des lèvres. Les choses s'étaient gâtées entre elle et Aristote, et leurs disputes et séparations se succédaient. Au cours du repas, je laissai tomber ma serviette de table. En me baissant pour la ramasser, je constatai que la jambe de mon patron était souplement enroulée autour de celle de Greta Garbo. L'embarras me fit piquer un fard. Je surpris alors le regard de M. Onassis. Avec un petit rire, il me fit comprendre des yeux que je ne devais rien dire à Maria, ce dont je me serais évidemment bien gardée.

Maria appréciait beaucoup un autre invité : Winston Churchill. Etant donné l'affection qu'il vouait à Tina Onassis, que Maria l'eût également séduit n'était pas un mince exploit de sa part. M. Churchill mourut en 1965, un an avant que je commence à travailler pour M. Onassis, mais Artémis évoqua pour moi les huit croisières qu'il avait effectuées à bord du *Christina*. Maria ne se faisait jamais prier pour se mettre au piano et chanter pour lui. Elle riait des plaisanteries de l'homme d'État et lui demandait de lui raconter des histoires drôles. Un jour, Winston Churchill n'arrivait pas à trouver de taxi pour le conduire à la radio. Le seul qu'il parvint à arrêter refusa de l'emmener sous prétexte qu'il devait rentrer chez lui en hâte, afin d'écouter le message radiodiffusé de Churchill. « Il a tout simplement refusé de croire que c'était moi », conclut Churchill.

« Si vous décidez de quitter la politique un jour, lui déclara Aristote un soir, je pourrai toujours vous trouver un emploi de comique. »

Maria était impressionnée par la faculté qu'avait Winston Churchill de garder toujours un visage grave, même lorsqu'il racontait des blagues. Elle faisait l'éloge de ses tenues à bord du yacht et réprimandait Aristote à propos de sa négligence vestimentaire. « Regarde comme M. Churchill est élégant aujourd'hui, lui disait-elle au déjeuner. Un si beau costume ! Et regarde-toi ! Ce laisser-aller ! Pourquoi ne portes-tu pas une cravate pour le repas ? »

M. Onassis se contentait de rire et ne se changeait pas. Il était beaucoup plus à l'aise avec un ample pantalon de coton et une chemisette, sur laquelle il drapait souvent un sweater. « Comme ce yacht m'appartient, disait-il à Maria et M. Churchill, je m'habille comme bon me semble. » Sur ce, tout le monde riait et approuvait.

Maria appréciait aussi beaucoup Elizabeth Taylor et Richard Burton. Comparée à Mlle Taylor, Maria était particulièrement grande et imposante. Ces deux femmes possédaient un style de beauté remarquable, mais opposé. Mlle Taylor était menue et délicate. On aurait dit que ses yeux mauves étaient un cadeau précieux qu'elle offrait, l'espace d'un moment, à ceux qui la regardaient. Maria, pour sa part, avait une élégance ténébreuse et lancinante, une stature imposante, capable d'emplir toutes les pièces dans lesquelles elle entrait. Un soir où les deux couples étaient réunis à bord du *Christina*, Maria rit, plaisanta, s'amusa avec les invités de son amant. Cette joie de vivre inhabituelle frappa plusieurs employés du yacht. Souvent, elle était nimbée d'une telle mélancolie que rien ne parvenait en apparence à la rendre heureuse. Mais ce soir-là, les yeux étincelants, elle savoura l'humour de MM. Onassis et Burton. Elle accepta sans se faire prier de s'asseoir au piano pour interpréter tous les airs que lui demandaient M. Onassis ou les Burton. Excepté la quantité d'alcool consommé par Richard Burton, ce fut une soirée parfaite.

Lorsque Maria était à Skorpios, elle trouvait de nombreuses occupations pour chasser sa mélancolie. Elle aimait faire des promenades avec Aristote ou se balader seule dans les petites rues de l'île. Sur le *Christina*, elle se faisait masser quotidiennement. Tout comme elle effectuait sa gymnastique. Chaque matin elle marchait, s'étirait et faisait tout ce qu'elle pouvait pour rester mince. Elle prenait ses exercices au sérieux et se concentrait sur chacun pour l'exécuter à la perfection. Elle adorait nager et se promenait souvent sur le yacht ou dans l'île en costume de bain, bien loin de la cantatrice éblouissante qui apparaissait sur scène dans des costumes somptueux.

Le farniente, sur la plage ou sur le *Christina*, suffisait à la satisfaire. Elle s'essaya à la broderie, décorant oreillers, nappes et serviettes de table en se consacrant avec minutie à chaque motif. Sur le *Christina*, certains s'étonnaient de la voir aussi habile dans tout ce qu'elle entreprenait. La plupart du temps néanmoins, elle nageait toute seule ou prenait des bains de soleil, profitant des arbres, des fleurs, des plantes, des petits animaux, des chevaux et des oiseaux qui peuplaient l'île. Skorpios, à cette époque, était son foyer et elle avait du mal à croire qu'elle avait vécu une autre existence de femme célèbre entièrement consacrée à son art.

Tous les membres de l'équipage du *Christina* s'efforçaient de plaire à Maria, mais la satisfaire était difficile. Son manque d'assurance, en dépit de son talent et de sa célébrité, ne facilitait pas la tâche. Maria confia un jour à Artémis que lorsqu'elle chantait, elle avait l'impression de se trouver à l'intérieur d'une boîte de verre où personne ne pouvait la blesser. Mais à la seconde où s'évanouissait la dernière note, la boîte se brisait en mille morceaux, et elle se sentait vulnérable et exposée. Malheureusement, certaines des personnes travaillant sur le *Christina* étaient incapables de l'aider à sortir de cette boîte de verre sans se blesser. Tout en se montrant toujours polis et respectueux à son égard, beaucoup ne l'aimaient pas. Peut-être était-ce en partie dû au fait que Maria ne leur faisait jamais le moindre compliment. Souvent, Aristote et elle se rendaient dans les cuisines avant un repas pour goûter aux plats que leur préparait le chef, et ils s'extasiaient sur leur saveur. Mais lorsqu'elle était seule, Maria changeait de comportement et n'exprimait aucune reconnaissance à ceux qui étaient à son service. Ce manque de considération frustrait les employés et leur interdisait de s'attacher à elle. Dire à quelqu'un qu'il a bien travaillé ne semble pas très compliqué, et pourtant, Maria avait du mal à prononcer ces simples paroles.

En apparence, Aristote n'en voulait pas à Maria d'être incapable de faire sentir à son personnel qu'elle l'appréciait. Malheureusement, lui non plus ne parvenait pas toujours à la satisfaire, en dépit de toute l'attention et de tout le temps qu'il lui accordait. Elle aurait voulu l'avoir toujours à ses côtés. Chaque fois qu'il devait se rendre à Athènes pour ses affaires, Maria, par ses plaintes, dévoilait son sentiment d'insécurité. Elle pleurait, mettait en doute l'amour qu'il lui portait et lui faisait une scène. « Si tu me laisses seule, tu ne me trouveras pas à ton retour, le menaçait-elle alors qu'il se préparait à partir. Tu regretteras ce que tu me fais. »

Ces scènes n'empêchaient bien évidemment pas Aristote de s'en aller. A son retour, il se contentait de lui dire : « Tu vois, ma chérie, je suis revenu. Tu es la seule femme que j'aime. » Tout en ne le croyant jamais complètement, elle attendait toujours son retour.

Maria ne faisait pas confiance aux gens. Elle raconta à Artémis que, tout comme Meneghini, sa mère et sa sœur avaient profité de son talent de cantatrice et ne s'intéressaient qu'à son argent. Ses meilleurs amis, à l'image de son mari et de sa famille, ne l'avaient pas bien traitée. « Tout le monde s'est toujours servi de moi, se plaignait-elle avec amertume. Aristo est la seule personne qui ne m'extorque rien. A la place, il m'offre tout. Tout ce que je peux désirer. »

« Elle a raison, me confia Artémis. Elle ne trouvera jamais personne qui la traitera aussi bien qu'Aristo. Pourtant, j'aimerais bien qu'elle trouve quelqu'un. »

Quand Maria prenait du poids, Artémis l'aimait encore moins. Maria, bien longtemps avant de rencontrer Aristote, avait pesé plus de cent kilos, et Artémis craignait de la voir redevenir aussi grosse. Pourtant, M. Onassis ne paraissait pas attacher d'importance aux fluctuations de poids de sa maîtresse. Il paraissait même ignorer qu'elle faisait de la gymnastique pour essayer de maigrir et l'encourageait à se laisser aller. D'après Artémis, c'était peut-être pour lui un moyen inconscient de s'assurer qu'elle ne remonterait jamais sur scène. Souvent, lors des repas sur le *Christina* où Maria mangeait du bout de sa fourchette pour garder la ligne, il se mettait en colère : « Tu ne fais pas plaisir au chef, lui reprochait-il. Il va être vexé de voir tout ce que tu as laissé dans ton assiette. Tu ne peux pas la laisser repartir comme ça à la cuisine. » Maria souriait tristement, hochait la tête et avalait jusqu'au dernier morceau des mets délicieux placés dans son assiette, les plats trop nourrissants de Smyrne, *pastourna*, boulettes de viande et petites frites, qu'elle adorait, tout comme son amant.

M. Onassis ne se contentait pas d'exercer une influence sur le poids ou la voix de Maria, mais sur son apparence entière. Comme il n'aimait pas le mascara, le rouge à lèvres et le fard à joues, Maria ne se maquillait pratiquement pas. « Tu es belle quand tu es complètement naturelle, lui rappelait-il dès qu'elle mettait du mascara et soulignait ses yeux au crayon. Enlève-moi ça et montre-moi le visage que j'aime. » Et elle lui obéissait. Il gouvernait ses goûts en matière vestimentaire, la poussant à adopter un style classique et dépouillé. Un soir que je dînais en leur compagnie à bord du *Christina*, Maria quitta la table pour changer de robe. Le personnel me raconta qu'elle le faisait souvent quand celle qu'elle portait ne plaisait pas à son compagnon. Elle était prête à tout faire pour cet homme.

Artémis n'était jamais à court d'arguments pour m'expliquer que son frère et Maria n'étaient pas faits pour se marier. Maria était incapable de courtiser qui que ce soit, et ne faisait nul effort pour obtenir l'approbation d'Artémis, ce qui n'échappa pas à la sœur aînée de M. Onassis. Les rares fois où je les vis ensemble sur le *Christina*, Maria ne manifesta aucunement à Artémis le respect que cette dernière attendait. Tout en se montrant polie et courtoise à son égard, elle ne s'intéressait guère à elle. Au début, je crus qu'Artémis l'intimidait peut-être, puis je réalisai que Maria ne s'intéressait véritablement à aucun des participants au repas, en dehors de son amant.

« Tous deux adorent donner des ordres, se plaisait à me répéter

Artémis. Tous deux ont la science infuse et ne savent ni l'un ni l'autre s'avouer vaincus. » A plusieurs reprises, elle me raconta une soirée passée à écouter de la musique à bord du *Christina.* M. Onassis, fin amateur de musique classique, se mit à identifier chaque morceau, l'attribuant sans mal à Beethoven, Mozart ou Verdi. Maria pinailla à propos de chaque pièce, soutenant qu'il s'était trompé plusieurs fois. Ils se querellèrent toute la soirée, jusqu'au moment où Maria finit par céder et admettre qu'il avait raison. Artémis me dit que Maria avait gâché la soirée, soutenant que son frère en savait davantage sur la musique que la cantatrice.

J'achetais souvent de beaux bijoux que M. Onassis désirait offrir à Maria. Elle aimait particulièrement les bagues. L'une d'elles, dont je réglai la facture, coûta, selon les termes de M. Onassis, « aussi cher qu'un bateau ». Contrairement à Jackie, Maria était issue d'une famille pauvre. Elle avait vécu chez sa mère jusqu'à son mariage avec Meneghini, qui prit alors en main sa carrière. Tout en se contentant souvent de fleurs, elle était toujours ravie de recevoir des bijoux de son amant.

Un des détails navrants de la relation de Maria avec M. Onassis concerne ces bijoux. Je savais exactement quels bijoux il lui avait offerts durant les deux années précédant son mariage avec Jackie. Quelle ne fut pas ma surprise de voir Jackie porter les mêmes après leur mariage. « Ça n'a rien d'étonnant, me dit Artémis. Quand Aristo a annoncé à Maria que leur liaison était terminée, elle a laissé une grande partie des bijoux qu'il gardait dans un coffre du *Christina.* Il les a donc donnés à Jackie. Quelle importance ? Du moment que quelqu'un en profite, peu importe la personne à laquelle ils étaient destinés. » Jackie ignora que ces bijoux-là avaient appartenu à la maitresse de son mari.

La liaison entre M. Onassis et Maria traversait une passe difficile quand je commençai à travailler pour lui et elle faisait l'objet de nombreux bavardages, à Skorpios et au bureau. J'entendis dire que Maria s'était fait avorter deux fois durant son histoire d'amour avec M. Onassis. Un de ces avortements aurait eu lieu en 1963, alors qu'elle avait quarante-trois ans. Elle en aurait été particulièrement accablée, car elle désirait ardemment ce bébé. Que son amant n'ait pas voulu en entendre parler lui avait brisé le cœur. Le personnel du *Christina* évoquait avec moi beaucoup de questions concernant Aristote et Maria, mais n'aborda jamais ce sujet, peut-être tabou, selon une loi non écrite. Ou alors il ne s'agissait que de rumeurs. J'ai tendance à croire à la première explication. Néanmoins, je ne peux tenir pour vrai un fait dont je n'ai jamais parlé avec la famille Onassis ou avec le personnel.

Une des employées d'Olympic Airways partageait une amie intime avec Maria. Elle me parlait donc souvent de la cantatrice. « Maria ne veut qu'une chose, me confia-t-elle : se marier et avoir des enfants. Sa famille l'a forcée à chanter quand elle était petite et Meneghini lui a interdit de s'arrêter. Lorsqu'elle lui a confié son désir d'avoir un enfant, il a fait la sourde oreille. Un enfant aurait impliqué le sacrifice d'une année entière de carrière et, selon lui, elle n'aurait jamais retrouvé son statut. Elle a toujours cru qu'Aristote Onassis allait l'épouser et qu'il lui donnerait des enfants, mais elle n'a eu ni l'un ni l'autre.

« En 1965, il a essayé de la convaincre d'interpréter le rôle tenu en définitive par Irène Papas dans le film *Tosca*, avec Anthony Quinn pour partenaire, mais elle a refusé. Le cinéma ne l'intéressait pas. Je pense qu'Aristote ne le lui a pas pardonné. Mais elle ne voulait pas voir son visage sur l'écran. Elle s'est toujours trouvée laide et grosse. A l'en croire, les gens l'aimaient ou la haïssaient, il n'y avait pas de milieu. Elle était lasse d'essayer de satisfaire ses fans à chaque représentation. Sa gloire était trop pesante à porter, et elle désirait en être débarrassée. Elle adore vivre dans le luxe auprès d'Aristote, mais maintenant, elle est trop souvent seule.

« Elle croit en Dieu et prie souvent, afin qu'il lui accorde la force d'accomplir son devoir. Elle est convaincue qu'Il lui a envoyé Aristote, que cet homme lui donnera une nouvelle vie et une famille, et sera toujours là pour elle. Elle n'abandonne pas cet espoir. »

Par moments, j'en fus témoin, la confiance que Maria portait à Aristote était profondément ébranlée. Il lui offrait parfois des présents pour des raisons qui n'avaient rien à voir avec son anniversaire, sa fête, ou une déclaration d'amour. Il lui arrivait de dépasser les bornes d'un simple flirt et de la tromper et il n'avait alors pas le choix. Un soir, il la laissa à Skorpios sous prétexte d'un important rendez-vous d'affaires à Athènes. Le lendemain, quand Maria tomba sur une photo de lui dans le journal, enlaçant amoureusement Lee Radziwill dans un night-club de la capitale, elle devint folle. Il avait rencontré Lee Radziwill en 1963 et l'avait invitée sur le *Christina*. Maria l'avait immédiatement prise en grippe et avait demandé à M. Onassis de la renvoyer. Devant son refus, elle rassembla toutes ses affaires, quitta le bateau et rentra à Paris. Comme M. Onassis n'éprouvait rien de sérieux pour Lee, il envoya des fleurs à Maria au bout de quelques jours, en la priant de revenir. Lee partie, Maria se réinstalla à bord du yacht. Quelques mois plus tard, à la vue d'une autre photo d'Aristote et de Lee dans le journal, Maria l'appela dans son bureau d'Olympic Airways et le menaça, en hurlant comme une possédée, de se jeter à la mer. M. Onassis se hâta de regagner Skorpios, lui apportant un collier exquis d'une valeur d'un million de dollars. Ce cadeau suffit apparemment à la calmer, mais Aristote aimait bien ce bijou, qui fut déposé dans le coffre du *Christina.* De telle sorte que quelques années plus tard, il l'offrit à Jackie. En vérité, lorsqu'un bijou plaisait à M. Onassis, il n'hésitait pas à l'acheter en double. La première fois que je vis ce collier au cou de Jackie, je me dis qu'il s'agissait d'un de ceux-là ; mais Artémis me soutint qu'il n'en existait qu'un seul exemplaire.

Outre sa profonde jalousie, Maria continuait à craindre les journalistes. Chaque fois qu'un étranger s'approchait de Skorpios, elle alertait Aristote, de manière qu'il puisse chasser l'intrus tout de suite. Un après-midi qu'ils passaient ensemble sur la plage, Maria repéra des skieurs nautiques et demanda à M. Onassis de les éloigner. « Voyons, Maria, répondit-il gaiement, n'empêche pas cette jeune fille de skier. Elle est si mince et si jolie ! J'ai plaisir à la regarder. »

Maria le prit très mal et voulut s'en aller. Il la saisit par le bras pour l'obliger à rester près de lui. « Tu sais bien que je préfère les femmes grandes et un peu fortes comme toi », lui déclara-t-il amoureusement. Quelques minutes après, Maria avait retrouvé son sourire et sa sérénité.

Les deux petits caniches de Maria, Pixie le blanc et Jeddah le noir, constituaient aussi un objet de discorde. Elle les adorait et demandait toujours à les emmener sur le *Christina.* Pour une raison mystérieuse, M. Onassis ne les aimait pas et lui accordait rarement cette permission. Maria le suppliait, en larmes, de l'autoriser à les garder avec elle sur le bateau, mais il cédait très rarement.

Lors de ses séjours à Skorpios, Maria recevait fort peu en son nom et ne voyait que très rarement sa mère et sa sœur. Cela n'empêchait pas M. Onassis de rester en contact avec elles et de leur verser souvent de grosses sommes. Un jour, Maria lui dit qu'elle préférerait de beaucoup le voir traiter avec gentillesse ses chiens, qu'elle adorait, au lieu de subvenir aux besoins de parentes qu'elle n'aimait pas. Souhait auquel il ne répondit pas.

Maria se plaisait infiniment à bord du *Christina* et ne passait que peu de temps à Skorpios. Elle ne modifia en rien ces deux endroits. Un jour où elle suggérait un simple changement de meubles dans sa suite, M. Onassis se montra désagréable. « N'oublie jamais, ma chérie, l'informa-t-il d'un ton glacial, que tu n'es pas la maîtresse de maison ici. Tu n'es qu'une invitée. » Là encore, Maria fut bouleversée. Elle cria et versa des larmes, mais il s'éloigna rapidement sans paraître l'entendre. Les membres du personnel du *Christina* ne considéraient donc pas Maria comme leur patronne. Ils suivaient ses instructions, mais ne se décarcassaient jamais pour lui plaire. Ce fut seulement lorsque je vis comment ils se conduisaient avec la seconde épouse de leur patron que je compris combien ils en faisaient peu pour elle. Pour Jackie, la moindre tâche prenait de l'importance. Ils anticipaient ses besoins et étaient enchantés de la satisfaire. Maria n'était, comme le faisait comprendre clairement son amant et leur patron, qu'une invitée.

La manière dont Jackie gagna non seulement l'affection des membres du personnel du *Christina* mais le cœur et le nom de M. Onassis brisa le cœur de Maria. Nous fûmes nombreux à nous demander comment elle surmonterait ce choc. Mais nous apprîmes vite que ce mariage ne signifiait pas la fin de leur liaison. Un mois après avoir épousé Jackie, M. Onassis revoyait Maria à Paris. Leur amour paraissait en fait s'être renforcé. Maria ne remit cependant plus jamais les pieds dans la suite Santorin. M. Onassis ne le lui permit pas. Il faisait aussi de très gros efforts pour éviter une rencontre entre les deux femmes. Et il est probable qu'elles s'y employaient aussi. Les rares fois où Maria séjournait en Grèce, Jackie se trouvait à New York. Comme Maria vivait la plupart du temps dans son appartement parisien, Jackie prenait soin de ne pas visiter la capitale française quand elle s'y trouvait.

M. Onassis possédait un appartement luxueux au 88, avenue Foch, non loin de celui de Maria, 36, avenue Georges-Mandel, où il passait beaucoup de temps. Maria se rendait à l'occasion avenue Foch, mais ils se voyaient surtout chez elle. Souvent, quand j'appelais M. Onassis à Paris pour son travail, ses domestiques me répondaient drôlement : « Vous ne pouvez pas parler à Megalos maintenant, Kiki. Il est occupé par une affaire grecque. » Je comprenais sur-le-champ. Il avait quitté son appartement pour se rendre avenue Georges-Mandel.

Beaucoup de Grecs, contrairement aux trois sœurs de M. Onassis, furent déçus qu'il n'épouse pas Maria. Ils auraient de loin préféré un mariage avec la plus célèbre cantatrice grecque qu'avec Jackie Kennedy. Tout en n'aimant pas particulièrement Maria, beaucoup de membres d'équipage du *Christina* trouvaient néanmoins qu'elle aurait été une épouse idéale pour leur employeur et répétaient qu'Afentiko commettait une erreur gigantesque en ne l'épousant pas. « Elle est la seule femme au monde qui lui convienne, affirmaient-ils. Ils sont faits l'un pour l'autre. » Lorsque les tragédies s'abattirent sur la famille Onassis après son mariage avec Jackie, certains prétendirent que c'était parce qu'il n'avait pas épousé l'amour grec de sa vie, Maria Callas. En épousant une femme tellement hors de sa portée, il avait tenté le destin et laissé le champ libre à la tragédie.

Costas Gratsos, ami très cher et associé de M. Onassis, essaya de convaincre Aristo d'épouser Maria. Costas aimait bien Maria et il était convaincu qu'ils seraient plus heureux s'ils se mariaient. C'est un des rares cas où M. Onassis ne suivit pas le conseil de son ami.

Christina et Alexandre Onassis, pour leur part, ne furent pas déçus que leur père n'épouse pas Maria. De toute façon, ils n'avaient qu'une idée en tête : le remariage de leurs parents. Il est triste que Maria n'ait jamais eu d'enfants, mais elle ne parvint pas à gagner l'affection de ceux de M. Onassis. Christina et Alexandre faisaient leur possible pour éviter de côtoyer la femme qu'ils considéraient comme responsable de la faillite du mariage de leurs parents. Lorsqu'ils ne pouvaient pas faire autrement, ils l'appelaient « Kyria » ou « Madame », d'un ton sarcastique et sans lui manifester le moindre respect. L'ironie voulut que Christina changeât d'avis à propos de Maria et de son père après le mariage d'Aristote avec Jackie. Mais il était trop tard.

L'été 1967, le dernier passé par Maria sur l'île de Skorpios, fut terni par la conscience que la vie qu'elle menait avec lui depuis neuf ans était sur le point de s'achever. L'année suivante vit se concrétiser ses pires cauchemars : Aristote s'était sérieusement lié avec une autre femme, la plus célèbre Américaine. Maria savait qu'il avait reçu Jacqueline Kennedy en tête à tête dans son appartement parisien. Elle savait que, depuis 1963, il s'entretenait fréquemment avec elle au téléphone. Elle savait qu'il avait emmené Jackie en croisière dans les Caraïbes en mai 68. Elle savait qu'il s'était rendu auprès d'elle au moment de l'assassinat de Robert Kennedy, le 6 juin 1968. Et elle savait, en juin 1968, qu'il désirait la quitter pour pouvoir épouser Jackie. « Il n'aime pas Jackie, confia-t-elle à Costas Gratsos. Il aime simplement se faire admirer par des femmes importantes. Il va donc me remplacer par une autre, plus importante que moi. Mais je suis convaincue qu'il ne l'aime pas du tout. »

Le mariage de M. Onassis avec Jackie détruisit pratiquement Maria. A l'époque, sa carrière de cantatrice appartenait au passé et elle avait quarante-cinq ans. Pendant neuf ans, elle avait donné à cet homme tout ce qu'il désirait et il l'abandonnait. Elle n'avait ni mariage, ni enfant, ni carrière, ni voix. « J'ai vécu les plus belles années de ma vie auprès d'Aristo, confia-t-elle à Costas Gratsos avant de quitter le *Christina*. Et les pires. »

La femme qui descendit du yacht en août 1968 était très différente de celle qui était montée à bord en 1959. Onassis en avait fait davantage qu'une chanteuse d'opéra : il en avait fait un opéra. Elle ne se contentait plus de chanter un rôle ; elle le vivait. Ces neuf années avaient contenu beaucoup de joies et beaucoup de douleurs. Maria était une femme vaincue. Aristote avait quitté Tina pour elle. Maintenant, il la quittait pour Jackie. Toute la souffrance des héroïnes qu'elle incarnait sur scène était désormais sienne. Son univers n'avait jamais été plus vrai. Ni plus douloureux.

« Je commence à donner la dernière représentation de ma vie, confia-t-elle au professeur Georgakis peu de temps avant d'emballer ses vêtements, ses parfums et ses crèmes et de quitter sa suite bien-aimée du *Christina* pour la dernière fois. Je la joue toute seule et c'est la plus triste de celles que j'ai données. » Et elle disait vrai.

Après le mariage de M. Onassis avec Jackie, Maria ne me demanda jamais de lui organiser le moindre voyage pour se rendre à Paris, Londres ou en Italie. Pas une fois elle ne l'appela à son bureau d'Athènes. De son côté, M. Onassis ne me demanda jamais de lui organiser un voyage pour rendre visite à sa maîtresse. Il s'occupait toujours personnellement de ces détails. Miltos Yiannacopoulos lui servait souvent d'intermédiaire. Il appelait directement Maria pour organiser son rendez-vous avec Aristote. Mais j'étais au courant, comme tout son entourage, du rôle important que tint Maria dans sa vie pendant les six années et demie de son mariage avec Jackie. Peut-être savait-il qu'il pouvait avoir ces deux femmes à la fois. Peut-être savait-il que Jackie ne le quitterait jamais sous prétexte qu'il poursuivait sa liaison avec Maria, pas davantage que Maria ne le quitterait à cause de son mariage avec Jackie. Il pouvait les avoir toutes les deux, la femme qu'il épousa et essaya d'aimer, et la femme qu'il n'épousa pas et continua à aimer. Il est possible que la séparation causée par son mariage avec Jackie ait attisé sa flamme pour Maria et consolidé leur passion, désormais plus inaccessible. Maria avait compris lors de sa première croisière à bord du *Christina* qu'elle ne pouvait pas vivre sans Aristote. Lui eut besoin d'un peu plus de temps, et d'un second mariage, pour réaliser qu'il ne pouvait pas vivre sans elle.

6

Jackie, la seconde Mme Onassis

Le 20 octobre 1968, par une fin d'après-midi pluvieuse, Aristote Onassis épousa Jackie Kennedy, mettant un terme aux rêves de Maria Callas de devenir sa femme et la mère de ses enfants. Il crut, ce jour-là, avoir épousé la seule femme susceptible de le rendre heureux jusqu'à la fin de sa vie.

Deux semaines plus tôt, il était entré dans mon bureau, vêtu de son classique costume noir, moins la veste, manches de chemise retroussées jusqu'au coude. Le visage éclairé d'un sourire et d'une joie inhabituels, il s'était penché sur mon bureau : « Kiki, veuillez appeler Zolotas et lui dire d'apporter ici leurs plus beaux bijoux, y compris des croix d'or. »

Au cours de l'année précédente, il m'avait demandé une dizaine de fois de prier Zolotas, dont la boutique était située 6, place de l'Université à Athènes, de nous envoyer plus de cinq ou dix croix d'or ou des colliers, des bagues, des bracelets, des épingles et des boucles d'oreilles, parmi lesquels il choisirait un bijou pour Maria, mais aussi pour une de ses sœurs, parfois même pour une autre femme. Le joaillier envoyait un membre de son personnel nous déposer les bijoux dans un grand sac ou une mallette, et nous les gardions jusqu'à ce que mon patron trouve une minute pour faire son choix. Il ne lui fallait pas longtemps pour se décider. Il me demandait à l'occasion de passer un collier ou des boucles d'oreilles, et j'étais toujours impressionnée par son goût très sûr.

Deux semaines avant son mariage avec Jackie, j'appelai donc Zolotas sur-le-champ. « Vous savez évidemment pourquoi je veux ces bijoux », me dit M. Onassis. J'acquiesçai. Il n'avait pas besoin de m'annoncer la nouvelle que je connaissais déjà. Artémis m'avait appris que Jackie avait rendu visite à son frère la semaine précédente avenue Foch. Ils avaient dîné en tête à tête et c'était même

Aristote qui avait servi le repas. Artémis était allée jusqu'à me détailler le menu, les vins et les fleurs choisis par son frère pour ce dîner. Les domestiques avaient tout préparé selon ses ordres, puis il leur avait donné congé. De mémoire d'Artémis, il n'avait jamais agi ainsi pour une femme. Il était, elle me l'avait répété à plusieurs reprises depuis que j'avais fait la connaissance de Jackie à Glyfada au mois d'août, profondément amoureux de la veuve du président Kennedy. J'étais persuadée comme elle qu'il allait épouser l'ex-première dame des Etats-Unis. Parmi d'autres cadeaux, son épouse recevrait une ravissante croix d'or.

Le jour du mariage, le ciel était gris et pluvieux, signe que la chance présiderait à cette union. M. Onassis et Jackie étaient nerveux, mais heureux. En revanche, Alexandre, âgé de vingt ans, et Christina, de dix-huit, ne manifestaient aucun signe de bonheur. A peine la future épouse de leur père avait-elle mis les pieds sur le sol grec qu'ils avaient plié bagages. « Je ne dormirai jamais sous le même toit que cette Américaine », m'avait déclaré Alexandre avant le mariage. Fidèle à sa parole, il avait déménagé au Hilton dès l'arrivée de Jackie à Glyfada, emportant la plupart de ses affaires. Le jour du mariage, sa mélancolie était telle que je craignis de le voir fondre en larmes à tout instant. Il ne sut même pas répondre à une simple question que lui posait un employé du *Christina* à la fin de la cérémonie. Incapable de le regarder en face, il marmonna, tête baissée : « Je ne sais pas. Demandez au marié. Il sait tout. » Christina était encore plus malheureuse que lui. Au cours des journées précédant le mariage, elle avait piqué plusieurs crises de rage devant Artémis et moi. Aucun de nos arguments ne l'avait convaincue que l'événement qui se déroulait en cette journée d'octobre était autre chose qu'un désastre.

Le grand jour, j'étais tellement épuisée que j'arrivais tout juste à me tenir debout. Les deux dernières semaines avaient été trépidantes. J'étais tellement occupée que je n'avais pas le temps de prêter attention à la colère de Christina ou aux yeux tristes d'Alexandre. Amalia Hadjiargyris, de même que le professeur Georgakis et Miltos Yiannacopoulos m'aidèrent à régler de nombreux détails de l'organisation du mariage, mais la plus grande partie m'en incomba. Artémis m'offrit bien quelques suggestions quand je lui demandai conseil, mais elle se concentra avant tout sur la conception de sa robe avec Roula. La couturière n'avait jamais créé de toilette plus importante pour elle en un laps de temps si court. Aristote et Jackie l'ayant choisie comme *koumbara*, ou témoin, elle entendait, le 20 octobre, rivaliser d'élégance avec la mariée.

Tandis qu'Artémis était occupée avec Roula, Amalia et moi rédigeâmes et envoyâmes environ soixante-quinze invitations. La plupart des journalistes étaient au courant de l'événement, mais nous fîmes quand même tout pour garder secrets le maximum de détails. Nous ne voulions surtout pas divulguer la liste des invités à la presse.

Ces invitations, de simples cartons blancs gravés en lettres d'or, furent envoyées aux directeurs des entreprises de M. Onassis et à leurs épouses, conviés à la réception à bord du *Christina.* A la cérémonie elle-même ne furent invitées que de rares personnes, membres de la famille proche ou amis intimes. Comme nous ne disposions que d'un temps très court, nous fîmes partir les invitations par le courrier d'Olympic Airways vers toutes les entreprises de M. Onassis dans le monde, à Paris, à Monte-Carlo, aux Etats-Unis, en Suisse, en Argentine et en Uruguay. Aidées du professeur Georgakis et de Miltos Yiannacopoulos, Amalia et moi réglâmes les détails d'une cérémonie orthodoxe grecque dans la minuscule chapelle de Panayitsa (Petite Vierge) à Skorpios. Nous engageâmes des photographes pour la cérémonie et choisîmes des *koufeta* (bonbons blancs fourrés de pistaches), et des fleurs blanches pour décorer la chapelle. Je m'occupai personnellement d'organiser le voyage par avion et de réserver les hôtels pour les amis personnels de Mme Kennedy invités à la cérémonie et à la réception. Ce groupe comprenait ses enfants, sa mère et son beau-père, sa sœur, son beau-frère et leurs deux enfants, ainsi que deux des sœurs Kennedy, Jean Smith et Patricia Lawford, et la fille de Mme Lawford, Sidney, également amie proche de Caroline Kennedy. M. Edward Kennedy ne put assister au mariage. Le Sénat américain était en session et il avait d'importantes affaires politiques à régler à Washington qu'il ne pouvait pas décommander à la dernière seconde.

La veille du mariage, je rédigeai et envoyai aux journalistes la déclaration de Mme Jacqueline Kennedy. « Nous désirons que notre mariage soit une cérémonie intime dans la petite chapelle de Skorpios au milieu des cyprès. N'y assisteront que quelques membres de nos familles, dont cinq petits enfants. Si vous nous accordez ce moment d'intimité, nous serons ravis de coopérer avec vous pour que vous puissiez prendre toutes les photographies dont vous aurez besoin. Nous ferons tout notre possible pour que la journée de demain se passe bien pour vous. Nous espérons qu'à la fin de cette journée, votre travail accompli, vous y repenserez et nous souhaiterez bonheur et tranquillité. »

Jackie Kennedy et sa famille passèrent le jour du mariage sur Skorpios, se partageant entre le *Christina* et la petite maison de l'île. Jackie et ses enfants s'habillèrent sur le bateau. Une jeep les conduisit avec Aristote sous la pluie jusqu'à la petite chapelle toute proche. Jackie, quelques minutes avant la cérémonie, paraissait beaucoup plus radieuse et reposée que le soir de notre rencontre à Glyfada. Elle portait un ensemble deux pièces de Valentino couleur ivoire, composé d'un haut à manches longues et col montant et d'une jupe au genou. Simple et élégant, comme les fleurs et les rubans qu'elle avait placés dans ses longs cheveux noirs. Elle se souvenait de mon nom et me dit qu'elle était heureuse de me revoir. Je la trouvai plus nerveuse que lors de notre rencontre, mais sa fébrilité n'était guère étonnante. Toute la journée, une armée de photographes et de journalistes avait tenté d'envahir Skorpios. Aucun photographe non accrédité n'était autorisé à prendre des clichés de la cérémonie, mais cela ne les empêcha pas de s'approcher le plus possible des rivages de l'île. Les nombreux gardes du corps de M. Onassis, dans des bateaux patrouilleurs, aidés d'hélicoptères et de bateaux supplémentaires de la marine grecque, avaient réussi à les tenir à distance. Pourtant, les essaims d'embarcations bondées de journalistes cernant l'île et le petit groupe d'entre eux ayant réussi à aborder avaient quelque chose d'inquiétant. Ils n'avaient tenu aucun compte de la requête de Mme Kennedy d'accorder un moment d'intimité à sa famille ce jour-là.

Malgré cette tension, M. Onassis m'accueillit chaleureusement. Costume bleu marine, cravate rouge, une petite rose blanche sortant de sa poche supérieure gauche, il avait belle allure et paraissait calme. Main dans la main, lui et Jackie attendirent le début de la cérémonie en se parlant à voix basse, faisant abstraction du tohubohu ambiant.

En entrant dans la minuscule chapelle de Panayitsa, j'oubliai le chaos qui régnait à l'extérieur. Tout était exactement comme Amalia et moi l'avions conçu : une profusion de roses blanches et roses dont le parfum entêtant se répandait partout dans le petit édifice ; les cierges blancs diffusaient une lumière chaude et douce. A la pensée des dizaines de journalistes nourrissant l'espoir de pénétrer dans la chapelle avec leurs appareils photo et leurs caméras, la panique s'empara de moi. Les murs du fragile édifice ne résisteraient pas à l'intrusion de la moitié d'entre eux.

Les membres de la famille occupaient presque toute la chapelle.

Le beau-père de Mme Kennedy, M. Hugh D. Auchincloss, l'escorta dans l'église. Les trois sœurs d'Aristote, accompagnées de leur époux, rivalisaient d'élégance. Tous affichaient des sourires de bonheur. Marilena, la fille de Kalliroi, paraissait particulièrement enchantée de l'épouse choisie par son oncle. Seuls quelques directeurs de M. Onassis étaient présents dans la chapelle, mais les autres assisteraient à la réception. Christina et Alexandre, le visage triste et sombre, se distinguaient du reste des invités. Ils se tenaient très près l'un de l'autre, chuchotaient parfois, l'air plus gêné que fâché. Remarquant l'absence de Panagiotis sur l'île, je me souvins qu'Artémis lui avait demandé de rester à Glyfada, afin de préparer de quoi nourrir les invités qu'elle aurait peut-être à recevoir le lendemain du mariage.

Le service fut célébré selon le rite orthodoxe grec, sans musique. Policarpos Athanassiou, le prêtre choisi dans une église d'Athènes par le professeur Georgakis, affublé d'une longue barbe noire et vêtu d'une chasuble or, chanta pendant les quarante-cinq minutes que dura la cérémonie, comme la vingtaine d'invités serrés dans la minuscule chapelle. Caroline et John flanquaient le couple, de grands cierges blancs à la main. Les chandelles jetaient une lueur mystérieuse sur leurs visages sérieux et inquiets. J'imaginais à quel point tout cela devait les terrifier. Les paroles prononcées autour d'eux l'étaient dans une langue qu'ils n'avaient jamais entendue. En dehors de quelques-uns de leurs oncles et tantes et de leurs grands-parents, ils n'étaient entourés que d'inconnus. Enfin, leur jeune âge, onze et huit ans, faisait qu'ils s'inquiétaient de ce qui allait leur arriver, leur mère épousant un homme qu'ils connaissaient à peine. J'aurais aimé pouvoir les rassurer, leur dire que nous étions tous gentils et chaleureux, même si nous ne parlions pas la même langue qu'eux, et qu'ils aimeraient leur nouvelle vie en Grèce.

Lorsque le prêtre en eut fini avec la partie religieuse du service, uniquement en grec, le marié et la mariée échangèrent des alliances en or et burent du vin dans un gobelet d'argent. Jackie en prit délicatement une gorgée, tandis que M. Onassis y goûtait davantage. Puis le prêtre plaça de délicates couronnes de fleurs *stefana* sur les têtes des nouveaux mariés. Artémis, la *koumbara* officielle, fit passer à trois reprises les couronnes de la tête de l'un à celle de l'autre. Tandis qu'Artémis plaçait les couronnes, symbolisant l'union du couple, sur leurs têtes, la mariée et le marié, mains jointes et têtes baissées, dansèrent l'*issaia*, danse grecque spécifique du mariage. Ils se déplacèrent lentement autour d'une petite table sur laquelle le prêtre avait posé des bonbons blancs, et rejoignirent leur place initiale. Tandis qu'ils effectuaient cette danse, les invités leur jetèrent des pétales de fleurs blancs. Une fois la danse terminée, les mariés firent face au prêtre, et aux côtés de leur *koumbara*, l'écoutèrent gravement leur souhaiter une union heureuse. Puis le prêtre reprit les couronnes de fleurs. Il les plaça avec soin dans une boîte qu'il tendit cérémonieusement à la nouvelle Mme Onassis. Pour finir, il souffla sur les cierges les plus proches de lui, et la cérémonie se conclut après une nouvelle pluie de riz et de pétales de fleurs blancs.

Le nouveau couple sortit main dans la main de la minuscule chapelle. La pluie tombait plus drue. Le marié et la mariée montèrent à bord d'une jeep dorée en compagnie de John et de Caroline Le véhicule les conduisit au *Christina*, à environ un kilomètre et demi. La pluie et le froid ne paraissaient affecter aucun des invités que d'autres jeeps déposèrent devant le *Christina*. Le grand bateau était illuminé de centaines de lumières blanches qui étincelaient sous le ciel gris. L'intérieur du Piaggio, à bord duquel Aristote et Jackie avaient l'habitude de faire les allers et retours entre Skorpios et Athènes, n'avait pas été oublié. Lui aussi était décoré de roses blanches et roses.

De dix-huit heures à cinq ou six heures du matin, les invités burent, se restaurèrent et dansèrent pour fêter ce mariage exceptionnel à bord du *Christina*. La danse la plus endiablée de la soirée fut le fameux sirtaki, immortalisé par Anthony Quinn dans *Zorba le Grec*, que Jackie parut découvrir avec plaisir. Je remarquai qu'elle portait une nouvelle bague, un rubis en forme de cœur serti de diamants, pour lequel je réglerai par la suite une facture d'un million deux cent cinquante mille dollars.

Cette bague nous causa quelques tracas ce soir-là où Jackie la portait pour la première fois. Jackie la fit admirer à sa mère, Janet Auchincloss, qui la montra à son tour à Caroline. La petite fille, tout excitée, la jeta en l'air. J'eus des sueurs froides tant que la bague ne reprit pas sa place au doigt de Jackie. Ce n'était pas la dernière fois que cette bague allait nous causer du souci. Une semaine après son mariage, Jackie s'aperçut qu'elle l'avait perdue, ce qui déclencha une forme d'hystérie. M. Onassis donna l'ordre à l'équipage de passer le yacht et tout Skorpios au peigne fin. Pendant que le personnel cherchait frénétiquement sa bague, Mme Onassis vidait tous les tiroirs de la suite qu'elle partageait avec son mari et de toutes les pièces où elle était entrée. Deux heures plus tard, une domestique retrouva la fameuse bague sous un tapis du *Christina.*

Le soir du mariage, la bague avait l'air parfaite au doigt de Mme Onassis. En vérité, toutes les personnes présentes sur le bateau, en dehors de Christina et d'Alexandre qui affichaient une triste mine, avaient l'air parfaites. Y compris les hommes, impeccables dans leurs habits de soirée noirs et blancs. Le chef s'était surpassé et avait préparé les plus savoureuses spécialités grecques pour l'occasion. Les tables étaient couvertes d'un éventail de variétés de poissons et de viandes, entourés de salades de légumes frais ; de caviar, de poulpes, de calmars et de homards ; des boulettes de viande préférées d'Aristote, cuisinées à la sauce de Smyrne au poivre, ail et basilic. Chaque table était drapée d'une magnifique nappe brodée à la main, créée spécialement pour l'occasion. Des bouzoukis interprétaient de la musique, en particulier l'air favori de M. Onassis, « Un rêve fou ». Les paroles de cette chanson paraissaient faites pour cette soirée, tant notre hôte vivait la concrétisation de ce qui avait été un « rêve fou ». Pour ce festin somptueux, M. Onassis n'avait lésiné sur aucune dépense, afin que la soirée reste inscrite dans la mémoire de sa femme et de sa famille.

Après le mariage, certains journalistes écrivirent que la mariée avait l'air triste et inquiète. J'ignore de quelle mariée ils parlaient, celle que je vis était radieuse et heureuse. Elle manifesta bien quelques signes de nervosité, surtout quand elle perdait ses enfants de vue, mais elle accueillit tous les invités qui la félicitaient avec un sourire chaleureux, l'air impatiente d'entamer sa nouvelle vie en Grèce aux côtés d'Aristote Onassis.

Une fois la cérémonie religieuse terminée, quand la réception commença, les enfants de Jackie parurent se détendre un peu. Martha Sugbin, leur fidèle gouvernante, ne les quitta pas d'une semelle de la soirée. Durant le dîner, je m'approchai d'eux pour bavarder un peu. « Je m'appelle Kiki et je travaille pour M. Onassis, leur dis-je. Je vous trouve très sympathiques et je suis sûre que vous allez beaucoup aimer les moments que vous passerez en Grèce. Je vous promets qu'il ne pleut pas tout le temps comme aujourd'hui et que vous adorerez Skorpios sous le soleil. »

Tous deux sourirent et me répondirent « merci » à l'unisson. Ces enfants étaient bien évidemment submergés par les événements, mais on voyait clairement qu'ils faisaient l'objet d'une véritable adoration.

Certains soutiennent qu'il s'agissait d'une union dénuée

d'amour — que Jackie épousa M. Onassis pour l'argent et la sécurité qu'il lui apportait, et que lui le fit à cause de son nom et de sa position. Les mêmes pensent qu'un accord financier fut conclu. Je m'élève contre ces deux affirmations. Je fus témoin du comportement de ce couple, non seulement le jour de leur mariage, mais au cours des six années et demie qui suivirent. Cette union comporta de nombreux moments d'amour et d'affection. Je n'affirmerais pas qu'il s'agissait d'un amour assez fort pour surmonter les obstacles catastrophiques que le sort plaça plus tard en travers de son chemin. Pourtant ils formèrent un couple, uni par une forme d'amour propre à leurs personnalités, et qui leur permit de rester proches la plus longue partie de leur mariage.

En ce jour mémorable, je me surpris néanmoins un nombre incalculable de fois à songer à Maria Callas. Je n'étais pas la seule à y penser dans la chapelle ou à bord du *Christina*. Les domestiques et certains des invités se souciaient comme moi de son état. Que faisait Maria ce jour-là ? En compagnie de qui se trouvait-elle ? Que ressentait-elle ? Pendant que nous étions dans la chapelle, je l'imaginais assise non loin de là, dans un coin où elle adorait s'asseoir et lire. Le lendemain, j'appris que Maria avait passé la soirée à Paris, où elle avait fêté le soixante-quinzième anniversaire du restaurant Maxim's. D'après les témoins, elle était radieuse. Mais je la savais comédienne accomplie. D'après un autre journal, elle avait déclaré que Jackie venait d'offrir un grand-père à ses enfants. Ses propos ou son attitude n'étaient qu'une façade. En cette journée d'octobre pluvieuse, Maria ne pouvait qu'avoir le cœur désespérément brisé.

Pour les trois sœurs de M. Onassis, ce jour n'avait à l'inverse rien de triste. Les cadettes, Mérope et Kalliroi, avaient eu le temps d'apprendre depuis que Jackie était entrée dans leur vie de famille qu'Artémis leur en voudrait si elles se rapprochaient trop de leur nouvelle belle-sœur. Pourtant, cette courte période leur avait suffi pour se sentir liées à elle.

J'étais persuadée que Jackie les aimerait toutes deux quand elle ferait plus ample connaissance avec elles. Mérope Konialidis était une femme dynamique, ouverte, et possédait un petit appartement à Phaliron, non loin de Glyfada.

Kalliroi, la cadette, vivait dans sa villa de Lagonissi, à trente-cinq minutes d'Athènes. Sa vaste demeure, bâtie sur deux niveaux à cinquante mètres de la mer, comprenait une grande salle de séjour avec cheminée, une salle à manger, deux chambres et trois chambres d'amis. Toutes les pièces bénéficiaient d'une vue magnifique sur la mer. Le même gazon luxuriant qui tapissait le jardin d'Artémis et l'île de Skorpios poussait dans son jardin. La piscine était le centre des activités de la villa, Kalliroi, la plus pétulante des trois sœurs, donnait de fréquentes réceptions autour du bassin. Elle divorça quelques années après le mariage de son frère avec Jackie. Physiquement, Mérope et Kalliroi se ressemblaient davantage qu'elles ne ressemblaient à Artémis. Mérope et Artémis possédaient néanmoins les mêmes grands yeux noirs expressifs.

Il ne me fallut pas longtemps pour comprendre la dynamique animant cette famille. Avant toute chose, les trois sœurs de M. Onassis le craignaient. Il veillait sur elles et leur offrait de somptueux cadeaux, mais elles le savaient capable de sortir de ses gonds si elles ne lui obéissaient pas. Chacune lui demandait conseil dans tous les domaines et s'efforçait de les suivre. Tout en se plaignant amèrement de leurs perpétuelles questions, il les réprimandait quand elles prenaient une décision sans lui en faire part. Chaque refus de suivre son avis aboutissait à des scènes qu'elles essayaient toutes d'éviter.

Le jour du mariage, Artémis aurait eu du mal à trouver une raison de désaccord avec son frère ou à susciter son courroux. Elle était aussi heureuse que lui du choix de sa seconde épouse. A la fin de la lune de miel de son frère à bord du *Christina*, je lui confiai un projet qu'elle ne manquerait pas d'approuver. M. et Mme Onassis devaient prendre un vol Olympic Airways pour se rendre à New York. Nous fîmes enlever tous les sièges des premières classes, afin de les remplacer par un grand lit confortable. Nous fîmes venir des rideaux, un dessus-de-lit et des draps spécialement conçus pour décorer la suite nuptiale. J'ignore quelle fut la réaction de M. et Mme Onassis en découvrant le nouvel aménagement, mais j'appris la stupéfaction d'un des stewards qui n'était au courant de rien. Peu après le décollage, il écarta innocemment les rideaux de la suite et surprit le propriétaire d'Olympic Airways et sa nouvelle épouse, enchevêtrés en tenue d'Adam et Eve. Ils ne se contentaient pas de voler dans le ciel, mais sur les ailes d'une passion qui le médusa. Lorsqu'il comprit exactement ce qu'il était en train de regarder, il referma le rideau et ressortit d'un pas chancelant des premières classes. « Je n'arrivais pas à en croire mes yeux, me raconta-t-il le lendemain en m'appelant de New York. Ils ne se sont absolument pas rendu compte que j'étais planté là, bouche bée et sidéré par le spectacle. »

Pour ceux qui pensaient qu'il ne s'agissait que d'un mariage de convenance, regrettons que le steward n'ait pas eu d'appareil photo sous la main. Pour ceux qui pensent que ce mariage était béni des dieux, j'aurais aimé qu'ils eussent raison.

7

Alexandre, l'amour de sa vie

Lorsque Aristote Onassis épousa Jacqueline Kennedy le 20 octobre 1968, il pensait que sa vie serait désormais complète. Ses affaires étaient florissantes, il jouissait d'une excellente santé, ses deux enfants étaient à ses côtés et avançaient dans la bonne direction. Christina était une jeune fille de dix-huit ans difficile, mais Alexandre, à vingt ans, était son trésor, son avenir. Comme dans toutes les familles grecques, le fils se voyait attribuer davantage de mérites que la fille. Autour de lui, les conversations étaient plus sérieuses, les passions plus exacerbées, les discussions plus poussées. Dans sa propre famille, même si ses trois sœurs étaient les épouses d'hommes capables de subvenir à leurs besoins financiers, M. Onassis occupait une place primordiale. Centrale chez sa sœur aînée, d'une importance vitale chez ses cadettes. En grandissant, Alexandre voyait ses tantes en déférer aux souhaits de son père qui les protégeait et gouvernait leur vie.

Aux yeux de son père, Alexandre était loin d'être parfait, mais avec le temps, il pourrait le devenir. L'emploi du temps de M. Onassis empêchait parfois Alexandre de voir son père pendant des semaines. Pourtant, en dépit de son éloignement, Aristote ne se désintéressait pas de la vie de son fils. Quand ce dernier eut vingt ans, Aristote continua à se tenir au courant de tous ses faits et gestes. Si Alexandre faisait quelque chose qui lui déplaisait, il n'hésitait jamais à le lui faire savoir. Alexandre était son fils, son fils unique, et il détenait sur lui un pouvoir infini. En compagnie de ses deux enfants, M. Onassis n'ignorait jamais sa fille, mais c'était son fils qu'il ne quittait pas du regard. Il buvait ses paroles et posait d'abord les yeux sur lui quand il pénétrait dans une pièce. En cela, il n'était guère différent des autres pères grecs.

Aristote savait que son fils et sa fille lui en voulaient d'avoir épousé l'ancienne première dame des Etats-Unis, mais ils s'y feraient. Jackie trouverait bien un moyen de gagner leur affection. Jackie et ses deux enfants, lui et ses deux enfants finiraient par former une seule et grande famille. Christina risquait de mettre quelque bâtons dans les roues. Mais Alexandre, me confia M. Onassis après le mariage, se laisserait aisément convaincre et faciliterait la fusion des deux familles. « Vous connaissez mon fils, n'est-ce pas, Kiki ? Il sera content de mon mariage, non ?

— Bien sûr », répondis-je. En ce qui concernait la seconde question, nous n'aurions pu faire davantage fausse route.

Alexandre Onassis demandait à tout le monde de l'appeler « Alexandros ». Il ne voulait surtout pas être appelé « monsieur Onassis ». Il m'était beaucoup plus facile de m'en tenir à monsieur Onassis. Il essaya de me convaincre du contraire, mais je restai sur ma position et ne l'appelai jamais autrement que monsieur Onassis ou monsieur Alexandros, même lorsque nous nous trouvions à l'extérieur du bureau. En vérité, je craignais de m'approcher trop de lui. Je ne voulais surtout pas tomber amoureuse de mon employeur, d'autant que cela n'aurait eu rien d'impossible. Avec Alexandros, comme avec tous les membres de la famille Onassis, je me gardais bien de devenir trop familière. Mais j'avais plus de mal à garder mes distances avec Alexandros qu'avec M. Onassis, Artémis, Christina ou Kalliroi.

Alexandros avait dix-huit ans, soit un an de plus que moi. Il me plut sur-le-champ. Je me sentais attirée par sa personnalité courtoise et sans prétention. Je le trouvais particulièrement beau, même avant qu'il se fasse refaire le nez. Parfois, lorsque nous travaillions ensemble, je le dévisageais en me disant que sa beauté augmentait de jour en jour. Ses cheveux noirs épais, ses yeux noirs chaleureux, son attitude aimable mais virile — il était irrésistible, sans faire le moindre effort. Il n'était pas grand, quoique d'une taille légèrement supérieure à celle de son père, et parvenait à paraître à la fois mince et costaud. La tristesse qui l'auréolait le rendait encore plus séduisant. Je m'efforçais toujours de chasser cette tristesse, ne serait-ce que pour quelques instants.

Alexandros se montrait si timide qu'il avait du mal à me regarder droit dans les yeux. Pourtant, je faisais tout pour le mettre à l'aise. Au bout d'un an à peu près, je devins sa secrétaire principale. A mes débuts à Olympic Airways, Amalia s'occupait de ses appels et de son courrier, dont elle me confia très vite une partie. J'acceptai de bon gré cette responsabilité. Chaque fois que je rédigeais une lettre ou que j'accomplissais quelque chose pour lui, il me manifestait sa gratitude. « Merveilleux, Kiki, me disait-il. Vous saviez exactement ce qu'il fallait faire. » Par la suite, lorsque je lui disais de ne pas s'inquiéter, que je saurais quoi faire, il me répondait en souriant : « J'ai totalement confiance en vous, Kiki. »

Comme j'étais beaucoup plus jeune qu'Amalia, Alexandre paraissait plus à l'aise avec moi. Il s'arrangea vite pour faire relier nos téléphones, de manière que je réponde à tous ses appels et lui passe ceux que j'estimais importants. Comme il souhaitait que ce soit moi, et non Amalia, qui vienne dans son bureau quand il avait besoin d'une secrétaire, je commençai par hésiter, de crainte de froisser Amalia. Mais Alexandre insista. « Je tiens à vous parler, Kiki, me dit-il. Quand je sonne, c'est vous qui devez venir dans mon bureau. » Je savais Amalia jalouse de ma relation avec lui, mais elle n'essaya jamais de me nuire.

Le fait de le côtoyer au bureau me permit de comprendre ses différents états d'âme, s'il était de bonne humeur et prêt à travailler sur certains projets, ou si son moral était plus bas et s'il valait mieux ne pas lui poser trop de questions. Se reposant peu à peu sur moi pour beaucoup de choses, il se mit vite à me demander mon avis à propos de décisions d'ordre professionnel.

Pour comprendre ce qui faisait sourire ou se rembrunir Alexandre, il convient de saisir la relation entre un fils grec et sa mère. Rares sont les mères grecques qui n'adorent pas leurs fils et ne les considèrent pas comme la prunelle de leurs yeux. En dépit de l'amour qu'elles peuvent porter à leurs filles, le monde tourne autour de leurs fils. La mère d'Alexandre, Tina Livanos-Onassis, était une des rares exceptions à la règle.

Elle ne plaçait pas son fils sur un piédestal et tolérait à peine sa fille. Peut-être était-elle trop jeune lorsqu'elle leur donna naissance, ou avait-elle toujours vécu une existence trop privilégiée. En tout cas, elle n'était pas pour Alexandre une mère grecque aimante typique. Elle avait quatorze ans quand elle rencontra le père d'Alexandre, dix-sept quand elle l'épousa et dix-neuf quand elle devint mère ; Tina resta une enfant toute sa vie. Elle était occupée d'abord à se divertir. Alexandre grandit dans son coin sans être apprécié, souvent ignoré, mais toujours bon et gentil, conscient que quelque chose d'important manquait à sa vie sans savoir comment rétablir ce lien. Chaque fois qu'il faisait la connaissance de quelqu'un, il se montrait timide, avait du mal à nouer des amitiés. Cette vulnérabilité était peut-être à l'origine de l'amour maternant, comme de l'amour tout court, que tant de femmes étaient prêtes à lui porter.

En dépit des défauts de sa mère, Alexandre ne cessa jamais de l'aimer et de nourrir l'espoir de la voir se remarier avec son père. En 1959, le divorce de ses parents lui avait brisé le cœur. Les deux remariages de sa mère, en 1961 et 1970, l'avaient tout autant déprimé. Des années durant après le divorce de ses parents, Alexandre fit tout pour essayer de les réunir. Il n'accepta jamais le fait qu'ils vivent désormais des vies séparées. Trois ans après avoir divorcé d'avec Aristote, Tina rendit un jour une visite impromptue à Skorpios. Alexandre, alors âgé de treize ans, se convainquit que ses parents allaient revivre ensemble. Lorsqu'ils eurent déjeuné et dîné à bord du *Christina*, il attendit qu'ils lui annoncent leur réconciliation. Tina repartit sans lui faire part de cette nouvelle, il en resta accablé.

Quelques jours plus tard, il apprit son intention d'épouser Sonny Blandford. Son chagrin en fut décuplé. Il se précipita dans son petit Chris-Craft et le lança à une telle vitesse qu'il entra en collision avec une autre embarcation. Les dégâts matériels furent importants. C'était le second accident de bateau d'Alexandre. L'autre bateau était piloté par George Tzafferos, qui devint plus tard le chauffeur de M. Onassis à New York. Au péril de sa vie, George sauva Alexandre. Son geste lui valut de garder des cicatrices au visage. A partir de ce jour, Alexandre resta convaincu que le *Christina* était maudit, que ce yacht portait malchance et était à la source de tous les problèmes de ses parents. Après tout, c'était à bord du *Christina* que son père avait consommé son amour pour Maria Callas, la femme responsable de l'échec de leur mariage. Et c'était sur le *Christina* que ses parents s'étaient avérés incapables de retomber amoureux et de tenter de donner une seconde chance à leur mariage. « Lorsque j'hériterai du *Christina*, confia-t-il à un ami peu après cet accident, mon premier geste sera de le réduire en cendres. »

Alexandros aimait tout ce qui bougeait, automobiles et avions. M. Onassis ne cessait de presser son ami, le professeur Georgakis, d'intéresser son fils à la culture, mais le professeur ne parvenait en aucune façon à transformer Alexandre en érudit. Alexandre n'accordait que peu d'importance à l'école, mais il apprit de lui-même tout ce qu'il pouvait connaître sur les avions. Son bureau d'Olympic Airways était rempli d'avions, de photos d'avions, de maquettes d'avions, d'avions miniatures suspendus au plafond. M. Onassis me confia plusieurs fois que sans l'amour que son fils portait aux avions, il aurait vendu Olympic Airways beaucoup plus tôt qu'il ne le fit. Alexandre était un pilote prudent. Avant de décoller, il procédait à plusieurs vérifications de son appareil. Sa tante Artémis était fière de cette méticulosité et louait la manière ordonnée dont il rangeait ses vêtements et ses affaires dans sa maison de Glyfada. Elle était persuadée qu'il était aussi vigilant aux commandes de ses avions.

Alexandre trouvait irresponsable de voler par plaisir. A d'innombrables reprises, il se fit confier des missions de secours, transportant des enfants ou des vieillards malades de lointaines îles grecques jusqu'à des hôpitaux d'Athènes. Une fois, à son arrivée à Athènes, le père d'un petit garçon malade lui exprima sa gratitude par un petit pourboire. « Je n'ai pas eu le cœur de lui dire qui j'étais, me confia plus tard Alexandros. Mais je me suis arrangé pour que l'argent retourne dans ses poches à son insu. »

Souvent, je l'entendais mettre au point par téléphone les détails du transport d'un malade dans un hôpital d'Athènes. Un matin, le temps était si épouvantable que les avions d'Olympic Airways ne décollaient pas. En passant près de mon bureau, Alexandros m'annonça qu'il partait pour Leucade chercher un petit garçon du nom de Pedros, afin de l'emmener à Athènes où il devait subir d'urgence une opération. « Le vent est violent et la pluie diluvienne, m'inquiétai-je, il est dangereux de décoller aujourd'hui.

— Et il est dangereux pour Pedros d'attendre un jour de plus pour se faire opérer », répliqua Alexandros. Je n'eus pas le temps de lui opposer un autre argument, il était déjà sorti. Ce soir-là, je restai très tard au bureau dans l'attente de son retour. Il revint enfin, le visage rayonnant. « Attendez-vous que la pluie cesse de tomber pour prendre le risque de rentrer chez vous ? » plaisanta-t-il en constatant que j'étais toujours là.

— Comment va Pedros ? lui demandai-je.

— Aussi bien que tout autre petit garçon de cinq ans à qui on vient d'enlever l'appendice, me répondit-il joyeusement. Je peux vous assurer qu'il est totalement hors de danger. »

Alexandre recevait souvent des appels d'habitants de Santorin qui avaient besoin de son aide. Un soir de février 1971, on lui fit savoir qu'un homme à moto avait percuté une maison. Il était dans un état grave, et à moins d'être transporté dans les heures suivantes à Athènes, il ne survivrait pas à ses blessures. Là encore, le mauvais temps ne se prêtait pas aux vols, mais Alexandre décida de risquer sa vie pour sauver celle de cet homme. Il fit l'aller-retour à Santorin et sauva la vie de ce blessé. Deux semaines plus tard à peine, il retournait à Santorin chercher une victime d'un accident de la route qui avait failli se tuer.

Plus tard, Alexandre partit pour une lointaine île grecque avec son ami et instructeur de pilotage, Dimitris Kouris, afin de ramener la fille de l'ambassadeur soviétique à Athènes. L'enfant était proche de la mort : les deux hommes lui sauvèrent la vie.

Alexandre faisait preuve d'un besoin presque excessif d'aider ceux qui avaient moins de chance que lui. Risquant sa vie pour transporter un petit enfant, une femme enceinte ou un homme blessé, je m'inquiétais pour lui. Qui viendrait au secours d'Alexandros ?

Au quotidien, son visage affichait une expression de vieil homme qui m'attristait profondément, au point qu'on en oubliait qu'il venait d'avoir vingt ans et n'avait encore que très peu vécu. Mais dans les instants où il mettait sa vie en danger pour sauver quelqu'un d'autre, son visage s'animait. Je n'aimais pas du tout le voir ainsi jouer avec sa vie, mais je détestais davantage son air sérieux et triste, si vieux qu'on aurait dit que la vie était passée à côté de lui en le vieillissant avant l'âge.

Alexandre était très sérieux dans son travail, à la direction de l'aéroport. Il était toujours ponctuel et ne se soustrayait jamais à ses responsabilités à Olympic Airways. Il se satisfaisait de l'exiguïté de son bureau de l'avenue Syngrou, voisin du mien. Il avait également un bureau particulier à l'aéroport. S'il apprenait qu'un employé était dans le besoin, il me demandait de lui donner un chèque supplémentaire ou de réorganiser son emploi du temps. Tous les employés d'Olympic Airways aimaient Alexandre et personne ne semblait jaloux de sa fortune et de sa position. Quand je lui tendais le chèque de 45 000 drachmes (1 000 dollars) correspondant à sa paie mensuelle, il me disait : « Je désire être payé comme tout le monde ici, uniquement pour ce que j'accomplis. Je ne veux pas être favorisé à cause de mon nom. Je veux être le plus indépendant possible. » Outre son salaire mensuel, je recevais tous les mois une facture de l'hôtel Hilton, où il s'était installé après le mariage de son père avec Jackie. Miltos Yiannacopoulos payait sur-le-champ le loyer d'Alexandre. Avant d'empocher son chèque mensuel, Alexandros hésitait souvent : « Kiki, me demandait-il en détournant les yeux, avez-vous des problèmes matériels ?

— Non, monsieur Alexandros, ça va.

— N'hésitez pas à me dire si vous avez besoin de quelque chose, poursuivait-il très sérieusement, en se forçant à me regarder. Quoi que ce soit, faites-le-moi savoir. »

Lorsque les gens lui offraient des cadeaux à Noël, à Pâques, ou pour son anniversaire ou sa fête, il tenait absolument à me les donner. Un jour où je lui demandais pour quelle raison il ne voulait pas les garder pour lui, il me répondit : « Depuis le mariage de mon père, je n'ai pas de maison. Je vis à l'hôtel et je n'ai pas de place pour ces objets. »

Chaque jour, Alexandre me confiait les lettres et cartes qui lui étaient adressées personnellement, pour que je lui signale celles qui étaient importantes. Il ne me demandait jamais d'y répondre à sa place. Il prenait soin lui-même de sa correspondance. Il me demandait aussi d'organiser tous ses voyages, professionnels ou privés. Cependant, il paraissait toujours gêné de donner des ordres. Il se montrait à la fois courtois dans ses requêtes et reconnaissant de l'aide que je lui apportais.

Pour un jeune homme aussi fortuné, ses besoins étaient modestes. Fréquenter les restaurants chics, acheter des vêtements et des bijoux ne l'intéressait pas. Comme son père, qui se vantait toujours d'être un homme simple sans un sou en poche, Alexandre n'aimait pas dépenser d'argent pour lui-même. Un jour son ami, George Kouris, l'un des deux pilotes personnels de M. Onassis avec son frère, Dimitris Kouris, lui dit qu'il avait confié un pantalon à un spécialiste pour le faire raccommoder. Alexandre s'empressa d'apporter deux pantalons à cet homme. « Arrangez-les comme vous avez arrangé celui de George Kouris », demanda-t-il au tailleur. Ce dernier fut sidéré lorsqu'il découvrit le nom du propriétaire de ces pantalons. « Où allons-nous, si le fils d'Aristote Onassis fait raccommoder ses pantalons ? » dit-il à George Kouris.

Alexandre refusait les dépenses inutiles. Un jour où il projetait de se rendre en Suisse avec sa petite amie et Dimitris Kouris, il demanda à Dimitris d'effectuer les réservations d'hôtel pour eux trois. A leur arrivée en Suisse, Alexandre constata avec consternation que Dimitris occupait une chambre simple, alors que lui et sa compagne disposaient d'une suite luxueuse. « C'est inutile, se plaignit-il à Dimitris. La prochaine fois, réserve-moi une chambre simple aussi. »

Lorsqu'il ne travaillait pas, Alexandre se contentait d'un déjeuner ou d'un dîner léger et de piloter. Au bureau, il portait quotidiennement un costume bleu marine ou gris. Son comportement était aussi sérieux que son apparence. Tout en passant la plus grande partie de son temps à son travail à Olympic Airways, il appréciait beaucoup la compagnie de ses deux plus proches amis, Roger Loubry, un excellent mécanicien d'avion, et Jean-Pierre de Vitry, son instructeur de pilotage, qui partageaient avec lui la passion des avions. Jean-Pierre, de même que Roger et tous ses autres amis, était plus âgé que lui.

L'ancien roi Constantin de Grèce était lui aussi beaucoup plus âgé qu'Alexandre. Le roi fut exilé à Rome avec sa famille en 1967, à la suite du coup d'Etat des colonels. Alexandre et lui restèrent amis après sa destitution. Soucieux de ménager le dictateur Papadopoulos en cachant son dévouement à l'ancien gouvernant, Alexandre m'envoya plusieurs fois en Italie remettre des cadeaux à l'ancienne famille royale. Il attendait toujours avec impatience les nouvelles du roi Constantin, de son épouse, Anne-Marie, et surtout de leur fils cadet, Pablo, à mon retour en Grèce. « Racontez-moi exactement comment étaient les enfants et ce qu'ils ont dit, me demandait-il. Surtout, n'omettez aucun détail. » Comme moi, Alexandre paraissait apprécier davantage la compagnie de personnes plus âgées que lui. Je me fis à plusieurs reprises la remarque qu'en dehors de nous deux, Alexandros et moi avions peu d'amis de notre âge.

Alexandre appréciait beaucoup Panagiotis Konidaris, le majordome de la famille Onassis. Ils n'étaient pas amis, car Panagiotis se montrait toujours respectueux à l'égard de son employeur, mais ils aimaient bien être ensemble. Panagiotis était entré à l'âge de quinze ans au service des Onassis, en 1964. Cadet d'un an tout juste d'Alexandre, il vivait à Glyfada dans la maison de M. Onassis. Intelligent, chaleureux, compétent, Panagiotis servait à table et effectuait une multitude de tâches pour les membres de la famille, y compris Christina et Jackie, ainsi que pour Alexandre. Il ne lui avait pas fallu longtemps pour prendre la tête des domestiques de M. Onassis.

Chaque fois qu'Alexandre sortait son bateau, un Chris-Craft bleu baptisé *Bertman*, capable de monter à soixante-dix kilomètres à l'heure, Panagiotis lui était d'une grande aide. Ensemble, ils préparaient les provisions qu'Alexandre souhaitait emporter dans les îles, les emballaient avec le matériel sur la moto d'Alexandre, une petite Honda, et se rendaient, toujours trop vite, au petit port de Glyfada où Alexandre amarrait le *Bertman*. Une fois tout le matériel rangé à bord du bateau, Panagiotis regagnait la maison sur la moto. Souvent, avant de rentrer à Glyfada, il faisait un tour en bateau avec Alexandre sur une île ou une balade à moto avec lui pour se distraire, avec l'air de deux beaux jeunes hommes qui s'amusaient bien ensemble.

En 1969, lorsque Panagiotis partit faire son service militaire de deux ans, M. Onassis s'inquiéta pour son bien-être. Je remis

9 000 drachmes — 300 dollars — à Panagiotis, qu'il accepta à contrecœur. Panagiotis passa chacune de ses permissions à Glyfada. M. Onassis et Alexandre étaient enchantés quand ils le trouvaient à son poste ces jours-là.

Alexandre paraissait toujours heureux à bord de son *Bertman*. Il l'empruntait aussi bien pour aller passer la journée dans une des nombreuses îles voisines que pour ses fréquents déplacements à Skorpios. Son père en profitait souvent pour l'accompagner, l'air détendu et confiant de s'en remettre à lui. M. Onassis portait en général un chapeau pour se protéger du soleil, alors qu'Alexandre s'en dispensait toujours. Il préférait conduire son bateau le plus vite possible, ses épais cheveux noirs fouettés par le vent, son père debout à ses côtés, profitant du soleil, du vent et du plaisir de naviguer sur la mer d'un bleu lumineux.

Un employé du *Christina* me raconta que, alors qu'Alexandre avait tout juste quinze ans, un membre de l'équipage l'emmena en Chris-Craft sur l'île voisine de Preveza. Alexandre y rencontra une jolie fille qui vivait là. Quelques jours plus tard, il prit le *Bertman* pour aller rendre visite à cette fille. M. Onassis était en train de déjeuner de pain, d'olives et de fromage arrosés d'un peu de vin sur le pont du *Christina* lorsqu'il demanda où se trouvait son fils. Apprenant qu'il était retourné à Preveza voir une jeune fille, il se mit dans une telle colère qu'il fut incapable d'achever son déjeuner. « Pour commencer, personne n'aurait dû lui présenter cette fille ordinaire ! » hurla-t-il. Alexandre revint quelques heures plus tard, son père l'attendait en arpentant la plage. Il le prit par les épaules et l'emmena faire une promenade. Alexandre ne remit plus jamais les pieds à Preveza.

Alexandre mûrissant, il se mit à apprécier la compagnie de jeunes femmes que son père approuvait parfois, comme les actrices Liza Minnelli et Julie Christie. Elles venaient souvent lui rendre visite en Grèce. Je les faisais toujours descendre au Hilton, en qualité d'invitées d'Alexandre. Ce dernier les sortait dans de bons restaurants ou les emmenait se détendre à Skorpios. Elles se contentaient de passer la journée sur l'île et rentraient le soir dans leur suite du Hilton. A quelques reprises, elles rendirent visite à Alexandre ensemble, mais la plupart du temps, elles venaient séparément.

Alexandre Onassis ne souffrit jamais d'un manque de compagnes. Une partie de sa séduction provenait bien sûr de son nom, de son physique ténébreux et de ses manières courtoises. Celles qui le connaissaient mieux que moi affirmaient qu'Alexandre était un amant particulièrement doué. Contrairement à son père, Alexandre ne semblait pas avoir besoin de conquérir plusieurs femmes à la fois. Nombreuses étaient celles qui tentaient de l'approcher à cause de son nom, mais elles ne parvenaient jamais à gagner son attention. Selon des employées du bureau de Glyfada ou de Skorpios qui en savaient bien davantage en la matière que moi, celles qui y parvenaient étaient amplement récompensées. La nature l'ayant particulièrement gâté, faire l'amour avec Alexandre, à les en croire, était source de frissons gigantesques et prolongés.

Une seule femme, néanmoins, provoqua un véritable frisson dans la vie d'Alexandre. Fiona Campbell von Thyssen était un mannequin écossais, ex-épouse d'un homme d'affaires européen fortuné, de seize ans son aînée et mère de deux adolescents. Alexandre n'avait que dix-huit ans lorsqu'il rencontra la grande et blonde Fiona et tomba amoureux d'elle, lors d'une soirée donnée à Saint-Moritz par sa mère, Tina, divorcée à l'époque de son père.

Un soir où Alexandros et moi dînions ensemble, il me fit des confidences au sujet de Fiona : « Elle me comble en tant que sœur, mère et femme », me dit-il. L'amour qu'il portait à cette femme provenait de sa relation avortée avec sa mère. Alexandre était attiré par l'âge et la maturité de Fiona qui lui apportait une forme de sentiment maternel.

Rien de tout cela ne comptait aux yeux de son père, qui s'opposait farouchement à cette union. « Mon fils est fou, Kiki. Il pourrait avoir n'importe quelle femme, et il en choisit une en âge d'être sa mère ! »

« Pourquoi n'épouse-t-il pas Francesca, la fille de Fiona ? me demanda-t-il une autre fois. Elle fera une bien meilleure épouse que sa mère.

— Mais elle n'a que dix-sept ans, fis-je remarquer. Elle est trop jeune pour se marier.

— Elle a l'âge idéal pour mon fils, insista-t-il. Mais il est trop bête pour le comprendre. »

J'ignore si M. Onassis fit part de cette suggestion à son fils, mais Fiona, qu'elle fût sa sœur, sa mère ou sa maîtresse, était apparemment l'unique amour d'Alexandre. Ils passaient beaucoup de temps ensemble dans l'appartement londonien de Fiona, mais se rencontraient aussi partout où l'occasion se présentait, en Europe ou dans les îles grecques. Ils aimaient se rendre à Skiathos, Santorin, Hydra et Mykonos. Fiona semblait beaucoup apprécier la Grèce, ses tavernes et sa cuisine. Ils ne me demandaient jamais d'organiser leurs déplacements. Ils préféraient le faire eux-mêmes et décollaient souvent sans avoir organisé quoi que ce soit.

Jean-Pierre de Vitry emmenait souvent Alexandre en hélicoptère dans la petite île de Stepsai, près du Pirée. Il l'y déposait tôt le matin et le reprenait en fin de soirée. Fiona l'y attendait et ils passaient la journée dans une belle maison ancienne de location. A Stepsai, ils pouvaient être ensemble sans craindre l'intrusion de photographes ou de touristes dans une intimité difficilement gagnée.

Alexandre et Fiona aimaient aussi beaucoup se voir à Porto-Rafti, une autre petite île proche d'Athènes. Alexandre confia à plusieurs reprises à Jean-Pierre que s'il épousait un jour Fiona, c'était là qu'ils vivraient. Ils connaissaient exactement l'endroit où ils feraient construire leur maison idéale. Maison qui, selon Alexandre, serait composée de deux appartements séparés : un pour lui et Fiona, l'autre pour son ami proche Dimitris Kouris, qui était divorcé, et Roula, la femme que Dimitris avait l'intention d'épouser un jour.

Fiona et Alexandre aimaient également s'échapper dans l'île de Porto-Heli. Ils séjournaient dans la demeure de Bird Smith, le directeur de la compagnie British Petroleum. Une de leurs visites à Porto-Heli fut néanmoins loin d'être rose. Alexandre informa Jean-Pierre que Fiona l'invitait, lui et son amie, à se joindre à eux. A quatre heures de l'après-midi, Jean-Pierre fit le trajet d'Athènes à Porto-Heli aux commandes de l'hélicoptère, un Alouette III. Fiona accueillit chaleureusement ses trois invités à l'aéroport. Après un dîner particulièrement réussi, Alexandre, Jean-Pierre et sa compagne décidèrent de passer la nuit à Porto-Heli.

Le lendemain matin, vers sept heures, Jean-Pierre ne retrouva pas l'hélicoptère à l'endroit où il l'avait posé la veille. Un message d'Alexandre l'attendait à l'aéroport. Lui et Fiona s'étaient chamaillés pendant la nuit et, à trois heures du matin, Alexandre était reparti à Athènes aux commandes de l'hélicoptère. Il reviendrait à neuf heures chercher Jean-Pierre et son amie. Fiona, toujours en colère, resta enfermée dans sa chambre jusqu'au départ de ses trois invités.

De fait, il arrivait à Fiona et Alexandre de se disputer sans se ménager. Lorsque Alexandre en voulait à Fiona, il appelait ses deux belles amies, Elsa Martinelli et Odile Rubirosa, ou l'actrice grecque Patricia Viterbo, et les invitait à sortir en ville. Rubirosa était veuve et avait au moins cinq ans de plus que lui. Le père d'Alexandre, tout en désapprouvant son amour pour Fiona, ne voyait pas d'un mauvais œil sa relation avec cette femme plus âgée. « Alexandros a besoin d'une femme mûre et elle est bien pour lui, confia-t-il à Artémis. De plus elle n'est pas assez âgée pour être sa mère. »

Conscient de rendre Fiona jalouse, Alexandre faisait en sorte de se montrer en cette compagnie dans une des tavernes les plus populaires d'Athènes, où ils cassaient une centaine d'assiettes et dansaient le sirtaki. Invariablement, il était pris en photo avec une de ses trois séduisantes compagnes, conscient que Fiona ne manquerait pas de voir ces clichés dans la presse londonienne. Quant à moi, je réglais la casse le lendemain matin.

L'espace d'un jour ou deux après ces soirées, Fiona ne téléphonait pas. Alexandre ne restait jamais longtemps au téléphone et me demandait souvent de filtrer ses appels et de répondre à sa place, mais il tenait absolument à prendre ceux de Fiona. Il me répétait toujours : « Si la princesse Fiona appelle, passez-la-moi, où que je sois. »

Parfois, il entrait dans mon bureau et me disait : « Kiki, j'ai beaucoup de travail aujourd'hui et je ne veux pas être importuné par des coups de fil. Prenez tous les appels pour moi.

— Mais si c'est la princesse Fiona ? demandais-je en riant sous cape.

— Même si c'est elle. Je ne veux pas être dérangé », répondait-il le plus sérieusement du monde. À la seconde où elle appelait, j'entrais dans son bureau pour le prévenir. Il levait les yeux et me souriait, quelque peu embarrassé. Puis il soulevait le combiné et je refermais discrètement la porte derrière moi. En d'autres occasions, il entrait dans mon bureau pour me demander si elle avait téléphoné, et je l'assurais que non. Ces jours-là, il avait l'air inquiet, nerveux, et ne quittait pas le bureau de toute la journée. Par respect pour son père, Alexandre semblait avoir renoncé à se marier avec Fiona, mais le fait de ne pouvoir jamais épouser l'amour de sa vie le rendait encore plus triste qu'il ne l'était déjà.

Défier son père en épousant Fiona aurait été le geste le plus pénible jamais accompli par Alexandre. En dépit de leurs désaccords fréquents, des crises de fureur et de la brusquerie qu'Aristote manifestait à l'égard de son fils, M. Onassis adorait Alexandros plus que tout au monde. Au fil de leurs activités quotidiennes à Olympic Airways et Olympic Aviation, se révélait l'affection qu'il lui portait. Il ne la lui manifestait que rarement par un baiser, mais son amour était évident. En présence de son fils, M. Onassis avait toujours les yeux brillants. Il l'observait, effleurait son épaule ou son bras, chacun de ses gestes témoignait de la fierté qu'il lui inspirait. La plupart du temps, leurs corps se touchaient, le bras du fils était passé sur les épaules du père. Alexandre chuchotait quelque chose à l'oreille de M. Onassis qui l'écoutait avec une intense concentration. Le plus souvent, ils passaient leur temps à se parler au téléphone, s'appelant jusqu'à vingt fois par jour pour discuter de problèmes professionnels ou privés. Alexandre souhaitait obtenir l'approbation de son père à propos de tous ses projets. Chaque fois qu'il devait se rendre à Monte-Carlo ou ailleurs en voyage d'affaires, il s'assurait d'abord que son père approuvait son déplacement. Il n'avait d'ailleurs pas besoin de lui poser la question, car Aristote Onassis lui faisait part de lui-même de son opinion. Il incitait son fils à la prudence, à faire ce qui lui plaisait, mais en se protégeant le plus possible. Alexandre ne paraissait jamais prendre au sérieux les soucis que se faisait son père pour sa sécurité. Il se contentait de hocher la tête, ne l'écoutant que d'une oreille.

J'aimais surtout les voir plaisanter ensemble. Alexandre était incapable de se conduire en grand patron sans éprouver de l'embarras. Il était ravi de laisser ce statut à son père, exagérant son manque d'importance à l'intérieur d'Olympic Airways. Un soir après le dîner à Glyfada, il demanda à son père, moitié sérieusement, moitié sur le ton de la plaisanterie : « Patron, cela vous ennuierait-il de m'accorder quelques jours de vacances ?

— Tu as besoin de te reposer, mon fils ? répondit M. Onassis sur le même ton.

— Un petit peu, répondit Alexandros.

— Dans ce cas, répliqua M. Onassis en le prenant par l'épaule et en le caressant comme un petit enfant, tu peux prendre vingt jours de vacances cette année. »

M. Onassis commença à manifester de l'admiration pour son fils alors qu'Alexandre était encore petit garçon. A l'âge de douze ans, Alexandre disparut mystérieusement de l'île de Skorpios. Pendant plusieurs heures, personne ne parvint à le retrouver. M. Onassis allait céder à la panique lorsque le capitaine du *Christina* l'appela pour lui dire qu'on avait retrouvé l'enfant sur le parking du yacht. Le capitaine lui demanda ce qu'il faisait là, à contempler en silence les voitures. Alexandre répondit : « Je vais vous montrer comment garer les voitures de manière à les faire mieux entrer dans un plus petit espace. » Il prit une feuille de papier et lui dessina un plan de parking, beaucoup plus rationnel et économique.

M. Onassis commenta fièrement : « Il est aussi intelligent que son père. »

Evidemment, il leur arrivait de se quereller.

Lorsque son père se mettait en colère contre lui, Alexandre avait pour habitude de baisser la tête et d'attendre sans rien dire que le vent tourne. Le visage de M. Onassis devenait cramoisi et on avait l'impression qu'il ne pourrait pas se retenir et qu'il allait frapper son fils. Mais cela lui arrivait rarement. Alexandre savait qu'il devait attendre la fin de la tempête. Plus tard, quand son père avait retrouvé son calme, il remettait la question sur le tapis, avec davantage de succès.

M. Onassis craignait manifestement pour la sécurité de son fils et faisait tout pour le protéger. Alors qu'il ne se souciait pas de sa propre sécurité, il était obsédé par celle d'Alexandre. « Alexandros, ne cessait-il de lui répéter, sois prudent. Avant de décoller, demande aux mécaniciens de vérifier l'avion. » Alexandre était à la fois trop innocent et trop sûr de lui pour prêter grande attention aux craintes de son père. Voler était sa raison de vivre, et il faisait preuve de sérieux et de compétence chaque fois qu'il mettait les pieds dans un avion. Il ne pouvait pas comprendre qu'on puisse avoir peur d'un avion.

M. Onassis demanda à son fils de reprendre la direction d'Olympic Airways et lui proposa aussi d'assumer un poste important dans une compagnie maritime, mais Alexandre déclina ses propositions, car elles ne l'intéressaient pas. En revanche, quand son père lui offrit Olympic Aviation, une modeste compagnie aérienne assurant un service régulier vers les plus petites îles grecques, disposant d'un avion taxi et d'un service de charters local, Alexandre en fut enchanté. Il rêvait d'en faire, sous sa direction, une compagnie de plus en plus importante.

Alexandre invita un groupe de journalistes à l'aéroport pour leur annoncer la création de cette nouvelle entreprise d'Onassis. En se dirigeant vers l'estrade pour prononcer son allocution, il remarqua que Miltos Yiannacopoulos le suivait. « Montez avant moi sur l'estrade, lui demanda-t-il.

— Oh non, répondit Miltos. Aujourd'hui, c'est vous le chef. »

Alexandre rougit et hocha la tête. « Non, monsieur Yiannacopoulos. Je marcherai toujours derrière vous et mon père ; jamais devant. »

Ce comportement enchanta M. Onassis qui avait tout entendu. Le discours d'Alexandre ne fit qu'augmenter sa fierté. « Nos pères installent les fondations du bâtiment, déclara-t-il aux journalistes, mais nous le ferons monter vers le ciel. Il n'y aura pas de limite à l'altitude qu'il atteindra. » M. Onassis et Alexandre eurent d'autant plus de raisons d'être fiers que, sous la direction d'Alexandre, Olympic Aviation fut une grosse réussite financière.

L'antipathie d'Alexandre pour Jackie déplaisait toutefois à son père et ne fit qu'aller en empirant. Un jour qu'Artémis, Aristote, Jackie et moi déjeunions à Glyfada, Alexandre refusa de descendre se joindre à nous. M. Onassis quitta la table à plusieurs reprises pour convaincre son fils de déjeuner avec lui et Jackie, mais revint chaque fois seul et plus contrarié. En définitive, Alexandre se joignit à nous à la moitié du repas. Mais il resta bouche cousue jusqu'à la fin, se contentant de picorer dans son assiette. Jackie garda un visage souriant, comme si elle n'était pas consciente de l'hostilité de son beau-fils à son égard. M. Onassis avait le visage fermé.

En général, Alexandre quittait Glyfada ou Skorpios à la seconde où sa belle-mère y arrivait, préférant vivre dans sa suite du Hilton à Athènes, où Fiona lui rendait souvent visite. Un jour, alors qu'il s'apprêtait à faire envoyer une partie de ses affaires personnelles de Glyfada au Hilton, il me tendit une grande boîte pleine de cassettes de Frank Sinatra, Joan Baez, Louis Armstrong, Nat King Cole et Paul Mauriat. « Je sais que vous les apprécierez, Kiki, me dit-il timidement en posant la boîte sur mon bureau. Et je serai content de savoir qu'elles sont dans de bonnes mains. » Aujourd'hui, plus d'un quart de siècle après, je continue à les écouter.

Alexandre s'y connaissait aussi en mécanique automobile. Un jour qu'il était au volant de sa voiture, il remarqua un couple de gens âgés, garé sur le côté de la route et victime d'une panne de voiture. Il s'arrêta et se mit aussitôt au travail. Un quart d'heure plus tard, le problème était réglé, la voiture fonctionnait de nouveau. La dame, s'apercevant que ce mécanicien était Alexandre Onassis, se confondit en remerciements. Alexandre, embarrassé, leur répondit que c'était lui qui les remerciait de l'avoir laissé bricoler leur automobile.

L'amour qu'Alexandre portait aux voitures n'avait d'égal que son amour pour la vitesse, qui le poussait à les conduire dangereusement. Avec les avions, il se montrait d'une extrême prudence, procédait toujours à la *check-list* de décollage et d'atterrissage et pilotait à des vitesses normales, même lors de missions de secours d'urgence. Mais les voitures faisaient ressortir le côté téméraire de son caractère. Ce fut la crainte de Fiona pour sa vie qui le poussa à échanger sa Ferrari pour une Mercedes 500 marine, plus traditionnelle. La Mercedes était une voiture plus lourde et plus solide que la Ferrari ; il n'empêche que chaque fois que je montais à bord de cette Mercedes, je ne me sentais pas en sécurité avec Alexandros au volant. Conduisant pour la première fois une autre de ses nouvelles voitures, une Alfa Romeo importée d'Italie, il n'avait parcouru que quelques mètres quand il emboutit un arbre. Il en réchappa sans une égratignure, mais on ne put en dire autant de l'Alfa Romeo. Il parvint néanmoins à la ramener jusqu'au garage dont elle était sortie quelques minutes auparavant et à la remplacer par une voiture flambant neuve.

De toutes ses voitures, c'était la Mercedes marine qu'Alexandre préférait. Il essayait toujours de la garer à cheval sur quatre places de parking, de manière à empêcher quiconque de se garer à côté d'elle. Un jour, il revint au bureau après le déjeuner tremblant de rage, ce qui ne lui ressemblait pas. Quelqu'un avait égratigné la portière de sa voiture, et il était inconsolable. Je descendis au parking pour examiner les dégâts avec lui, je compatis, sans mentionner la manière dont il avait traité son Alfa Romeo quelques mois plus tôt. Nous prîmes les mesures nécessaires pour que la Mercedes retrouve sans délai son état initial.

Comme nos bureaux étaient voisins, nous nous voyions chaque fois qu'il venait à Olympic Airways avenue Syngrou. Nous déjeunions souvent ensemble. Il parvenait même à vaincre sa timidité et à m'inviter aussi à dîner. Comme je ne voulais pas donner matière à des rumeurs sur notre relation, j'hésitais à sortir avec lui. Il trouvait toujours un restaurant éloigné où personne ne le reconnaîtrait, et nous passions une soirée décontractée. La plupart du temps il me demandait mon avis à propos de son père, de sa sœur, ou d'une question d'ordre professionnel et écoutait ma réponse avec un vif intérêt, comme si mon opinion lui importait. Il me posait sans cesse la même question, jusqu'à ce qu'il obtienne la certitude que je lui avais dit tout ce que m'inspirait le sujet en question. Il me donnait l'impression d'être intelligente, de compter, et de tenir compte de ce que je disais. Lorsque je parvenais à le faire parler d'un sujet qui lui tenait à cœur, tels une mission de secours qu'il venait d'effectuer, un pilote ou un avion qu'il admirait, il s'animait et s'exprimait avec enthousiasme. Il était alors capable de parler pendant des heures en gesticulant des bras et en soulignant son point de vue d'une voix beaucoup plus forte qu'à l'ordinaire. Lorsqu'il en avait terminé, il se calait en arrière sur son siège, m'adressait un sourire chaleureux et m'effleurait gentiment le bras.

Un soir, nous dînions à l'hôtel Hilton. Son costume bleu marine, sa chemise bleu clair et sa cravate noire mettaient en valeur sa beauté. Mais il était aussi particulièrement triste.

« Vous avez bien de la chance de vivre avec vos parents, dit-il alors que nous entamions le plat de résistance. Je n'ai ni mère ni maison. Je ne peux pas concevoir qu'elle se remarie encore. Ça me gêne quand je l'imagine avec un homme qui n'est pas mon père.

— Vous n'avez aucune raison d'être gêné, monsieur Alexandros. Ni à propos de votre mère. Ni à propos d'autre chose. »

Il garda le silence un certain temps, les yeux rivés à la table. Puis il les leva vers moi et m'adressa un sourire de reconnaissance. Je ne saurai jamais véritablement si c'était de l'amour que j'éprouvais pour ce jeune homme, mais une chose est sûre : je chérissais chacun des moments que nous passions en tête à tête.

Alexandre avait deux ans de plus que sa sœur, et ils n'étaient pas particulièrement proches dans leur enfance. Alexandre éprouvait du ressentiment parce que sa sœur, qui ne travaillait pas, se voyait allouer des sommes d'argent plus importantes que lui. Il la trouvait gâtée et irresponsable et ne lui prêtait que peu d'attention lorsqu'ils étaient en compagnie de leur père. Il ne paraissait pas avoir conscience de la préférence que ce dernier manifestait à son égard. Chaque fois que je voyais M. Onassis entouré de ses deux enfants, il tenait son fils, et non sa fille, par les épaules. C'était à Alexandros qu'il adressait ses commentaires, sur lui qu'il posait les yeux. Ce n'était qu'en l'absence d'Alexandre que M. Onassis se montrait affectueux avec sa fille.

Christina aurait bien eu besoin d'une mère à qui parler, mais en dépit de la présence d'Artémis, elle désirait avidement l'attention de son père. Lorsqu'il était loin du bureau, il téléphonait à son fils. Souvent, il se mettait à hurler contre Alexandre, mais s'il lui raccrochait au nez, il le rappelait quelques minutes plus tard pour reprendre leur conversation. Lorsque Christina l'appelait au bureau, il ne refusait jamais de lui parler, mais leurs conversations étaient toujours brèves et précises, et il ne lui accordait jamais le même genre d'attention ou d'énergie qu'il dépensait pour son fils.

Comme la plupart des frères et sœurs, Christina et Alexandre se chamaillaient souvent et se lançaient des piques sarcastiques et méchantes. Lorsque leur père se lia avec Jacqueline Kennedy, l'antipathie qu'ils éprouvaient tous deux à son égard les rapprocha. Durant les deux semaines précédant le mariage, Christina appela son frère au bureau bien plus souvent qu'à l'ordinaire, pour des conversations qui duraient plus longtemps.

Quelques jours avant le mariage, Artémis m'appela au bureau

pour me demander ce que je faisais ce soir-là. « Rien de spécial, madame Artémis. Je rentrerai sans doute chez moi quand j'aurai terminé mon travail.

— Mon chauffeur peut venir te chercher pour que tu dînes chez moi ? me demanda-t-elle d'une voix plus triste et plus douce qu'à l'ordinaire.

— Bien sûr. Mais je dois d'abord passer à la maison me changer.

— Inutile, Kiki. Nous ne serons que toutes les deux. C'est à toi que j'ai besoin de parler. »

Dès mon arrivée à Glyfada, Artémis me confia ce qu'elle avait sur le cœur : « Hier soir, mon frère et ses enfants ont dîné ici. Aristo a essayé de leur parler de sa relation avec Jackie. Il leur a dit combien il était important qu'ils apprennent à l'aimer. Qu'elle ressemblait beaucoup à leur grand-mère, Pénélope. Il leur a même précisé qu'elles se ressemblaient physiquement, avec les mêmes yeux noirs expressifs, grands et très écartés. Il leur a dit que Jackie était gentille, intègre et honnête, et qu'ils parviendraient à l'aimer s'ils voulaient bien lui accorder une chance. Toutes ses explications ont été peine perdue. Ils ont refusé de l'écouter. En définitive, il est parti, l'air vaincu par ses enfants.

« J'ai parlé à Alexandros et Christina toute la nuit. Je leur ai dit que leur père était encore assez jeune et qu'il avait besoin d'une femme qui réponde à ses besoins et prenne soin de lui. Je leur ai dit qu'aucun homme ne devrait vivre sans une femme à ses côtés. Je leur ai dit que Jackie était une femme sérieuse et stricte qui adore ses propres enfants et qui les aimerait eux s'ils voulaient bien le lui permettre. Ils m'ont répondu qu'au lieu de m'intéresser à une étrangère et à ses enfants, je ferais mieux de m'intéresser à mes propres neveu et nièce. Ils m'ont dit que si je les aimais vraiment, je ne pouvais pas aimer cette femme. Ils se sont fâchés contre moi. Je les ai déçus. Je ne sais que faire pour aider les enfants de mon frère à aimer sa nouvelle épouse.

— Donnez-leur le temps. »

Artémis hocha la tête.

« Pour la première fois, ils semblent uniquement s'écouter l'un l'autre. Et pour la première fois, ça ne me plaît pas. »

Le mariage de leur père avec Jackie tissa un lien plus fort entre Christina et Alexandre. Plus leur père se rapprochait de sa nouvelle épouse, plus il semblait s'éloigner d'eux. Cette distance servit de pont entre ses deux enfants. A de nombreuses reprises après le mariage, je les vis assis côte à côte, absorbés dans ce que l'autre disait. L'ironie de la vie voulut qu'un autre mariage resserre encore leurs liens...

Le premier époux de Christina, Joe Bolker, n'avait pas enchanté Alexandre : « Leur différence d'âge est trop grande, m'avait-il dit. Lorsqu'il sera un vieillard, elle sera encore jeune. Quel genre de vie va-t-elle avoir ? Avec cet homme, elle n'aura ni enfants ni famille. Je n'arrive pas à comprendre pourquoi elle l'épouse. »

Par la suite, comme Christina n'arrêtait pas de lui répéter qu'elle était heureuse, Alexandre finit par changer d'avis à propos de son choix. « Je me suis trompé, me confia-t-il un jour. Dans la mesure où votre conjoint vous apporte le bonheur, rien d'autre ne compte. »

Trois mois après que sa sœur eut convolé avec Joe Bolker, le remariage de leur mère bouleversa bien davantage Alexandre que celui de Christina. Le 22 octobre 1971, Tina Onassis Blandford épousa son ancien beau-frère, Stavros Niarchos. Niarchos avait été le mari de sa sœur, Eugénie, dont la mort, le 3 mai 1970, avait soulevé assez de soupçons pour provoquer l'ouverture d'une enquête judiciaire impliquant le mari. Tout en indiquant que le corps d'Eugénie présentait de nombreux hématomes et saignements, l'autopsie avait conclu que ses blessures provenaient des tentatives de la ranimer à la suite d'une overdose de barbituriques. En définitive, les preuves présentées au tribunal grec furent estimées insuffisantes pour justifier la mise en accusation de Niarchos dans le décès de sa femme. Mais les soupçons allaient planer sur lui pendant des années. La nouvelle que sa mère avait épousé cet homme accabla Alexandre. Non seulement cette union réduisait à néant ses espoirs de la voir un jour se remarier avec son père, mais elle avait choisi pour troisième mari un individu plus que méprisable. A son retour de Londres où il avait appris la nouvelle, Alexandre avait l'air malade. Des semaines durant, sa voix fut à peine audible et il perdit dix kilos en un laps de temps très court. Personne, pas même Fiona, ne parvenait à lui remonter le moral. « Je ne le pardonnerai jamais à ma mère, me déclara-t-il. Elle m'a mis dans un embarras inimaginable. » Au bout du compte, il recommença pourtant à la prendre au téléphone. Mais après ce mariage, une lumière s'éteignit dans son regard et n'y revint jamais.

La troisième union de leur mère désempara autant Christina que son frère. Elle devint suicidaire, mais la présence de Joe Bolker l'aida à reprendre goût à la vie. Elle et son frère s'entretenaient plusieurs fois par jour au téléphone, où qu'ils fussent, pour essayer de comprendre ce qui était arrivé à leur mère et de trouver le moyen d'affronter cette calamité.

Après cette véritable bombe, le mariage de Christina ne dura malheureusement que quelques mois. Alexandre, en dépit de sa déprime et de son désespoir, fit de gros efforts pour aider sa sœur à surmonter son divorce. Christina n'avait jamais autant téléphoné au bureau. Elle ne désirait parler qu'à son frère, et il lui consacrait tout son temps. Parfois, je l'entendais lui raconter une anecdote à propos de leur père et de Jackie et je savais que cela aidait Christina à se sentir mieux. Ils se mirent à passer de nombreuses soirées en tête à tête. Christina recherchait avidement la compagnie de son frère, car elle parvenait alors à oublier ses problèmes. Dans une taverne locale, elle parlait très fort et dansait frénétiquement, parfois seule, sous les yeux d'Alexandre qui la regardait en souriant. Ils étaient aussi différents que peuvent l'être un frère et une sœur, mais le désespoir que leur inspirait le troisième mariage de leur mère et l'échec du mariage de Christina les liait davantage. Pour tous ceux qui les voyaient ensemble, il était clair désormais qu'ils s'aimaient.

En 1971, longtemps avant de rencontrer celui qui allait devenir mon mari, George Moutsatsos, j'étais éprise de quelqu'un d'autre, George Kouris, l'un des pilotes de M. Onassis. J'avais vingt-trois ans, George en avait quarante, mais nous avions une aventure et je m'attendais à fêter bientôt nos fiançailles, malgré l'opposition de sa mère, à laquelle il était très attaché et qui le préférait à ses deux frères. S'il le fallait, nous attendrions que sa mère ne soit plus de ce monde. George et son frère Dimitris pilotaient le Learjet de M. Onassis. Pilotes audacieux, sérieux, peu enclins à la peur, ils étaient des amis proches de M. Onassis et d'Alexandre. Alexandros, au courant de ma liaison avec George, déclarait parfois sur le ton de la plaisanterie que ce dernier était trop vieux pour moi. Mais il était très proche de George et il disait aussi que nous serions heureux ensemble. Les sœurs de M. Onassis, en particulier Artémis, se réjouissaient de nos proches fiançailles. Artémis m'avait souvent grondée d'avoir une aventure avec lui. Notre projet de mariage la rendait heureuse.

Puis, ce fut la catastrophe. George et Dimitris se rendirent à Monte-Carlo pour aller chercher Alexandre qui traitait des affaires. L'avion disparut à l'approche de Nice.

Le 22 octobre 1972, je me rendis à l'aéroport au large du cap d'Antibes où l'avion avait sombré.

M. Onassis et Alexandre, ainsi que Grigoris, le troisième frère

Kouris, lancèrent une enquête sur le crash, menée par Miltos Yiannacopoulos. Des soupçons pesaient sur l'accident, mais qui ne furent jamais élucidés. Alexandre resta hanté par la culpabilité que lui inspirait la mort accidentelle des deux frères Kouris, alors qu'ils venaient le chercher. Il prit part aux recherches effectuées le long de la côte pour retrouver des traces de l'avion, mais on ne récupéra pas le moindre morceau de métal.

Personnellement, j'eus le cœur brisé par la mort tragique de l'homme que j'aimais et projetais d'épouser. Des mois durant, je fus incapable de me sortir de l'état de choc dans lequel j'avais glissé. J'essayais d'accomplir mon travail quotidien, mais j'étais en état de léthargie. Mes amis me répétaient que j'avais de la chance d'être en vie au lieu d'avoir été à bord de cet avion. Je comprenais ce qu'ils me disaient, mais il me fallut longtemps avant de me sortir de la tristesse dans laquelle j'étais plongée.

J'avais l'impression qu'Alexandre éprouvait un chagrin encore plus profond que le mien. Il était l'ami dévoué de George et de Dimitris, et ne cessa de se ronger à propos de leur mort. Non seulement il pleurait leur disparition, mais il aida leur mère jusqu'à la fin de sa vie. Un jour, plusieurs semaines après l'accident, alors qu'il rendait visite à Mme Kouris, Alexandros remplit un cendrier entier de ses mégots de cigarette. Et de ses larmes aussi. Ce soir-là, il était totalement incapable de les retenir.

Plusieurs semaines après l'accident, alors que l'enquête touchait à sa fin, Grigoris Kouris pressa Alexandre de l'aider à récupérer un morceau de l'avion qu'il était sûr de pouvoir retrouver dans la mer. Grigoris croyait qu'une explosion avait eu lieu à bord de l'appareil et que s'ils parvenaient à repérer un morceau de métal, ils trouveraient les preuves. Pour lui, il s'agissait d'un sabotage.

Alexandre accepta de continuer l'enquête et demanda à Stélios Papadimitriou d'intervenir en son nom auprès de Jacques-Yves Cousteau, afin qu'il les aide à retrouver l'épave. Puis Alexandre effectua un voyage imprévu à Londres, à la suite duquel il ne retourna pas ses coups de fil à Grigoris Kouris. Grigoris commença à s'inquiéter. Quand il parvint enfin à joindre Alexandre, ce dernier lui expliqua ce qui s'était passé : « Je ne peux plus vous aider, admit-il à regret. Je suis vraiment navré, mais mon père m'empêche de poursuivre l'enquête sur l'accident. »

Stélios Papadimitriou demanda plus tard à M. Onassis ce qui l'avait poussé à mettre un terme à l'enquête. M. Onassis ne répondit pas tout de suite. « Etait-ce une question d'argent ? demanda Stélios.

— Bien sûr que non ! hurla M. Onassis. Vous devez être fou pour le penser. Pour rien au monde, je ne risquerais la vie de mon fils. Ne me posez plus de question. Le sujet est clos. »

J'eus plus tard l'occasion d'aborder le problème séparément avec Alexandros et Grigoris, ainsi qu'avec d'autres personnes ayant participé à l'enquête ; il apparut clairement que quelque chose avait effrayé Aristote. Nous savions tous qu'il n'avait peur de rien et qu'une seule chose avait pu l'affoler : des coups de fil menaçant la vie de son fils. A ce jour, Grigoris reste convaincu que ses frères ne sont pas morts dans un accident, mais qu'un attentat destiné à tuer Alexandre Onassis a fait sombrer le Learjet au large de Nice.

Très souvent, lorsque nous étions ensemble, Alexandros me répétait à quel point il était désolé, et combien il se sentait responsable de la mort de George. J'avais beau lui répéter qu'il n'y était pour rien, il refusait de m'écouter. « Si je n'étais pas allé à Monte-Carlo, ils seraient tous deux encore en vie », répétait-il.

Un soir, plusieurs mois après l'accident, je le trouvai dans son bureau, lumières éteintes, les yeux rivés au mur. Il parut surpris de me voir devant sa porte entrouverte et me regarda comme s'il dormait les yeux ouverts. « Je pense sans cesse à cet accident, me dit-il d'une voix étouffée. Et vous ?

— Moi aussi, monsieur Alexandros.

— Tout le monde dit que nous avons de la chance de ne pas avoir été à bord de cet avion. Je suis heureux pour vous. Mais je ne me sens pas chanceux. Je me sens coupable. »

Je ne pus rien répondre, tant j'avais la gorge serrée. Je me contentai de hocher la tête et de le laisser seul en refermant la porte derrière moi. J'aurais voulu dire à Alexandros que je me sentais moi aussi coupable, car tout en ayant le cœur brisé d'avoir perdu mon merveilleux George, j'étais reconnaissante qu'Alexandre ne se soit pas trouvé à bord de cet avion. Mais je savais qu'il n'était ni convenable ni nécessaire de le lui avouer. Tragiquement, un autre accident allait suivre deux ans plus tard et, cette fois, les dieux se montreraient moins généreux à l'égard de mon cher ami, de mon Alexandros chéri.

8

« Christina, chrysso mou »

Les relations étaient plus faciles avec Alexandre qu'avec sa sœur cadette, mais Christina et moi nouâmes vite notre propre lien. Elle avait deux ans de moins que moi, et à de nombreux points de vue je devins une grande sœur pour elle. Elle m'inspirait de l'affection et de la sympathie, mais surtout, contrairement à la plupart de ceux qui la côtoyaient, dans sa famille ou à Olympic Airways, je comprenais cette adolescente compliquée. Durant toute la vie mouvementée de Christina, mes sentiments à son égard ne changèrent pas.

L'existence de Christina était avant tout définie par l'homme dont elle était la fille. Avoir pour père Aristote Onassis n'était pas aisé, mais pour Christina, cela constitua une difficulté presque insurmontable. Alexandre lutta contre ce fardeau toute sa vie et sortit vainqueur de cette bataille. Christina ne gagna pas beaucoup de batailles sans cicatrices. Elle traversa la vie tristement et elle est l'une des rares personnes que j'ai rencontrées dont je puisse dire : « De toute sa vie, elle n'a pas connu un seul moment de bonheur parfait. » Des années plus tard, quand son seul et unique enfant naquit, elle ne fut même pas en mesure de savourer ce moment. Déjà, la hantait la crainte que quelqu'un ne veuille attenter à la vie de sa fille. Sans doute y eut-il de nombreux moments, surtout à l'époque de l'adolescence, où Christina fit preuve d'insouciance et se montra pleine de vie, mais au-dessus d'elle flottait toujours un voile de malheur, prêt à recouvrir son visage en un instant.

La vie n'était pas tendre à l'égard de Christina. Etre la fille d'un des hommes les plus riches de la planète ne l'aidait pas, elle était aussi, à cause de cela, malheureuse. Alexandre était le fils du même homme, et si la tristesse faisait partie de sa nature, il était rarement malheureux. Lui fut accordé la plus large part du cadeau qui échappait à sa sœur : l'amour de leur père. Aristote aimait évidemment sa fille comme bien d'autres pères, mais Alexandre était son vrai trésor, et ni Christina ni Aristote ne l'oubliaient jamais. Il suffisait de passer un moment avec eux trois pour constater immédiatement vers qui allait la préférence du père. Le regard d'Aristote, la manière dont il les enlaçait, le ton de sa voix, le baiser sur la joue, la façon de tourner la tête — ces messages disaient tous la même chose : Alexandre était son fils ; Christina, son deuxième enfant.

Avec Christina, comme avec les autres membres de la famille Onassis, je gardais mes distances. Je devais avant tout me protéger, ainsi que mon travail. Mais c'était Christina qui exigeait le plus de moi. Je passais de longues heures à travailler pour M. Onassis et pour Alexandre, mais les demandes de Christina étaient d'un autre ordre. Elle voulait être mon amie. Et pour être l'amie de Christina, il fallait déployer davantage d'efforts que pour travailler pour son père.

On racontait que Tina ne souhaitait pas avoir de second enfant et qu'elle n'avait jamais été heureuse d'avoir cette fille, que son mari l'avait convaincue de ne pas avorter. Christina ne ressemblait pas à sa mère, mince et élégante. Selon les mêmes sources, Tina éprouvait de la répulsion pour la lourde silhouette de sa fille. J'avais tendance à croire ces rumeurs, car en dépit de tout, Christina n'avait effectivement aucune confiance en elle-même. Après leur divorce en 1959, ses parents n'avaient cessé de se la repasser comme un objet, et elle résidait la plupart du temps chez sa tante Artémis. Cette dernière me raconta une anecdote éloquente : un jour, une petite amie de Christina admirait une poupée dont son père lui avait fait cadeau. « J'aimerais bien l'avoir, dit l'enfant en caressant la belle poupée.

— Je te la donnerai, lui répondit Christina, en échange de quelque chose qui t'appartient.

— Tu peux avoir tout ce qui m'appartient, répondit la petite fille en serrant la poupée contre son cœur.

— Non, c'est quelque chose que tu ne peux pas me donner, déclara tristement Christina.

— Mais si, je peux, insista son amie. Dis-moi juste ce que c'est.

— Je veux des parents comme les tiens, répondit Christina. Deux parents qui s'aiment et vivent dans la même maison que moi jusqu'à ce que je sois vieille. »

Lorsque je rencontrai Christina en 1966, elle avait seize ans et vivait encore chez Artémis à Glyfada, même si elle passait pas mal de temps chez sa mère, à Londres, et chez sa grand-mère maternelle, en Grèce. Artémis essayait de veiller sur elle, mais Christina était très seule. Les cadeaux que lui offrait son père ne lui suffisaient pas, elle désirait surtout retenir son attention. Je n'ai jamais entendu M. Onassis lui refuser quoi que ce soit, mais il comblait rarement son désir incessant d'être auprès de lui.

En 1967, M. Onassis décida que, à dix-sept ans, sa fille devait commencer à travailler pour Olympic Airways. Comme elle avait fait de médiocres études et qu'elle n'éprouvait aucun désir de parfaire son éducation, il jugea que le moment était venu de la mettre au courant de ses affaires.

Avant cela, je n'avais de contacts avec Christina que lorsqu'elle me téléphonait au bureau pour me demander d'organiser ses voyages. Elle téléphonait également chaque jour afin de se tenir au courant des activités de son père.

Quand elle commença à travailler à Olympic Airways, m'incomba la responsabilité de lui trouver quelque chose à faire quand elle était au bureau. Dès le premier jour, nous eûmes conscience que cette organisation ne fonctionnerait pas. Travailler à Olympic Airways n'intéressait pas Christina le moins du monde. Elle ne voulait pas davantage de bureau et elle était surtout à l'aise, assise par terre près du mien. En dépit des nombreux commentaires peu élogieux sur le physique de Christina et des photographies d'elle peu flatteuses qui paraissaient dans les journaux, je l'ai toujours trouvée très séduisante. Son nez était effectivement un peu trop volumineux et elle avait souvent de grands cernes sous les yeux, mais c'était quand même une jolie fille. Elle possédait surtout des yeux magnifiques, immenses et d'un noir intense et profond. Ses cheveux, longs ou courts, épais et brillants, étaient de la même couleur que ses yeux. Elle venait travailler à Olympic Airways vêtue comme une étudiante d'un T-shirt blanc et d'une jupe noire, avec des chaussures à talons plats. Elle ne se souciait guère de son apparence. La plus grande partie des heures qu'elle passait au bureau, elle bavardait au téléphone avec des amis, ou avec moi.

J'étais trop occupée pour lui consacrer beaucoup de temps. Elle était toujours heureuse, volubile et prête à rire d'une anecdote. Si son père lui demandait de faire une course pour lui, elle refusait. Non pour faire la difficile, mais par crainte des journalistes qui rôdaient autour de l'immeuble. Elle n'osait pas sortir seule.

Sa mère, mariée à l'époque à son second mari Sonny Blandford, l'appelait souvent au bureau. Elles se voyaient rarement, mais Tina restait en contact téléphonique étroit avec ses deux enfants. Christina était en général enchantée de lui parler. Leurs conversations la mettaient de bonne humeur. Tina appelait régulièrement M. Onassis afin de discuter avec lui des problèmes et des soucis de leurs enfants. Il aimait bien lui parler et éprouvait toujours de l'affection pour elle.

Si Christina était ravie de parler à sa mère, elle avait surtout deux grands amours à l'époque — qui durèrent toute sa vie : le chocolat et le Coca-Cola. « Je t'en prie, Kiki, me disait-elle presque tous les jours, accompagne-moi chez Papaspyros, j'ai envie d'acheter du chocolat. »

Quand j'acceptais, elle était contente comme tout, car j'empêchais les journalistes de l'importuner sur le chemin de la confiserie. Elle craignait depuis sa tendre enfance les paparazzi. Lorsqu'ils s'approchaient de nous, je leur disais d'un ton ferme de la laisser tranquille. Souvent ils passaient outre et volaient une photo. Elle me suppliait de lui apprendre à se conduire comme moi, mais dès qu'un journaliste s'approchait de nous, elle se pétrifiait, et les mots qu'elle avait répétés ne parvenaient jamais à sortir de sa bouche.

Dès notre entrée dans la pâtisserie, Christina retrouvait sa langue et achetait une dizaine de gros morceaux de son chocolat favori, plusieurs Coca-Cola et deux ou trois petits gâteaux ronds au gruyère. Les gâteaux étaient pour son père qui en était friand, mais qui insistait auprès de Christina pour laisser quelqu'un d'autre les lui acheter. « Ça me fait plaisir, baba », répondait-elle gentiment. Il hochait la tête, mi-content, mi-fâché, et savourait les petits gâteaux.

J'essayais de déjeuner avec elle le plus souvent possible. Là encore nous fendions la foule de journalistes qui faisaient le pied de grue devant l'immeuble, jusqu'au petit restaurant de notre choix. Au cours du déjeuner, notre conversation portait, comme la plupart des jeunes filles, sur nos petits amis ou sur nos projets d'avenir. Au bureau ou en présence d'autres personnes, je l'appelais toujours mademoiselle Christina, mais en tête à tête, elle était Christina tout court. Nous évoquions nos problèmes personnels, la manière dont un homme et une femme pouvaient être heureux, ce qu'une personne ordinaire devait posséder pour être comblée. Nous aboutissions toujours à la même conclusion : l'argent ne fait pas le bonheur. Nous avions la même conception de l'amitié véritable et de la famille idéale : pour Christina, une mère et un père, qui aimaient leurs trois ou quatre enfants et restaient toujours auprès d'eux. Elle me parlait de l'amour qu'elle portait à son père et de son désir d'être auprès de lui. Elle martelait son credo :

Aimer n'est rien, être aimé est quelque chose, aimer et être aimé est tout.

Christina évoquait ce qui la rendait malheureuse et j'essayais de la convaincre que chaque problème avait une solution, excepté la maladie et la mort. « Tu es géniale pour trouver des solutions, me taquinait-elle. Chaque fois qu'un problème se présente, Kiki peut le régler. »

Le plus souvent, elle restait assise sur le tapis à côté de mon bureau, les jambes en tailleur, à manger du chocolat ou un rouleau au fromage et à boire son Coca-Cola, pendant que j'essayais de travailler. Elle me racontait une histoire à propos de son dernier petit ami en date, car il y avait toujours un homme dans sa vie. Artémis m'avait confié que sa nièce détestait être seule, et elle disait vrai. Du moment qu'elle épinglait un garçon, Christina se fichait complètement de l'identité de son petit ami.

En la voyant ainsi assise sur le tapis, son père riait la plupart du temps. Elle se levait d'un bond pour l'embrasser. Mais lorsqu'il la surprenait en train de grignoter, il s'énervait ou se contentait de sourire et de sortir de la pièce sans faire de commentaires sur ses manies alimentaires. Quand il lui reprochait méchamment de trop manger et d'être négligée, bouleversée, elle se sauvait.

Un jour, elle était dans mon bureau en train de s'empiffrer de chocolat, lorsqu'il entra et se planta devant elle, l'air dégoûté : « Regarde ce que tu es en train de t'infliger à toi-même ! hurla-t-il. Tu vas perdre tes dents avec toutes ces sucreries. Tu vas devenir grosse et moche. Je suis sûr que tu seras malheureuse mais il n'y aura plus rien à faire. Tu auras détruit ta beauté et personne ne voudra de toi. » Il lui tourna le dos et sortit en fulminant de mon bureau.

Christina fondit en larmes et laissa tomber sa boîte de chocolats. Toute la semaine suivante, elle fit de gros efforts pour ne pas manger de sucreries, mais sa tentative ne fit pas long feu. Elle essayait néanmoins de ne pas en manger en présence de son père.

Sa vie privée frustrait également M. Onassis. Il lui donnait des conseils incessants à propos de son comportement et de ses fréquentations. Une fois, nous étions tous les trois en voiture. Il était devant, à côté du chauffeur, George Margaritis, Christina et moi à l'arrière. Alors que Christina mettait discrètement une pilule pour maigrir dans sa bouche, M. Onassis se tourna subitement vers elle. « Qu'est-ce que tu fais ? hurla-t-il d'une voix perçante. Tu es folle de prendre ces pilules ! Donne-moi ce flacon tout de suite ou je t'éjecte de la voiture. » Christina faillit s'étouffer avec la pilule qu'elle avait glissée dans sa bouche. Elle parvint quand même à l'avaler, tout en lui tendant le flacon.

Sans doute avait-il surpris le geste de Christina dans le rétroviseur. En dépit de sa frayeur, elle me glissa, dès qu'il se fut recalé sur son siège : « Ce type est sidérant, non ? » Je me doutais que Christina devait avoir un autre flacon de pilules dans son sac à main. De toute façon, s'il l'estimait nécessaire, il la battrait, comme le font la plupart des pères grecs, tant qu'elle n'aurait pas dix-huit ans. D'après Artémis, il avait l'impression de perdre le contrôle sur sa fille et ne savait pas comment l'empêcher de multiplier les faux pas.

Chaque fois qu'ils étaient ensemble, M. Onassis ne pouvait avoir une conversation avec sa fille sans lui dicter sa conduite. Tout en ayant l'air de lui prêter attention, Christina n'en faisait qu'à sa tête. M. Onassis ne mit pas longtemps à comprendre que sa fille ne suivrait pas ses conseils.

Christina nous quitta après moins de six mois passés à Olympic Airways. Elle voulait voyager et faire autre chose de sa vie. Elle commença par se rendre à Londres pour se faire raccourcir le nez et ôter ses cernes noirs. Avec de splendides résultats, au point que certains ne se rendirent pas compte qu'elle avait subi une opération de chirurgie esthétique. Ils la trouvèrent simplement plus jolie et plus reposée qu'avant. Avec son épaisse chevelure noire et ses grands yeux noirs expressifs, Christina devenait une femme séduisante. Mais elle restait sujette au même problème de poids, continuant d'avaler des litres de Coca-Cola et des quantités de chocolat.

Durant toutes les années où je l'ai connue, Christina fut harcelée par ce problème d'embonpoint. Son poids variait de façon effrayante. Plusieurs mois durant, elle restait « normale », ni grosse, ni maigre, et pesait soixante-cinq kilos. Subitement, du jour au lendemain ou presque, elle se mettait à gonfler et prenait entre quinze et vingt kilos en quelques semaines. Ces fluctuations étaient clairement liées à ses changements de moral. Lorsqu'elle était dans de bonnes dispositions, elle parvenait à contrôler son poids. Dès que ses idées noires l'emportaient, elle grossissait. Un cercle vicieux qu'elle ne parvint jamais à rompre.

Christina avait un autre problème : sa relation avec ses amis. Il n'était pas facile d'être son amie. Non seulement elle se montrait exigeante, réclamant mon attention à chaque seconde, mais je ne savais jamais comment elle allait se conduire. Parfois, tout se passait bien, puis d'un coup, quelque chose la faisait hurler et fulminer comme une possédée. Elle se moquait complètement de son entourage et persistait, jusqu'à se vider de toute son énergie. Et à épuiser tout le monde.

Elle changeait d'avis comme une girouette, si bien qu'on ne pouvait pas compter sur elle. Quand elle prévoyait une sortie avec des amis, il y avait de fortes chances pour qu'elle modifie ses plans à la dernière seconde et reste à la maison. Au moment de franchir la porte, il lui arrivait fréquemment de décider qu'elle n'avait plus envie de sortir. Elle remontait dans sa chambre, ôtait ses vêtements, d'un grand couturier, et passait la soirée à se lamenter sur son sort. Parfois elle se calmait et lisait, mais souvent elle tenait compagnie aux domestiques, bavardait et grignotait avec eux, jusqu'au moment où ils se retiraient pour la nuit, la laissant seule avec sa mélancolie.

Christina avait quelques amies proches, comme Marina Tchomlekdjoglou, mais toutes me confiaient qu'elle n'était pas une amie facile. Marina était une jeune fille bien élevée, très belle, au physique délicat, avec de grands yeux noirs et un sourire rayonnant. Son père était en relation d'affaires avec M. Konialidis à Buenos Aires et Montevideo, et sa famille connaissait bien la famille Onassis. Christina l'aimait beaucoup et elles avaient l'air de s'estimer mutuellement. Cela n'empêcha pas Christina de me confier un jour : « Kiki, tu es ma seule amie. Toi seule ne veux rien de moi. Tu fais des choses formidables pour moi, comme m'aider à échapper aux journalistes. Et tu es toujours prête à m'écouter. Tu es une merveilleuse amie. »

Ses sautes d'humeur étaient aussi imprévisibles que désagréables. Parfois elle arrivait toute joyeuse à la maison de Glyfada, contente de sa journée ou ravie de ses projets pour la soirée. Artémis et moi conversions gaiement avec elle et lui souhaitions de s'amuser avec ses amis. Mais il n'était pas rare de la voir revenir une demi-heure plus tard, déprimée et d'humeur massacrante. Elle montait comme une flèche dans sa chambre sans nous adresser la parole. Ne supportant pas de rester seule, elle redescendait peu de temps après, et ses larmes et son malaise gâchaient autant la soirée des autres que la sienne. Parfois, ses sourires et son côté bon enfant rendaient sa compagnie délicieuse. Mais au bout du compte, ils étaient bien plus rares que ses moments de pure tristesse.

Si difficiles que fussent ses relations avec les femmes, elles étaient idylliques comparées à celles qu'elle entretenait avec les hommes. Je n'ai jamais connu personne aussi avide d'avoir un petit ami que Christina. Et elle aurait fait n'importe quoi pour arriver à ses fins. « Je veux juste quelqu'un qui m'aime, me confia-t-elle à de nombreuses reprises. Quelqu'un qui soit gentil avec moi et qui reste près de moi tout le temps. » Et je la regardais papillonner d'un compagnon choisi sans le moindre discernement à un autre, sans pouvoir rien y faire.

Christina me faisait part de ses déboires avec les hommes. L'un d'eux, particulièrement désagréable, était un jeune homme qu'elle fréquentait depuis presque trois mois. « Je tiens vraiment à lui, m'annonça-t-elle un jour gaiement. Je crois qu'il est l'amour de ma vie. »

Nous étions au bureau toutes les deux, quand elle reçut de la part de ce garçon un petit paquet mal ficelé. Son visage s'éclaira quand je le lui tendis. « Oh, Kiki, me dit-elle en s'empressant de l'ouvrir, je n'arrive pas à croire qu'il l'a fait ! Il m'a dit qu'il m'envoyait quelque chose de spécial. Quelque chose qui me prouverait les sentiments qu'il me porte. » Sous mes yeux, elle sortit deux de ses propres petites culottes de la boîte. J'en étais malade pour elle. Ebahie, l'air de ne pas comprendre, elle souleva les deux culottes sales. Puis elle les laissa tomber sur mon bureau et se mit à chercher frénétiquement un petit mot dans la boîte. Il n'y en avait pas. J'essayai de lui parler, mais elle refusa de m'écouter.

« Je vais l'appeler pour qu'il m'explique ce que ça signifie, lança-t-elle en se précipitant dans un bureau vide, laissant le paquet et son contenu offensant éparpillés sur mon bureau. Au bout d'une demi-heure, comme elle n'était pas revenue, je frappai discrètement à la porte. Assise par terre, elle fixait le mur. « Il n'a pas voulu me répondre », m'annonça-t-elle d'un ton lugubre, et nous comprîmes toutes les deux la signification de ce triste paquet. Cela me tuait de la voir humiliée, mais ce n'était ni la première ni la dernière fois qu'un homme la traiterait de façon dégradante.

Christina était persuadée qu'une autre personne ne l'aimait pas : sa belle-mère, qu'elle surnommait d'un ton sarcastique *Kyria* ou *Madame*. Dès que son père introduisit Jacqueline Kennedy dans leurs vies, Christina se montra déterminée à la haïr. En dépit du fait que leur mère paraissait heureuse avec son nouvel époux, Sonny Blandford, ni elle ni son frère n'abandonnèrent jamais l'espoir de voir leurs parents se remarier. Etant donné l'antipathie qu'elle vouait à Maria Callas, Christina fut ravie que son père ne l'épouse pas. Son mariage avec Jackie Kennedy l'anéantit. Rien ne trouvait grâce à ses yeux chez Jackie. Elle détestait ses manières de parler, de s'habiller, de marcher ; jusqu'à sa façon de manger. Elle se moquait de sa belle-mère dans son dos en présence de tout le monde, excepté de son père. Elle avait le plus grand mal à prononcer le simple nom de Jackie et faisait tout pour éviter de se trouver dans la même pièce qu'elle.

Elle m'appelait constamment afin de se tenir au courant des projets de Jackie, car elle ne voulait surtout pas tomber sur elle par hasard. Elle tenait à savoir quel avion elle prendrait, afin de ne pas être à Paris en même temps qu'elle ou la rencontrer à l'aéroport d'Athènes. Chaque fois qu'elle téléphonait ou qu'elle passait voir son père ou Alexandre, elle me posait des dizaines de questions sur Jackie : « Quand *Kyria* vient-elle ? *Madame* est-elle à New York ou à Paris ? Qu'a acheté mon père pour *Madame* aujourd'hui ? Où *Kyria* dînera-t-elle ce soir ? Quels sont les projets de *Madame* pour demain ? Des amis de *Madame* vont-ils venir à Skorpios ? Ses enfants reviennent-ils bientôt ? As-tu entendu parler de *Kyria* aujourd'hui ? »

J'avais beau essayer de convaincre Christina que Jackie était une femme charmante, qui pouvait tout autant devenir son amie que sa belle-mère, elle refusait de m'écouter. Jackie perçut tout de suite son hostilité et comprit que la bataille pour gagner l'affection de sa belle-fille était perdue d'avance. Contrairement à Christina, Jackie, à la différence des Grecques, n'étalait pas ses sentiments. Une vraie Grecque, comme Artémis ou Christina, n'hésitait pas à montrer que quelqu'un lui déplaisait. Jackie essayait, elle, d'être gentille avec Christina, alors qu'elle ne pouvait s'empêcher de la trouver antipathique. Christina jugeait cette attitude factice, et ces tentatives la montaient davantage encore contre sa belle-mère.

Dès le début du mariage, les deux femmes s'évertuèrent à se rencontrer le moins possible. En dehors des occasions où M. Onassis les obligeait à être ensemble, quand la présence de toute sa famille était requise, elles se tenaient à distance. En cas de nécessité, anniversaires ou fêtes, elles s'en remettaient aux envois de fleurs. Elles ne s'offraient que rarement des cadeaux. Contrairement à Jackie et sa bonne éducation, Christina ne dissimulait pas la haine que lui inspirait sa belle-mère. Et nul n'ignorait les sentiments qu'elle portait à Madame.

Lorsque Christina téléphonait à Alexandre ou passait le voir au bureau, ils parlaient souvent de leur père, de ses humeurs et de ses projets. Ils aimaient savoir exactement où il se trouvait, avec qui et pour combien de temps. Quand ils évoquaient Jackie, leurs voix changeaient. Ce n'était plus des enfants soucieux et aimants qui s'exprimaient, mais des beaux-enfants fielleux et malheureux. Leur antipathie pour Jackie les souda, comme si elle était un ennemi commun qu'ils voulaient vaincre tous deux. Ils évoquaient souvent le moment où leur père et Jackie se sépareraient, alimentant mutuellement leurs espoirs.

Artémis me parlait souvent de Jackie et des enfants de son frère. Elle aurait aimé les voir se rapprocher mais analysait les raisons qui les en empêchaient. Il était tentant de faire porter à Christina la responsabilité de ses problèmes avec Jackie, car elle se conduisait en enfant égoïste et gâtée. Artémis se demandait néanmoins si Jackie n'aurait pas pu faire davantage pour gagner l'affection de sa belle-fille. Jackie donnait souvent l'impression de se moquer complètement des deux enfants de son mari, trop occupée par sa propre vie pour se demander pourquoi ils l'aimaient ou non. Chaque fois qu'Artémis abordait ce sujet, elle se mettait dans tous ses états, ne voyant aucune issue au problème.

De mon côté, je faisais de gros efforts pour cacher à Christina mes informations sur Jackie. Un jour, pourtant, je reçus au bureau d'Athènes un télex de New York m'informant qu'un manteau de fourrure commandé par Jackie arriverait le lendemain. Christina vit ce télex avant que je l'intercepte et piqua une crise de nerfs, agonisant Jackie d'injures et déchirant le texte en morceaux. Tous les employés du sixième étage de l'avenue Syngrou vinrent voir d'où venait ce tohu-bohu. Le manteau de fourrure arrivé, je le cachai à Christina, persuadée qu'elle le mettrait en pièces comme elle avait massacré le télex.

Cette scène fut loin d'être la seule où Christina manifesta avec éclat sa détestation de sa belle-mère. Chaque fois qu'elle m'entendait parler à Jackie au téléphone ou organiser une rencontre avec elle, elle piquait une crise de jalousie. J'appris à lui cacher ce que je faisais, pour éviter ses scènes.

Le premier mariage de Christina avec un Américain, Joe Bolker, le 27 juillet 1971 à Las Vegas, me surprit. A l'en croire, Joe Bolker était un homme bien et épris d'elle. M. Onassis, qui fêtait le quarante-deuxième anniversaire de Jackie à Skorpios, faillit devenir fou en apprenant la nouvelle.

Ironiquement, ni Jackie ni Tina ne trouvèrent cette union catastrophique. Jackie pensait que Joe Bolker rappelait son père à Christina et qu'il lui procurerait la stabilité dont elle avait besoin. Tina, qui avait sept ans de moins que son gendre, était heureuse du bonheur de sa fille et lui accordait une chance de réussir son mariage. Tina projetait elle-même d'épouser son ex-beau-frère, Stavros Niarchos. Elle se maria effectivement avec lui le 22 octobre 1971, union que n'approuvèrent ni son premier mari ni ses enfants. Artémis était quant à elle persuadée que le mariage inattendu de sa fille arrangeait Tina : il détournait les projecteurs de sa propre personne.

Artémis était sincèrement ravie que sa nièce ait trouvé un compagnon qui la rendait heureuse. « C'est bien qu'elle ait épousé un homme d'un certain âge, me confia-t-elle, convaincue qu'une femme devait avoir un mari ayant au moins dix ans de plus qu'elle. Il va lui donner l'amour, la tendresse et la sécurité dont elle a besoin pour devenir adulte. »

M. Onassis ne partageait l'avis ni de sa sœur, ni de son ex-épouse ni de son épouse du moment. M. Bolker avait quarante-huit ans et Christina à peine vingt et un. De plus, il avait quatre filles, dont l'une de l'âge de Christina. Sachant que sa fille se liait souvent d'amitié avec des hommes plus âgés, comme son ami Costas Gratsos, M. Onassis pensait qu'il s'agissait du même type de relation. Il ne s'attendait absolument pas à ce qu'elle épouse Joe Bolker. La chose faite, il fut convaincu que ce dernier n'en voulait qu'à l'argent de Christina. « Si tu restes mariée à ce type, hurlait-il au téléphone, je te reprends tout ton argent et tous tes biens ! »

Les récriminations de son père n'affectèrent pas Christina. « Dois-je te demander ce que je dois faire de ma vie ? le défia-t-elle avec bien plus de cran qu'à l'ordinaire. Dans ce cas, il faudrait que je pose aussi la question à Madame. Et c'est hors de question. »

« Je suis très heureuse, insista-t-elle en m'appelant de Los Angeles peu après son mariage. Il m'aime vraiment. J'ai de la chance de l'avoir rencontré. » J'envoyai des fleurs à Christina en Californie. Elle me téléphona lorsqu'elle les reçut et fit preuve d'un tel enthousiasme que je faillis dire à son père qu'elle semblait très heureuse. Mais je me retins : mieux valait éviter de lui parler du mariage de Christina.

Lorsque Christina et Joe Bolker divorcèrent un an plus tard, je fus déçue mais pas étonnée. J'avais assisté de mon bureau aux conversations téléphoniques entre M. Onassis et elle, quand il l'appelait pour lui reprocher son mariage. « Si tu ne quittes pas cet homme, et si tu ne reviens pas tout de suite en Grèce, tu ne seras plus ma fille ! » hurlait-il. Après quoi, il se tournait vers moi, le visage noir de fureur, en secouant la tête. Par rapport au courroux qu'il manifestait à propos d'un de ses associés ou de la bêtise d'un employé, cette colère inflexible était d'un ordre différent, plus véhément. Je n'arrivais pas à concevoir comment un être humain pourrait y résister. En défiant son père avec ce mariage, Christina avait fait preuve d'une dose de courage peu commune. Mais rester l'épouse de Joe Bolker pendant plus d'un an se révéla au-dessus de ses forces.

Les rapports de Christina avec son père étaient plus complexes et intenses que ses autres relations masculines. Elle adorait son « baba », elle désirait ardemment son attention, c'était clair comme de l'eau de roche. Le temps qu'elle passait à ses côtés ne lui suffisait jamais. Lorsqu'ils étaient ensemble, elle se conduisait comme une petite fille et le mettait dans l'embarras avec ses baisers constants et ses rires bruyants. Sa compagnie lui procurait un plaisir proche du vertige. Même lorsqu'il était fâché contre elle.

Je n'ai jamais douté de l'amour que M. Onassis lui portait. Il la regardait avec affection et fierté, mais paraissait décontenancé et ulcéré par ses constantes sautes d'humeur. Un soir vers dix-huit heures, peu de temps après le premier divorce de Christina, je reçus un coup de fil de notre bureau de Londres m'informant qu'elle avait fait une tentative de suicide. Elle était hospitalisée dans la capitale britannique, entre la vie et la mort. J'appelai M. Onassis à Glyfada, mais il était en route pour le bureau. À son arrivée quelques minutes plus tard, je cherchai difficilement mes mots pour lui annoncer la nouvelle. « Monsieur Onassis, commençai-je d'une voix hésitante, il y a eu un accident à Londres. Christina est très mal en point. »

Il ne me laissa pas le temps de finir ma phrase. « Je n'arrive pas à concevoir ce qu'elle a pu faire contre elle-même cette fois, me dit-il froidement. Qu'elle aille au diable. Si elle meurt, je m'en fiche. Bon, maintenant, nous allons travailler. » Son regard inflexible me fit monter les larmes aux yeux, mais je compris qu'il s'agissait d'une réaction épidermique, qu'il réfléchirait à la situation et verrait les choses différemment. Je ne pouvais rien faire pour l'obliger à aimer sa fille, en ces circonstances dramatiques où elle avait désespérément besoin de lui. Plus tristement encore, je savais, comme tous ceux qui connaissaient bien Christina, qu'il ne s'agissait pas de sa première tentative de suicide et que ce ne serait pas sa dernière.

Plusieurs mois après le divorce de Christina, par un novembre froid et pluvieux, elle me convainquit de passer quelques jours avec elle dans l'appartement des Onassis à Paris. M. Onassis et Artémis me pressèrent également d'y aller, et il me confia un travail important à effectuer pour la société pendant mon séjour là-bas. Lors de cette visite, comme des précédentes, l'immensité et la beauté de l'appartement du 88, avenue Foch m'impressionnèrent. Situé dans un immeuble vénérable, il appartenait à la famille

Onassis depuis le mariage d'Aristote et de Tina. Le mobilier des dix-septième et dix-huitième siècles comptait des pièces authentiquement Louis XIV et Louis XVI. Tous les murs étaient tendus de tapisseries, afin d'étouffer les moindres bruits de la rue. Des tapis d'Orient recouvraient les parquets et des tableaux de maîtres décoraient les murs, truffés d'alarmes. Bien que M. Onassis et ses enfants ne passassent guère de temps dans cet appartement, il était entretenu par une petite équipe de domestiques, dont les fidèles George et Eleni Syros.

M. Onassis ne s'asseyait pratiquement jamais sur les sièges anciens de son appartement. Il préférait de loin se détendre sur une espèce de chaise longue en bois. « Pourquoi vous asseyez-vous ici, monsieur Onassis, lui demandai-je au cours d'une visite, alors que vous disposez de tant de fauteuils et canapés ?

— Parce que cette chaise est bien plus confortable et que je m'y détends mieux, me répondit-il. De plus, je n'aime pas m'asseoir sur des sièges d'avant la Révolution française. Ça me met mal à l'aise, à plus d'un titre. »

Christina ne manquait jamais de me rappeler de ne pas toucher aux tableaux. A la pensée des amis de tout acabit qu'elle conviait dans l'appartement, je me disais que c'était une excellente idée d'avoir fait installer ces alarmes.

Un froid mordant régnait à Paris ce novembre-là. La plupart du temps, dès que j'avais fini mon travail pour Olympic Airways, nous restions dans l'appartement à discuter de ses problèmes. Nous aurions pu nous croire avenue Syngrou, en train d'évoquer nos espoirs et nos rêves. Christina détestait toujours autant la solitude et elle était contente de m'avoir dans l'appartement jour et nuit. Elle m'offrit des vêtements chez des grands couturiers, m'invita à dîner et fit de gros efforts pour ne pas piquer de crise. Nous passâmes une soirée chez Maxim's, où les mets et le service furent à la hauteur de leur réputation. Des têtes se tournèrent et des gens reconnurent Christina à son entrée, mais pour une fois, elle resta d'humeur égale toute la soirée, souriant même à un photographe à la sortie du restaurant.

Le jour prévu pour mon retour à Athènes, Christina, envahie par le cafard, me supplia de rester quelques jours de plus : « Quand tu seras partie, je serai seule, se plaignit-elle, assise sur mon lit pendant que je bouclais ma valise. Je suis sûre que tu ne veux pas me laisser seule, sans personne qui m'aime.

— Mais beaucoup de gens vous aiment bien.

— Personne ne m'aime, insista Christina. Personne ne se soucie de moi. » Et elle disait vrai.

De nombreux changements allaient survenir dans la vie de Christina après ce mois de novembre 1972. Elle qui détestait par-dessus tout être seule allait être quittée, en un laps de temps très court, par tous les membres de sa famille qu'elle adorait. Personne ne se serait attendu à voir survivre à de telles pertes cette femme instable et tourmentée, et pourtant, elle survécut. Bien davantage d'années qu'aucun d'entre nous n'aurions pu le prédire.

Après ces pertes déchirantes, Christina changea à bien des égards. Nous restâmes toujours proches. Tout en supportant difficilement ses changements d'humeur et ses crises fréquentes, je comprenais qu'elle était, à bien des égards, la fille de son père. Elle était intelligente, jamais banale ou ennuyeuse. Le bonheur, tristement, lui échappa toujours, encore plus qu'à son frère, sa mère et son père. Et leur mort ne rendit pas seulement ce bonheur insaisissable, mais impossible.

9

La Maison Rose

Les sœurs d'Aristote Onassis furent peinées du ressentiment des deux enfants de leur frère à l'égard de son remariage, mais il ne les surprit pas. Elles-mêmes étaient ravies de voir les nouveaux mariés entamer leur vie commune en de bonnes dispositions. Mais la famille entière de M. Onassis comprit vite que ses deux enfants ne constituaient pas le seul obstacle à la réussite de son mariage. Peu après son union avec Jackie, un mois peut-être, il apparut clairement que Maria faisait de nouveau partie de sa vie. Comme si elle n'en était jamais sortie.

Si après le mariage d'Aristote et de Jackie, Maria n'appela plus jamais le bureau et ne revint ni à Skorpios ni à Athènes, elle n'avait cependant aucun mal à le retrouver ailleurs. Leurs rencontres se déroulaient la plupart du temps à Paris. En 1967, Maria y emménagea dans un luxueux appartement, 36, avenue Georges-Mandel, à deux pas du 88, avenue Foch. Selon le personnel des deux appartements, les amants offraient l'image d'un couple plus uni et plus heureux à Paris qu'il ne l'avait été avant le mariage de M. Onassis.

Lorsqu'il voulait voir Maria, M. Onassis chargeait Miltos Yiannacopoulos de l'appeler à sa place. Maria faisait de même et demandait à Miltos de lui transmettre des messages. On aurait dit que ni l'un ni l'autre ne tenait à converser directement au téléphone et préférait laisser à un intermédiaire le soin de tout organiser pour eux. Miltos se déplaçait souvent à Monte-Carlo, Paris, Londres ou Rome, mais où qu'il fût, ni Maria ni Aristote n'avaient la moindre difficulté pour le joindre.

Chaque fois qu'Aristote rendait visite à Maria avenue Georges-Mandel, il s'assurait qu'on l'avait prévenue d'éteindre toutes les lumières à l'entrée de son appartement. Personne ne devait le voir entrer chez elle. D'après Artémis, il prenait toutes ces précautions pour ne pas embarrasser son épouse. « Il est peut-être infidèle, me confia-t-elle un soir. Mais il est prévenant et discret. »

En apparence, M. Onassis et Jackie s'aimaient vraiment, mais il est clair que quelque chose manqua dès le début à leur union. Artémis elle-même, qui ne désirait rien tant que voir disparaître Maria de la vie de son frère, reconnut qu'elle y tenait encore une grande place. Ni elle ni moi, ni aucun des employés qui les voyaient ensemble ne pensaient qu'Aristote la rencontrait uniquement pour faire l'amour. Leur relation allait bien au-delà du sexe. Il avait besoin d'elle pour discuter de ses problèmes, de ses pensées et de ses sentiments intimes. Si Jackie avait été capable de tenir ce rôle, il n'aurait peut-être pas eu ce besoin insatiable de Maria.

Artémis soupçonnait sa belle-sœur d'être au courant de l'infidélité de son mari. Les deux femmes ne l'évoquaient jamais directement, mais un soir à Glyfada, un invité mentionna par inadvertance le nom de Maria au cours d'une discussion sur l'opéra et Artémis sentit l'embarras de Jackie. Pendant tout le reste de la soirée, cette dernière garda un silence inhabituel.

« Je lui ai souri en l'embrassant pour la nuit, me raconta Artémis. Je lui ai dit que mon frère l'aimait de tout son cœur. Elle a hoché la tête sans rien dire, mais la présence de Maria flottait entre nous. Elle n'est pas bête. Elle doit savoir. Elle est assez intelligente pour savoir aussi qu'elle est la femme que mon frère a épousée, celle avec qui il souhaite passer le reste de ses jours. Et elle doit savoir que Maria viendra rarement, sinon jamais, en Grèce. Jackie n'a pas besoin de craindre son apparition. »

Comme nous le sûmes tous immédiatement après le mariage ou presque, Aristote n'allait pas être fidèle à Jackie, à qui il arrivait de rester seule le soir à Skorpios pendant qu'il se rendait en avion à Monte-Carlo, Paris ou Londres pour des raisons professionnelles ou privées. Jackie elle-même quittait souvent la Grèce pour la Suisse, Londres, New York, Palm Beach ou Hyannis Port sans son mari. Les Onassis ne formaient pas un couple ordinaire, abonné au train-train quotidien des dîners en tête à tête au coin du feu. Mais au début de leur mariage, Jackie passa beaucoup de temps dans le pays de son nouvel époux. Elle se plaignait rarement à ses belles-sœurs des activités de son mari. Elle occupait son temps en leur compagnie, ou avec ses amis grecs, sa famille et ses amis américains en visite. Elle aimait surtout recevoir sa sœur, Lee. Lee vint à maintes reprises avec sa fille, son fils et son mari, mais la plupart du temps, elle arrivait seule. En compagnie de Jackie, elle consacrait ses vacances à se dorer au soleil sur les plages de Skorpios, courir les boutiques et faire du tourisme à Athènes.

Jackie n'a pas vécu que des journées idylliques à Glyfada et Skorpios. Mais lorsque je lis les histoires salaces et inventées de toutes pièces qui circulent sur ses six années et demie de mariage avec Aristote, j'en reste abasourdie. Et profondément ulcérée. Lire qu'il la frappait au visage et qu'elle se servait de ses gigantesques lunettes noires pour cacher ses yeux au beurre noir n'est pas seulement une absurdité, mais un mensonge grossier. Jackie n'aurait jamais pu dissimuler ce genre d'hématomes à aucun d'entre nous qui la côtoyions quotidiennement en Grèce. Je ne la voyais pas tous les jours, mais j'étais en contact permanent avec les membres de la famille et du personnel pour qui c'était le cas. A Glyfada, Artémis et Panagiotis côtoyaient Jackie tous les jours. Si elle avait eu un bleu au visage, ils m'en auraient parlé. Stefanos Daroussos, le responsable des communications sur le *Christina*, et George Parissis, l'ingénieur en chef du navire, étaient au courant des moindre faits et gestes d'Aristote et de Jackie à bord du yacht et de tous leurs coups de fil. Les membres de leur équipe leur faisaient part de tout ce qu'ils ne voyaient ou n'entendaient pas en personne. Les employés de Glyfada et de Skorpios avaient affaire à Mme Onassis tous les jours un nombre incalculable de fois. Des domestiques lui apportaient ses repas et organisaient ses activités. Si M. Onassis élevait la voix contre son épouse, j'en étais informée, soit immédiatement, soit le lendemain matin. Rien de ce qui concernait ce couple autour duquel s'organisaient nos activités n'échappait à notre attention. Lorsque je lis qu'Aristote battait Jackie et s'en vantait auprès de ses amis, j'affirme, sans la moindre hésitation, que cela ne s'est jamais produit.

Quant aux inventions selon lesquelles Jackie souffrait de troubles alimentaires et se faisait vomir après nombre de ses repas sur le *Christina*, elles me font simplement sourire. Jackie et moi nous lamentions souvent à propos de notre poids, mais contrairement à moi, elle parvenait à contrôler sans mal la quantité de nourriture qu'elle absorbait chaque jour. Quand elle faisait un bon déjeuner, elle s'arrangeait pour ne prendre qu'un dîner léger. Quand elle savait que le dîner serait plantureux, elle se contentait de manger très peu dans la journée. Elle faisait de la gymnastique tous les jours et connaissait la dose exacte d'aliments qu'elle pouvait ingurgiter avant de prendre un gramme. Tout en affichant un penchant gourmand pour les baklavas et la mousse au citron de

Panagiotis, elle se dominait facilement et ne se resservait jamais de dessert.

Jackie et moi évoquions souvent Artémis, son appétit d'oiseau et sa maigreur. Pour inciter Artémis à manger un aliment riche en calories, Jackie s'extasiait sur la saveur d'un plat ou d'un dessert, mais sa belle-sœur ne cédait jamais. Artémis disait à Jackie que le meilleur moyen de rester mince consiste à ne pas se jeter sur la nourriture dans son assiette. Elle conseillait de la contempler pendant cinq bonnes minutes, puis manger le plus lentement possible. Comme cela, selon elle, on n'en mangeait qu'une petite quantité. Jackie essaya à plusieurs reprises, mais cela donnait de moins bons résultats dans son cas : lorsqu'elle avait faim, Jackie, contrairement à Artémis, avalait tout le contenu de son assiette.

Il est impossible que Jackie ait vomi ses repas sur le *Christina* ou à Glyfada à l'insu des domestiques. Ils la surveillaient de trop près et ce genre d'habitude ne serait jamais passée inaperçu en Grèce. Oui, elle faisait très attention à son alimentation quotidienne, mais dire qu'elle était anorexique durant son mariage avec Aristote et que son poids baissa dangereusement est un mensonge éhonté.

D'autres mensonges doivent être enterrés. M. Onassis était-il un travesti, un homme aimant s'habiller en femme ? Oui. Pendant le carnaval, quand tous les Grecs faisaient la fête dans la rue et en privé, il échangeait ses vêtements avec les membres de l'autre sexe, comme tous les autres noceurs. Mais à la question, M. Onassis mettait-il des soutiens-gorge, des bas, des jupes et des chemisiers et menait-il une vie secrète sous le pseudonyme d'Arianna, la réponse est un non tonitruant. Il n'aurait jamais pu faire une chose pareille à mon insu.

Les racontars selon lesquels M. Onassis avait des aventures sexuelles avec des jeunes gens sont un exemple supplémentaire des libertés prises avec la vérité. Selon ces ragots scandaleux, M. Onassis prenait son plaisir avec deux garçons italiens à Rome. A les en croire, ses employés se seraient même inquiétés de la violence qu'il manifestait à l'égard de ces jeunes gens lors de leurs rencontres érotiques. En vérité, M. Onassis ne passait que fort peu de temps à Rome. Lorsque des affaires l'appelaient au bureau romain d'Olympic Airways, il préférait les régler durant la journée et souvent, même après dîner, reprendre un avion pour passer la nuit dans une de ses résidences, à Nice ou Monte-Carlo. Lorsqu'il devait se rendre à Rome, je téléphonais ou télexais à M. Gogos, directeur du bureau d'Olympic Airways là-bas, pour le prévenir de son arrivée imminente. M. Gogos envoyait une voiture chercher M. Onassis à l'aéroport et lors des rares fois où il passait la nuit dans la capitale italienne, le directeur s'occupait des réservations nécessaires. M. Gogos, à qui je parlais au moins une fois par semaine pour faire expédier la mozzarella de M. Onassis de Rome à Athènes, faisait en sorte de tenir à sa disposition tous les aliments qu'il aimait, pain spécial, ouzo et autres. Il vérifiait également que les costumes qu'il laissait au bureau d'Olympic Airways étaient impeccablement nettoyés.

Les activités de M. Onassis à Rome concernaient tous ceux qui travaillaient pour lui à Athènes, Paris, Monte-Carlo ou aux Etats-Unis. De telle sorte que par les mêmes canaux qu'en Grèce, mais sous des noms et des visages différents, nous étions tenus au courant de ses allées et venues là-bas. Il n'aurait jamais pu se livrer à une conduite aussi scandaleuse à l'insu de M. Gogos ou de notre bureau. M. Onassis n'était pas choqué par les penchants homosexuels des autres, mais il n'en avait pour sa part aucun. En matière sexuelle, il n'était attiré que par les femmes, nous en avions tous la certitude.

Les histoires selon lesquelles M. Onassis était ivre le jour de son mariage avec Jackie me révulsent presque autant que les autres. Si l'alcool avait rendu sa démarche chancelante ou l'avait fait buter sur les mots, cela ne m'aurait pas échappé. Ce jour-là, il était totalement maître de lui et des événements. Le lendemain, tout le monde m'appela au bureau pour parler du mariage. Personne ne laissa entendre qu'Afentiko était plus ou moins en état d'ébriété. Lorsqu'il buvait un peu trop, nous avions pour habitude d'en plaisanter, mais le lendemain du mariage, personne n'évoqua d'un ton ironique une quelconque ivresse de Megalos. S'il fut un peu pompette au cours de la réception du mariage, il était complètement sobre à l'église.

Jackie avait beaucoup d'activités à Skorpios. Par-dessus tout, elle faisait du shopping, en compagnie de sa sœur, de sa belle-sœur ou de Niki Goulandris, voire seule. Son côté excessivement dépensier, les énormes factures qu'elle portait au compte de M. Onassis étaient pour elle un moyen, comme le suggéra un jour Artémis, de se venger du temps qu'il consacrait à Maria. Mais nous ne la vîmes jamais en Grèce ruminer seule sur l'infidélité de son mari. Dans la Maison Rose de Skorpios qu'elle avait redécorée, comme à bord du *Christina* ou à Glyfada, elle se conduisait comme si de rien n'était. De plus, en tout cas durant les trois premières années de leur mariage, leur amour paraissait assez fort pour surmonter la poursuite de la liaison d'Aristote avec son ex-maîtresse. Jackie avait confié à Artémis qu'elle passait peu de temps en compagnie de son précédent époux lorsqu'il était président. Comme les affaires de l'Etat occupaient John Kennedy, elle avait appris à organiser sa vie de son côté. Le nombre d'heures qu'elle passait en compagnie de son second mari la satisfaisait complètement. Elle n'avait pas besoin d'être à ses côtés vingt-quatre heures sur vingt-quatre. Durant leur première année de mariage, cela ne l'empêcha pas d'être enchantée par l'attention que lui prodiguait Aristote.

Artémis était convaincue que l'amour qu'éprouvait Jackie pour son nouveau mari, leur vie commune et la Grèce dépassaient ce que lui inspirait New York. Non seulement Jackie était avide d'embrasser sa nouvelle culture, mais Aristote déployait les grands moyens pour qu'elle tombe amoureuse de son pays. Tout le monde avait reçu instruction de satisfaire les désirs de Jackie et de l'aider de toutes les façons possibles. On aurait dit que M. Onassis avait épousé une grande blessée et que nous étions tous là pour l'aider à guérir de ses blessures.

Les employés de Skorpios, lors du premier séjour de Maria dans l'île en 1963, avaient tout fait pour satisfaire cette femme difficile. Pourtant, ils ne traitaient absolument pas les deux femmes de la même façon. En 1968, ils comprirent vite que leur patron leur demandait de sortir le grand jeu pour rendre sa nouvelle femme heureuse et lui donner le sentiment d'être chez elle dans toutes les maisons qu'il possédait. Jackie ne fut jamais, contrairement à Maria, considérée comme une invitée. Elle était l'épouse, la maîtresse de maison. Le personnel n'était pas seulement là pour satisfaire ses demandes mais pour anticiper ses besoins. Dès le départ, chaque employé accepta cette tâche sans se plaindre et fit tout pour l'accomplir.

Ce n'était d'ailleurs pas pour nous un pensum, mais un plaisir, de voir la manière dont Jackie s'adaptait à son nouveau pays. Que ce fût à Glyfada, à Skorpios ou à Athènes, elle paraissait parfaitement à l'aise en Grèce. Elle n'était l'épouse de M. Onassis que depuis quelques mois lorsqu'elle se lança dans l'apprentissage du grec. Elle acheta toutes sortes de manuels et prit des leçons avec le professeur Georgakis. Chaque fois qu'elle me téléphonait, elle me disait « *Ti kanis, Kiki ?* » (Comment allez-vous ?). Je lui posais la même question et elle me répondait « *Kala, epharisto poli, Kiki* » (Bien, merci beaucoup). Elle parlait plusieurs langues, dont le français, mais la facilité avec laquelle elle assimilait notre langue difficile me sidéra.

Il nous arrivait de converser en français, mais la plupart de nos conversations se déroulaient en anglais. Avec les sœurs de M. Onassis qui avaient fréquenté des écoles françaises et parlaient le français couramment, elle s'exprimait dans cette langue. Avec les employés du *Christina* ou de Glyfada, elle parlait soit anglais, soit grec. Avec son mari, elle utilisait surtout l'anglais, même si Aristote parlait le français, le turc, l'espagnol et l'italien, outre le grec et l'anglais. Quelle que fût la langue, la voix de Jackie était délicate, douce et agréable, et la personne à laquelle elle s'adressait accordait une entière attention à ses questions ou à sa conversation. Nous étions tous enchantés de ses efforts pour apprendre notre langue et chaque fois que cela était possible, nous utilisions des mots grecs. Mais surtout, ces efforts faisaient plaisir à son mari. « Est-ce vous qui lui donnez des leçons ? » me demandait-il lorsqu'elle conversait brièvement, mais avec beaucoup de justesse, en grec, avec Artémis, moi, voire un serveur de restaurant. « Je ne peux plus parler dans son dos en grec. Elle comprend tout ce que je dis ! »

Non seulement Jackie apprit la langue de son nouveau pays, mais elle la fit connaître à ses enfants. « Ils ont l'âge idéal pour apprendre une langue étrangère, me déclara-t-elle alors que je l'aidais à acheter des cassettes en grec pour eux. Ils vont trouver cela plus facile que moi. » Je fus ravie de lui trouver des enregistrements de chansons populaires grecques qu'elle et ses enfants écoutaient ensemble. Caroline avait des dons exceptionnels pour les langues. Elle et John étaient des enfants intelligents et enthousiastes, qui n'avaient aucun mal à retenir les mots et les expressions grecs.

Jackie se fit aussi de nouveaux amis en Grèce, qui étanchèrent sa soif de connaissances sur son pays adoptif. Le professeur Georgakis passait de longues heures à discuter littérature grecque avec elle et il lui procurait des livres d'auteurs grecs anciens et contemporains. Ses qualités de lectrice, rapidité exceptionnelle, capacité d'assimiler une énorme quantité d'informations, l'émerveillaient. « Je n'ai jamais eu d'élève plus curieuse qu'elle, me confia-t-il. Pas un écrivain n'échappe à son attention. »

Jackie aimait l'art grec classique ; Niki Goulandris, vice-président du Musée d'histoire naturelle Goulandris d'Athènes, s'assurait qu'elle ne manquait jamais une exposition ou de nouvelles œuvres acquises par le musée. Niki et Jackie se promenaient souvent ensemble dans Monastiraki, un ancien quartier d'Athènes. Jackie y dénichait de nombreuses antiquités. Elle le consultait toujours avant d'acquérir un objet, un tableau ou un bijou ancien qui lui plaisait. Elle buvait les précisions de Niki sur leurs origines et les ressortait avec enthousiasme à Artémis. « Vous en savez déjà plus que moi, lui dit cette dernière lors d'un dîner. Etes-vous sûre de ne pas être née en Grèce ?

— Je me le demande parfois », répondit Jackie d'un ton songeur.

Jackie remit à neuf la maison blanche de Skorpios. Elle engagea un architecte et décorateur espagnol, Julio Lafuente, et consacra des heures interminables et beaucoup d'argent à l'embellir. Maria Callas n'y avait passé que peu de temps dans cette maison, se sentant plus à l'aise dans sa suite du *Christina*, qu'elle considérait comme son foyer. Jackie, pour sa part, trouvait que la Maison Rose, la plus vaste des huit maisons d'amis de l'île, était idéale pour exercer ses talents de décoratrice.

Lorsque Jackie en eut terminé de sa première entreprise de nouvelle Mme Onassis, la Maison Rose, à un quart d'heure à pied du mouillage du *Christina*, avait retrouvé son caractère traditionnel, à l'image d'une maison typique de Mykonos, mais avec un charme unique. Jackie lut de nombreux livres sur les îles grecques, afin de rester fidèle au style de Mykonos. La bâtisse de stuc fut peinte en rose, avec des liserés blancs autour de ses nombreuses fenêtres qui donnaient presque toutes sur la mer. Bien que construite sur deux niveaux, elle n'était pas vaste. Le premier niveau était occupé par la chambre spacieuse de Jackie et d'Ari, avec son grand lit enveloppé d'une moustiquaire blanche. L'été était la saison des moustiques. Ari et Jackie dormaient la plupart du temps à bord du *Christina*, les insectes ne posant pas de problèmes sur le bateau. Jackie trouvait pourtant romantique de dormir sous le parasol en tulle léger transparent de la Maison Rose, qui lui faisait penser aux déserts d'Arabie, où les lits étaient traditionnellement enveloppés de ce voile blanc. « Mon prince et moi serons sous notre dais rustique ce soir, nous confia-t-elle un jour en plaisantant, à Artémis et moi. Rien, pas même un moustique vorace, ne peut nous déranger. »

Une grande salle de bains, un salon et une cuisine occupaient le même niveau que cette cachette romantique. Le deuxième niveau, auquel on accédait par un petit escalier, comportait une chambre et une salle de bains qui pouvaient être utilisées par des amis, voire même par M. ou Mme Onassis. Les invités résidaient dans l'une des petites maisons d'amis, près de la Maison de la Colline, identique à la Maison Rose, mais plus proche de la plage. La Maison de la Colline, érigée plus haut que la Maison Rose, s'enorgueillissait de vues superbes sur la mer Ionienne. Mais la Maison Rose était infiniment plus séduisante. Le sol dallé de terre cuite était recouvert de *flokati*, épais tapis local, dans des tons beige et blanc. Dans le salon, des céramiques ourlaient le pourtour de la grande cheminée. A la demande de M. Onassis, le canapé avait été placé devant la cheminée, pour lui permettre de s'étendre et de s'endormir en contemplant les flammes. La Maison Rose était entourée d'arbres et d'une végétation luxuriante. Le jardin, plus l'air conditionné maintenaient une température fraîche dans toute la demeure.

La décoration terminée, la maison sur l'île de Jackie, avec ses tableaux, ses meubles grecs, ses coussins brodés à la main et ses rideaux de style paysan, était d'une élégance insurpassable. La bibliothèque du salon arborait les ouvrages choisis par la maîtresse de maison. Sur tous les murs de la maison, les tableaux, représentant des scènes de la vie sur l'île et signés d'artistes locaux, avaient été choisis par Jackie.

Elle changea les poteries, la vaisselle, les couverts et les vases, favorisant toujours le style grec traditionnel et les couleurs blanche et bleue. Elle adorait les fleurs coupées et les vases étaient toujours emplis de bouquets, orchidées roses qu'elle me demandait de lui faire livrer, ainsi que de fleurs sauvages qu'elle cueillait dans l'île. Des pots débordant de plantes grasses décoraient chaque pièce. Comme M. et Mme Onassis ne passaient pas beaucoup de temps à la Maison Rose, aucun domestique n'y vivait à demeure. Les femmes de ménage du *Christina* ou de l'île se chargeaient de l'entretenir de façon immaculée. Mme Onassis considérait cette maison comme son trésor et se faisait un honneur de la présenter à tous les invités qui venaient sur l'île.

Chaque fois qu'une facture de Jackie concernant la décoration de la maison, un achat de fleurs ou un nouveau tableau atterrissait sur mon bureau, je la réglais immédiatement. La majorité des meubles, les dessus-de-lit et les rideaux provenaient de boutiques londoniennes. Les prix ne faisaient pas sourciller M. Onassis. « C'est bien que Jackie ait quelque chose à faire ici, me confia-t-il un jour. Elle peut acheter tout ce qu'elle veut pour la maison. Ça l'occupe. »

Jackie m'appelait au bureau pour me demander de régler des factures, dont celles de Martinos, une boutique d'antiquités d'Athènes spécialisée dans les icônes et l'argenterie, où elle se procurait des objets onéreux pour la maison. Je ne demandais jamais à M. Onassis son feu vert. Si la somme était particulièrement élevée, je transmettais à Miltos Yiannacopoulos qui s'en occupait. Il appelait les magasins pour négocier une réduction, souvent avec succès.

Cette décoration allait au-delà d'une simple occupation. Elle se muait presque en obsession. La maison terminée, Jackie s'occupa du reste de l'île et n'omit littéralement de retourner aucune pierre pour conformer Skorpios à la somptueuse vision qu'elle s'en faisait. Non que l'île ne fût pas belle avant son mariage avec M. Onassis. Mais il s'agissait d'une beauté à l'état brut, qu'elle entendait polir. Elle commença par changer le pavage des rues menant à la plage, choisissant une à une les centaines de pierres destinées à remplacer celles qui étaient usées, ne sélectionnant que des pierres naturelles, rejetant tout ce qui lui paraissait artificiel. Puis elle décida de faire pousser du gazon entre les pierres. Elle se dépensa beaucoup pour modifier les alentours de la maison et remplaça le mur élevé entourant son nouveau jardin, où elle faisait pousser des orchidées, des tulipes et des roses, par un petit muret. Plusieurs fois par jour, Jackie se promenait au volant de sa jeep rouge dans l'île. Elle faisait le tour des travaux qu'elle supervisait.

A Skorpios, tous n'étaient pas enchantés par ses rénovations. Un des jardiniers auquel elle donnait constamment des ordres finit par se lasser de ses interminables exigences. « C'est la nouvelle patronne, se plaignit-il un jour à moi. Elle veut transformer toute l'île. Ces pierres étaient là depuis des années. Elles ont des histoires à raconter. Peut-être que Mme Jackie n'apprécie pas ces histoires et que c'est pour cela qu'elle s'en débarrasse. »

Plusieurs travailleurs de l'île qui avaient été proches de Maria étaient de son avis. Ils avaient l'impression que Jackie essayait d'effacer tous les souvenirs relatifs à Maria et Aristote, et au passé remarquable de l'île. On aurait dit qu'elle supprimait toutes les traces des dizaines de gens célèbres qui avaient foulé son sol et savouré sa beauté. Certains déploraient les changements qu'elle apportait à Skorpios : « Regardez ces pierres, me dit un jardinier en les chargeant dans sa brouette. Je me souviens du jour où Winston Churchill a marché dessus. Dois-je les enlever et les jeter à la mer pour la seule raison que Mme Jackie les juge indignes d'être foulées par ses pieds ? Rien n'est assez bien pour elle. Bientôt, ce sera M. Onassis que ne sera plus assez bien à ses yeux. » Je ne trouvai rien à répondre pour le réconforter. D'autres travailleurs de Skorpios, particulièrement loyaux envers M. Onassis, trouvèrent impossible de s'entendre avec sa nouvelle femme. Quelques mois après son mariage, ils furent renvoyés ou démissionnèrent de leur propre initiative. Je ne dirais pas que Jackie était jalouse d'eux, mais elle se conduisait comme si elle voulait les remplacer et prendre totalement en charge M. Onassis et ses maisons.

D'un autre côté, beaucoup d'employés laissèrent Mme Onassis assumer ce rôle sans le moindre problème. Ils travaillaient pour M. Onassis depuis 1963, année où il avait acquis l'île pour la somme de 110 000 dollars, alors qu'il était déjà divorcé de Tina. Ils étaient bien placés pour savoir que Maria ne s'était pas du tout intéressée à l'embellir ou à la féminiser. Désormais, une femme au goût exquis consacrait toute son énergie à ce lieu où ils vivaient et travaillaient, ce qui dynamisait nombre d'entre eux.

Quelques jours après leur mariage, Jackie et Aristote, installés dans le jardin de la Maison Rose, parlaient de projets de voyages avec Jean-Pierre de Vitry, le pilote de l'hélicoptère de M. Onassis. Jackie racontait à Jean-Pierre à quel point elle aimait la Grèce et ses îles, et combien la perspective d'en visiter un maximum l'enchantait. Jean-Pierre était grand, beau, passionnant, et Jackie aimait beaucoup converser avec lui en français. Il était en train de lui décrire certaines des îles quand Achille, un simple employé du *Christina*, accompagné d'autres membres d'équipage, vint présenter ses félicitations aux nouveaux mariés.

M. Onassis les accueillit chaleureusement, ainsi que Jackie, qui les embrassa tous sur la joue. Après leur départ, Jean-Pierre reprit ses descriptions. Subitement, Achille réapparut. Il souhaitait entretenir M. Onassis d'un problème personnel. Ce dernier lui proposa de prendre un verre avec eux trois. Pendant qu'ils buvaient leurs cocktails, M. Onassis amena Achille à lui poser sa question. « Je voulais vous demander une augmentation. Vos employés sont convaincus que votre nouveau bonheur vous incitera à augmenter leurs salaires.

— C'était donc ça ! plaisanta M. Onassis. Mais maintenant que je suis marié, où vais-je trouver l'argent pour vous augmenter tous ? »

Jackie rit et effleura la main de son mari. « Mais que racontes-tu, Aristo ? Si tu n'as pas assez d'argent pour les augmenter tous, tu pourras toujours m'en emprunter. » Tout s'acheva par des rires, et Aristote accorda son augmentation à Achille.

Ce dernier ne fut pas le seul sur l'île à se sentir redevable envers la femme de M. Onassis. Gina, une des employées de maison de

Jackie, considérait comme un privilège de l'aider à changer la décoration et les meubles de la Maison Rose. Souvent, quand Jackie se débarrassait d'un objet qui ne lui plaisait pas, elle le donnait à Gina. En vérité, Jackie n'était jamais satisfaite et ne cessait de remplacer les meubles et les objets par d'autres plus récents. La décoration la passionnait au point qu'elle trouvait toujours un moyen de rendre une pièce plus belle qu'elle ne l'était déjà. Un après-midi, alors que nous étions toutes deux dans le salon de la Maison Rose, elle me fit part de son intention de changer le tissu du canapé. « Pour quelle raison aimez-vous tellement changer les choses ? lui demandai-je. Faites-vous de même dans votre maison de New York ?

— Je pense que oui, me dit-elle pensivement. En réalité, j'adore le changement et la décoration. J'ai envie que le moindre objet de mes maisons exprime ma personnalité. Il y a tant de choses dans ce monde que je ne peux pas changer, alors que je peux apporter toutes les modifications que je désire aux meubles, aux tentures, aux fleurs, voire même aux rues de Skorpios. Cela me procure une satisfaction et un plaisir rares. »

Je fus témoin de son entrain lorsqu'elle évoquait les changements qu'elle souhaitait apporter à la Maison Rose. Son goût était toujours impeccable et il y avait quelque chose de fascinant dans la manière dont, forte de l'argent de M. Onassis, elle parvenait à transformer une pièce anodine en un endroit d'une beauté et d'une chaleur rares.

Un jour, Jackie fit cadeau à Gina d'un vase de grand prix que lui avait offert Artémis, mais qu'elle n'avait jamais aimé. Gina était une femme intègre. Elle avait souvent refusé de grosses sommes d'argent de photographes désireux de prendre des clichés de la Maison Rose. Elle hésita à accepter un cadeau d'un tel prix. « Prenez-le, insista Jackie. Vous vous en occuperez bien mieux que moi. » Gina craignait qu'Artémis ne remarque l'absence du vase dans le salon. Si elle s'en aperçut, je ne le sus jamais.

Le personnel du *Christina* fut soulagé que M. Onassis s'oppose à la moindre rénovation sur le yacht. Jackie avait procédé à un changement avant de l'épouser. Une semaine avant leur mariage, elle lui avait demandé d'enlever le tableau de Tina qui décorait un mur du grand salon principal. Plus tard, Jackie confia à Artémis qu'elle avait le sentiment qu'à de nombreux points de vue, Aristote aimait toujours sa première femme. « J'ai de la peine quand je vois son beau visage sur ce tableau », dit-elle à Artémis, qui fut aussi d'avis qu'elle devait demander à Aristote d'enlever le tableau.

Au passage, Artémis me dit que Maria ne lui avait jamais parlé du tableau. « Peut-être était-elle plus forte que Jackie, me dit-elle. Ou alors, elle n'a jamais levé les yeux. »

En dehors d'autoriser sa femme à enlever ce tableau et à redécorer l'antichambre de la suite principale qu'il partageait avec elle, Aristote refusa absolument de modifier quoi que ce soit sur le *Christina*. Jackie parut se satisfaire de changer le mobilier de l'antichambre et de commander des miroirs et d'autres accessoires pour cette petite pièce. Elle préférait la Maison Rose depuis qu'elle l'avait entièrement redécorée à son goût, mais M. Onassis considérait toujours le *Christina* comme sa vraie résidence. Il préférait y prendre ses repas et y dormir le plus souvent possible. Il appréciait de passer quelques heures dans la Maison Rose ou dans son jardin, mais il tenait toujours à faire remonter Jackie à bord du yacht le plus vite possible. M. Onassis et Jackie voyageaient beaucoup, et comme Caroline et John vivaient à New York et passaient seulement leurs vacances à Skorpios, ils ne menaient en aucune façon une vie de couple ou de famille ordinaire. Cela ne les empêcha pas, tout au moins au cours des premières années de leur mariage, d'organiser une existence aussi normale que possible pour eux quatre. Mais le terme « normal » n'avait pas la même signification pour un Onassis que pour le commun des mortels. Aristote n'avait qu'une seule maison qu'il désirait faire partager à sa nouvelle famille : le *Christina*. Et quelle maison ! C'était en effet là que se montrait le véritable Aristote, car nulle part au monde il n'était plus détendu qu'à bord de ce navire.

C'était lorsque le *Christina* jetait l'ancre à Skorpios qu'il paraissait le plus heureux, car si le yacht était son joyau préféré, l'île était sa couronne. Pour comprendre M. Onassis, il fallait le voir à Skorpios, le royaume créé de sa main, qu'il adorait et gouvernait. L'île sinueuse, en forme de scorpion, d'une superficie de deux cents hectares, donnait sur l'extrémité montagneuse d'Ithaque, son île grecque préférée. Dans son écrin de la mer Ionienne, entourée des îles plus petites de Leucade, Ithaque et Madhouri, lieu de naissance du poète Aristotélis Valaoritis, Skorpios ressemblait le plus à une vraie maison aux yeux de M. Onassis. Et c'était, sans le moindre doute, son bien le plus cher.

Lorsqu'il l'acquit en 1963, Skorpios n'était qu'une île rocailleuse et stérile, en dehors d'oliviers, dont deux saisonniers récoltaient les fruits. Pourtant Aristote rêvait de transformer cette île en paradis, et il y parvint, au cours des douze années où il en fut le propriétaire.

Pour commencer, il construisit un port pour le *Christina*, son yacht de quatre-vingt-quinze mètres. Il avait acheté la frégate canadienne *Stormont* en 1954 pour 50 000 dollars, alors qu'il était encore marié avec Tina. Pour la transformer en yacht luxueux, il dépensa 4 millions de dollars. Après avoir ancré le *Christina* dans le port de Skorpios, il fit construire des routes jusqu'à sa nouvelle maison. Puis il entreprit d'embellir son île désolée. Il avait avant tout besoin d'arbres. Accompagné de Maria Callas, il alla dans les îles avoisinantes chercher les essences qui conviendraient à l'île. Afin de rendre verdoyante son île brune, il choisit des cyprès, son arbre favori, qui lui rappelaient sa Smyrne natale. Devant chaque arbre il s'exclamait comme un enfant : « Celui-ci ! Non, celui-là est mieux ! » Puis il trouva des amandiers et des noyers qu'il fit transporter à Skorpios sur des pétroliers. Une fois les arbres débarqués sur l'île, il supervisa leur plantation avec le même empressement qu'il avait choisi chacun d'eux. Il n'hésitait pas à se mettre à genoux, à prendre une pelle et à aider à le planter. Comme il n'y avait pas l'eau courante à Skorpios, il fit construire les installations nécessaires pour l'importer du port voisin de Nydri. Des bougainvillées, des rosiers, des jasmins et des fleurs sauvages furent plantés et semés. Ils prirent racine rapidement et colorèrent de teintes vibrantes cette nouvelle île florissante.

Cependant, si l'île devenait un paradis, avec sa forêt d'arbres généreux, son gazon vert d'Afrique du Sud, ses poneys blancs suisses et sa piscine étincelante, le *Christina* était la maison de jeu géante du propriétaire du paradis. Aucune demeure n'aurait pu mieux le servir. Là, il pouvait chaque jour nager dans sa piscine, prendre ses repas dans sa cabine et entrer dans son bureau, où le clapotis des vagues léchant les flancs du navire se mêlait aux sonneries des téléphones. Quand il en avait assez de mouiller quelque part, il ordonnait à l'équipage de préparer le bateau et levait l'ancre pour l'Italie ou Monte-Carlo. Sans jamais quitter son bureau. Ni ses téléphones.

Lorsqu'il désirait de la compagnie, il lui suffisait d'envoyer le Piaggio à Athènes, chercher Winston Churchill, Greta Garbo ou Elizabeth Taylor. L'hydravion amenait ses invités jusqu'à sa demeure flottante, où ils se retrouvaient installés dans une suite opulente. De tous ces invités, Sir Winston Churchill était le visiteur le plus convoité de M. Onassis. Ils s'étaient rencontrés en 1957 à Monte-Carlo, et l'amitié de l'homme d'État britannique et de M. Onassis se prolongea jusqu'à la mort du vieux Lion en 1965. Au cours de ces huit années, M. Churchill fit de nombreuses croisières sur le *Christina*. Alexandre Onassis éprouvait une vive affection pour lui. Il le surnommait son « grand-père de la Victoire ». M. Onassis faisait à Winston Churchill un honneur qu'il n'accordait à personne d'autre : il lui cédait sa suite avec le plus grand plaisir. La première fois que je montai à bord de *Christina*, George Parissis me fit faire le tour du propriétaire. Je ne pus m'empêcher de m'allonger un instant sur le lit de M. Onassis. A la simple pensée que Winston Churchill y avait dormi, j'en fus toute retournée.

Chacune des neuf suites du bateau était baptisée d'après une île grecque. Au-dessus de la porte des cabines étaient fièrement inscrits les noms d'Ithaque, Mykonos, Lesbos, Andros, Chios, Santorin, Crète, Rhodes et Corfou. La pièce, décorée du bois ou de la pierre propres à l'île dont elle portait le nom transportait indirectement son occupant sur ses rivages. Toutes les salles de bains étaient de marbre, avec une robinetterie en or.

Christina occupait la suite Ithaque ; à Alexandre revenait Chios — une île proche de Smyrne. Quand Artémis montait à bord, sans jamais oublier d'apporter de Glyfada ses propres vivres, on l'installait dans l'une des suites des enfants. Lorsque sa nièce et son neveu se trouvaient à bord du yacht en même temps qu'elle, ils ne se faisaient pas prier pour lui laisser leur suite.

Quand je me rendais à Skorpios, on m'attribuait toujours la suite Lesbos, avec ses rideaux à fleurs bleues et blanches, auxquels était assorti le tissu du canapé. La pièce était décorée de lampes et d'objets représentant Lesbos, et dès que j'en ouvrais la porte, je me retrouvais baignée dans la beauté de l'île.

A bord du *Christina*, je préférais emprunter l'escalier avec sa balustrade de marbre pour me rendre sur le pont supérieur, plutôt que l'ascenseur. Je ne pus jamais traverser le gigantesque salon décoré dans des tons vert d'eau sans un pincement d'admiration. On embrassait d'un seul regard le vieux piano, la cheminée incrustée de lapis-lazuli, le panneau mural représentant les quatre saisons, signé Marcel Vertes. Des saynètes représentaient la famille d'Aristote : Tina s'adonnant au patin à glace, Christina et Alexandre en pique-nique sur une pelouse par une journée d'été. Y figurait aussi une mystérieuse inconnue aux cheveux noirs, en costume de bain, qui aurait pu tout aussi bien être Maria, Jackie qu'une autre beauté ténébreuse. J'admirais les deux Greco, un tableau représentant Christina à l'âge de cinq ans, et un jade exquis du Bouddha.

La première fois que je montai à bord, Artémis me montra la salle de bains de son frère, me désignant la porte secrète dont tout le monde ignorait l'existence, qui lui permettait de monter directement sur le pont du capitaine. J'admirai les robinets en or massif et la baignoire de marbre bleu entourée d'une mosaïque représentant des scènes piscicoles, inspirée de celles du palais perdu du roi Minos à Cnossos. Des miroirs vénitiens du dix-huitième siècle rehaussaient la beauté de la pièce. La salle de bains de l'homme dont j'étais la secrétaire, qui n'avait jamais éprouvé la nécessité d'avoir son propre bureau !

Sa chambre faisait partie d'une suite de quatre pièces, située sur le pont de la passerelle. C'était cette suite qu'il occupait avec Jackie, elle comportait un canapé blanc, de multiples miroirs, un grand lit entouré d'icônes de quatre saints et d'une photographie de sa sœur, Artémis.

Le bar, situé sur le pont principal, où tout le monde se réunissait au crépuscule autour d'un cocktail, était lui aussi complètement à l'image d'Aristote. S'y trouvait sa collection de bateaux miniatures. Ses invités s'asseyaient sur des tabourets tendus de prépuce de baleine, avec des dents de baleine comme repose-pied. Des scènes de l'*Odyssée* d'Homère, son histoire préférée, décoraient le mur du bar.

Le bateau comportait aussi un cabinet médical, avec salle d'opérations et machine à radiographier, ainsi que d'interminables ponts et corridors. Il y avait une salle de projection et une piscine, qu'un système électronique permettait de transformer en piste de danse ; une salle de jeux, conçue au départ pour Christina et Alexandre, aux murs tendus de tapisseries représentant des scènes de contes de fées et bourrée de jouets fascinants et coûteux conçus spécialement pour eux. Caroline et John Kennedy héritèrent de cette pièce enchanteresse, dont ils profitèrent avec leurs cousins et amis. Il y avait des dizaines de téléphones sur le bateau et George Parissis s'assurait qu'Aristote pouvait donner ou recevoir des appels, partout et à toute heure. Le *Christina* naviguait aussi bien aux Etats-Unis, en Italie, en France, au Moyen-Orient que dans les Caraïbes. Mais M. Onassis aimait avant tout croiser au large des îles grecques, où il pouvait montrer à ses invités les merveilles de son pays.

Je ne refusais jamais l'occasion de passer quelques jours à bord du *Christina* lorsqu'il mouillait à Skorpios. Davantage encore que sa décoration, le yacht offrait des aménagements, et surtout des repas, inouïs. Avec ses deux chefs à demeure, le *Christina* offrait une cuisine digne des meilleurs restaurants du monde. Le petit déjeuner, fort simple, était servi là où les invités le désiraient, sur le pont, dans leur cabine ou dans la salle à manger. Le plus souvent, le déjeuner se présentait sous forme d'un banquet, offrant des plats étrangers, un choix de poissons ou de viandes, des légumes frais, des salades et des fruits. Le dîner, plus cérémonieux, était servi dans la salle à manger, avec sa longue table rectangulaire et son éblouissant tapis or. Il était composé de caviar, plats principaux et desserts, le tout arrosé de grands crus.

Je me faisais un plaisir d'observer la manière dont Jackie et Artémis se délectaient. Elles goûtaient à presque tous les plats, n'en avalant que quelques bouchées. Artémis picorait, Jackie se laissait davantage aller. Je ne l'ai jamais entendue se plaindre, sur le *Christina* ou ailleurs, de prendre du poids ou de manger trop. Elle se contrôlait très bien et omettait rarement sa gymnastique quotidienne. Pour Jackie, nager dans la piscine ou dans la mer ne signifiait pas faire un simple plongeon dans l'eau. Elle nageait longtemps, avec zèle, afin de perdre des calories. Elle aimait faire du ski nautique au large de Skorpios et était beaucoup plus douée que la plupart de ses invités. Aristote lui aussi aimait nager, la plupart du temps dans la mer. Un toboggan particulier lui permettait de glisser directement du *Christina* dans l'eau, où il barbotait une heure et demie.

Sur le *Christina*, Aristote aimait avant tout s'asseoir sur une chaise longue près de la piscine, sur le pont principal, d'où il pouvait contempler la mer. Le spectacle de cet homme plutôt petit sur son yacht fastueux, vêtu d'une chemisette et d'un pantalon trop ample, fumant son havane et buvant son ouzo au milieu de toute cette opulence, faisait sourire. Mon patron était chez lui sur son yacht, mais d'une certaine façon, il ne paraissait pas appartenir à ce décor. Il se faisait un immense plaisir de montrer sa demeure bien-aimée à ses visiteurs, et adorait ses objets d'art et ses bateaux miniatures. Mais c'était un homme simple, tout aussi à l'aise dans une petite taverne, les poches vides, ravi de se mêler à ses compatriotes et de prendre un humble repas. Ici, il avait à portée de main tout ce que le luxe peut offrir. Il adorait ce luxe, il en avait avidement besoin, mais cela ne l'empêchait pas de se mêler au commun des mortels, dont la compagnie le rajeunissait. L'homme qui franchissait la porte de la petite taverne était exactement le même que celui qui se tenait sur le pont de son yacht de quatre-vingt-quinze mètres. Il adorait ces deux mondes, avait besoin des deux.

M. Onassis manifestait tout autant son goût pour la simplicité à Skorpios que dans les tavernes d'Athènes. Lorsqu'il ne dînait pas sur le *Christina*, il n'était pas rare de le trouver attablé à la bonne franquette chez un des habitants de l'île. Les membres du personnel du *Christina*, une quarantaine de personnes, vivaient pour la plupart sur le yacht ; les hommes et femmes chargés de l'entretien de Skorpios étaient par ailleurs pêcheurs ou paysans et vivaient dans de petites maisons que leur employeur avait fait bâtir à leur intention. Lors de ses promenades dans l'île, l'après-midi ou le soir, il trouvait parfaitement normal de leur rendre des visites impromptues.

« Que mangez-vous aujourd'hui ? » demandait-il. En un rien de temps, il se retrouvait à table pour partager leur repas constitué de pain, d'olives et de fromage arrosé d'ouzo ou de vin, dont il savourait chaque bouchée. Il replongeait dans son élément. Il écoutait les histoires de ses employés, leur en racontait de son cru, conversant en toute simplicité, comme s'il faisait partie de leur famille ou était un de leurs amis. L'homme était aussi à l'aise en compagnie de ses paysans qu'avec un roi ou un président.

Ses employés avaient l'air d'apprécier leur vie sur l'île. En général, l'île tournait au ralenti. Le port le plus proche était Nydri, sur l'île voisine de Leucade, à dix minutes en bateau de Skorpios. Nydri, contrairement à Skorpios, offrait quelques tavernes, des petites boutiques et des étals d'agrumes et de fruits. Les employés de M. Onassis à Skorpios vivaient en autarcie. Ils cultivaient leurs légumes, faisaient cuire leur propre pain et produisaient leur vin et leur fromage. Ils menaient une vie agréable, même si elle n'avait rien de trépidant. Ils ne savaient jamais quand le propriétaire de l'île leur rendrait visite.

Ceux qui naviguaient au large pouvaient avoir affaire à lui à tout moment. Un jour où M. Onassis se rendait à Nydri à bord d'un hors-bord, il croisa un pêcheur dont la barque prenait l'eau. M. Onassis harangua le pilote de son Chris-Craft qui poursuivait sa route. « Arrêtez-vous ! Ne voyez-vous pas que cet homme a des ennuis ? Donnez-lui tout de suite notre pompe. »

Le pilote s'exécuta et M. Onassis ne l'autorisa à reprendre le chemin de Nydri qu'après s'être assuré que le pêcheur était tiré d'affaire. Toute la journée, il reprocha à son pilote de ne pas avoir prêté attention à un homme en danger.

Jackie ne partageait pas le besoin de son mari de passer du temps dans les maisons de ses employés. Tout en savourant les croisières à bord du *Christina*, elle était encore plus heureuse dans la Maison Rose, contrairement à Maria. La décoration du yacht n'était pas entièrement du goût de Jackie, mais elle apprit vite que son mari en aimait tous les objets, du plus petit au plus grand.

Artémis me raconta qu'un soir à dîner, Jackie avait dit à son mari qu'il serait bon de tendre les tabourets du bar avec un cuir plus confortable. Elle n'appréciait guère, en effet, d'être assise sur un prépuce de baleine comme de poser les pieds sur une dent de baleine astiquée. Jackie s'y prenait toujours ingénieusement avec Ari. Elle se conduisait comme une chatte traquant une souris, le complimentant lorsqu'elle désirait quelque chose, afin de lui faire croire que sa demande venait de lui. M. Onassis était un homme rusé en affaires qui se vantait d'être capable d'obtenir le dessus dans n'importe quelle transaction professionnelle. Mais Jackie se montrait plus fine mouche que lui. Elle percevait toutes ses dispositions d'esprit et lorsqu'il n'était pas d'humeur à lui donner quelque chose, elle ne perdait pas son temps à le lui demander. S'il était mécontent, elle supportait stoïquement son irascibilité, sans jamais lui donner matière à se fâcher contre elle. Contrairement à ses sœurs, qui fondaient en larmes quand Aristote se mettait en colère, ou à Maria, qui hurlait aussi fort que lui, au point de le mettre dans une telle rage qu'il lui arrivait de lever la main sur elle, Jackie le laissait fulminer en répétant « Oui, Ari », et attendait patiemment qu'il se ressaisisse. On ne s'étonnera pas que cette fureur se soit calmée beaucoup plus vite avec elle qu'avec les autres membres de son entourage.

Ce soir-là néanmoins, Jackie s'en prit aux tabourets de bar. D'après Artémis, son frère se montrait inhabituellement tendre à l'égard de sa femme, tellement doux et gentil qu'en apparence rien ne pouvait l'attrister ou susciter sa colère. Jackie avait bien choisi son moment pour lui faire prudemment sa demande.

« Ces sièges te procurent une sensation désagréable quand tu es assise dessus, ma chérie ? l'interrogea-t-il. Ils ne conviennent pas à ton corps ?

— Ce n'est pas que je les trouve inconfortables », répondit Jackie.

A quelques détails subtils, Artémis constata que l'humeur de son frère changeait. Cela n'échappa manifestement pas à Jackie non plus.

« En fait, ils sont *trop* confortables.

— Ah bon, dit-il avec un sourire sarcastique. Tu aimes donc bien être assise sur un gigantesque pénis ? Tu trouves ça très confortable ?

— Oh, ils sont juste un peu glissants, dit-elle. J'imagine qu'il faut du temps pour s'y habituer.

— Eh bien, tu t'y habitueras, très chère, dit-il en allumant un cigare. Fais-moi confiance, tu t'y habitueras. »

Jackie ne cilla pas. « J'imagine. » Plus tard dans la soirée, alors qu'Aristote était allé passer un coup de fil important, elle avoua à Artémis qu'elle regrettait d'avoir mis le sujet sur le tapis.

« Aristo aime tout ce qui se trouve sur le *Christina*, lui dit Artémis. Il est fier du moindre objet d'art, du moindre bibelot qu'il a achetés pour son bateau. Croyez-moi, mieux vaut ne rien critiquer ici. Je suis sûre que vous me comprenez. »

Comme toujours, Jackie écouta sa belle-sœur. Et elle ne modifia rien sur le *Christina.*

M. Onassis n'autorisait pas non plus beaucoup sa femme à le faire changer d'apparence vestimentaire. Elle lui conseilla de porter des cravates aux couleurs moins sombres, mais il n'en tint pas compte. La plupart du temps, il ne la laissait pas lui acheter de nouveaux vêtements. Il lui arrivait de céder à l'occasion et de porter une chemise et une cravate qu'elle avait choisies pour lui. Un jour, il entra dans mon bureau avec une cravate blanche ornée d'un imprimé jaune poussin et me demanda ce que j'en pensais.

« Elle vous va à ravir, monsieur Onassis. »

Il souleva le bout de la cravate et la contempla longuement avant de la replacer à l'intérieur de son veston. Une heure plus tard, il portait son habituelle cravate bleu marine.

En dehors de ne pas abandonner sa maîtresse et de ne pas tolérer les changements sur le *Christina*, M. Onassis faisait tout pour rendre sa femme heureuse et pour l'occuper chaque fois qu'elle venait en Grèce. En dépit d'un emploi du temps extrêmement chargé, il s'arrangeait pour être en Grèce à son arrivée de New York. Ses activités étaient néanmoins épuisantes et, dès le début, Jackie comprit qu'il consacrait la plus grande partie de son attention à son travail.

Quatre jours après avoir épousé Jackie, M. Onassis rentra à Athènes afin de rencontrer George Papadopoulos, le chef de la junte militaire qui avait renversé le gouvernement démocratique par un coup d'État en avril 1967. Ils devaient mettre au point un accord en dix parties, portant sur quatre cents millions de dollars que M. Onassis devait investir sur dix ans, baptisé projet Oméga. Le 1er novembre, M. Onassis interrompit une nouvelle fois sa lune de miel, afin de se rendre à Athènes pour y donner une conférence de presse à propos du projet Oméga. Il comprendrait une raffinerie de pétrole capable de produire sept millions de tonnes de pétrole brut en trois ans, une usine d'aluminium, des chantiers navals, un aéroport, sans compter des installations révolutionnaires pour la Grèce dans le domaine du tourisme, qui feraient de lui l'homme le plus riche du monde. Au cours des trois années suivantes, M. Onassis consacra énormément d'énergie, de temps et de moyens à ce projet. Il se lia même pendant un moment bref à son ancien grand rival, Stavros Niarchos pour tenter — sans succès — de mettre au point un partenariat avec lui sur ce projet.

Contre l'avis de certains de ses conseillers, M. Onassis mit également sa villa de Lagonissi à la disposition du dictateur grec et de sa famille. De nombreuses années durant, Papadopoulos et sa femme Despina occupèrent la magnifique villa pour un loyer dérisoire. De plus, M. Onassis procura un emploi au bureau d'Olympic Airways d'Athènes à un membre de l'entourage de Papadopoulos. Apparemment, il était prêt à tout faire pour renforcer des liens personnels avec le dictateur.

Certains, au bureau d'Olympic Airways, pensaient que son mariage avec l'ancienne Mme John Kennedy l'élèverait aux yeux de la junte militaire et faciliterait la concrétisation du projet. Un mois après son mariage, M. Onassis organisa un dîner à Glyfada, afin de présenter sa femme à George Papadopoulos.

Ce soir-là, son personnel, moins habitué que celui du 35 Vasileos Georgiu à recevoir des célébrités, était sur les dents. Aucun président grec n'avait encore franchi le seuil de la villa.

Tout se passa bien. Despina Papadopoulos était une femme séduisante de taille moyenne. Elle avait des yeux marron, des cheveux bruns courts et portait une robe chic, à mi-mollet, aux couleurs vives. Son mari, un peu plus grand que M. Onassis, moustachu et prématurément chauve, n'était pas gâté physiquement. Lui aussi s'était habillé pour le dîner. Tous deux eurent l'air enchantés de leur soirée.

Panagiotis avait endossé son plus beau costume : veste bleu marine, pantalon blanc et nœud papillon. Les femmes de chambre portaient un uniforme rose et blanc. Les mets et les vins avaient été aussi judicieusement choisis que la décoration de table et les fleurs. Jackie constituait néanmoins la pièce de résistance de la soirée. Dans sa longue robe noire moulante ornée d'un collier de diamants, elle fut une hôtesse exquise. Plus tôt, en préparant le menu avec Artémis, elle avait confié à sa belle-sœur qu'elle se sentait heureuse de pouvoir soutenir à sa manière un projet d'Aristote.

Malgré la réussite de ce dîner et l'impact enchanteur exercé par la nouvelle femme de leur hôte sur George Papadopoulos et sa femme, la célébrité de Jacqueline Kennedy Onassis n'aida pas le projet à se concrétiser. Ni Aristote Onassis ni Stavros Niarchos ne parvinrent à un accord avec le gouvernement militaire au cours des trois années suivantes. En novembre 1971, M. Onassis abandonna à contrecœur le projet Oméga.

Plusieurs années après, en septembre 1971, Jackie s'impliqua dans un autre projet de son mari. Elle l'accompagna en Irlande, à Belfast, avec Miltos Yiannacopoulos. Ils envisageaient d'y acheter un chantier naval. Cette entreprise n'aboutit pas davantage que le projet Oméga, les deux hommes étant parvenus à la conclusion que le rachat de ce chantier naval ne servirait pas les intérêts de M. Onassis.

En dépit de ses fardeaux professionnels, M. Onassis accordait une place centrale à son second mariage. Il ne voulait surtout pas que Jackie se fasse du souci ou soit concernée par ses affaires. Il se privait d'utiliser ses relations avec des hommes d'affaires américains pour faciliter ses transactions aux Etats-Unis. Lorsqu'il devait parler boutique avec un invité, il suggérait à Jackie de monter se reposer ou lire un moment. « Ça va t'ennuyer, ma chérie, lui disait-il. Je te promets de régler ça vite pour ne pas gâcher ta soirée. »

Au début, il programma ses réunions d'affaires de manière à dîner le plus souvent avec sa nouvelle épouse. Il cherchait toujours de nouveaux restaurants pour sortir en tête à tête avec elle. Et il pensait constamment aux cadeaux susceptibles de la rendre heureuse. La manière dont il présentait ces cadeaux sidérait le personnel de Glyfada et du *Christina*. Un de ses moyens préférés consistait à déposer une surprise sur son plateau de petit déjeuner, si bien qu'en ouvrant les yeux, c'était la première chose qu'elle voyait. La « surprise » était le plus souvent un bijou, collier de rubis, bracelet d'or ou pendentif ancien, qu'il demandait à un domestique de cacher dans un bouquet de ses fleurs préférées. Les murs de sa suite du *Christina* ne suffisaient pas à étouffer la joie de Jackie quand elle découvrait sa « surprise ». Comme M. Onassis se couchait plus tard que Jackie et qu'il dormait encore quand elle prenait son petit déjeuner, il était souvent réveillé par ses cris de ravissement. Parfois, il cachait la surprise sous sa serviette de table. Quand elle secouait la serviette avant d'entamer leur dîner et qu'un bracelet de diamants étincelants en tombait, il faisait semblant d'être aussi étonné qu'elle.

Lors d'un voyage d'affaires à Tokyo, il fit envoyer un ravissant collier de perles à notre bureau d'Athènes, que nous livrâmes ensuite sur le *Christina.* Là, le collier fut placé autour d'un petit pain et déposé sur le plateau du petit déjeuner de Jackie. Cette dernière possédait d'autres colliers de perles à l'époque où elle était la femme de John Kennedy, mais lorsqu'elle devint Mme Onassis, les perles qu'elle portait ne se contentaient pas d'être parfaitement originales, elles lui étaient présentées d'une manière qui l'était tout autant.

Ce n'était pas seulement en offrant des bijoux hors de prix à Jackie que M. Onassis pimentait leur union. Il m'arrivait de voir les petits mots, écrits à la main ou imprimés, qu'il envoyait à sa femme pour la prier de venir déjeuner avec lui dans une autre île ou d'y faire du shopping. Une fois, il lui envoya même un billet pour lui demander de lui faire le plaisir de danser avec lui sur le pont du *Christina.* La note, très joliment rédigée, disait : « My Fair Lady, M. Onassis vous prie de bien vouloir lui accorder le plaisir de votre compagnie pour une soirée dansante à bord du *Christina*, qui commencera à vingt-trois heures, immédiatement après dîner. »

M. Onassis adorait danser. Depuis sa jeunesse en Argentine, après sa fuite de Smyrne, il avait un faible pour le tango. Le personnel me raconta que ce soir-là, M. Onassis et sa femme avaient dansé en tête à tête valses et tangos sous les étoiles, près de la piscine, étroitement enlacés jusqu'au lever du jour.

Très souvent, cet homme de pouvoir au caractère orageux était capable de se conduire comme un petit garçon énamouré, prêt à tout faire pour attirer l'attention de sa bien-aimée ou la faire sourire. Il apprit bien vite que les plus grands sourires s'inscrivaient sur son visage quand il lui faisait la surprise d'un bijou unique. Il faisait appel à son joaillier préféré chez Zolotas, Ilias Lalaounis, qui ouvrit plus tard sa propre bijouterie à Athènes, pour créer un bijou original.

Pour le quarantième anniversaire de Jackie, le premier qu'ils célébrèrent en tant que mari et femme, M. Onassis demanda à Lalaounis de fabriquer des boucles d'oreilles spéciales pour sa nouvelle épouse, en commémoration du premier atterrissage d'Apollo 11 sur la lune, projeté sous la présidence de Kennedy. Avec leurs clips en or de dix-huit carats, les boucles d'oreilles représentaient la terre, incrustée de diamants et de saphirs, et une grosse lune de rubis. Elles coûtèrent plus de 500 000 dollars. La pierre préférée de M. Onassis était le rubis et il avait le plus grand mal à résister aux bijoux que lui présentaient Zolotas ou Lalaounis.

Il fut particulièrement fier de ces boucles d'oreilles, dont il suggéra l'idée à M. Lalaounis.

Le cadeau le plus mémorable que reçut sa femme pour son quarantième anniversaire fut une bague en diamants de quarante carats que M. Onassis se procura chez Cartier à Paris. En fait, il achetait la plupart des bijoux à Paris, en Grèce et à New York, à l'occasion en Italie, mais jamais à Londres. Il procédait toujours de la même manière : il s'arrêtait chez un joaillier parisien, choisissait une bague pour sa femme sans se préoccuper de son prix et demandait ensuite à Miltos Yiannacopoulos de s'occuper du paiement. Ce dernier appelait Paris et obtenait toujours du propriétaire du magasin la réduction de trente pour cent consentie à M. Onassis. Si bien que lorsque le joaillier lui annonçait qu'une bague valait 850 000 dollars, je recevais ensuite pour instruction de demander au bureau parisien d'Olympic d'envoyer un chèque de 740 000 dollars à Cartier dans l'heure qui suivait. M. Onassis n'avait réglé son achat ni par carte de crédit ni par chèque, pas davantage qu'il n'en connaissait le montant. C'était à Miltos que revenait le soin de négocier un bon prix et de régler le bijou.

La bague et les boucles d'oreilles plurent beaucoup à Jackie, ainsi qu'une belle ceinture d'or décorée de son signe astrologique, une tête de lion, que son mari lui offrit ce soir-là.

Jackie exhiba ces trois cadeaux lors de la réception donnée en son honneur par son mari dans sa taverne préférée, le Neraida. Plusieurs jours après, je remarquai que Jackie avait du mal à plier le doigt quand elle se coiffait. Elle dut enlever sa bague. Le soir de son anniversaire, elle ne s'était pourtant plainte de rien.

Après cet anniversaire, suivirent de nombreux autres bijoux, destinés à faire sourire sa femme et impressionner ceux qui les regardaient. Je réglai la facture de boucles d'oreilles de diamants et de rubis de chez Zolotas, d'un montant de 300 000 dollars. Je me souviens aussi d'avoir payé la facture correspondant à un bracelet d'or orné d'une tête de serpent incrustée de diamants que M. Onassis offrit à Mme Rose Kennedy lors d'une croisière à bord du *Christina.*

M. Onassis débordait de générosité à l'égard de sa femme, mais il n'en allait pas toujours de même avec sa fille. Un jour, Zolotas m'appela pour m'annoncer que Christina venait d'acheter un nouveau bracelet. Miltos téléphona au joaillier qui l'informa que la facture se montait à 9000 dollars. Miltos était tenu d'informer Aristote des achats de sa fille, contrairement à ceux de Jackie. Agacé de ne pas avoir été prévenu par Christina, M. Onassis se mit en colère. Il l'appela et lui annonça sans ménagements qu'elle devrait régler elle-même le bracelet. Cela ne l'empêcha pas, dès qu'il eut raccroché, d'appeler Miltos pour lui demander d'obtenir une réduction de prix. « Il est possible que je ne paie pas du tout ce bijou, lui annonça-t-il.

— Je comprends, monsieur Onassis », répondit Miltos.

Quand Miltos le rappela une heure plus tard pour lui annoncer que le prix du bracelet avait baissé de 2000 dollars, M. Onassis grommela « Bon, très bien ». Puis il raccrocha. Miltos me demanda sur-le-champ par téléphone de préparer un chèque de 7000 dollars pour Zolotas.

Quelques semaines plus tard, Miltos reçut un autre coup de fil de Zolotas l'informant que Christina avait acheté pour 5000 dollars de bijoux dans l'après-midi. Miltos appela Christina pour lui rappeler ce que son père pensait de ses habitudes dispendieuses. Christina se fâcha. « Ne parlez même pas de cette facture à mon père, s'enflamma-t-elle. Je ne veux pas que lui ou vous vous occupiez de ma vie. Je paierai ces bijoux moi-même. » Miltos attendit quelques jours pour rappeler Zolotas et obtenir une réduction. Puis il prévint M. Onassis qui s'emporta une fois de plus. Je réglai la facture.

Les bijoux de Christina et de Mme Onassis, tout comme ceux d'Artémis, étaient assurés fort cher et rangés dans un coffre de la villa de Glyfada dont j'ai toujours ignoré la place.

Hormis les cadeaux somptueux qu'il faisait à sa femme, M. Onassis accordait une grande attention à ses enfants, Caroline et John, et annulait souvent des réunions d'affaires pour rester à Skorpios en leur compagnie. Les deux enfants passaient leurs vacances sur l'île, souvent accompagnés d'un de leurs amis. Nancy Tuckerman, la secrétaire de Mme Onassis à New York, nous informait, Amalia, moi ou une autre personne du bureau d'Olympic, des projets de voyage de Mme Onassis, de sa famille ou de ses amis, et nous organisions sur-le-champ leurs déplacements sur Olympic Airways. M. Onassis était toujours ravi d'accueillir ses beaux-enfants en Grèce. Il se conduisait comme si rien ne lui importait davantage que leur compagnie. Leurs rires, leurs voix haut perchées, leurs cavalcades dans l'île ne l'agaçaient jamais. Au contraire, ils semblaient le ravir. Et il faisait tout pour les divertir et leur donner envie de passer du temps avec lui et leur mère dans sa maison. Il les emmenait en promenade dans les bois de l'île en les tenant étroitement par la main et leur montrait les animaux, les oiseaux et les plantes. Il répondait à leurs questions incessantes et riait très fort, le plus naturellement du monde, de leurs commentaires et histoires enfantins. Il les emmenait à la pêche ou en promenade dans un de ses bateaux rapides, et leur racontait de longues anecdotes sur sa jeunesse. Il essayait de deviner ce qui les rendrait heureux à Skorpios pour leur en faire la surprise. Lorsqu'un de ses cadeaux, comme le poney blanc qu'il offrit à Caroline, leur arrachait des sourires et des cris de joie, il paraissait aussi enthousiasmé qu'eux. Quand il avait à faire à Athènes, il emmenait souvent John avec lui et le déposait dans un cinéma avec deux gardes du corps pendant qu'il vaquait à ses occupations. Il se faisait toujours un point d'honneur de terminer assez tôt pour consacrer du temps au petit garçon dans la capitale avant de rentrer à Skorpios.

En l'absence de Mme Onassis, il s'assurait que le personnel du *Christina* ne perdait pas les enfants de vue. Des agents secrets américains ne les quittaient jamais. Cela n'empêchait pas M. Onassis de les faire également surveiller par des hommes qui lui étaient loyaux, George Parissis, Stéphane Daroussos ou Costas Anastassiadis, le capitaine du *Christina*. Tout en ne tenant aucun compte des conseils de Jackie qui lui répétait de songer à sa propre protection, il faisait preuve d'une vigilance incessante à l'égard des enfants de sa femme.

Un jour, il eut pourtant du mal à protéger John. Jackie le lui avait confié en partant pour New York. Il avait l'intention d'emmener le petit garçon faire un tour en bateau dans les îles voisines. Mais dès le départ de Jackie, une armée de photographes se rua sur Skorpios, la plupart à bord de petites embarcations. Aristote obligea John à rester à l'intérieur du *Christina* pendant des heures, comme un prisonnier. « Ta mère me tuera s'ils font des photos de toi », expliqua-t-il à l'enfant qui n'avait qu'une hâte : faire le tour promis dans les îles. En désespoir de cause, Aristote fit appel à son fidèle Achille pour dénouer la situation. Aux commandes d'un Chris-Craft, Achille slaloma comme un fou entre les bateaux et parvint à jeter par-dessus bord tous les photographes. Le matériel tomba aussi à la mer, au milieu des hurlements et des jurons qui fusaient de toutes parts. Achille s'assura que tout ce beau monde avait regagné le rivage. John et M. Onassis apparurent alors sur le pont et jetèrent des serviettes aux journalistes trempés. « Si vous voulez une photo, nous sommes prêts, leur lança gaiement M. Onassis. Puis il s'embarqua à bord d'un Chris-Craft avec l'enfant et ils s'éloignèrent à toute allure.

Tout en reprochant à leur père le choix de sa seconde épouse et en accusant cette dernière d'avoir rendu impossible le remariage de leurs parents, Christina et Alexandre aimaient bien leurs frère et sœur par alliance. Lors des rares occasions où ils se retrouvaient tous les quatre ensemble, Christina et Alexandre veillaient sur les jeunes Kennedy. Ils jouaient même tous les quatre, en dépit de leur différence d'âge : neuf ans séparaient Caroline et Alexandre, sept ans Caroline et Christina et douze ans Alexandre et John. Christina et Alexandre répondaient aux questions incessantes des plus jeunes : « Comment ça s'appelle ? Comment ça marche ? » avec une patience infinie. A l'instar de leur père, ils ne paraissaient jamais agacés ou fâchés par eux. Un jour, Alexandre emmena John faire un tour en hors-bord. Du rivage, on entendait leurs rires à bord du bateau qui fendait les vagues. Ils revinrent surexcités ; Christina leur tendit des serviettes et ils regagnèrent tous les trois le yacht en blaguant.

Alexandre et Christina préféraient éviter Jackie, mais lorsque ses enfants étaient là, ils faisaient l'effort d'apparaître aux dîners sur l'île. Tout en ignorant leur belle-mère, ils s'amusaient avec Caroline et John au cours du repas composé de *souvlakia*, de salades grecques, de boulettes de viande spécialement préparées, de spaghettis au fromage et de pâtisseries grecques. La conversation tournait toujours autour des enfants et Aristote répondait patiemment à chacune de leurs questions.

En dépit de l'affection qu'il portait aux enfants de Jackie, Alexandre détestait un peu plus sa belle-mère chaque jour. Aristote essayait en vain d'arranger les choses entre eux. Un jour où il se préparait à quitter Athènes pour New York avec Jackie, je les accompagnai à l'aéroport pour régler des problèmes de dernière minute. M. Onassis nous demanda de ne pas bouger, le temps d'aller chercher Alexandre dans son bureau pour qu'il dise au revoir à sa belle-mère. Jackie, vêtue d'une robe beige toute simple et d'une veste noire, n'évoqua pas son beau-fils pendant que nous attendions. Au bout d'un quart d'heure, elle commença à montrer des signes de nervosité. Elle finit par me demander d'aller chercher M. Onassis pour le prévenir qu'ils allaient rater le décollage de l'avion.

Avant de frapper à la porte du bureau, j'entendis M. Onassis implorer son fils de venir dire au revoir à Jackie. « C'est hors de question », répétait Alexandre. En définitive, M. Onassis sortit du bureau en reconnaissant ma voix, l'air abattu.

Jackie lui lança : « Je ne comprends pas pourquoi tes enfants sont si grossiers avec moi. » En général, elle prenait des pincettes avec son mari. Mais là, elle fut incapable de cacher sa colère. « Je n'ai rien fait pour mériter un tel comportement.

— Contente-toi de t'occuper de tes enfants, ma chérie, et pas des miens », lui répondit-il brutalement. Puis il se dirigea vers l'avion à une telle allure qu'elle fut incapable de se maintenir à sa hauteur.

Jackie rendait bien son antipathie à son beau-fils. Un soir, je me trouvais sur le pont du *Christina* en compagnie de M. Onassis, Jackie et Miltos Yiannacopoulos. Jackie et moi étions assises et comme à l'ordinaire, M. Onassis arpentait le pont à grandes enjambées. Miltos devait allonger le pas pour ne pas être distancé. Chaque fois qu'ils passaient devant nous, nous surprenions des bribes de leur conversation. « Tu sais, Miltos, disait M. Onassis, j'ai beaucoup réfléchi à celui qui s'occupera de mes biens après ma mort. Et toi ?

— Bien sûr. C'est un sujet d'importance.

— Après réflexion, je crois que ce sera Alexandros. C'est un garçon intelligent et je pense qu'il en sera capable. »

Jackie gardait les yeux fixés sur son mari pour attirer son attention, mais il faisait exprès de ne pas la voir. Manifestement, ses propos ne lui plaisaient pas du tout. Son mari continuait à parler comme si elle n'était pas là. « Oui, Miltos, je suis sûr qu'Alexandre sera capable de marcher sur mes traces. Mon fils ne me décevra pas. »

Jackie se leva sans cacher sa colère et quitta le pont. M. Onassis ne lui avait pas jeté un regard.

Alexandre ne s'efforçait jamais volontairement d'humilier sa belle-mère, même si Jackie pensait le contraire. Un jour, elle attendait à Glyfada l'arrivée de sa sœur Lee et de ses deux enfants qui devaient passer une semaine de vacances en Grèce. Leur vol ayant été retardé de plusieurs heures, elle décida de retourner seule en hélicoptère à Skorpios pour s'assurer que tout était prêt sur le *Christina*. Malheureusement, personne n'était disponible pour la conduire à l'aéroport. Sur ces entrefaites, Stavros, le chauffeur d'Alexandre, arriva à la villa. Elle lui demanda de l'y accompagner tout de suite. Sachant que son patron refuserait qu'il rende ce service à sa belle-mère, Stavros hésita. Jackie s'emporta et finit par exiger d'être conduite sur-le-champ. Stavros sentit qu'il ne pouvait pas refuser.

Quand Alexandre rentra dans la soirée, Stavros lui apprit qu'il avait été obligé d'emmener Jackie à l'aéroport.

« Quoi qu'il arrive, lui répondit Alexandre, ulcéré, vous ne conduirez plus jamais ma belle-mère nulle part dans ma voiture. Compris ? »

Stavros n'eut pas besoin de se l'entendre dire une seconde fois.

Il n'était pas le seul employé de la famille Onassis qui avait des problèmes avec Jackie. Lors de l'une de ses visites à Skorpios, le sénateur Edward Kennedy reçut un soir un coup de fil urgent, le pressant de regagner Washington au plus vite. M. Onassis avait beaucoup d'affection pour Edward Kennedy et ils aimaient parler politique, littérature et philosophie grecque. Ce soir-là, Edward était seul, Jackie et Aristote étant sortis. Il décida d'attraper le dernier vol de la soirée pour New York et demanda au pilote personnel d'Alexandre, Dimitris Kouris, de le ramener à l'aéroport avec l'hydravion.

« Impossible, lui répondit Dimitris. Je ne peux pas vous emmener maintenant. Vous auriez dû me prévenir avant. De plus, la météo est trop mauvaise. »

Edward Kennedy tapa du poing sur la table, mais Dimitris ne se laissa pas impressionner. « Inutile de vous conduire ainsi avec moi. Seriez-vous le président des États-Unis que je ne vous emmènerais pas ce soir avec le Piaggio. »

Dès le retour de Jackie, Edward lui raconta ce qui s'était passé. Elle rapporta immédiatement l'incident à son époux, disant qu'elle ne pardonnerait jamais à Dimitris sa grossièreté à l'égard de son ex-beau-frère. Le lendemain, Aristote voulut en avoir le cœur net et interrogea Dimitris sur les raisons de son refus. « Monsieur Onassis, il était tard et la météo était très mauvaise. Comment aurais-je pu courir le risque de mettre la vie de M. Kennedy en danger ? »

M. Onassis le remercia de ses explications. « Je sais quel genre de pilote vous êtes. Je vous confie souvent la vie de mon fils. Ma femme et mon beau-frère vous en veulent peut-être, mais pas moi. »

Outre le sénateur Kennedy, Jackie recevait souvent des membres de sa famille. Nombre de ses amis, hommes et femmes, lui rendaient visite à Skorpios.

Sa belle-mère, Rose Kennedy, était l'une des invitées préférées de M. et Mme Onassis. Au cours de leur première année de mariage, elle rendit au moins trois fois visite à Jackie. Mme Kennedy était une femme mince, douce et aimable mais qui savait ce qu'elle voulait. Elle fit un jour le voyage de New York à Athènes en compagnie de son fils, Edward. Quelques minutes après leur arrivée à Skorpios à bord du Piaggio, elle constata que son chapeau avait disparu. Inconsolable, elle ne pouvait plus parler que de ce chapeau de paille orné de cerises en plastique ! Désolé de la voir ainsi contrariée, M. Onassis se proposa de lui offrir tous les chapeaux de son pays qui lui plairaient. Il chargea son personnel de se mettre en quête de chapeaux de paille et de les lui apporter, mais elle ne leur jeta pas un coup d'œil. Elle ne voulait qu'un chapeau de paille : celui qu'elle avait apporté de Hyannis Port. J'envoyai une demi-douzaine de télex de par le monde et finis par repérer le chapeau en Bulgarie. Quelques jours furent nécessaires pour que Rose Kennedy le récupère. Ledit chapeau était le plus laid que j'aie jamais vu de ma vie. Pourquoi Mme Kennedy avait-elle fait une telle histoire à propos de cette horreur ? En tout cas, elle était soulagée, et M. Onassis content. Il lui montrait ouvertement son affection et son respect. Non seulement il comprenait la place qu'elle tenait dans la vie de Jackie et de ses deux enfants, mais il appréciait sa compagnie. Jackie confia à Artémis qu'elle accordait beaucoup de prix au comportement de son époux envers son ex-belle-mère et au fait qu'ils s'entendaient si bien tous les deux.

Au début de leur mariage, Aristote et Jackie étaient souvent entourés de proches et d'amis sur le *Christina*, mais appréciaient de rester en tête à tête. Ils se rendaient fréquemment seuls dans les îles voisines, surtout à Ithaque, berceau légendaire d'Ulysse, le héros préféré de M. Onassis. Il aimait y passer la journée, comme si l'île était sa patrie adoptive. Souvent, lorsqu'ils se promenaient dans l'île, il citait à sa femme des extraits de l'*Odyssée* et lui détaillait les aventures du voyageur infatigable auquel il s'identifiait tellement.

Assise sur le pont du *Christina*, vêtue d'un pantalon tout simple et d'un T-shirt, Jackie dessinait son mari en train d'arpenter le pont, de téléphoner, ou de se détendre dans son fauteuil en écoutant de la musique ou le chant de la mer. Ses croquis humoristiques enchantaient Onassis. Il les scrutait et en commentait le moindre détail. Un jour où je me détendais avec eux sur le pont et où il la regardait dessiner la mer, penché au-dessus de son épaule, il observa : « J'ignorais que j'avais épousé un grand peintre. »

Jackie posa son carnet de croquis pour l'embrasser avant qu'il regagne son fauteuil. « Et j'ignorais que j'avais épousé un si grand connaisseur en matière picturale ! » se moqua-t-elle gaiement.

Elle se promenait souvent dans les bois et sur la plage de Skorpios, armée d'un appareil photo qui lui servait aussi bien à prendre des clichés de son mari, de ses enfants et de ses trois belles-sœurs que des paysages de l'île. Sa manière de se concentrer, lorsqu'elle s'agenouillait sur le pont ou dans l'herbe, grimpait sur un rocher ou se couchait dans le sable pour prendre la photo exacte qu'elle désirait, avait quelque chose de fascinant. M. Onassis faisait remarquer que sa femme avait bien plus de talent que tous les imbéciles qui essayaient de la photographier.

Il serait faux, néanmoins, d'affirmer qu'au cours de ces premières années, ils ne passèrent que des moments idylliques ; ils ne se conduisaient malheureusement pas toujours comme de nouveaux mariés. Leurs personnalités étaient si différentes que les confrontations étaient inévitables. Pour M. Onassis, une journée parfaite consistait souvent en la réplique exacte d'autres journées. Il se satisfaisait de dîner dans le même restaurant tous les soirs, de s'y asseoir sur la même chaise, de commander le même menu. A bord du *Christina*, il aimait nager dans la piscine, dîner installé dans son fauteuil favori et passer la soirée à fumer le cigare tout en écoutant de la musique classique et à admirer les étoiles en sirotant son ouzo. Il était pleinement comblé.

De son côté, Jackie avait soif de changement. Rester au même endroit à refaire la même chose ne lui procurait aucun plaisir. Dès qu'elle eut fini de réaménager la Maison Rose, elle fut prête à recommencer. Une nouvelle lampe, des coussins supplémentaires, des fleurs fraîches, un tissu différent pour le canapé — toutes ces modifications donnaient un but à ses journées. « Viens, Aristo, disait-elle à son mari à la fin du dîner sur le *Christina*. Allons dans la maison visionner le dernier film que j'ai reçu. »

Aristote n'avait nulle intention de passer la soirée à regarder un film assommant.

« Approche, ma chérie, disait-il gentiment. Et si tu t'asseyais un moment près de moi pour admirer le ciel ?

— Mais je veux voir ce film », insistait-elle. Le refus d'Aristote de se plier à son désir commençait à l'agacer. « Je n'ai aucune envie de rester ici à contempler les étoiles toute la nuit.

— On ne va pas faire ça », la rassurait-il. Et il lui suggérait une autre occupation, comme de jouer du piano. Elle cédait, ayant l'impression d'avoir gagné la bataille en n'acceptant pas de faire ce qu'il voulait au départ. En réalité, c'était lui qui avait remporté la victoire. Ayant échappé au pensum du film dans la Maison Rose, il restait à bord à faire ce qu'il aimait, regarder les étoiles, écouter de la musique.

Jackie n'était pas bête, et on ne la trompait pas facilement. Elle avait conscience d'avoir épousé un homme fort, et cette force lui plaisait. Dans leur couple, c'était lui qui menait la barque. Elle le comprenait, et cela lui convenait. Très vite, je remarquai aussi qu'elle préférait la compagnie des hommes, y compris de ceux moins puissants que son mari, à celle des femmes. C'était une flatteuse qui n'hésitait jamais à tenir la main de l'homme à qui elle s'adressait. Elle aimait tout particulièrement converser avec les hommes intelligents et doués du sens de l'humour, comme le professeur Georgakis. Des hommes qui avaient quelque chose à offrir à son esprit curieux.

Extérieurement, M. Onassis ne manifestait aucun signe de jalousie quand sa femme se lançait dans une longue conversation animée avec un autre homme. Comme s'il savait qu'elle ne s'intéressait dans le fond qu'à lui. Des Américains, comme Peter Beard et Pete Hamill, rendirent visite à Jackie à Skorpios, mais M. Onassis ne lui reprocha jamais le temps qu'elle passait en tête à tête avec eux. « Mon frère est un vrai homme, me disait Artémis. Jackie le sait et elle l'aime. » Artémis adorait se pencher sur les ressemblances et les différences entre les deux maris de Jackie. Cette dernière était l'épouse d'un homme très puissant pour la seconde fois de sa vie, mais beaucoup plus libre que la première fois. Libre de faire ce qu'elle voulait. Jackie avait été dans l'obligation de participer à certains aspects de la présidence de John Kennedy, alors qu'elle pouvait se tenir totalement à l'écart des affaires d'Aristote. Il était rare qu'en rentrant chez lui, il lui parle d'un problème professionnel. Ici, personne ne la forçait à faire quoi que ce soit ; tout le monde ne désirait que son bonheur. Dans le pays de son nouveau mari, elle pouvait se conduire comme cela lui chantait. Ses soucis s'étaient envolés. En Grèce, personne ne la jugeait en fonction de ses tenues vestimentaires ou de ses discours. Elle n'avait pas à commenter la visite du *Christina* devant des caméras de télévision, ni à donner d'interminables poignées de main à des diplomates. Ici, elle pouvait lire, apprendre, écouter tout son soûl. Elle pouvait acheter tout ce qu'elle voulait, aller où bon lui semblait. Cette liberté avait quelque chose d'enivrant.

Sa vie sexuelle était également très satisfaisante. Un matin, un employé du *Christina* brûlait d'impatience de me raconter la scène dont il avait été le témoin la veille. « Megalos va être de très bonne humeur aujourd'hui, m'annonça-t-il. Un peu fatigué peut-être.

— Ne tournez pas autour du pot, répliquai-je, car les téléphones commençaient à sonner autour de moi.

— Hier soir, je me suis promené le long du rivage, parce que je n'arrivais pas à dormir. Je me suis subitement rendu compte qu'une des petites barques hissées à terre remuait. Je me suis approché et j'ai vu un dos d'homme, nu. A ma stupéfaction, il s'agissait de M. Onassis. Et dessous, tout aussi nue, il y avait Mme Jackie. La barque se balançait comme si elle était ballottée dans la tempête ! Je me suis vite éloigné, mais une fois à l'écart, je n'ai pas pu m'empêcher de rester immobile un certain temps. La barque remuait toujours quand je suis parti. Et le bruit des vagues était étouffé par ceux qui en provenaient. »

Un des pilotes personnels de M. Onassis se fit un plaisir de me raconter une anecdote sur la vie sexuelle de son patron et de sa nouvelle épouse. La scène s'était déroulée à bord du Learjet de M. Onassis, au cours d'un vol Paris-Athènes. Nous savions tous que M. Onassis adorait se quereller, mais ce pilote avait découvert exactement pourquoi. « Dès notre décollage de Paris, Megalos et sa femme se sont violemment empoignés. Ils hurlaient, se traitaient de tous les noms d'oiseaux et juraient qu'ils divorceraient dès qu'ils auraient mis le pied à Athènes. M. Onassis nous a même demandé d'atterrir d'urgence, mais je lui ai répondu que c'était impossible, parce que nous survolions la mer. J'ignore le motif exact de leur dispute mais je crois que c'était Christina. En tout cas, c'était horrible à entendre.

« Subitement, au bout d'une demi-heure de ces vociférations, le silence. En nous retournant, mon copilote et moi, nous nous sommes aperçus que le rideau nous séparant de la cabine des Onassis avait été hermétiquement tiré. Cela ne nous a pas empêchés d'entendre la bande-son. Durant tout le reste du vol, ils ont fait l'amour bruyamment, en s'affublant de petits noms câlins et en poussant des cris de plaisir. Il lui a même chanté un bout d'une chanson grecque. A Athènes, nous avons dû attendre. Il leur a fallu une heure pour être prêts à descendre de l'avion. L'air épuisés, mais heureux. M. Onassis ne portait plus le chapeau qu'il avait sur la tête au départ. Je l'ai retrouvé par la suite, sous les coussins éparpillés par terre. »

Ces deux anecdotes n'avaient rien d'inhabituel. Les employés de Skorpios en avaient d'autres en réserve, prouvant toutes que Mme Onassis était comblée par son homme grec. Le personnel de Glyfada avait aussi son stock de petites histoires tournant autour du lit d'Aristote et de Jackie. Peu de temps après leur mariage, Jackie avait choisi elle-même un lit de taille vraiment royale, placé sur une estrade, pour leur maison de Glyfada. Une domestique trouvait d'ailleurs bizarre que M. Onassis ait remplacé le lit de

Glyfada dans lequel Maria dormait rarement, alors qu'il avait conservé celui du *Christina*, où il avait partagé tant de nuits avec elle. En dépit de ce manque de logique, Jackie adorait son nouveau lit, pour lequel elle avait déniché une superbe courtepointe de satin rose imprimé. Elle et Aristote se retiraient souvent tôt dans leur chambre, et ce n'était pas dans le but d'admirer le dessus-de-lit. Ils préféraient de loin passer de longues heures dessous à faire l'amour.

Lorsque Jackie se trouvait à Glyfada sans son mari, elle ne dormait pas dans ce lit. « Je m'y sens trop seule sans Aristo », avoua-t-elle un jour à sa belle-sœur, qu'une telle confidence ne manqua pas d'enchanter. Aristote n'y dormait d'ailleurs pas davantage sans son épouse. En l'absence de Jackie, il émigrait dans l'ancienne chambre d'Alexandre, pensant manifestement comme elle que ce grand lit n'était fait que pour eux deux.

A maintes reprises, alors que je dînais chez Artémis, Aristote et Jackie prirent congé très tôt pour se retirer dans leur maison voisine. En les regardant s'éloigner, bras dessus, bras dessous, Artémis et moi nous savions bien que le grand lit ne serait pas vide ce soir-là.

« Ce lit est assez grand pour que tous mes domestiques y dorment, en plus d'eux, plaisanta un soir Artémis, alors qu'Aristote et Jackie avaient opté pour le lit au lieu de notre compagnie. Mais ni l'un ni l'autre ne veut y dormir seul. C'est bien, non ? »

Effectivement, c'était bien. Et au cours de ces premières années, il y eut beaucoup d'autres moments où c'était « bien ». Un soir où nous nous détendions agréablement à Glyfada, Aristote et Jackie ne cessèrent d'échanger des regards qui en disaient long. Le vacarme des avions survolant la maison paraissait encore plus assourdissant qu'à l'ordinaire. Glyfada étant à cinq minutes de l'aéroport, le bruit des décollages et des atterrissages ne s'arrêtait jamais. Le vacarme faisait autant partie du lieu que les bougies sur la table, les fleurs du jardin ou la musique sortant de la chaîne stéréo.

Ce soir-là cependant, le vrombissement des avions parvint à étouffer la voix d'Aristote. Alors qu'il s'absentait quelques minutes, Jackie nous fit remarquer à quel point il paraissait heureux : « Il adore le vrombissement de ces moteurs. Plus il est bruyant, plus il est content. J'ai l'impression qu'il s'imagine là-haut, à bord de chaque appareil qui nous survole. Aucun bruit ne le comble davantage. »

Cela n'était pas tout à fait juste. Un autre son procurait davantage de bonheur à M. Onassis que le bruit de ses avions : la voix de sa femme. Il ne faisait pas partie de ceux qui reprochaient à Jackie sa voix enfantine, essoufflée, et bête. Il la considérait au contraire comme son meilleur atout. Une voix douce, sexy, qui même au téléphone modifiait son humeur et le transformait de tigre féroce en chaton énamouré. Maria était une cantatrice douée d'une voix passionnée et très travaillée, mais qui n'était pas sexy. La voix de Jackie se réduisait souvent à un murmure, mais retournait autant M. Onassis que celle de Maria hypnotisait son public. M. Onassis n'était pas homme à beaucoup s'exprimer et il avait une voix plutôt ordinaire, mais il savait trouver les mots pour convaincre sa femme qu'il la désirait passionnément.

En public, il arrivait parfois à M. Onassis de donner un baiser passionné à son épouse sur les lèvres, sans tenir compte des témoins. Dans ces moments-là, ils se conduisaient comme des adolescents, incapables de s'empêcher de se tripoter et de s'embrasser. Artémis m'adressait un sourire qui en disait long, comme si elle était aussi comblée que son frère et sa belle-sœur.

D'un autre côté, tout ce que faisait Mme Onassis ne plaisait pas à son mari. Il lui reprochait en particulier un travers, qu'elle partageait avec sa sœur : le tabagisme. Jackie prenait garde de ne pas se montrer avec une cigarette à la main en public, mais lorsqu'elle se trouvait sur le pont du *Christina*, ou à l'abri des regards, elle aimait beaucoup fumer. « Je t'en prie, ma chérie, lançait gentiment M. Onassis en essayant de lui subtiliser son paquet de cigarettes quand elle en allumait une, ne fume pas maintenant. Ça va te rendre malade. Sois gentille : laisse-moi jeter ce paquet à la mer. » Une fois de temps en temps, Jackie lui cédait, mais le plus souvent, elle se contentait de lui répondre d'un sourire rivalisant en douceur avec sa cigarette.

A mesure que s'écoulaient ces premières années, c'était Maria, bien davantage que les cigarettes, qui menaçait leur mariage. Aristote avait beau traiter sa seconde femme avec adoration, l'amour et la passion qu'il lui vouait ne paraissaient pas suffire à le satisfaire, ni à lui faire mettre un terme à sa liaison avec Maria. Artémis et moi parlions sans cesse de Maria, bien plus, en vérité, depuis qu'il avait épousé Jackie qu'auparavant. Très contrariée, Artémis reconnaissait que Maria comprenait ce que son frère disait, avant même qu'il ouvre la bouche. Elle était la seule femme dont on ne pourrait jamais le séparer. Si Jackie n'avait pas fait son apparition, il serait toujours resté près de Maria, sans peut-être l'épouser, à cause des sentiments d'Artémis et de la complexité de son propre caractère, mais sans jamais l'abandonner.

« Pourquoi a-t-il épousé Jackie alors qu'il refusait de prendre Maria pour femme ? » nous demandions-nous sans cesse, sans trouver de réponse.

« Parce que Jackie ne ressemble à aucune des femmes qu'il a connues, disait Artémis. Parce qu'elle est la femme la plus célèbre du monde et qu'elle voulait l'épouser », ajoutait-elle quelques minutes après. « Parce que, pour l'avoir, il était obligé de se marier avec elle », concluait-elle.

« Pourtant, il devait bien savoir que Maria ne le quitterait jamais, quoi qu'il fasse, ajoutais-je. Sinon, il n'aurait jamais épousé Jackie. »

Artémis hochait la tête, perplexe, tandis que de nombreuses pensées se bousculaient dans nos têtes. Aristote ne s'était pas attendu à voir son mariage améliorer ses relations avec les Etats-Unis. Je constatais souvent sur mon bureau les résultats négatifs de ce mariage. Certains Américains étaient furieux de l'impudence de ce Grec qui avait osé épouser l'Américaine la plus célèbre du monde et priver leur sol de ce trésor inestimable. Un crime trop audacieux pour être ignoré, qu'ils lui feraient payer. En ne tenant pas compte d'un accord, ou en rompant une promesse. Ou en l'empêchant de gérer comme il le voulait une raffinerie de pétrole. Bref, d'une manière ou d'une autre, le mariage d'Aristote Onassis avec Jacqueline Kennedy n'améliora pas davantage ses relations avec les hommes d'affaires américains qu'avec les membres du gouvernement des Etats-Unis.

Les autres relations qui ne s'améliorèrent pas durant ces premières années de mariage furent celles de Jackie avec les enfants de son mari. Christina, entêtée et caractérielle, méprisait Jackie avant même qu'elle ne devienne sa belle-mère. Mais les deux enfants Onassis abhorraient particulièrement Jackie. Cette dernière ne pouvait guère se faire aimer de Christina, mais elle n'essaya même pas.

Un soir, après un dîner particulièrement désagréable en compagnie de sa nièce et de sa belle-sœur, Artémis me confia les craintes que lui inspirait la nouvelle épouse de son frère. « Je la trouve beaucoup trop égoïste, me dit-elle. Elle aime ses propres enfants et elle aime Aristo, mais par-dessus tout, elle s'aime elle-même. C'est peut-être cet égocentrisme qui lui a permis de supporter la terrible tragédie qui aurait terrassé une femme plus fragile. Elle est tellement immergée en elle-même, dans ses propres besoins, ses possessions matérielles et son amour pour la Grèce qu'elle ne songe même pas à entreprendre le gigantesque effort nécessaire pour devenir un modèle, voire même une amie pour Christina. Elle n'a même pas essayé. »

Nous étions tous ravis que Jackie soit tombée amoureuse de la Grèce, mais Artémis et Aristote auraient été beaucoup plus heureux si elle était tombée amoureuse, ne serait-ce que légèrement, de Christina. Mais Jackie passait beaucoup trop de temps à s'occuper d'elle-même pour s'intéresser à Christina. Elle ne considéra jamais Christina comme sa fille éventuelle, car elle n'aurait jamais voulu d'une fille aussi négligée, malheureuse, gâtée, désorientée, et peu attirante. Il lui était beaucoup plus facile de grossir les rangs de ceux qui n'aimaient pas Christina que d'essayer de l'aimer, ou simplement de se soucier d'elle. Je ne crois pas qu'Aristote en voulut à Jackie de ne pas éprouver d'affection pour sa fille, mais il en fut déçu. S'écoulèrent quelques années avant que la manière dont elle avait traité sa belle-fille ne revienne obséder Jackie.

Si on pouvait comprendre l'antipathie de Jackie pour sa belle-fille, je reste incapable de saisir pourquoi elle ne parvint pas à établir une relation avec son beau-fils. Alexandre désirait par-dessus tout voir ses parents se remarier, mais c'était un jeune homme hypersensible qui aurait pu être conquis par Jackie. Pourtant elle ne fit pas davantage le moindre effort avec lui qu'avec Christina. Et par le biais d'un terrible coup du destin qui lui échappa entièrement, Alexandre lui fit payer cet échec.

L'incapacité de Jackie de conquérir ses beaux-enfants n'était pas le seul nuage dans les journées ensoleillées qu'elle passait avec Aristote. Une autre ombre planait sur eux, sous la forme de lettres qu'elle avait envoyées à Roswell Gilpatric, un de ses anciens prétendants. En 1970, certaines de ces missives furent publiées par des journaux et magazines américains. La dernière, envoyée à Gilpatric du *Christina* en date du 13 octobre 1968, c'est-à-dire pendant la lune de miel de Jackie, disait : « J'espère que tu sais tout ce que tu as été, es et seras toujours pour moi. Affectueusement, Jackie. »

Comme la réception et la traduction en grec des articles sur la famille relevés par le service courrier d'Olympic Airways faisaient partie de mes attributions, je fus la première à poser les yeux sur ces lettres. Elles causèrent évidemment un grand embarras à M. Onassis et à sa famille. Adoptant l'attitude orgueilleuse qui lui était propre et niant l'humiliation qu'il avait subie, M. Onassis refusa d'en parler avec sa famille ou avec les journalistes. Mais son apparition en public chez Maxim's au bras de Maria le 21 mai 1970 et le fait qu'il accepta de poser avec elle pour les photographes furent interprétés par certains membres du personnel d'Olympic Airways comme sa manière de se venger des lettres de sa femme. Evidemment, Christina trouva l'incident fort drôle et en discuta avec empressement avec tous ceux qui voulaient bien l'écouter. Son frère lui prêta l'oreille la plus attentive et se régala de ce petit scandale.

Mais en dépit de cette gêne et du problème des enfants, M. et Mme Aristote Onassis s'efforçaient de faire fonctionner leur mariage, si peu orthodoxe fût-il aux yeux des autres. Et souvent, au cours de cette première année, ils donnèrent l'impression d'y parvenir.

L'après-midi, ils faisaient souvent de longues promenades dans Skorpios, main dans la main, sans cesser de se parler. Parfois, il lui récitait des vers en grec, et même si elle n'en comprenait pas le sens, elle était émue par l'intensité qu'il y mettait. Elle lui lisait parfois à haute voix des passages d'un livre qu'elle aimait particulièrement. Il marchait lentement, se concentrant sur chacun des mots en fumant son cigare et en exprimant son accord d'un hochement de tête. Ou alors ils se contentaient de rire et de bavarder en rivalisant d'ironie.

Un jour, comme leur promenade durait plus longtemps qu'à l'ordinaire, des employés du *Christina* partirent à leur recherche. Ils finirent par les retrouver, coincés dans des broussailles dont ils ne pouvaient se sortir sans une machette. A leur retour à bord, Jackie était toujours désemparée. « J'ai cru ne jamais ressortir de cette forêt, me confia-t-elle. J'ai eu peur des lézards et des animaux, mais surtout, j'étais terrifiée à l'idée que quelqu'un puisse nous faire du mal.

— Ne sois pas bête, répliqua gaiement M. Onassis. Je te répète que nous ne courions aucun danger. Je n'ai jamais d'argent sur moi. En outre, si quelqu'un essaie de me tuer, il me trouvera. Je suis prêt à tout. » Furieuse, Jackie s'éloigna en hochant la tête.

En d'autres occasions, Aristote la faisait beaucoup rire. Lors d'une autre promenade dans Skorpios, il lâcha sa main pour grimper à un arbre sous ses yeux médusés. « Mais que fais-tu, Aristo ? » hurla-t-elle. Sans lui prêter attention, il poursuivit son escalade. « Redescends ! cria-t-elle, quand les branches les plus hautes commencèrent à le cacher à sa vue.

— D'accord, ma chérie, finit-il par lui répondre. Je descends. »

Puis elle entendit un bruit affreux, semblable à celui de membres brisés. « Aristo ! hurla-t-elle. Ça va ? »

Un silence, suivi de la voix de son mari, beaucoup plus forte qu'avant. « Va chercher Yiannis ! Va vite chercher Yiannis sur le *Christina* et dis-lui que j'ai besoin de son aide. »

Jackie prit ses jambes à son cou pour aller chercher l'employé sur le *Christina*. Yiannis revint au pas de course, grimpa à l'arbre et en redescendit son patron sur son dos. Une fois Aristote à terre, Jackie le parcourut du regard de la tête aux pieds et fut prise d'un fou rire irrépressible. Le fond et les jambes du pantalon de son mari étaient déchirés, sa chemise était couverte de poussière et sa tête couronnée de feuilles. « On dirait que tu viens de te battre comme un beau diable, parvint-elle enfin à remarquer.

— Eh bien, c'est un combat que j'ai perdu, répondit-il d'une voix en demi-teinte.

— Aristo, dit Jackie en prenant son mari par le bras pour regagner le *Christina*, tu dois te souvenir que nous ne sommes plus aussi jeunes que tu le penses, mon chéri. »

« Pour une fois, conclut Yiannis en me racontant l'anecdote le lendemain, Megalos a gardé le silence et s'est contenté de hocher la tête. »

Jackie appréciait de rester seule dans l'île. Elle se faisait masser, elle lisait sur la plage et elle nageait. Mais tout en étant protégée des regards impitoyables des paparazzi qui la traquaient avant son mariage avec Aristo, elle n'était pas complètement immunisée contre leurs intrusions en Grèce. Elle nageait en tenue d'Eve et les photographes arrivaient souvent à prendre des photos gênantes d'elle. A de nombreuses reprises, je dus payer des sommes rondelettes pour empêcher la publication de ces photos. Mais elle se contentait toujours d'un sourire et d'un haussement d'épaules. « Je dois vivre ma vie, disait-elle. Si je pense sans arrêt aux photographes, je ne pourrai même pas sortir de mon lit le matin. »

Le temps passant, le problème des photographes s'aggrava. L'un d'eux en particulier, Nikos Koulouris, faisait tout ce qu'il pouvait pour gâcher l'existence de Jackie lors de ses séjours en Grèce. Koulouris était un homme de petite taille, désagréable, qui consacrait sa vie à prendre des clichés de Jackie en douce. Il gagnait le rivage de Skorpios à la nage, se cachait derrière des buissons, ou fonçait en hors-bord vers l'endroit où elle se détendait sur la plage pour la photographier à l'improviste. Peu lui importait qu'Aristote fût ou non présent.

Un jour, je déjeunais tranquillement avec le couple chez Nikos

Komanitos, un des bars préférés de Jackie à Leucade, une vue splendide sur la mer. Nous étions sur le point d'entamer notre repas quand Koulouris jaillit d'un bosquet d'arbres tout proche et se mit à mitrailler Jackie. Fou de rage, Aristote se leva d'un bond pour apostropher le paparazzi : « Pour qui vous prenez-vous, espèce de crétin ? Pourquoi ne la laissez-vous pas tranquille ? Vous êtes fou ou quoi ? Fichez le camp ! »

Koulouris ne bougeant pas d'un pouce, Aristote fit brusquement lever Jackie, souleva sa jupe et hurla : « Voilà ! Vous êtes satisfait ? C'est la photo que vous voulez prendre ? Alors prenez-la et fichez-nous la paix ! »

Jackie devint cramoisie, et j'eus l'impression qu'elle allait s'évanouir. J'avais du mal à respirer. Quand Koulouris eut pris sa photo et se fut éclipsé, elle lissa sa jupe et s'affaissa sur son siège.

Aristote finit par se rasseoir aussi. Elle le regarda longuement sans mot dire, puis elle se remit lentement à manger comme si de rien n'était.

Koulouris m'apporta la photo le lendemain au bureau et je lui versai une très grosse somme pour le négatif et le tirage. Puis je les jetai. Au fil des ans, je lui payai une petite fortune contre des photos de Jackie et de Lee Radziwill nageant toutes nues, d'Alexandre et de Christina, d'Alexandre et de Fiona, que la famille ne voulait pas voir publier. Nous ne savions jamais quand Koulouris allait surgir de l'eau ou des bois pour gâcher une belle journée d'Aristote, de Jackie et de leurs parents et invités.

Malgré la traque incessante de Koulouris, Jackie poursuivait les activités de plein air qu'elle adorait. Lorsqu'elle séjournait à Glyfada, on la conduisait souvent dans la banlieue d'Athènes, à Kafissia, où elle montait à cheval. Le propriétaire des écuries se plaignit à moi du fait que Jackie ne laissait jamais de pourboire. Un jour, elle lui donna un paquet de pistaches pour ses deux enfants. Il me racontait qu'elle était capable de galoper des heures durant et qu'elle avait du mal à interrompre sa séance d'équitation. M. Onassis l'accompagna à quelques reprises et la regarda monter un moment avant de repartir. Lui-même n'avait aucune envie de monter, mais il aimait venir en spectateur. Lorsqu'il l'accompagnait, il faisait toujours en sorte de récompenser le propriétaire.

Jackie appelait souvent son mari au bureau pour lui demander de déjeuner avec elle. Il ne refusait jamais et, si nécessaire, annulait même un rendez-vous.

Parfois, avant son arrivée, il empruntait mon peigne et mon miroir de poche pour remettre en ordre son épaisse chevelure argentée. J'avais toujours un peigne destiné à cet usage dans mon sac à main, mais un jour que je parlais au téléphone, il fouilla dans mon sac et en sortit un tampon hygiénique au lieu du peigne. Je faillis mourir de honte. Il se contenta de rire de bon cœur en le remettant dans mon sac et continua à chercher le peigne.

Pendant quelques mois, Jackie ne mit pas les pieds en Grèce. Nous sûmes vite qu'elle avait subi une opération de chirurgie esthétique à New York et qu'elle attendait pour revenir d'être en état de s'exposer au soleil et aux photographes de Skorpios. C'était de toute évidence un lifting. A son retour, elle avait l'air plus jolie et en meilleure santé. Mais personne n'évoqua l'opération. Nous nous contentâmes de la féliciter de sa bonne mine et elle nous remercia de son habituel sourire énigmatique.

Comme Maria avant elle, Jackie passait beaucoup de temps à recevoir des célébrités sur le *Christina.*

Richard Burton, Elizabeth Taylor, Liza Minnelli, Frank Sinatra, Rudolf Noureev, la famille Forbes, les Rothschild, le prince Rainier et la princesse Grace, ainsi que de nombreux dirigeants d'entreprises pétrolières comme J. Paul Getty, ou d'autres personnalités en vue font partie des invités que M. et Mme Onassis reçurent durant leur mariage. Comme M. Onassis détestait programmer ses activités, il était rare qu'il lance ses invitations des semaines à l'avance. La plupart du temps, l'envie lui prenait d'un seul coup, ainsi qu'à Jackie, de recevoir quelqu'un. Une fois la chose décidée, qu'il s'agisse d'un ami comme Hatotis, le marchand d'art, ou d'une célébrité, comme Frank Sinatra, M. Onassis me demandait d'organiser la venue de leur hôte. Je commençais par informer ce dernier par téléphone que M. et Mme Onassis souhaitaient le recevoir le plus vite possible à bord du *Christina.* Puis je lui communiquais les informations sur les vols Olympic Airways les plus proches et m'occupais de tous les détails de son voyage. Il était extrêmement rare que quelqu'un refuse l'invitation.

Les invités préférés de M. Onassis étaient souvent les mêmes que ceux de sa femme : la famille Kennedy. Il la pressait souvent d'inviter son beau-frère, Ted Kennedy, ou sa belle-mère, Rose Kennedy, ou d'autres membres de la tribu. Il était heureux que Jackie reste en relations avec son ancienne belle-famille. Lorsque Ted était à bord du *Christina*, M. Onassis pouvait discuter avec lui d'histoire et de politique des heures durant. Il se montrait généreux à l'égard des campagnes politiques du sénateur, apportant une large contribution financière.

M. Onassis n'avait toutefois pas toujours vraiment envie de voir ses invités. Un jour, il m'annonça que lui et Jackie souhaitaient recevoir Rudolf Noureev une semaine sur le *Christina*, dans les plus brefs délais. Je savais que M. Onassis n'avait pas d'affection particulière pour le danseur, mais que Jackie appréciait énormément sa compagnie. Quand Noureev était en Grèce, elle déjeunait souvent à Athènes avec lui, parfois accompagnée d'Artémis. Cette fois, je transmis l'invitation à Noureev qui s'empressa d'accepter. Je réservai son vol sur Olympic Airways. Quelques heures avant l'arrivée du danseur à Athènes, M. Onassis m'annonça par téléphone qu'il avait changé d'avis et qu'il ne souhaitait plus sa présence à bord du *Christina*. Au lieu de le faire venir à Skorpios, je devais lui réserver une suite au Astir Palace de Vouliagmeni pendant une semaine.

Une fois installé à l'hôtel, Noureev m'appela. Il ne me cacha pas son mécontentement : « Mademoiselle Feroudi, je ne comprends pas ce qui se passe. Je suis censé être invité à bord du *Christina* et je me retrouve à l'hôtel. Qu'est-il arrivé ?

— Je suis navrée, monsieur Noureev, répondis-je le plus diplomatiquement possible. M. Onassis a eu un problème inattendu avec un de ses pétroliers. Je n'arrive pas à le localiser. Je sais juste qu'il était navré de ce contretemps. Il m'a donc demandé de vous faire descendre à l'hôtel, tant qu'il ne pourra pas vous accueillir en personne. Mettez-vous à l'aise et si vous avez besoin de quelque chose, surtout n'hésitez pas à me le demander. »

La semaine durant, M. et Mme Onassis évitèrent Noureev et le confinèrent à l'hôtel. Le jour du départ prévu du danseur, M. Onassis le fit amener à bord du *Christina*, où il passa la journée. Puis on le ramena à l'aéroport à temps pour son vol. Je me sentais affreusement mal pour Noureev, mais je savais que rien de ce que Mme Onassis ou moi pourrions dire ne ferait changer Aristote d'avis. Je savais aussi que, comme tous les autres invités d'Aristote, Rudolf Noureev s'empresserait de revenir la prochaine fois que je lui transmettrais une invitation.

Lorsque les invités arrivaient pour de bon à Skorpios, ils passaient un séjour fastueux, même si M. et Mme Onassis ne leur consacraient pas tout leur temps. Ces derniers prenaient toujours l'apéritif et dînaient toujours avec eux, mais ils ne se sentaient pas obligés d'être à leur disposition jour et nuit. Des hors-bord les attendaient pour les emmener dans les îles voisines faire du shopping ou du tourisme, et Skorpios leur offrait la possibilité de s'adonner à toutes sortes d'activités, à toute heure de la journée : ils pouvaient nager dans la mer ou la piscine, se promener, seuls ou en compagnie de leur hôte ou de leur hôtesse, lire, regarder des films, écouter de la musique. Le soir, leur hôte se montrait sous son meilleur jour. Il s'assurait que le menu et les vins étaient du goût de ses invités. L'apéritif était servi autour de la piscine, d'où ils pouvaient contempler le coucher du soleil, parler politique ou littérature, ou bavarder, tout simplement. Le dîner se tenait ensuite dans la salle à manger. M. Onassis invitait souvent un orchestre de bouzouki et un chanteur à venir jouer jusqu'à l'aube pour ses invités, sur la piste de danse escamotable qui avait remplacé la piscine. Le lendemain, il n'était pas rare que M. Onassis soit parti en voyage d'affaires pour Rome ou Londres avant le réveil de ses invités. Il pouvait réapparaître dans les vingt-quatre heures ou ne pas revenir de la semaine.

M. et Mme Onassis avaient toujours plaisir à recevoir Frank Sinatra. Dès son arrivée sur le bateau, le chanteur, véritable boute-en-train, commençait à lancer des plaisanteries. A la demande de Jackie, il lui arrivait d'interpréter une chanson pour eux. Alexandre et Christina l'appréciaient aussi beaucoup et ils aimaient être là pour l'accueillir.

Rares étaient les invités d'Aristote qui ne plaisaient pas à Jackie. La plupart du temps, elle paraissait comblée sur le *Christina*, comblée de laisser Aristote fumer ses gros havanes, savourer son ouzo de Mytilène et jouir de la compagnie de ses amis. Il était là, assis dans un de ses fauteuils favoris du salon ou du pont, cigare à la bouche, à contempler la mer, tripotant les quatorze grains orange et verts de son rosaire, tandis qu'autour de lui les conversations allaient bon train. On aurait dit qu'il se tenait détaché des autres, qu'il n'entendait pas ce qui se disait. La conversation terminée, il ajoutait une remarque pertinente ou provocatrice, prouvant que pas un mot ne lui avait échappé. Jackie, l'air fière de l'intelligence de son mari, l'écoutait parler avec un grand sourire.

Toutes les soirées à bord du *Christina* n'étaient pas idylliques. Pas même lorsqu'ils se retrouvaient en tête à tête pour un dîner romantique. Un des serveurs me raconta qu'un soir M. Onassis dit qu'il pouvait débarrasser la table. Subitement, Jackie déclara : « Non, ce n'est pas le moment de débarrasser ; quand vous pourrez le faire, je vous préviendrai. »

Interdit, le serveur interrogea M. Onassis du regard. Ce dernier haussa les épaules et lui dit d'obéir à sa femme. Jackie sourit et rappela le serveur quelques minutes plus tard pour lui signifier qu'à présent il pouvait desservir. M. Onassis ne fit aucun commentaire, mais il n'avait pas l'air mécontent. Le serveur me raconta que ce genre d'anicroche se produisait souvent. Pour lui, Jackie voulait avoir le dernier mot.

Elle y parvenait d'autres façons. Un jour, elle arriva au déjeuner quelques minutes en retard et constata que M. Onassis en était déjà à la moitié du repas. Elle prit place, parla à son mari, puis attendit en silence le serveur qu'elle avait appelé, le regarda débarrasser la table et resservir le repas en entier. M. Onassis ne se plaignit pas, et il avala tout ce qui fut placé dans son assiette ce jour-là.

En d'autres occasions, lorsque son épouse était en retard à un repas ou un rendez-vous, M. Onassis se montrait moins prévenant à son égard. Comme la plupart des Grecs, il ne supportait pas que sa femme soit en retard quand lui-même arrivait à l'heure à un événement mondain. Quand il prolongeait une nuit dehors, il lui arrivait de ne pas être à l'heure à un rendez-vous d'affaires important au bureau le lendemain matin. Mais quand il avait un rendez-vous mondain, il rentrait chez lui à l'heure adéquate. Jackie, de son côté, était réputée pour ses retards perpétuels. « Si tu es en retard demain soir, ma chérie, lui dit-il la veille d'un dîner en ville, je partirai sans toi. » Après l'avoir attendue une heure, il mit sa menace à exécution. Ce soir-là, Jackie resta seule à bord du *Christina*, et son mari passa la soirée seul à Athènes. D'après les employés du bateau, elle eut l'air ulcérée d'apprendre qu'il était parti et ne reviendrait pas avant minuit bien sonné. Elle se retira dans leur suite en claquant la porte.

Si cette scène s'était déroulée avec Maria, elle aurait hurlé pendant des heures ; Jackie ne manifestait jamais publiquement ce genre d'hystérie, car elle restait toujours, avant tout, une dame sachant manier son mari. Il lui arrivait de claquer une porte, mais la plupart du temps elle retenait sa langue et gardait un calme parfait. « Ne t'inquiète pas, lui disait-elle quand quelque chose l'énervait ou le mettait en colère. Ça va s'arranger, Ari. » Elle lui faisait des compliments sur son costume, lui disait qu'il était superbe et le flattait jusqu'au moment où il changeait d'expression et d'humeur. Intelligent et sensible comme il l'était, il ne pouvait pas ignorer qu'elle le manipulait. Mais cela n'avait pas l'air de le déranger.

Elle savait aussi qu'en cas de contrariété ou d'ennuis, il avait tendance à faire des repas très légers, constitués de fromage et de pain, à se coucher tôt et à dormir beaucoup. Quand il se conduisait ainsi, elle ne discutait pas avec lui. A la place, elle lui offrait la paix et le calme dont il avait besoin et attendait patiemment qu'il reprenne son rythme habituel. La chose faite, il pouvait se montrer adorable. Et généreux. Et follement épris de son épouse. Très souvent, lorsqu'elle pénétrait dans la salle à manger du navire, il se levait pour s'assurer que tous ses invités la remarquaient bien. Elle riait doucement, il l'attirait vers lui et disait : « Regardez mon ange, en l'embrassant devant toute l'assemblée. Avez-vous jamais vu plus bel ange que ma Jackie ? » Elle lui souriait et se laissait guider vers son siège d'un air radieux, comme si cette démonstration d'affection la réchauffait.

A de nombreuses reprises, je pus constater l'adoration qu'elle portait à son mari. Je la trouvai un jour à la Maison Rose, en train de rédiger son journal, occupation à laquelle elle s'adonnait presque quotidiennement. Ce jour-là, dans le jardin, elle était tellement absorbée par sa tâche qu'elle ne remarqua même pas mon arrivée. « J'aimerais connaître les secrets que vous confiez à ces pages ! » lui dis-je enfin quand elle releva la tête. Elle me fit signe de m'approcher. « Combien dois-je vous donner pour pouvoir y jeter un coup d'œil ?

— Kiki, répondit-elle gaiement, je vous dirai tous mes secrets sans vous demander quoi que ce soit. » Puis elle devint sérieuse. « Mais mon premier secret, c'est que ce journal est mon *Odyssée*, et Aristo mon Ulysse. Vous comprenez sans doute pourquoi j'éprouve ces sentiments. »

Sa passion et sa spontanéité m'étonnèrent. Elle se laissait rarement aller ainsi. « Oh oui, bien sûr. »

Jackie referma son journal et posa son stylo. Elle s'exprimait d'une voix si lente et si basse que je dus tendre l'oreille. « Comme Ulysse, Aristo est un homme avisé, intelligent, généreux et noble. Lorsque la nymphe Calypso lui promet l'immortalité s'il reste avec elle, il refuse, préférant rejoindre sa femme, Pénélope, qui l'attend à Ithaque, et il reste prisonnier de son île pendant sept ans. Pouvez-vous imaginer de rejeter la vie éternelle pour retourner auprès de la femme qu'on aime ?

« Lorsqu'il finit par échapper aux griffes de Calypso, sa détermination à regagner Ithaque et Pénélope lui fait subir de terribles épreuves. Il survit à l'attaque des Lotophages et aveugle le Cyclope, ce qui lui vaut la haine de Poséidon. Les vents défavorables le rejettent entre les mains de ses ennemis. Tous ses navires, à une exception, sont détruits par des cannibales, les Lestrygons, l'enchanteresse Circé transforme ses hommes en porcs. Il descend dans les Enfers, évite Charybde et Scylla et navigue sur la mer des Sirènes en ayant bouché les oreilles de ses hommes avec de la cire, ligoté lui-même au mât pour pouvoir jouir de leur chant. Lorsqu'il rejoint enfin son Ithaque bien-aimée, déguisé en mendiant, il reste dans la cabane de son fidèle porcher où il projette d'évincer de sa maison les prétendants impitoyables de sa femme. Et pour finir, aidé de son fils Télémaque, il abat les prétendants avec son arc, se retrouve enfin réuni avec sa femme, son père et sa mère devenus des vieillards, et il remonte sur le trône d'Ithaque.

« Aristo a dû livrer beaucoup de batailles pour se retrouver là où il est et, chaque jour, j'ai le sentiment qu'il part en livrer une autre, afin de retrouver son Ithaque bien-aimée. Et j'ai l'impression, comme Pénélope, d'attendre son retour triomphal dans son royaume. »

Quand Jackie eut terminé son récit, j'hésitai entre le sourire et les larmes. Chacune de ses paroles était empreinte d'un tel sérieux et d'une telle intensité que je n'en oublierais pas une seule. Qu'elle connaisse tous les détails de l'épopée d'Homère ne m'étonna pas. Je l'avais souvent vue en train de lire. « Et la toile que vous devez tisser pour tenir vos prétendants à distance, Pénélope ? » lui demandai-je avec le même sérieux.

Son visage s'éclaira. « C'est vrai. La toile destinée à mon beau-père. Je la défaisais toutes les nuits pour pouvoir les repousser un jour de plus. Mais Kiki, franchement, ne trouvez-vous pas qu'Aristo aurait fait un Ulysse idéal ? Il est tellement fort et brillant ! Partout où on l'aurait emmené, il se serait arrangé pour regagner son Ithaque chérie. Personne n'aurait pu l'éloigner de son royaume.

— Ou de sa Pénélope », ajoutai-je. Et elle acquiesça.

« Il m'a dit que Tina n'a pas été une bonne Pénélope pour lui, qu'elle n'a pas rejeté tous ses prétendants qui n'en voulaient en fait qu'à ses biens et à ses richesses à lui. Moi, je l'attendrai fidèlement. »

Je n'aurais pu jurer qu'elle ne plaisantait pas, comme cela lui arrivait souvent avec moi. Je hochai donc la tête et la laissai reprendre son journal. Ce jour-là, j'aurais tout donné pour pouvoir y jeter un coup d'œil, afin de connaître l'itinéraire de son Ulysse. Il vouait un grand amour à Ithaque où était né son héros. Il appréciait la beauté, la végétation luxuriante de cette île, son passé qui avait inspiré poètes et peintres. Jackie et lui s'y rendaient souvent pour la journée. Ils s'y promenaient lentement parmi les trésors archéologiques, apparemment aussi à l'aise qu'à Skorpios.

Cet après-midi-là, tandis que la Pénélope d'Aristote se replongeait dans cet univers glorieux d'amour et de guerre, je me laissai aller à rêver. Je connaissais l'histoire de Camelot et du roi Arthur et, en dépit des livres parus pour briser cette légende, j'avais entendu parler de l'autre monde mythique que Jackie Kennedy avait habité avec son premier mari. Arthur ne s'était peut-être pas montré loyal et parfait, mais elle avait été sa belle Guenièvre.

Jackie pouvait créer tous les mondes de fiction qu'elle désirait et les remplir de héros comme Ulysse et d'héroïnes comme Pénélope. Mais le monde réel était habité par des êtres comme Maria, Alexandre, Christina et Roswell Gilpatric. Comme les balles des assassins et les ragots, ils ne laisseraient jamais le roi et la reine vivre éternellement heureux dans les mondes légendaires de Camelot ou d'Ithaque. A la place, leur destin était de naviguer de port en port sur un magnifique navire, en quête d'un bonheur qui leur échappait, ou dans une villa située sous les ventres des avions qui s'éloignaient en rugissant dans le ciel, laissant dans leur sillage de la fumée et des flammes qui finiraient inévitablement par les consumer, eux et leurs rêves téméraires.

10

Visite de New York avec Jackie

Artémis laissait rarement passer une journée sans s'inquiéter de son frère et de sa seconde femme.

« Jackie est très heureuse ici », commençait-elle par affirmer. Suivaient les interrogations : « Ne penses-tu pas que Jackie est heureuse ici ? Ne crois-tu pas qu'elle est très contente d'être la femme d'Aristo ? » Forcer son mari à abandonner sa maîtresse ou obliger les enfants de M. Onassis à l'aimer ne relevait pas de ses compétences. Quant à moi, je facilitais sa vie quotidienne. En dépit du fait que Jackie avait vingt ans de plus que moi et qu'elle menait une existence que je pouvais tout juste concevoir, nous nouâmes des liens chaleureux.

Mme Onassis et moi nous amusions ensemble. Quand elle séjournait en Grèce, l'organisation de ses voyages, le paiement de ses factures, les projets professionnels ou l'humeur de son mari nous offraient matière à bavarder presque tous les jours. Chaque fois que je me rendais à New York, pour des raisons professionnelles ou en simple touriste, elle tenait à me recevoir dans son appartement du 1040, Cinquième Avenue, au lieu de me laisser descendre dans la suite de notre compagnie à l'hôtel Pierre. « C'est le moins que je puisse faire pour vous, Kiki, me disait-elle. Vous vous occupez de moi en Grèce. Laissez-moi m'occuper de vous à New York. »

Quand je venais en voyage d'affaires avec Costas Konialidis, je descendais avec lui et sa femme, Ritsa, à l'hôtel Pierre. En d'autres occasions, je préférais être seule pour pouvoir m'adonner durant mes heures de liberté à une des grandes joies de ma vie : le shopping. J'adorais flâner de magasin en magasin sans être tenue par des horaires, un rendez-vous pour le dîner ou une obligation mondaine.

Chaque fois que j'acceptais l'invitation de Jackie, elle envoyait un chauffeur à l'aéroport et m'accueillait en personne à l'appartement. De l'extérieur, la Jackie new-yorkaise ne ressemblait pas à celle que nous connaissions en Grèce. Elle s'habillait davantage et optait pour des tailleurs, des robes courtes et des escarpins plus sophistiqués. Ses toilettes étaient signées Cardin, Saint Laurent ou Courrèges. En Grèce, elle aimait porter des vêtements décontractés, jupes longues, blouses paysannes, belles ceintures, robes sans manches dans des tons pastel avec vestes coordonnées, pantalons blancs tout simples, T-shirts et sandales. En bonne New-Yorkaise, elle marchait plus vite à New York qu'en Grèce. En dehors de cela, la femme qui sortait de son appartement de la Cinquième Avenue était la même que celle qui quittait la Maison Rose ou la villa de Glyfada. Et pas plus qu'en Grèce, elle ne se séparait ni de ses grosses lunettes noires, ni de son sourire mystérieux.

Spacieux et clair, l'appartement de la Cinquième Avenue, situé au quinzième étage, possédait cinq chambres, qui donnaient toutes sur Central Park. Les pièces débordaient d'objets d'art et de tableaux. Comme en Grèce, Jackie avait choisi des couleurs pâles pour son appartement, baigné dans une atmosphère lumineuse, grâce au blanc et au rose clair qui y dominaient. La présence de Jackie imprégnait chaque pièce. Elle avait un don pour trouver les meubles et les objets qui mettaient en lumière son cadre de vie. Sa résidence new-yorkaise fourmillait de souvenirs et de photographies de la famille Kennedy. Les sourires perpétuels qu'elle et son défunt mari affichaient sur ces photos me sidéraient. Ils n'avaient pas seulement l'air beaux et éclatants de santé, mais toujours heureux. On avait du mal à concevoir qu'assassinats et infidélités flagrantes aient été le lot de cette belle famille.

Placés dans des cadres d'argent, des clichés la représentaient à bord d'un bateau à Skorpios et sur le pont du *Christina* en compagnie d'Aristote. Sur d'autres, on la voyait avec Artémis sur la plage de Glyfada et à bord du yacht. Sur les tables et les étagères, les statuettes grecques et les objets anciens qu'elle avait achetés en Grèce s'intégraient au décor.

Jackie m'assaillait de questions sur ses belles-sœurs, avide d'entendre les dernières nouvelles. Elle était en contact presque quotidien avec Artémis, mais elle voulait en savoir davantage sur Mérope et Kalliroi.

De son appartement, on avait une vue imprenable sur Central Park. Par une des fenêtres, on apercevait les courts de tennis, et il m'arrivait souvent de suivre une partie.

La chambre de Jackie était à son image : un dessus-de-lit de fabrication artisanale, des livres, des photos, de jolies lampes et des objets d'art. En Grèce, les jours de pluie, elle aimait rester dans sa chambre de la Maison Rose à lire toute la journée. Je l'imaginais sans mal faisant la même chose à New York, par une journée froide et enneigée.

En harmonie avec l'amour que Jackie portait aux livres, la bibliothèque était luxueuse. Des coussins moelleux garnissaient les fauteuils. Des tables du dix-huitième siècle étaient couvertes de bibelots en verre bleu, de komboloïs grecs, de paniers de fleurs et de fruits. Les ouvrages sur l'art et l'histoire rivalisaient avec les livres de fiction sur les étagères et sur les tables. Davantage de livres qu'une personne ne pouvait en lire en une vie. Mais Mme Onassis était une lectrice vorace. Sur les murs, il y avait des photographies de chevaux et de la Grèce, dont un cliché de Skorpios. Jackie allumait souvent des bougies, dont l'odeur douce et entêtante emplissait la bibliothèque et incitait le visiteur à prendre un livre, se pelotonner dans un fauteuil et rester là, comblé. Il émanait de cette pièce, davantage que des autres, un parfum grec. « Je souhaite qu'Aristo s'y sente bien, me confia-t-elle un jour. Aussi bien que je me sens dans ses maisons. »

Pour ma part, je ne me sentis pas du tout à l'aise lors de mon premier séjour dans l'appartement. « Vous dormirez ici », me dit Jackie en me faisant faire le tour des lieux.

Cette pièce était la plus grande de l'appartement. Un immense portrait du président Kennedy occupait l'un des murs. Il était impossible d'y échapper. J'avais l'impression que ses yeux me suivaient, comme s'ils bougeaient dans son visage.

Esquisse de sourire, épais cheveux aux reflets roux, la mâchoire ferme, le nez aquilin, John Kennedy n'était pas seulement beau ; il ressemblait presque à un dieu. Je détournai les yeux pour m'habituer à la pièce. J'enfilai ma chemise de nuit, brossai mes cheveux et défis le lit. Mais je compris que je ne pourrais pas trouver le sommeil dans cette chambre. Après une heure passée à m'agiter, j'allai dire à Jackie, qui était en train de lire dans sa chambre, que je ne pouvais pas dormir là.

« Pardonnez-moi, mais j'ai l'impression de ne pas être à ma place. » Je ne voulais surtout pas la blesser, mais une seconde de plus dans cette pièce, et j'étouffais. « La photo de votre mari me met mal à l'aise, comme si son esprit vivait encore. Cette chambre n'est pas pour moi. »

Jackie referma son livre. Elle avait l'air si triste que je crus qu'elle allait fondre en larmes. Ses yeux étaient embués, mais elle ne pleura pas. « Je comprends, Kiki. Parfois je ressens la même chose que vous. J'ai eu tort de vous mettre là. Cette pièce exerce un impact trop fort. Je vais vous trouver une chambre plus paisible où vous dormirez bien. » Elle me donna une chambre d'amis, où je m'endormis promptement.

On a écrit que Jackie n'aimait pas la présence de M. Onassis dans son appartement new-yorkais. Un mensonge éhonté. Il y séjournait souvent. Il lui arrivait, après une réunion d'affaires tardive, de dormir à l'hôtel Pierre pour ne pas réveiller Jackie en rentrant à l'appartement. Mais la plupart du temps, il regagnait l'appartement de son épouse.

Comme en Grèce, M. et Mme Onassis avaient des emplois du temps et des intérêts différents. M. Onassis n'aimait pas le sport, que ce soit comme spectateur ou sur le terrain ; il préférait faire des affaires. Parfois, il assistait à un service à l'église grecque orthodoxe de New York. Le soir, il aimait dîner dans de bons restaurants en compagnie de sa femme et d'amis. A l'appartement, il se plaisait à écouter de la musique classique au salon. Assis dans un fauteuil près du piano, il savourait les morceaux, les yeux fermés. Il dormait toujours de façon erratique. Il restait éveillé jusqu'à quatre ou cinq heures du matin, et s'il n'avait pas de rendez-vous professionnel important, dormait jusqu'à midi.

De son côté, Mme Onassis aimait courir dans Central Park et s'y promener. Elle avait une passion pour le théâtre et pouvait assister à une représentation tous les soirs, ou en matinée. A l'appartement, elle lisait et écrivait des heures durant. Ses heures de sommeil étaient plus régulières que celles de son mari. Elle préférait se coucher avant minuit, se lever tôt pour pouvoir assister au départ de ses enfants à l'école ou faire son jogging dans le parc. Tous deux utilisaient beaucoup le téléphone. M. Onassis parlait affaires pendant des heures. Les coups de fil de Jackie étaient toujours brefs.

Ils partageaient le même intérêt pour Caroline et John. En dépit de son emploi du temps chargé, M. Onassis s'arrangeait toujours pour leur réserver des plages horaires. Comme en Grèce, il leur parlait, répondait à leurs questions et leur offrait des cadeaux. Souvent, il les emmenait déjeuner ou déguster une glace avec Jackie, ou simplement se promener dans Central Park. Dehors, en dépit de la présence de gardes du corps, il les tenait toujours par la main pour les protéger.

Un après-midi, M. Onassis décida d'emmener John, alors âgé

de huit ou neuf ans, faire une promenade. Jackie et moi les regardâmes s'éloigner par une fenêtre. A la manière dont Aristote gesticulait de sa main libre et se penchait pour mieux se faire entendre du petit garçon, il était clair qu'ils débattaient de quelque chose d'important. Et on voyait que John buvait chaque parole de son beau-père.

« Leurs conversations m'ont toujours intriguée, me confia Jackie. Un jour, j'ai interrogé Aristo, et il m'a dit qu'il enseignait à John les moyens de réussir.

— C'est bien.

— Oui », répondit-elle. Puis elle prit un air grave et réfléchit un moment. « Mais je me demande ce qu'il entend exactement par là. J'espère qu'il ne passe pas son temps à expliquer à John comment faire pour avoir une femme ! » Nous rîmes longuement toutes les deux, en imaginant cette éventuelle conversation entre eux.

Dans l'appartement de Jackie Cinquième Avenue, l'ambiance était toujours détendue. Quand elle ne s'occupait pas des enfants, Martha Sugbin faisait la cuisine pour Mme Onassis et eux. Lorsque M. Onassis était là, elle lui préparait des spécialités grecques, y compris des plats de sa Smyrne natale. M. Onassis aimait beaucoup Martha, qui était d'origine espagnole. Dans l'appartement new-yorkais, comme dans toutes les résidences de M. Onassis, l'attendait une réserve de ses fromages, pains, eau et ouzo préférés. Plutôt timide et sans prétention, Martha Sugbin, qui avait entre trente-cinq et quarante ans, portait toujours une jupe noire et un chemisier blanc, nouait ses longs cheveux bruns en chignon sur la nuque et ne se maquillait presque pas. Lorsqu'elle ne se levait pas en même temps que ses enfants, Mme Onassis prenait son petit déjeuner dans sa chambre, en lisant un livre ou un journal du matin.

Une journée d'août 1970. M. Onassis demanda à son chauffeur de nous emmener dans le Connecticut, pour déjeuner dans un lieu calme et frais. Comme je ne voulais pas m'immiscer dans la vie de M. et Mme Onassis, je les assurai que j'étais parfaitement heureuse de faire du shopping. Mais ils tinrent à m'emmener, insistant sur le fait que j'étais leur invitée.

En cette journée estivale, Jackie portait une tenue pastel, à la fois chic et simple. Elle avait l'air particulièrement jeune dans sa robe rose — une de ses couleurs préférées — avec sa veste coordonnée, rehaussée d'un collier de perles. Elle avait tiré ses cheveux en arrière et portait bien entendu ses célèbres lunettes. M. Onassis était vêtu d'un costume sombre, d'une chemise et d'une cravate de soie. A notre arrivée dans le restaurant il y avait peu de clients. Des tables de bois rustiques, des chaises confortables, de jolies nappes rouges, bleues et blanches composaient le décor.

M. Onassis passa commande et le serveur nous apporta un plat de homards rouge vif encore chauds. Il plaça un grand bavoir en plastique rouge et blanc au cou de M. Onassis. Ce dernier saisit des pinces et entreprit de décortiquer les homards de la Nouvelle-Angleterre avec beaucoup de minutie. En accompagnement, le serveur nous apporta de grandes assiettes d'épis de maïs frais, de frites croustillantes et de beurre fondu.

Jackie mangeait les frites avec les mains. Devant mon air surpris, elle me dit : « Allez-y, Kiki, en Amérique, ce n'est pas mal élevé du tout. » Elle trempa une frite dans du ketchup et s'empressa de l'avaler. « C'est bien meilleur comme ça. » Elle disait vrai. Elle fit de même avec les épis de maïs.

La présence de M. et Mme Onassis piqua la curiosité des clients du restaurant. L'absence de photographes était divine. Un couple vint parler à M. Onassis, qui bavarda amicalement avec eux. Il avait une manière sidérante de converser avec des gens qu'il voyait pour la première fois et de leur donner l'impression, au bout de quelques minutes, qu'ils étaient de vieux amis. Parfois, dans un restaurant, il se levait au milieu du repas pour aller parler à de complets inconnus. Et quelques instants plus tard, on aurait dit qu'ils se connaissaient depuis toujours. Dans les restaurants chics, il liait facilement connaissance avec des célébrités, et en deux temps trois mouvements, les invitait à Skorpios. Ce jour-là, dans le Connecticut, Jackie ne se plaignit pas de cette intrusion. Elle était tout simplement heureuse et libre.

Nous passâmes également une journée mémorable à Hyannis Port. Tous les Kennedy étaient à Palm Beach pour l'hiver, mais Jackie tint à nous montrer la maison de son époux défunt à Cape Cod. Comme nous allions à la mer, je fus étonnée de voir M. Onassis en costume de ville, mais au moment de partir, Jackie le regarda avec fierté. « Il est superbe, Kiki, non ? me fit-elle remarquer en redressant la pochette rouge de son mari.

— Oui, superbe. Comme d'habitude. »

Le chauffeur ouvrit la portière de la Cadillac à M. Onassis arborant un sourire qui prouvait que les compliments ne le laissaient pas insensible.

Jackie aimait aussi beaucoup qu'on la flatte devant son mari. A Skorpios, je ne manquais jamais de faire remarquer à M. Onassis les dons de son épouse pour la décoration, la robe qu'elle portait ou sa coiffure seyante. On aurait pu penser qu'une femme comme Jackie était lasse de recevoir des compliments, mais il n'en était rien. Quand il lui arrivait de ne pas être d'accord avec son mari, elle me demandait mon avis. Je prenais sans hésitation son parti. Il ne m'en voulait jamais ; Jackie, elle, m'offrait un de ses beaux sourires. Quand il contrôlait la situation, elle le traitait avec respect et admiration. Quand venait son tour de prendre les choses en main, elle était aux petits soins pour lui et ne cherchait qu'à lui faire plaisir. J'admirais sa faculté d'adaptation à l'humeur changeante de son époux. Lorsqu'il était en colère, elle le laissait hurler une ou deux minutes, attendant patiemment le moment où il se calmerait. S'il était détendu et qu'il n'avait pas envie de parler, elle le laissait tranquille et ne disait rien tant qu'il ne changeait pas de disposition. Ses sœurs et Christina ne maîtrisèrent jamais l'art de se comporter avec lui aussi bien que Jackie. Il y avait bien quelques accrochages entre eux, mais elle ne le faisait exploser que très rarement.

Non loin de Hyannis Port, le ciel commença à s'assombrir. Le chauffeur redoutait une chute de neige. La radio annonça qu'une tempête imprévue remontait le long des côtes. Nous restâmes peu de temps à l'extérieur de la propriété des Kennedy. Jackie décrivit la maison et évoqua les activités, voile et natation, qu'elle pratiquait avec sa belle-famille durant l'été. M. Onassis, déjà venu à Hyannis Port plusieurs fois avec elle, la laissa parler sans rien dire.

J'eus l'occasion de rencontrer d'autres membres de la famille Kennedy cet été-là. Jackie me suggéra de l'accompagner à Washington, afin de passer une journée dans la capitale américaine. Elle en profiterait pour faire une petite visite chez Ethel, la veuve de Robert Kennedy, tôt le lendemain matin, sur le chemin du retour. Ethel Kennedy n'est jamais venue à Skorpios, mais j'avais beaucoup entendu parler de cette mère de onze enfants.

Sept heures sonnaient à peine lorsque nous arrivâmes chez Ethel. La veuve de Robert Kennedy était une femme au physique ordinaire, très avenante. En dépit de l'heure matinale, elle eut l'air ravie de nous recevoir. Tous les enfants dormaient encore, mais elle tint à nous montrer chaque membre de sa petite horde. Chaque fois qu'elle ouvrait une nouvelle porte, je m'exclamais : « Vous avez encore combien d'enfants, madame Kennedy ?

— Juste un autre », répondait-elle. La maison était spacieuse et belle, quoique moins bien tenue que l'appartement de Jackie

Cinquième Avenue. Ethel nous servit un café dans sa grande cuisine et bavarda une heure avec nous.

A New York, Jackie et moi passions de nombreux après-midi à faire du shopping, visiter des musées et aller au théâtre. Un après-midi, elle m'emmena avec Caroline voir une comédie musicale. Comme toujours, elle fut la cible de l'attention des spectateurs, mais elle se concentra sur la pièce, dans laquelle évoluaient une centaine de danseurs.

Une séance de shopping en compagnie de Jackie était une expérience peu ordinaire. En matière d'achats compulsifs, j'étais une enfant de chœur à côté d'elle. Elle acheta un jour dix chemisiers identiques de la même couleur et quinze pulls, tous noirs, chez Saks Fifth Avenue. Elle accomplissait son shopping en un temps record, mais quand elle avait terminé, le rayon entier semblait avoir subi un cataclysme. Quant aux vendeuses, elles avaient l'air épuisées. Ignorant les autres clientes, elles reportaient toute leur attention sur Mme Onassis. Aucune ne paraissait d'ailleurs surprise de la voir s'y prendre ainsi, comme si elles avaient déjà toutes eu affaire à elle. Chez Lord and Taylor, elle fit la même razzia sur une dizaine de pantalons de laine noirs identiques, qu'elle retourna tous au magasin le lendemain. Lors d'une course de dernière minute chez Bergdorf Goodman's, elle acheta vingt paires de chaussures en moins d'une heure. A notre retour à l'appartement, j'étais aussi éreintée que les vendeuses de Saks.

Jackie m'offrit un collier chez Tiffany's, incrusté de pierres variées, mais trop lourd et trop voyant pour que je puisse le porter souvent. Au bout de quelques semaines, je l'échangeai chez un bijoutier athénien contre deux broches. Une autre fois, Jackie me fit cadeau d'un collier orné de pierres dorées et bleues. Elle observa souvent que ce collier m'allait bien. Elle ne me posa jamais de questions à propos du collier que j'avais échangé sans réfléchir.

Un de mes séjours à New York chez Jackie fut beaucoup moins agréable. On était en hiver et George m'avait déposée en ville, en me fixant rendez-vous deux heures plus tard devant le grand magasin Alexander's.

Quand je m'adonne à mon péché mignon, j'ai tendance à oublier l'heure et je suis en retard à mes rendez-vous. Je finis par arriver devant Alexander's une heure plus tard que prévu. Pas de George à l'horizon. J'étais persuadée qu'il avait fait le tour du pâté de maisons et qu'il reviendrait quelques minutes plus tard. J'ouvris mon portefeuille pour voir combien il me restait d'argent. J'avais un billet de cent dollars à la main quand un individu surgit de nulle part, me donna un coup de poing au visage et me subtilisa le billet. Lorsque George et la Cadillac apparurent, j'étais allongée sur le trottoir. George bondit de la voiture et me porta à l'intérieur. Je pleurais et je poussais des cris hystériques. Mon nez saignait abondamment et j'avais les idées tellement embrouillées que je n'arrivais pas à me calmer.

George me ramena à l'appartement. Jackie se mit elle aussi à crier. Elle voulut m'emmener à l'hôpital, mais j'avais trop peur d'y aller. « Voyons, Kiki, laissez-moi vous emmener. Un médecin pourra vous examiner et vous donner des calmants.

— Non ! hurlai-je. Je ne veux pas y aller ! Je vous en supplie. » Elle se laissa convaincre et me fit étendre sur un canapé. Puis elle nettoya doucement mon nez et mon visage. Mon nez me faisait terriblement souffrir. Chaque fois qu'elle l'effleurait, j'avais envie de hurler, mais je me retenais. La douleur commença à diminuer quand elle mit des compresses froides dessus.

Subitement, je me souvins qu'elle avait des billets de théâtre pour ce soir-là et je la suppliai d'y aller. « Avez-vous perdu l'esprit ? me demanda-t-elle. Pensez-vous que je vais vous abandonner ce soir ? » Je me sentais beaucoup mieux, mais elle refusa de me croire.

Ce soir-là, Caroline rendait visite à sa grand-mère. John était à la maison, il se montra aussi adorable que sa mère. Il me fit manger des fraises, persuadé qu'elles me feraient du bien, les coupa en petits morceaux pour me permettre de les avaler.

Jackie resta à mon chevet toute la nuit. Chaque fois que j'ouvrais les yeux, je l'apercevais à mes côtés, prête à mettre de la glace sous mes yeux et sur mon nez, l'air soucieuse. J'essayais de prétendre que tout allait bien, que mon nez ne me faisait plus souffrir. Sans succès.

A partir de là, je fus toujours prudente à New York. Craignant une nouvelle agression, je prêtais la plus grande attention aux gens dans la rue. Lors d'une autre visite, M. Onassis nous proposa d'aller dîner à la campagne. Il voulut emprunter le chemin des écoliers, afin de nous montrer des coins de New York et du Connecticut. Nous traversions un quartier de New York quand M. Onassis cria au chauffeur : « Ralentissez ! Vous allez bien trop vite, On n'a le temps de rien voir. »

Le chauffeur parut contrarié, mais se mit à conduire plus lentement. « Nous sommes à Harlem, nous apprit M. Onassis. A cet instant précis, un individu massif donna un coup de poing dans le pare-brise en jetant des regards menaçants. Il tenait un couteau.

Jackie poussa un cri de frayeur. « Kiki, n'ouvrez pas la fenêtre. Cet homme pourrait nous tuer », me dit M. Onassis. J'étais tellement paniquée que j'eus du mal à refermer ma vitre entrebâillée.

« N'avez-vous pas entendu parler de Nancy Lincoln ? » demanda M. Onassis une fois que nous fûmes en sécurité hors de Harlem. Nancy Lincoln était une femme très sympathique, épouse de l'avocat personnel de M. Onassis, Thomas Lincoln. « Elle a été agressée à deux reprises à New York. La première fois, elle attendait qu'un feu passe au vert dans sa voiture. Un type a cassé sa vitre pour lui voler son sac à main. Ça lui a pris environ dix secondes. Elle a eu beaucoup de chance de ne pas être blessée, mais ça l'a secouée pendant des semaines. »

Jackie avait l'air aussi pâle et effrayée que moi. « Vous devez toujours être prudentes à New York. » Ce soir-là, nous finîmes par dîner au Waldorf-Astoria au lieu d'aller dans le Connecticut.

Je tremblai pendant tout le repas et ni Jackie ni moi n'avalâmes grand-chose. M. Onassis, lui, dîna de bon appétit et plaisanta toute la soirée.

Mme Onassis ne parvenait pas à protéger son mari. « Regardez-le, disait-elle tristement quand nous sortions de l'appartement. Il n'a même pas mis de manteau. Dites-lui qu'il fait froid dehors, Kiki, et qu'il doit s'habiller plus chaudement. Il va attraper un rhume et tomber vraiment malade. » Il nous ignorait toutes deux et sortait dans le froid new-yorkais sans pardessus.

Mme Onassis ne parvenait pas davantage à décider son mari de faire attention à sa vie. « Tu devrais avoir un garde du corps, Ari, disait-elle. Cette ville est dangereuse. Tu as besoin d'une protection.

— Et pourquoi, ma chérie ? rétorquait-il. Je suis un homme pauvre. Mes poches sont vides. Qui me volerait ?

— Il est impossible, Kiki, me disait-elle alors. Parlez-lui. Il ne m'écoute pas.

— Vous êtes célèbre, monsieur Onassis. Tout le monde vous jalouse. »

Là encore, il ne nous prêtait aucune attention, persuadé que tout le monde l'aimait bien et qu'il ne courait aucun danger. On aurait dit que M. Onassis ne craignait rien ni personne. En 1970, peu après son retour de New York, un avion d'Olympic Airways assurant la liaison Londres-Athènes fut détourné par des Palestiniens. Les terroristes voulaient rencontrer M. Onassis en personne à leur atterrissage en Grèce, afin de lui exposer leurs revendications. « Vous devez refuser, monsieur Onassis, lui dit Miltos

Yiannacopoulos. Nous n'avons aucun moyen de vous protéger si vous montez à bord. »

M. Onassis ne l'écouta pas, autorisa l'avion à se poser à Athènes et accepta de rencontrer les terroristes. Personne, pas même Jackie, ne parvint à l'en dissuader. A la demande des terroristes, il ôta veston, chemise et cravate, et monta dans l'appareil en pantalon et maillot de corps. L'aéroport fourmillait de soldats, prêts à prendre l'avion d'assaut. Moins d'une heure plus tard, M. Onassis redescendit de l'appareil. « L'affaire est réglée », annonça-t-il tranquillement. Les Palestiniens reçurent l'autorisation de quitter l'avion et de retourner dans leur pays. Personne ne connut jamais le contenu des discussions. Miltos Yiannacopoulos en voulut terriblement à M. Onassis d'avoir traité la crise de la sorte, mais ne lui en reparla jamais. Jackie avait son mot à dire, mais il lui prêta aussi peu d'attention qu'à Miltos Yiannacopoulos.

Les enfants de Mme Onassis l'écoutaient bien davantage que son mari. Où que nous allions à New York, quoi que nous fassions, elle leur accordait son entière attention. Caroline et John lui posaient sans cesse d'interminables questions. Elle répondait sans jamais se lasser. Quand ils se rebellaient, elle gardait son calme et leur répétait ce qu'elle souhaitait les voir faire, sans jamais élever la voix ni se mettre en colère. Jamais elle ne sortait sans leur dire où elle allait, ce qu'elle faisait et quand elle reviendrait. Si en Grèce elle dormait jusqu'à neuf heures et demie, à New York, elle était debout avant huit heures pour prendre le petit déjeuner avec Caroline et John et assister à leur départ pour l'école. John était un petit garçon particulièrement beau, à l'esprit vif. Caroline, aussi intelligente que son frère, était très proche de sa mère. Mme Onassis se montrait indulgente avec eux et leur achetait tout ce qu'ils voulaient, mais je ne les ai jamais vus se conduire en petits monstres.

Le dévouement de Martha Sugbin envers Caroline et John était entier. Mme Onassis pouvait se reposer entièrement sur elle, lui laisser ses enfants à New York et venir en Grèce l'esprit tranquille. Lorsqu'ils étaient en compagnie de Martha, personne n'avait à se faire de souci pour eux.

A New York, je la voyais les aider à faire leurs devoirs de latin ou de mathématiques et les gronder lorsqu'ils se laissaient aller. Telle une seconde mère, elle leur apprenait à se bien conduire, chez eux et à l'extérieur. Martha était croyante. Elle parlait couramment plusieurs langues et était une excellente éducatrice, sacrifiant sa vie privée pour se consacrer à Caroline et John. Les deux enfants l'adoraient et savaient qu'elle le leur rendait bien. Martha était au courant de tous leurs faits et gestes, à chaque seconde de leur existence.

M. Onassis faisait souvent l'éloge de Martha.

« Jackie a beaucoup de chance de l'avoir. Elle est extrêmement intelligente et on peut lui faire une confiance absolue. » Il avait de longues conversations avec elle et chaque fois qu'elle venait en Grèce, faisait tout pour qu'elle soit heureuse dans son pays. Martha aimait bien la famille Onassis et prenait grand plaisir à venir en Grèce. Elle était moins sérieuse avec les enfants qu'à New York. Comme sa patronne, elle souriait davantage lors de ses séjours à Skorpios et se comportait de manière plus détendue à bord du *Christina* que dans l'appartement de la Cinquième Avenue. Jamais elle n'oubliait qu'aux yeux de Mme Onassis elle effectuait le plus important travail du monde.

Je vis beaucoup Jackie en Grèce. Un jour, elle m'appela au bureau : « Kiki, je vous trouve fatiguée depuis quelque temps. J'en ai parlé hier soir à Artémis et elle m'a conseillé de vous emmener quelques jours en voyage. Connaissez-vous un endroit beau et tranquille, avec de bons restaurants et sans paparazzi, où aller toutes les deux ? »

Ma suggestion de la petite île d'Hydra, proche du Pirée, l'enthousiasma. « Parfait, dit-elle. Pouvez-vous organiser une escapade de trois jours ? Juste pour nous détendre et nous amuser. »

En définitive, une de ses amies américaines nous accompagna. Jackie préféra prendre le ferry régulier qui effectuait la liaison Athènes-Hydra au lieu de voyager en avion privé. Le trajet d'une heure et demie à bord du bateau qui transportait une cinquantaine de touristes se déroula sans anicroche. Jackie, assise dans un fauteuil face à la mer, passa tout son temps plongée dans un livre, sans être reconnue par personne.

Nous descendîmes toutes les trois à l'hôtel Hydra, un vieil établissement plein de charme. Nous consacrions notre temps aux balades, à la visite des sites que nous avait recommandés le professeur Georgakis et au shopping dans les petites boutiques. Quelques clients de l'hôtel reconnurent Jackie, mais elle ne leur en tint pas rigueur et n'exigea aucun traitement de faveur. Elle portait de simples pantalons blancs et des chemisettes à manches courtes. Ses cheveux étaient dissimulés sous une écharpe blanche et ses yeux sous ses énormes lunettes noires. Dans les petits *kafeneia*, personne ne la reconnaissait. Elle n'avait pas de garde du corps et ne cessait de se féliciter du sentiment de liberté que cette absence lui procurait. Elle était mince, mais je remarquai que ses jambes étaient un peu lourdes. Elle mangea sans restriction durant ces courtes vacances, en commandant sans cesse des spécialités grecques.

Sur le ferry du retour, elle me serra dans ses bras. « Je me sens complètement requinquée, me dit-elle. Et vous avez l'air en pleine forme. Nous allons vite renouveler cette escapade entre filles, dans une autre île. »

Skorpios procurait toutes sortes de plaisirs à Mme Onassis, mais il régnait à New York une effervescence unique au monde. Là, c'était plus Jackie que M. Onassis qui dirigeait leurs vies. Le Big Apple lui offrait une existence moins romantique qu'à Skorpios, mais possédait une saveur et une excitation bien à elle. A New York, elle était Jacqueline Kennedy Onassis, veuve du président John F. Kennedy et mère de Caroline et de John ; à Glyfada et à Skorpios, elle était Mme Aristote Onassis. Sa faculté de mener ces deux existences et de remplir ces deux rôles à la perfection participait à la fascination qu'elle exerçait. Mais les choses ne devaient pas être aussi simples en Grèce. Elle était une Américaine vivant chez son mari, dans une maison qu'elle partageait avec lui en dépit de l'hostilité de ses deux beaux-enfants et de l'amour qu'il éprouvait pour sa maîtresse. S'il s'agissait d'un jeu dont elle était le trophée, M. Onassis devrait distribuer beaucoup de récompenses pour rester le vainqueur.

11

Jackie et les trois sœurs

Lors de ma première rencontre avec Jackie, j'avais pressenti qu'Artémis et elle deviendraient davantage que de bonnes amies. Au fil du mariage, Artémis se mit en quatre pour contribuer au bonheur de sa belle-sœur en Grèce. Si Mme Artémis Garofalidis se sentit détrônée par la nouvelle reine entrée dans la vie de son frère, elle le cacha bien. Elle était déterminée à tout faire pour que ce mariage soit une réussite et pour consolider et enrichir ses liens avec la nouvelle Mme Aristote Onassis. Avec Jackie, la veuve aristocratique du président américain assassiné, aux côtés de son frère bien-aimé, Artémis n'avait plus à craindre qu'il épouse Maria, la paysanne à la voix légendaire.

Artémis fut toujours convaincue que Jackie ne cherchait pas seulement un nouveau mari au compte en banque bien rempli. « Elle veut fonder une nouvelle famille, me dit-elle la veille du mariage. Et nous devons tout faire pour l'y aider. »

De nature autoritaire, Artémis n'était jamais plus heureuse que quand elle dominait une situation ou pouvait donner des leçons. En dépit des vingt-cinq années qui la séparaient de la nouvelle épouse de son frère, elle éprouva sur-le-champ de fortes affinités avec Jackie. De son côté, cette dernière saisit tout de suite qu'Artémis avait des choses importantes à lui apprendre et qu'il était dans son intérêt de les écouter. Il ne leur fallut pas longtemps pour s'apercevoir que, outre aimer le même homme, elles éprouvaient une vive affection mutuelle. En dépit de son sempiternel sourire, Jackie ne pouvait cacher que certaines de ses connaissances en Grèce la mettaient mal à l'aise ou la désorientaient. Mais cela lui arrivait rarement avec Artémis. Au cours des six années et demie que dura son mariage, la conduite de son mari l'ulcéra et la frustra souvent, mais l'attitude d'Artémis à son égard ne la dérangea jamais. Il était dans la nature de Jackie de tout offrir aux personnes qu'elle aimait. Et Artémis en faisait partie. A ceux qu'elle n'aimait pas, Jackie ne donnait rien d'elle-même. Aux enfants de son mari, elle offrait un sourire faux, une remarque creuse ou un cadeau sans signification, alors qu'elle manifestait une générosité illimitée envers ses trois sœurs.

Artémis lui conseillait comment manœuvrer son mari, allant jusqu'à lui recommander de demander des cadeaux chers quand il était très occupé et donc incapable de se concentrer sur sa demande. Elle la pressait de lui montrer son affection et de l'embrasser en public. Lorsque son mari la contrariait, Artémis la consolait et lui disait exactement comment répondre à ses excès. Le jour où il se rendit à une réception à Athènes sans l'attendre, ce fut Artémis qui la calma. « Tous les Grecs sont comme ça, lui dit-elle le lendemain à Glyfada. Ils n'ont aucune patience. Lorsqu'ils sont prêts à partir, ils partent. La prochaine fois, soyez prête une heure à l'avance, et appelez-le plusieurs fois pour l'énerver. » A en croire Artémis, Jackie fit de gros efforts pour être moins en retard.

Lorsque Jackie tombait sur des photos d'Aristote en compagnie de Maria sur une plage lointaine, Artémis la rassurait. « Ces photos n'ont aucune importance. C'est vous qu'il a épousée. » Lorsque ses lettres à Roswell Gilpatrick furent divulguées et qu'Aristote se laissa photographier chez Maxim's avec Maria, sa belle-sœur convainquit Jackie d'aller à son tour se faire photographier dans le célèbre restaurant au bras de son mari.

Les deux femmes s'installaient sur le canapé rose du salon d'Artémis à Glyfada, plongées dans une conversation sur l'art et la manière de traiter Aristote, Jackie tout oreilles aux anecdotes de sa belle-sœur sur les sautes d'humeur et les excentricités de son frère.

Artémis encouragea Jackie à redécorer la Maison Rose et la maison d'Aristote à Glyfada comme elle en avait envie. « Ce sera votre nid, lui dit-elle un soir que Jackie lui décrivait les modifications qu'elle avait prévues dans la maison de Skorpios. Vous devez tout faire pour qu'il soit parfait. Comme cela, Aristote et vous y serez à l'aise très longtemps. » Jackie lui montrait tous les bibelots et les tissus qu'elle venait de choisir. « Je ne l'ai jamais vue plus heureuse que lorsqu'elle s'occupe de décoration, me dit-elle. J'aimerais bien lui trouver d'autres maisons à retaper ! »

Un soir, peu après le mariage, Artémis vint tenir compagnie à Jackie sur le *Christina*, pendant qu'Aristote retournait travailler à

Athènes. Jackie était inhabituellement silencieuse et triste. Brusquement, elle fondit en larmes. « C'est une très mauvaise journée, lui dit-elle. Je sais que je devrais être heureuse, mais je n'arrive pas à penser à autre chose qu'à mon premier mari et à ce qui lui est arrivé au Texas. Parfois, je me dis que je ne retrouverai jamais vraiment le bonheur. J'essaie, mais cette douleur me hante. Et quand je me sens heureuse, j'attends le moment où elle reviendra. »

Artémis la serra dans ses bras. Elle lui confia le chagrin que lui avait causé la mort de sa fille, Popi, et son impression de ne jamais pouvoir le surmonter. Et pourtant, elle y était parvenue. Elles parlèrent toute la nuit dans la chambre de Jackie, et à l'aube, sa belle-sœur paraissait avoir retrouvé la paix intérieure.

Ensemble, à Glyfada ou à Skorpios, Artémis et Jackie se promenaient longuement. Artémis tenait à effectuer ces promenades à sept heures du soir, avant le dîner, l'heure la plus propice à son goût. Elles partaient, bras dessus, bras dessous, et s'absentaient une heure. Elles avaient l'air de deux sœurs, en dépit de la plus grande taille et de la jeunesse de Jackie, qui même après le crépuscule, les cheveux cachés sous une écharpe blanche, portait ses lunettes noires trop grandes. « Nous abordons tous les sujets, me confia Artémis. Ses enfants, sa famille, ses amis. Nos voyages. La Grèce, l'Amérique. Mais surtout, nous parlons d'Aristo. » Leurs conversations étaient intarissables.

Je les observais, assises à l'ombre dans le jardin de Glyfada, occupées à lire ou à bavarder, leurs longs cheveux noirs enroulés autour de bigoudis. Aucun photographe ne vola jamais cet instant d'intimité. Parfois, elles se mettaient mutuellement leurs bigoudis en pouffant comme des écolières. Elles fréquentaient toutes deux le même coiffeur à Athènes, Angelos, et s'y rendaient deux fois par semaine. Mais lorsque la paresse les prenait ou qu'Angelos ne pouvait pas venir les coiffer à domicile, elles s'en remettaient aux bigoudis.

Les rénovations terminées à Skorpios, Jackie pressa sa belle-sœur de venir y passer une nuit avec elle. Artémis lui opposa un refus. Elle se sentait plus à l'aise chez elle. En revanche, il lui arrivait rarement de refuser une croisière sur le *Christina*. Mais elle ne pouvait pas s'empêcher, alors que son frère avait tout prévu, d'apporter ses vivres à elle pour la durée du voyage !

Jackie et Artémis occupaient de nombreux après-midi à faire du shopping dans les boutiques d'Athènes. Elles s'attardaient souvent dans le magasin de Costas Haritakis. Costas, un ami de la famille, avait appris à Jackie à danser le sirtaki. Mais il ne se contentait pas d'être un excellent danseur ; il possédait un des plus beaux magasins d'antiquités d'Athènes. Jackie et Artémis y passaient des heures à contempler de vieilles lampes d'argent, des plats ou des vases que Costas les aidait à choisir.

Artémis emmenait Jackie chez Zamit, une de ses petites boutiques préférées, située à Plaka, le cœur historique d'Athènes. J'appelais le propriétaire pour lui demander d'apporter des vases, des grands plats, des lampes ou des bougeoirs que Jackie voulait examiner, soit à mon bureau, soit dans la maison de Glyfada. Une fois sa décision prise, je repassais un coup de fil à Zamit pour venir rechercher les objets qu'elle ne gardait pas.

Un jour, elle acheta avec Artémis dix coussins pour la Maison Rose, à plus de cinq cents drachmes l'unité. Comme elle ne voulait pas que son mari voie passer cette grosse facture, elle me demanda de la faire signer à Miltos Yiannacopoulos. Qui s'empressa, comme à son habitude, de lui donner satisfaction.

Jackie et Artémis faisaient des folies pour les bijoux, anciens et modernes. Il arrivait souvent à Jackie de retourner dans une bijouterie acheter des colliers d'or ou d'argent, des bagues, des boucles d'oreilles et des bracelets que sa belle-sœur avait admirés. Elle lui en faisait cadeau, et Artémis s'émerveillait de sa générosité et de sa prévenance.

Cette générosité à l'égard d'Artémis ne connaissait pas de limites. Un jour, Artémis admira les chaussures de Jackie. De retour à New York, cette dernière fit plusieurs boutiques afin de trouver les mêmes à la taille d'Artémis. J'étais près d'Artémis quand le paquet arriva. Elle, d'habitude si posée, poussa un petit cri de plaisir à la vue de son contenu.

En une autre occasion, Artémis demanda à Jackie où elle avait acheté son pantalon. Jackie, à son retour en Amérique, se procura vingt-quatre paires de couleurs différentes du même pantalon pour sa belle-sœur. « Tu te rends compte, Kiki ? me dit Artémis lorsqu'elle reçut la grosse boîte pleine de pantalons. Je ne vais plus oser ouvrir la bouche devant elle. Sinon, la prochaine fois, elle m'enverra un magasin entier ! »

Artémis accompagnait Jackie chez les grands couturiers d'Athènes, mais préférait, quant à elle, demander à sa propre couturière, Roula Strathis, de créer ses toilettes. Roula dessina des jupes et des corsages pour Jackie. Sa boutique, près de nos bureaux, employait cinquante ouvrières. Outre les toilettes qu'elle créait pour les Athéniennes de la haute société, Roula conçut l'uniforme des hôtesses d'Olympic Airways. Extrêmement douée, cette rousse à la beauté éclatante, aux yeux verts expressifs, aurait pu être mannequin si elle avait choisi cette voie. Elle était aussi mince et délicate qu'un top model et possédait un esprit vif et une voix au timbre inhabituel qui exerçait un effet apaisant.

Très recherchée par ses clientes, Roula les voyait défiler toute la journée. Je la prévenais un ou deux jours à l'avance de la visite d'Artémis ou de Jackie, ou bien elle venait à Glyfada pour un essayage. Elle trouvait facile d'habiller Jackie, qui la traitait davantage en amie qu'en fournisseuse. Jackie commandait souvent la même toilette en plusieurs exemplaires et deux ou trois couleurs différentes. Tout en ayant une préférence pour les tissus unis, elle demandait parfois à Roula de lui dessiner une robe imprimée.

Un jour, Roula procédait à un essayage sur Jackie, qui se tourna vers Artémis. « Regardez Roula, lui dit-elle. Quel magnifique visage ! Et cette silhouette de jeune fille ! » Elle se pencha pour serrer Roula dans ses bras, dont la pelote d'épingles alla se planter dans sa chair. Jackie poussa un cri perçant.

Artémis s'emporta contre Roula. « J'ai bien cru que vous alliez tuer ma belle-sœur bien-aimée ! Mais puisque vous piquez juste des épingles dans la peau de la femme d'Aristo, je suis moins inquiète. »

Un après-midi, Jackie arriva avec de grandes boucles d'oreilles en or de chez Zolotas. C'était des copies de boucles anciennes trouvées par l'archéologue Heinrich Schliemann dans l'ancienne cité de Mycènes, dans le Péloponnèse. Les cinq premières tombes renfermaient des bijoux d'or de vingt-quatre carats ressemblant à ceux portés par Clytemnestre. Roula venait de livrer une nouvelle robe à Artémis lorsque Jackie arriva à Glyfada. Jackie demanda à sa belle-sœur ce qu'elle pensait de ses nouvelles boucles d'oreilles. « Ces boucles sont davantage faites pour Roula que pour vous, répondit Artémis, après une longue réflexion. Ses cheveux roux les mettront davantage en valeur. Sur vous, elles ne sont pas jolies. Vous avez un style trop moderne pour les porter. » Jackie ôta ses boucles d'oreilles et les offrit à Roula. A ce jour, elles restent le bijou préféré de la couturière.

Beaucoup d'autres femmes de la famille Onassis s'habillaient chez Roula : Tina, Mérope, Ritsa Konialidis et Christina. Christina était une cliente difficile. Roula n'appréciait pas ses goûts vestimentaires et tentait de la convaincre de porter des tenues plus à la mode. Et elle la menaçait aussi de cesser de lui créer des robes si elle ne maigrissait pas. Roula ne mit jamais sa menace à exécution, mais alertait continûment Christina sur le danger de gagner tant de poids, puis de se faire mourir de faim pour perdre ces kilos superflus. Un jour, j'accompagnai Christina à la boutique. « Comme vous êtes belle ! ne cessa-t-elle de répéter à Roula. Si j'avais des yeux, des cheveux et un visage comme les vôtres, je n'aurais pas à me soucier de ma silhouette.

— Votre visage est plus beau que le mien, répondit Roula. Vous êtes beaucoup plus jeune que moi et vous possédez encore la beauté de la jeunesse. » Christina hocha négativement la tête et refusa de la croire.

Roula et moi aurions pu devenir belles-sœurs. A l'époque de mes fiançailles avec George Kouris, elle sortait avec Dimitris Kouris. Si les deux frères n'étaient pas morts dans cet accident d'avion au large de Nice, Roula et Dimitris se seraient fiancés la semaine suivante. Nous avons fini toutes deux par épouser d'autres hommes, mais lorsque nous nous rencontrons, nous évoquons ce qui aurait pu être en nous étreignant longuement.

Même mariée, Roula continua à être l'objet des assiduités masculines. Une nuit vers deux heures du matin, Artémis et Roula, en déshabillé, sirotaient des verres de vin et savouraient la brise fraîche, étendues sur les canapés de bambou du patio de Glyfada. Subitement, Panagiotis arriva en courant. « Madame, prévint-il Artémis, dépêchez-vous de rentrer dans la maison. Le prince Radziwill est dans l'allée, accompagné de deux belles jeunes femmes. Rentrez vite avant qu'il vous voie. »

Malheureusement, le prince entra en titubant sur le patio, ivre mort, avant que les deux femmes puissent faire un geste. Il était soutenu par deux minettes blondes, qui n'avaient pas vingt ans. « Ma femme n'est pas ici ? demanda-t-il à Artémis.

— Non », répondit cette dernière.

Le prince remarqua alors Roula, qui faisait semblant d'être endormie sur le canapé. Il s'arracha à ses deux compagnes et se jeta aux pieds de la couturière. « Qui est cette belle créature ? demanda-t-il en dévorant des yeux avec adoration Roula faussement endormie.

— Ma bonne amie Roula Strathis. Elle est épuisée et elle dort à poings fermés. »

Sans tenir compte d'Artémis, il s'adressa à Roula en français. « Vous êtes la plus belle femme que j'aie jamais vue. Venez avec moi. Je vous offrirai les étoiles, la lune et comblerai tous vos désirs. Vous n'oublierez jamais cette soirée.

— Elle ne comprend pas le français », lui dit Artémis. Le prince répéta sa supplique en anglais.

« Elle ne comprend pas l'anglais. Elle ne parle que le grec, que vous ne comprenez pas. »

Roula ouvrit enfin les yeux et s'adressa à Artémis de sa belle voix chantante. « Dites au prince qu'il vienne me voir demain matin quand il aura dessoûlé. Avec ces deux nymphettes, il propose la lune et les étoiles à une femme de quarante ans ! Est-il fou, ivre ou simplement idiot ? »

Un rire bruyant se fit entendre des buissons, en face de la maison. M. Onassis en émergea. « Quel spectacle, Roula ! dit-il en grec en s'approchant du canapé de la couturière. Je n'ai jamais autant ri de ma vie. »

Il se tourna vers le prince et s'adressa à lui en anglais. « Venez, mon ami. Dites au revoir à ces charmantes dames. Nous allons boire un dernier verre ensemble. »

Le lendemain, Jackie rit presque aussi fort que son mari quand Artémis lui raconta l'incident. A sa visite suivante à la boutique de Roula, elle lui demanda en français : « Belle dame, puis-je vous offrir les étoiles, la lune et tout ce que vous désirez ? » Les trois femmes rirent longuement aux dépens du beau-frère de Jackie.

Artémis était capable de rire des petites aventures sexuelles du prince Radziwill, mais elle n'aimait pas celles de la sœur de Jackie. Aristote et Lee avaient eu une liaison et elle se faisait du souci quand ils passaient du temps ensemble, maintenant qu'ils étaient parents. Artémis aimait bien Lee, mais elle était mal à l'aise lorsque cette dernière rendait visite à Aristote et Jackie. « Je ne peux pas m'en empêcher. Lee m'inquiète. Que penses-tu d'elle ? »

Lee Radziwill était une femme à la compagnie agréable. Elle était plus petite et plus mince que sa sœur, mais moins jolie. Artémis, qui admirait sa sophistication, la qualifiait toujours de « parisienne ». La princesse Radziwill regardait Jackie avec une espèce de sourire satisfait, comme si elle était fière d'avoir joué un rôle dans le second mariage de sa sœur. « Je crois qu'elle est heureuse que Jackie ait épousé Aristote, essayais-je de convaincre Artémis. Je ne pense pas que vous ayez de soucis à vous faire. » Artémis ne partageait pas mon avis.

Elle ne fit jamais part de ses inquiétudes à Jackie. D'ailleurs elles étaient rarement réunies toutes les trois. Artémis n'aimait pas partager Jackie avec d'autres femmes. Et surtout pas lorsqu'elles déjeunaient longuement toutes deux chez Dionysos, un de leurs restaurants préférés près de l'Acropole. Je m'estimais heureuse lorsqu'elles m'invitaient à me joindre à elles chez Antonopoulos, à Glyfada. Elles commandaient toujours un steak salade, ou un poisson salade. Artémis faisait perpétuellement un régime, tout le monde lui disait qu'elle avait un appétit d'oiseau. A l'occasion, elle se laissait aller à commander une mousse au chocolat en dessert. En général, Jackie finissait le sien, alors qu'Artémis n'en goûtait que quelques cuillerées. Mais pendant tout le repas, Artémis fumait ses cigarettes préférées avec son fume-cigarette de chez Cartier.

De partout en Europe ou de New York, Jackie appelait Artémis une fois par jour, parfois deux. De Skorpios aussi. Artémis laissait immédiatement tomber son occupation du moment et lui répondait en grec. Leurs conversations la mettaient en joie. Comme elle avait une peur panique des chevaux, elle n'accompagnait jamais Jackie à Kafissia, mais elle était ravie de lui préparer un bon déjeuner ou un bon dîner qui l'attendait à son retour de sa séance d'équitation.

Un matin vers huit heures, je passai à Glyfada sur le chemin du bureau, car Artémis ne se sentait pas bien. Je la trouvai dans son lit, une grande partie de ses bijoux éparpillés au bout du dessus-de-lit pour qu'elle puisse les contempler. Elle attendait son petit déjeuner, vêtue d'un long peignoir de soie bleue fermé par une large ceinture autour de sa taille fine. Je fus surprise de voir entrer Jackie au lieu de Panagiotis. Elle apportait le petit déjeuner d'Artémis sur un plateau, accompagné d'un joli bouquet de fleurs.

« Jackie ! s'exclama Artémis, enchantée. Ce n'était vraiment pas la peine de vous donner ce mal.

— J'y tenais. » Jackie déposa le plateau sur une table dans le boudoir d'Artémis. « Et j'avais envie de vous tenir compagnie. »

Artémis prit un friand au fromage et mordit lentement dedans. « Vous allez vous fatiguer à monter et descendre les escaliers. Et quand j'irai assez bien pour faire une promenade avec vous, vous ne pourrez pas m'accompagner. »

Jackie versa trois tasses de thé en souriant. « Ne vous inquiétez pas pour ça. Dès que vous sortirez du lit, je ferai une longue promenade avec vous. » Le lendemain soir, lorsque j'arrivai à Glyfada pour le dîner, elles étaient sorties toutes les deux.

Jackie était l'épouse de M. Onassis depuis plusieurs années et se trouvait à New York quand Artémis eut un grave accident. Une nuit, elle glissa dans sa salle de bains et se cogna la tête. La commotion était sérieuse et elle fut au plus mal pendant une semaine. Dès qu'elle apprit la nouvelle, Jackie revint à Athènes. Elle se tint au chevet de sa belle-sœur toute la semaine, se contentant de deux ou trois heures de sommeil par nuit pour pouvoir la soigner. Chaque jour, quand je rendais visite à Artémis après mon travail, je la trouvais en meilleure forme, alors que sa belle-sœur avait une mine de plus en plus épouvantable. « Elle m'inquiète beaucoup, me confia Jackie. J'espère qu'elle va guérir. »

« Jackie m'inquiète beaucoup, me confia à son tour Artémis. Dis-lui de se reposer un peu, sinon nous allons échanger nos places et c'est moi qui vais devoir la soigner. » Artémis, qui avait soixante-huit ans, se remit de son accident et reprit ses promenades sur la plage avec Jackie, qui la tenait plus solidement par le bras que jamais.

Artémis se montra toujours mauvaise joueuse avec ses sœurs à propos de Jackie. Elle leur fit comprendre qu'il était hors de question qu'elle la partage avec elles. C'était chez elle que Jackie devait être reçue, et non dans la villa de Kalliroi à Lagonissi ou dans la splendide demeure de Mérope à Monte-Carlo. Jackie rendait visite à ses autres belles-sœurs à l'occasion, mais s'empressait toujours de regagner Glyfada. Etant donné ses occupations professionnelles, Mérope n'avait guère le temps de recevoir Jackie, mais Kalliroi espérait toujours qu'Artémis la convierait à des déjeuners ou des dîners avec leur belle-sœur.

En revanche, deux personnes ne virent aucun inconvénient, au contraire, à l'attitude possessive d'Artémis à l'égard de Jackie : Christina et Alexandre. Malheureusement, Artémis ne paraissait pas en mesure d'influencer Jackie à leur sujet. Elle la poussait à essayer de devenir leur amie, mais Jackie ne mit jamais ce conseil à exécution. Artémis ne trouvait aucun défaut à Alexandre, alors que le comportement erratique de Christina l'inquiétait. Elle le confessa à Jackie, ajoutant qu'il lui serait très difficile de se faire aimer de sa nièce. Si Artémis avait insisté davantage, si elle avait consacré plus de temps à ce problème, Jackie aurait peut-être obtenu quelques résultats.

Artémis était l'une de mes amies proches, et je l'aimais comme une seconde mère. Elle était au courant de mes rêves, de mes craintes les plus intimes. Mais chaque fois qu'elle buvait de la vodka dans un verre ourlé de glace, elle cessait d'être la femme que je connaissais et se transformait en mégère. Il lui suffisait d'un ou deux verres, tandis que Panagiotis nous servait ses zakouski : morceaux de carottes à la sauce orange, aubergines frites, salade à l'ail, salade grecque, friands au fromage, pizzas miniatures et caviar rouge. Elle imposait à tous de boire comme elle de la vodka, allant jusqu'à se disputer avec ceux qui choisissaient un autre cocktail. L'alcool, même à très petites doses, la rendait méchante, voire violente. Son sourire se muait en une grimace cruelle et sa voix devenait perçante. Elle prenait de travers ce qu'on lui disait et faisait des histoires au moindre propos. Dans ces moments où elle m'admonestait ou révélait un secret dont je lui avais fait la confidence, j'avais la sensation de mourir intérieurement. Ces écarts ne duraient jamais longtemps. Le lendemain, elle avait oublié et nous n'en parlions jamais, mais le chagrin et la gêne que j'avais éprouvés ne s'effaçaient jamais de ma mémoire.

En dépit de son problème avec la vodka, Artémis parvenait à se tenir en présence d'Aristote et de Jackie. Au prix d'un effort gigantesque elle s'abstenait de les attaquer, car elle aurait préféré mourir que se disputer avec l'un d'eux. Jackie parut très peinée les rares fois où elle la vit perdre la maîtrise d'elle-même sous l'emprise de la vodka. Nous échangions des regards attristés, incapables de dire ou de faire quelque chose pour interrompre la crise d'Artémis. Cette dernière ne s'en prit jamais directement à Jackie, mais sa belle-sœur avait quand même l'air bouleversée. Un jour où Artémis faisait preuve d'une cruauté particulière à mon égard en divulguant un secret à propos d'un de mes prétendants, je fondis en larmes. Jackie me serra discrètement la main.

Je passai un moment particulièrement douloureux la première fois que je présentai à Artémis un homme que j'envisageais d'épouser. Sa cousine germaine, Letta Tiamkari, et Jackie se trouvaient à Glyfada ce soir-là, et j'étais nerveuse et émue à la perspective de leur faire rencontrer mon prétendant. Malheureusement, Artémis avait déjà un verre de vodka dans le nez à notre arrivée. Elle fut une hôtesse parfaite pour mon compagnon, le félicita sur son apparence et ses manières, flirta avec lui et le mit dans sa poche.

Quand vint mon tour, la vodka l'emporta. « Tu devrais avoir honte de porter une robe pareille, me lança-t-elle, en pointant le léger décolleté de ma longue robe blanche. Comment pouvez-vous sortir avec une femme aussi mal fagotée ? » demanda-t-elle à mon prétendant, alors que je restais pétrifiée sous ses insultes. « Elle n'aurait jamais dû se montrer dans une tenue pareille. Elle nous fait honte à tous. » Tous les invités, dont le mari de Mérope, Nikos, et M. Onassis, me fixaient.

Artémis aurait continué à m'insulter si Jackie n'était pas venue à mon secours. « Vous devriez goûter aux excellentes boulettes à la viande de notre hôtesse avant qu'il n'en reste plus », dit-elle à mon compagnon, tout en faisant signe à Panagiotis d'approcher son plateau de petits fours. Avec la même adresse, elle aiguilla Artémis sur le sujet de la nourriture pour la détourner de moi. J'étais au bord des larmes et je ne pouvais pas avaler un seul morceau, mais les yeux de Jackie croisèrent les miens. Ils me disaient la même chose que sa voix l'aurait fait : « Ne soyez pas triste. Artémis vous aime et elle ne se rend pas davantage compte de ce qu'elle dit et qu'elle ne pense pas. »

Plus tard dans la soirée, Jackie m'assura qu'en dehors d'Aristote, c'était moi qu'Artémis aimait le plus au monde et que je ne devais jamais l'oublier. « Aristo et Artémis peuvent être difficiles, me dit-elle, mais ils ne sont pas méchants. Nous devons nous en souvenir. » En dépit du chagrin que m'avait infligé Artémis, je crus aux paroles de Jackie.

Au lieu de donner sans arrêt des avis à Jackie sur la manière de traiter son mari, Artémis aurait pu personnellement appliquer certains d'entre eux. Son époux, le professeur Théodore Garofalidis, était l'un des hommes les plus respectés de Grèce, mais il pouvait être strict avec elle et s'emporter lorsqu'elle l'agaçait. Du coup, elle évitait presque toujours la vodka en sa présence. Artémis était fière de la réputation de générosité et de prévenance de son mari. Chirurgien orthopédiste très estimé, il se faisait rarement payer pour ses interventions. Non seulement il se montrait charitable à l'égard de ses patients, mais il me demandait sans cesse de trouver un poste à Olympic Airways pour des chômeurs qu'il rencontrait. J'y parvenais parfois, mais pas toujours. Heureusement, leur nombre était si élevé qu'il ne se souvenait pas toujours de chacun d'entre eux.

Le professeur Garofalidis était un homme au physique avenant, grand, fort et moustachu. Ses épaisses lunettes lui donnaient un air sérieux, voire solennel, alors qu'il était exceptionnellement chaleureux et protecteur à l'égard des autres. Un peu plus âgé qu'Aristote, il pressait son beau-frère de prendre davantage soin de sa santé. « Tu dois travailler moins dur, lui répétait-il fréquemment. Te coucher tôt et te lever tôt. Essaie de te débarrasser d'une partie de ton stress et de suivre un régime alimentaire correct. »

Aristote se contentait de lui répondre : « Ne t'inquiète pas pour moi, Théodore, j'ai une forte constitution. »

La relation que le professeur Garofalidis entretenait avec Jackie en dévoilait davantage sur le caractère de ce dernier. Si elle était très proche d'Artémis, Jackie adorait le professeur et il lui retournait son admiration. Chasseur fervent, le professeur Garofalidis se rendait dans le nord de la Grèce au moins quatre fois par an pour s'adonner à son passe-temps favori. Artémis se plaignait de ces absences et faisait fréquemment une scène avant son départ. Son comportement puéril n'empêchait pas le professeur de partir pour Alexandropoli et Halkidiki, et d'en revenir presque toujours avec une gibecière pleine de *bekatsa* et de petits oiseaux, les *trigonia*, que les cuisiniers d'Artémis préparaient pour ses dîners.

En dépit de son affection pour le professeur Garofalidis, Jackie était incapable de manger les petits oiseaux qu'il tuait. Elle et moi ne leur trouvions rien d'appétissant et les imaginer volant en paix et heureux ne nous aidait guère à surmonter notre répulsion.

Artémis incitait ses cuisiniers à déployer leur créativité pour les préparer avec des sauces délicieuses, et nombre de ses invités, dont M. Onassis, s'en régalaient. Elle-même n'y touchait presque jamais. Jackie n'aurait jamais fait l'affront au professeur Garofalidis de lui dire qu'elle n'aimait pas ses *bekatsa*, et elle se forçait à goûter aux oiseaux et à faire comme si le repas lui plaisait. Au cours du dîner, nos yeux se croisaient souvent, et nous ne pouvions nous empêcher de pouffer, faisant semblant de rire d'autre chose que de ces malheureux volatiles et de nos valeureux efforts pour les avaler. Notre hôte aimait tellement ces petites bêtes qu'il s'apercevait rarement de ce que nous laissions dans nos assiettes. Il ne cessait de répéter à Artémis et à Jackie qu'elles ne mangeaient pas assez. « Vous êtes trop minces, disait-il. A la prochaine bourrasque, le vent va vous emporter. »

Jackie avait du mal à prononcer Théodore, pour une raison mystérieuse. Du coup, elle évitait de l'appeler par son prénom, omission que ne manquait pas de remarquer le professeur Garofalidis. Il me lançait un clin d'œil lorsqu'elle l'appelait professeur. Comme il avait des problèmes d'audition, nous étions obligés de crier pour nous faire entendre. Un jour Jackie me glissa : « Je ne pourrai jamais confier un secret au professeur Garofalidis, parce que je devrai hurler à tue-tête pour me faire entendre ! »

Jackie occupait toujours la place à la droite du professeur et se penchait pour lui parler à l'oreille. Quand il venait au bureau, j'étais gênée de devoir lui dire de baisser le ton à cause de la réunion en cours dans la pièce voisine. Il ne se rendait absolument pas compte qu'il parlait d'une voix tonitruante. Si tout le monde s'était adressé à lui comme Jackie, sa vie en aurait été facilitée.

Très coquet, le professeur avait un faible pour les costumes blancs qu'il ne portait jamais sans une rose rouge à la boutonnière. Lors de l'un des premiers dîners où Jackie fut son invitée, il lui offrit la rose. Elle la tint dans sa main toute la soirée et en fit le lendemain matin un joli dessin qu'elle lui offrit.

Je me souviens d'une soirée où, après le dîner, Artémis mit un disque et où nous nous mîmes tous à valser. Après avoir dansé avec sa femme, le professeur Garofalidis invita Jackie. Le spectacle offert par cet homme corpulent et pourtant gracieux, virevoltant dans la pièce avec cette femme mince et chic dans les bras, était délicieux. Jackie, l'air parfaitement à l'aise dans ses bras costauds, rit et bavarda avec lui pendant toute la valse. D'un coin de la pièce, cigare aux lèvres, M. Onassis contemplait son épouse d'un air heureux et fier.

Reste aussi dans ma mémoire un autre dîner à trois, à Glyfada, entre Artémis, Jackie et moi. Artémis, ce soir-là, n'avait pas fait d'excès avec la vodka et se montrait une hôtesse parfaite. Jackie, pour sa part, était d'humeur triste. Après le café, n'y tenant plus, Artémis l'interrogea. « Je ne vous reconnais pas ce soir, ma chère, lui dit-elle gentiment. Vous ai-je déplu ? »

Sa question frappa Jackie. « Bien sûr que non ! Ça n'a rien à voir avec vous. Pardonnez-moi, mais je ne me sens pas bien. »

Artémis parut à la fois soulagée et inquiète. « Dans ce cas, de quoi s'agit-il ? demanda-t-elle en se rapprochant de Jackie sur le canapé. Puis-je faire quelque chose pour vous soulager ?

— Rien, répondit lentement Jackie en hochant la tête douloureusement. C'est mon cou. Et mon bras. Je n'aime pas me plaindre, mais parfois, j'ai tellement mal que je peux à peine le supporter.

— Avez-vous consulté les bons médecins ? demanda Artémis.

— Oh, j'en ai vu plein, lui répondit Jackie. Mais ils n'y peuvent rien. Elle hésita longuement avant de poursuivre : « Cette douleur a un rapport avec l'assassinat de mon mari. Je tenais sa tête si étroitement dans mes bras que j'ai dû endommager un nerf de mon cou. La plupart du temps, ça va. Mais il arrive comme ce soir que la douleur surgisse de nouveau. Ne vous inquiétez pas. Ça ira mieux demain matin, je vous le promets. »

Jackie se retira dans sa chambre quelques minutes plus tard. Artémis et moi nous attardâmes au salon sans échanger beaucoup de paroles, hantées par les images de Jackie et de son mari dans cette limousine, ce jour-là au Texas.

D'autres soirées passées dans le salon d'Artémis me laissent un souvenir amer. Un soir pluvieux et orageux, Artémis, très lasse, était montée tôt dans sa chambre. Jackie et moi étions assises côte à côte sur un canapé. Sur l'autre canapé, se tenaient M. Onassis, Miltos Yiannacopoulos et le professeur Georgakis, qui avaient bavardé toute la soirée. Jackie lisait un livre sur Socrate sans adresser la parole à personne. Pour finir, elle posa son livre et interrogea le professeur : « Pensez-vous que Socrate a vraiment existé ou est-il un condensé de plusieurs philosophes ? Platon s'est peut-être contenté d'inventer Socrate pour les représenter ?

— Je n'en suis pas vraiment sûr, répondit le professeur. Il s'agit peut-être d'un cas identique à celui des Apôtres et de Jésus-Christ. En réalité, Jésus était peut-être l'apôtre Paul ou... »

Le professeur n'eut pas le temps de conclure sa phrase. Aristote bondit du canapé pour apostropher Jackie : « Mais qu'est-ce qui te prend ? Pourquoi dis-tu de pareilles âneries ? Ça ne t'arrive jamais de réfléchir avant d'ouvrir la bouche ? »

M. Onassis continua à se déchaîner contre le professeur et sa femme. « As-tu seulement remarqué la statue de l'homme moustachu au centre d'Athènes ? Es-tu trop bête pour ne pas avoir vu qu'elle représente Socrate ? »

M. Onassis était très croyant et considérait comme un blasphème le fait de mettre en doute l'existence du Christ. Mais je ne l'avais jamais vu traiter sa femme avec autant de grossièreté. Jackie se leva et quitta la pièce en pleurant et en marmonnant en français. Tandis que nous restions tous les quatre pétrifiés, elle alla chercher son imperméable en haut, redescendit et se dirigea vers la porte sans même nous adresser un regard.

« Monsieur Onassis, dit Miltos, empêchez-la de sortir. Il fait un temps épouvantable. Elle va se faire tremper.

— Allez la chercher », répliqua sèchement Aristo.

Miltos ne se fit pas prier. Il se précipita vers la porte, saisit Jackie par le bras et la taille et l'obligea à rentrer. Elle remonta à l'étage, le visage sans expression. Son imperméable et ses cheveux étaient déjà mouillés.

M. Onassis ne présenta aucune excuse à son épouse quand elle redescendit quelques minutes plus tard et prit place près du professeur. Il continua à tempêter pendant quelques minutes contre ces « conversations idiotes », puis il ferma les yeux pour savourer la musique, plongé dans ses pensées. Il en avait fini. Il s'était comporté en vrai Grec, content de crier et d'affirmer ce que bon lui semblait. Pour sa part, Jackie s'était conduite en vraie épouse grecque, et elle n'ajouta pas un mot qui aurait pu raviver la colère de son mari.

Le lendemain, Artémis fut très contrariée d'apprendre la scène dont son salon avait été le théâtre. Mais elle trouva que Jackie avait adopté la bonne attitude. « Maria aurait hurlé comme une forcenée s'il lui avait fait ça, me dit-elle. Ils se seraient battus becs et ongles et en seraient peut-être même venus à se jeter des objets à la figure. Il va lui faire un cadeau aujourd'hui, ajouta-t-elle en admirant la civilité de Jackie. Pour s'excuser de sa conduite. » Comme à l'ordinaire, elle avait vu juste. Plusieurs jours après, je reçus de Zolotas la facture salée d'un bracelet d'or.

Jackie achetait également beaucoup de bijoux pour Artémis lorsqu'elle quittait la Grèce pour New York ou Paris. Parfois, elle optait pour des livres ou des petits tableaux qui plairaient à Artémis. Cette dernière lui rendit plusieurs fois visite à New York, mais, en vieillissant, elle préféra rester en Grèce. Jackie resta toujours sa visiteuse et son « élève » de prédilection.

Artémis annulait ses projets avec ses sœurs lorsque Jackie lui annonçait son arrivée. Et elle conviait très rarement Mérope et Kalliroi à se joindre à elles. Ces dernières s'en remettaient au téléphone pour se tenir au courant de ce qui se passait à Glyfada. Mérope et Kalliroi comprenaient que leur aînée préférât garder pour elle toutes les confidences concernant le ménage de son frère et de Jackie et ne lui en voulurent jamais.

Quant à Jackie, elle comprit vite qu'Artémis n'aimait pas l'entendre parler à ses autres belles-sœurs au téléphone. Elle s'en tenait donc à de brèves conversations.

Le mari de Mérope, Nikos Konialidis, était cousin germain d'Aristote et de Mérope. Armateur, il voyageait beaucoup pour ses affaires et passait aussi peu de temps en Grèce qu'à New York. Sa femme et lui s'arrangeaient néanmoins pour venir à Skorpios deux fois par an, en faisant en sorte de ne pas y croiser Artémis. Nikos prévoyait toujours une sortie de pêche en mer. Ces jours-là, Aristote et Jackie se réveillaient à quatre heures et demie du matin pour retrouver Mérope et Nikos sur le bateau frété pour l'occasion. Aristote arborait une tenue de marin, avec casquette ornée d'une ancre sur la visière, pantalon blanc et T-shirt à rayures blanches et bleues. Mais l'heure matinale le rendait ronchon. Il n'avait pas eu son compte de sommeil. Parfois, il avait à peine dormi une heure quand Jackie le réveillait. Son beau-frère en riait. Il affirmait que le seul moyen de ne pas rentrer bredouille était de lever l'ancre avant le lever du soleil. Jackie ne paraissait pas dérangée de se lever si tôt. L'humeur joyeuse, elle montait à bord du bateau, vêtue d'un pantalon et d'un jersey blancs, un foulard blanc sur ses cheveux, sans oublier ses énormes lunettes noires. Nikos était un bon vivant et un homme généreux dont elle appréciait la compagnie.

Son entente avec son beau-frère, Nikos Konialidis, faisait plaisir à voir. Nikos, tout petit, ressemblait à son cousin Aristote. Excellent hommes d'affaires, il était avant tout un honnête homme. Avec les gens qui lui plaisaient, il était prodigue de son argent et du reste pour leur exprimer son affection. Dans le cas contraire, il le leur faisait comprendre sur-le-champ et ne perdait pas une minute à leur parler. Nikos et Mérope étaient des êtres sans prétention.

M. Konialidis était très agacé par les gens qui essayaient de se faire passer pour plus importants que lui. Un jour, je me rendis à Paris en sa compagnie. L'homme qui vint nous chercher à l'aéroport nous annonça qu'il était le directeur du bureau Olympic Airways parisien. Son attitude prétentieuse déplut à M. Konialidis.

« Peu m'importe qui vous êtes, Laissez-moi vaquer à mes affaires sans me déranger. C'est inutile. » Avant que le pauvre homme ait le temps de s'éloigner, M. Konialidis ajouta, peut-être trop fort : « Ce type est un arrogant et un prétentieux. J'espère qu'il va nous fiche la paix. » Nous n'entendîmes plus parler de lui durant notre séjour à Paris.

M. Onassis respectait son beau-frère et discutait souvent affaires avec lui, mais il leur arrivait de se quereller bruyamment. Pourtant les liens du sang et du mariage, ainsi que leur sincère affection mutuelle l'emportèrent toujours.

J'étais de ceux que Nikos Konialidis aimait bien. Mérope et lui m'invitaient souvent à Monte-Carlo. Ils avaient un grand sens de l'hospitalité. Je passai même quinze jours de vacances chez Mérope en compagnie de Kalliroi. En dépit de notre différence d'âge, Kalliroi et moi nous entendions à merveille. Shopping, visite du palais princier et du Musée océanographique du commandant Cousteau, excursions en bus dans les villages environnants furent au programme de cette visite.

Chaque matin à mon réveil, je trouvais de l'argent sous mon oreiller. Chaque soir, lorsque je partais au casino entre mes amis qui tenaient à m'encadrer, Nikos et Kalliroi me demandaient si j'avais une petite somme pour jouer. J'utilisais les pièces qu'ils me donnaient dans les machines à sous car, à l'instar de M. Onassis, je n'ai jamais été très attirée par le jeu.

Au casino, on me prenait souvent pour la fille de Mérope ou de Kalliroi. « Ça nous ferait bien plaisir, répondit un soir Nikos à un client qui lui posait la question. Malheureusement nous n'avons que deux fils, George et Marios. » Puis il ajouta dans un sourire : « Mais nous considérons Kiki comme notre fille, dans tous les sens du terme. »

Jackie entretenait une relation très cordiale avec Mérope. C'était une femme de petite taille, très belle, au comportement doux et serein qui tranchait avec l'attitude souvent grognon de son époux. Elle paraissait parfois distante au premier abord et comme son mari, n'aimait pas tout le monde, mais ses amis pouvaient s'estimer fortunés. Jackie admirait son goût infaillible en matière de bijoux et de mobilier. Mérope privilégiait les tenues vestimentaires aux couleurs vives, mais c'était les bijoux dont elle les accompagnait qui retenaient l'attention. En toute occasion, elle en portait de ravissants. Quelle ne fut pas la surprise de Jackie de voir Mérope arborer un collier de diamants lors de leur première pêche en mer ! Mérope n'achetait que ce qui se faisait de plus beau, dans tous les domaines.

Si Artémis remportait la palme des meilleurs dîners, Mérope gagnait le prix des plus beaux cadeaux. Mais elle ne se contentait pas d'acquérir des objets chérissimes. Elle était une redoutable acheteuse. Jackie adorait faire du shopping avec elle et s'en remettait totalement à son jugement. Pour l'ameublement de la Maison Rose, elle lui demanda très souvent son avis.

Il ne faudrait pas croire que Mérope et Nikos se contentaient de passer leur vie à acheter sans compter. Comme Aristote et le professeur Garofalidis, ils se souciaient de ceux dans le besoin. Une grande partie de leur fortune fut investie dans le développement de l'île de Skiathos. Ils commencèrent par y faire construire un hôpital décent. Pour améliorer l'économie de Skiathos, ils importèrent plus de cent vaches de Suisse. L'entreprise laitière s'avéra un succès pour les villageois. Mérope et Nikos Konialidis édifièrent des églises sur l'île, se firent bâtir une villa luxueuse. De nombreux villageois étaient leurs employés. Mérope et Nikos recevaient souvent leurs amis à Skiathos. L'île ne leur appartenait pas comme Skorpios appartenait à Aristote, mais tous les habitants de l'île les révéraient comme s'ils en avaient été le roi et la reine.

Lorsque Kalliroi divorça de Gérassimos Patronikolas en 1972, sa relation avec le reste de la famille en fut modifiée. Ce divorce étonna Jackie. « Je ne comprends pas ce qui s'est passé, confia-t-elle un soir à Artémis et moi à Glyfada. Gérassimos est si doux, si cultivé et si beau ! Ils ont toujours eu l'air de très bien s'entendre.

— Ça n'a rien de rare, répondis-je. Beaucoup de couples ont l'air heureux, vus de l'extérieur, mais c'est une tout autre chanson à l'intérieur de leur ménage. »

Artémis hocha la tête, acquiesçant avec Jackie. « C'est un homme merveilleux. Je continuerai à l'admirer. »

Tout comme le mari d'Artémis, celui de Kalliroi était chirurgien orthopédiste. Grand, séduisant, fortuné, Gérassimos était un homme plein d'allant et de cordialité. Outre sa carrière médicale, il était propriétaire d'hôtels de luxe à Miramare, Corfou, Rhodes et Olympie.

Après le divorce, M. Onassis le maintint à son poste de membre du conseil d'administration d'Olympic Airways. Contrairement à ses sœurs, il ne manifesta jamais d'antipathie à l'égard des nouveaux prétendants de sa cadette. Ce qui ne l'empêchait pas, comme Jackie, d'espérer qu'elle allait trouver un nouveau mari. Vœu qui ne fut pas satisfait.

Kalliroi ressemblait davantage à Mérope qu'à Artémis, mais elle était encore plus belle que Mérope. Des trois sœurs, c'était elle qui aimait le plus faire la fête. Contrairement à Artémis, elle n'était jamais autoritaire ; contrairement à Mérope, elle était sensible et fondait en larmes facilement. Jackie faisait des croisières et se distrayait en compagnie de Mérope et de son mari, mais elle était plus proche de Kalliroi. Cette dernière avait six ans de moins qu'Artémis et paraissait beaucoup plus jeune que son âge. Débordante d'énergie, elle passait les magasins au peigne fin pendant des heures avec Jackie. Sa beauté s'accentua avec l'âge. Jackie écoutait les recommandations maternelles d'Artémis et s'en remettait à Mérope pour les conseils en matière de shopping. C'était Kalliroi qui lui apportait en Grèce la joie et les rires.

Quand Artémis était occupée, distraite ou tout simplement généreuse, elle ne voyait pas d'inconvénient à ce que Kalliroi reçoive Jackie dans sa villa de Lagonissi. Les réceptions se déroulaient autour de la piscine. Kalliroi avait un faible pour les douceurs comme le *halvah* et servait toujours des desserts riches en calories. « Nous commencerons un régime demain », promettait-elle à Jackie en lui mettant sous le nez un plateau plein de sucreries. Artémis n'y touchait jamais, mais Jackie se laissait aller à goûter quelques bouchées. Elle avait l'air plus jeune et plus détendue à la villa qu'à Glyfada, chose que je me serais bien gardée de rapporter à Artémis. Quand cette dernière faisait preuve de son égoïsme habituel, Jackie s'abstenait de faire le déplacement et rencontrait Kalliroi pour le déjeuner ou pour un après-midi de shopping.

Kalliroi adorait la musique et la danse et fréquentait assidûment le club de Neraida. Jackie éprouvait du plaisir à regarder sa belle-sœur exécuter les danses grecques traditionnelles jouées par l'orchestre, laisser tomber des paniers de fleurs par terre et se délecter des spécialités grecques jusqu'aux lueurs de l'aube. Kalliroi la convainquait de la rejoindre sur la piste, lui expliquait les pas compliqués de certaines des danses. Jackie était beaucoup plus grande que sa belle-sœur, mais ces deux belles femmes qui se déplaçaient main dans la main offraient un superbe spectacle : la Grecque vibrante aux pieds sûrs, portée par la musique qui lui faisait exécuter les pas compliqués ; l'Américaine plus grande, plus mince, plus réservée, rivalisant d'exubérance avec sa compagne. Un nuit, après une longue danse, les deux femmes regagnèrent notre table, essoufflées, en nage et survoltées. « C'était formidable, Jackie ! » lui répétait Kalliroi en l'étreignant. Jackie rosit et hocha la tête, mais un sourire traversa son visage et éclaira ses yeux.

Kalliroi paraissait impressionnée par sa belle-sœur et ne se serait jamais permis de la critiquer, pas même lorsque Jackie se comportait durement avec son neveu et sa nièce. Artémis ne se privait pas de donner des conseils à Jackie à propos de son frère, mais elle observait un silence qui ne lui ressemblait pas à propos de ses fréquents voyages à New York ou à Paris. Comme si elle comprenait que, dans ce domaine, Jackie ne changerait pas aisément de comportement. Mais, à moi, Artémis n'hésitait pas à se plaindre des fréquentes absences de Jackie, qui redoublèrent quand elle en eut fini avec les travaux à Skorpios. Quand elle réaménageait la Maison Rose, elle passait la plus grande partie de son temps en Grèce. Elle venait en avion à Skorpios le matin et y restait la journée pour tout superviser. Il lui arrivait souvent de dormir à bord du *Christina*. Sinon, elle rentrait à Glyfada. Il lui fallut plusieurs années pour achever tous ses projets, mais la chose faite, elle commença à passer plus de temps à New York qu'avant.

« J'aimerais qu'elle soit davantage une épouse grecque, me disait Artémis lorsque Jackie s'absentait plus d'une semaine. Elle a tort de quitter Aristo et de rester là-bas des semaines entières. Il n'est pas bon qu'une famille grecque soit ainsi séparée. Pas bon que chacun aille dans sa propre direction. Un Grec et sa femme devraient rester ensemble le plus souvent possible. »

Je rappelais à Artémis à quel point Jackie souffrait de laisser ses enfants seuls à New York. « Ils grandissent ; ils ont davantage besoin de son attention.

— Ils ont Martha Sugbin, me répondait-elle. Elle s'occupe merveilleusement d'eux. Elle ne les laisse jamais seuls. De plus, nous avons des écoles en Grèce, non ? »

Au bout du compte, Artémis convenait qu'il valait mieux que les enfants de Jackie ne quittent pas leur famille et leurs amis pour venir vivre dans un pays si lointain. Cela leur suffisait d'y passer les vacances. Mais lorsque Jackie refusait de changer ses plans de voyage à New York alors que son mari souhaitait aller quelque part en Grèce avec elle, Artémis était fort contrariée. « Ce n'est pas bien qu'une femme s'éloigne autant de son mari, disait-elle, en se gardant par ailleurs d'en parler à son frère ou à sa belle-sœur. D'autres femmes viendront rôder près de lui pendant son absence. »

Le sous-entendu était clair. Et elle n'avait pas tort : l'habitude qu'avait prise Jackie de passer deux semaines en Grèce, suivies de dix jours à New York et de quelques jours à Paris ou à Londres permettait à Maria de rester plus facilement auprès de son amant.

Artémis redoutait de voir son frère se rapprocher davantage de sa maîtresse. En femme entêtée, elle se consacrait entièrement à faire en sorte que le bonheur et l'amour perdurent entre son frère et sa seconde femme. Peine perdue.

12

L'anéantissement de son rêve

En dépit de la poursuite de la liaison d'Aristote avec Maria, son mariage avec Jackie aurait pu ne pas se rompre si le destin ne lui avait pas assené un coup dévastateur dont il allait être incapable de se remettre. A l'occasion du quatrième anniversaire de ce mariage, son ami, Miltos Yiannacopoulos, me dit : « Aristo est vraiment un homme incroyable. J'ai l'impression qu'il pourrait continuer à conserver éternellement Jackie et Maria dans sa vie. Toutes deux sont au courant, mais elles semblent capables de vivre en regardant la réalité en face. »

Comme nous tous, Miltos savait que cette union qui entrait dans sa cinquième année n'était pas paradisiaque. Qu'elle perdait en force et en amour. Pourtant, le mariage était loin d'être terminé. Aristote et Jackie partageaient encore beaucoup de bons moments et offraient l'image d'un couple heureux. Ils se plaisaient à passer des journées au soleil et des soirées à bord du *Christina*, que ce soit à Skorpios ou en croisière. Je les voyais souvent marcher bras dessus, bras dessous, le long de la plage de Glyfada, plongés en grande conversation. Ils continuaient leurs dîners en tête à tête dans des tavernes grecques ou dans de bons restaurants de Paris, Londres et Rome. Jackie avait abrégé ses séjours en Grèce, mais lorsqu'elle était ici, elle et Aristote se conduisaient comme un couple uni.

Quand l'accident survint, quand Alexandre fut perdu à jamais, tout ce qui comptait pour Aristote disparut. Contrairement à une femme, un bateau ou un avion, Alexandros, son fils unique, ne pouvait pas être remplacé. Car Alexandre était son avenir, sa raison de vivre. La mort d'Alexandre fit voler en éclats la famille Onassis.

Ce qui aurait pu arriver à Aristote et à Jackie si cet accident n'était pas survenu, personne ne le saura jamais. Ils seraient peut-être parvenus à défier et la phase critique et les dieux et à rester mari et femme, à construire une union plus solide, année après année. Ou alors, ils seraient partis chacun dans une direction différente. Mais l'accident d'avion qui coûta la vie à Alexandre en 1973 ne se contenta pas de détruire le mariage de son père ; sa vie aussi.

Le jour de cet accident reste gravé dans mon esprit comme est inscrit celui de l'assassinat du président Kennedy dans la mémoire de tous les citoyens américains qui vécurent ce 22 novembre 1963. Le 22 janvier 1973 était un lundi, une journée d'hiver, froide et ordinaire. Alexandre et moi étions seuls au bureau d'Olympic Airways. Nous avions l'intention de déjeuner à Athènes chez Antonopoulos, afin de discuter affaires avec deux amis allemands. Deux heures avant le repas, l'un d'eux nous appela pour nous demander de reporter notre repas au lendemain, car il était souffrant.

Ce jour-là, Alexandre était d'humeur sombre. Cela lui arrivait parfois sans raison apparente. Depuis le mariage de sa mère avec Stavros Niarchos quatorze mois plus tôt, Alexandre avait davantage de jours de cafard qu'auparavant. Plus d'une année s'était écoulée, mais il n'acceptait toujours pas que Tina ait épousé l'ancien mari de sa sœur Eugénie, dix-huit mois après le décès suspect d'Eugénie. Après le divorce de Tina avec Sonny Blandford, Alexandre avait une fois de plus nourri l'espoir que son père divorcerait à son tour de Jackie et que ses parents se remarieraient. J'avais essayé de le convaincre qu'il s'agissait d'une chimère insensée. Il m'écoutait poliment. « Vous devez penser à votre propre vie, monsieur Alexandros. Arrêter de penser au bonheur de vos parents et vous concentrer sur le vôtre. » Il ne refusait pas de parler à sa mère lorsqu'elle téléphonait au bureau, mais il gardait ses distances et un visage triste.

Plus Alexandre était malheureux du troisième mariage de sa mère, plus il reprochait à son père son second mariage. Durant une des dernières visites de Jackie en Grèce, il avait été encore plus désagréable avec elle que de coutume. « Je compte les secondes jusqu'à son départ à New York », m'avait-il déclaré un matin.

« Quand madame Jackie revient-elle ? lui demandai-je quelques semaines plus tard.

— Je n'en sais rien et je m'en fiche. Espérons qu'elle va changer d'avis et annuler son voyage.

— J'ai besoin de savoir quel vol elle prend pour réserver la voiture qui ira la chercher à l'aéroport. »

Il sortit du bureau. J'allais appeler New York pour poser la question à Jackie, lorsque mon téléphone sonna. C'était Alexandre. Il me communiqua la date d'arrivée de sa belle-mère et raccrocha brutalement. Sa voix était chargée d'une haine presque palpable.

Le jour de l'accident, Jackie se trouvait à New York avec son mari, mais son absence ne contribuait pas à égayer Alexandre. « Ne me passez aucun coup de fil aujourd'hui, Kiki. Je n'ai pas envie de parler à qui que ce soit.

— Même pas à Fiona ?

— Non. » Il retourna dans son bureau lire son courrier.

J'avais bien l'intention de lui passer son amie si d'aventure elle l'appelait. Quelques jours plus tôt, Alexandre m'avait annoncé qu'il s'absenterait de Grèce tout février. J'étais convaincue qu'il serait alors en voyage de noces avec Fiona. Peu de temps auparavant, Artémis avait acquis la certitude que Fiona était enceinte et qu'Alexandre tenait absolument à l'épouser. Un acte de défi suprême à l'égard de son père, mais qu'il avait bien l'intention d'accomplir. D'après Artémis, Fiona et Alexandre étaient des êtres responsables qui ne tenaient pas particulièrement à devenir tout de suite parents. Mais si une grossesse se présentait, ils agiraient comme le devoir leur dictait de le faire. Les inquiétaient surtout les quarante ans de Fiona. En revanche, le fait qu'elle ait seize ans de plus que lui ne leur posait aucun problème. Ils s'aimaient pardessus tout et un bébé ne changerait rien à leur amour.

Un peu plus tard, Artémis m'annonça que Fiona avait perdu l'enfant. Elle restait néanmoins persuadée qu'Alexandre allait l'épouser. Artémis se montrait loyale à l'égard de son neveu et de sa nièce, elle ne divulguait pas leurs secrets à leur père, mais cette fois, je craignais que sa langue ne se délie sous l'emprise de la vodka.

J'avais également peur qu'elle ne parle à Jackie. Artémis était opposée au mariage de son neveu et de Fiona. Elle n'appréciait pas Fiona. Comme elle était croyante, la perte du bébé l'avait tout autant attristée que soulagée. Elle trouvait qu'à quarante ans, une femme était trop âgée pour mettre un enfant au monde. Fiona faisait l'objet de vives discussions entre Artémis et Jackie. Jackie partageait l'opinion de sa belle-sœur. Parfois, à l'entendre souligner tous les aspects négatifs de la relation entre Alexandre et Fiona, critiquer l'âge de Fiona et observer que celle-ci n'aimait pas vraiment la Grèce et la famille Onassis, on discernait de la jalousie dans ses propos. A l'inverse, Christina aimait et admirait Fiona. Elle ne manquait jamais de remarquer que la maîtresse de son frère était plus riche, plus belle, plus intelligente et plus indépendante que sa belle-mère. « Jackie ne peut s'empêcher d'être jalouse des vraies femmes telles que Fiona », répétait-elle.

Artémis et moi avions souvent évoqué l'adoration qu'Aristote portait aux femmes au caractère fort, indépendantes et belles. Catégorie dans laquelle entrait sans conteste Fiona. Et tout en m'en voulant de partager l'avis de Christina sur un sujet concernant sa belle-mère, il fallait bien admettre que Jackie ne voulait pas, dans la famille Onassis, d'une rivale susceptible de détourner l'attention que tout le monde lui portait.

Fiona était en mesure d'éveiller la jalousie de n'importe quelle femme. Le jour où Alexandre parviendrait à l'introduire dans sa famille et à forcer son père à l'adopter comme belle-fille, la position de Jackie risquait d'être sérieusement ébranlée. Jackie nourrissait peut-être d'autres inquiétudes : si Fiona devenait la mère des petits-enfants et héritiers d'Aristote, elle et ses propres enfants risquaient d'en pâtir financièrement. Fiona avait trois ans de moins que Jackie. Fille d'un contre-amiral britannique, elle avait été un mannequin de renommée internationale avant d'épouser un baron. Sa personnalité lui permettait de briller dans n'importe quelle réunion mondaine. Indépendamment de son entrée éventuelle dans la famille Onassis, Fiona von Thyssen n'était pas le genre de femme que Jackie apprécierait de voir assise en face d'elle lors d'une soirée à Glyfada ou à bord du *Christina.*

Jackie et Fiona se voyaient rarement, mais elles n'avaient pu éviter de se rencontrer un jour sur le *Christina*. Tout en interdisant à son fils d'épouser Fiona, M. Onassis l'avait autorisé à faire ce qu'il voulait avec elle, du moment que cela ne dérangeait pas sa famille. Un jour, il invita Alexandre et sa maîtresse à passer l'après-midi en sa compagnie à bord du yacht. Jackie et ses enfants seraient là aussi. Malheureusement, il avait omis de prévenir sa femme. Choquée de voir arriver Fiona et Alexandre à bord d'un Chris-Craft, Jackie, après s'être contentée d'un vague bonjour, annonça qu'elle avait des courses à faire à Nydri. Avant même qu'Aristote ait eu le temps de dire quoi que ce soit, elle s'était éclipsée à bord d'un Chris-Craft.

Alexandre et Fiona avaient passé un après-midi formidable, partagé entre la piscine et la mer et les jeux avec Caroline et John. Ce jour-là, Alexandre fuma devant son père pour la première fois de sa vie, après lui avoir demandé la permission d'allumer une cigarette. A son retour sur le *Christina*, chargée de ses emplettes, Jackie eut la surprise de les trouver tous les cinq en train de batifoler dans la piscine.

Une des employées du *Christina* m'avait raconté que Jackie et Fiona avaient fini par se retrouver assises côte à côte dans les fauteuils qu'occupaient autrefois Aristote et Maria près de la piscine. « Elles se sont à peine adressé la parole. Quel contraste avec les occupants précédents de ces fauteuils ! »

Les membres du personnel du *Christina* étaient toujours enchantés de recevoir Fiona à bord. Sa chaleur et sa gentillesse les avaient conquis. « Elle est si belle ! remarquaient-ils. Elle serait une première dame parfaite pour ce navire et pour l'île. » Insinuaient-ils que la première dame du moment aurait à faire face à une rude compétition si Alexandre trouvait un jour le courage d'épouser sa maîtresse ?

Quelques mois avant l'accident d'Alexandre, Artémis avait concocté un plan qui, s'il avait été couronné de succès, aurait changé la vie de la famille Onassis. Marieuse incurable, elle avait imaginé dans ses rêves la plus improbable des unions : celle d'Alexandre Onassis et de Caroline Kennedy. Ce n'était pas la première fois que l'idée en était avancée, mais d'habitude, il ne s'agissait que d'une plaisanterie.

Je me trouvais à Glyfada le soir où elle en parla à Aristote et Jackie. Aristote venait de se plaindre de Fiona. Il craignait que son fils ne l'épouse sur un coup de tête. « Je ne sais plus quoi faire pour l'empêcher de la voir, disait-il. Malgré tous mes arguments, je ne parviens pas à convaincre ce bêta que ce serait un mariage catastrophique.

— Eh bien moi, j'ai une idée », enchaîna Artémis. Elle m'en avait déjà fait part et je me demandais comment Jackie prendrait sa suggestion. Sa réaction me surprit. Elle prêta une oreille attentive aux arguments d'Artémis. Cette dernière trouvait qu'une union avec un homme plus âgé qu'elle ferait du bien à Caroline. D'ailleurs, il n'y avait qu'à regarder le mariage d'Aristote et de Jackie, que vingt-huit années séparaient. Caroline et Alexandre avaient neuf ans de différence. Caroline avait seize ans ; Alexandre, vingt-quatre. Évidemment, elle était encore trop jeune, mais si on parvenait à privilégier entre eux des liens d'amitié, elle pourrait peut-être tomber amoureuse de lui plus tard.

« Bravo, Artémis, dit Aristote en applaudissant à la fin de la démonstration de sa sœur. Ton idée mérite d'être examinée de près. Nous devons semer les graines d'une autre union entre un Onassis et une Kennedy. »

Jackie n'avait pas vraiment l'air de partager l'enthousiasme de son époux. Elle sourit néanmoins et observa que l'on pourrait songer à cette idée dans l'avenir. Caroline et Alexandre, reconnut-elle, avaient l'air d'apprécier les moments qu'ils passaient ensemble. On pouvait donc envisager d'organiser davantage de réunions familiales qui leur permettraient de se rencontrer plus souvent à Skorpios. Voire même une croisière en famille à bord du *Christina*. Un tel mariage lui plairait davantage que l'union d'Alexandre et de Fiona. Ses inquiétudes, à propos de la part de fortune de son mari qui reviendrait à Fiona ou à l'enfant qu'elle aurait d'Alexandre, n'auraient plus de raison d'être. A la place, ce serait à sa fille qu'iraient les millions destinés à l'héritier de la famille Onassis. J'ignore jusqu'à quel point Jackie était motivée par l'argent, mais Artémis et moi nous demandions souvent pour quelle raison elle éprouvait une telle antipathie à l'égard de la maîtresse de son beau-fils.

Il était trop tôt pour dire grand-chose de Caroline. Un tel mariage se trouvait encore à des années-lumière. Jackie prenait son rôle de mère très au sérieux, et elle n'aurait jamais envisagé quoi que ce soit qui puisse aller à l'encontre des intérêts de ses enfants. De plus, Alexandre avait besoin de la compagnie d'une femme plus âgée, et je doutais fort qu'une adolescente innocente comme Caroline puisse le séduire autant que Fiona, avec son expérience de la vie et du monde. Néanmoins, Artémis venait d'offrir matière à réflexion à Aristote et à sa belle-sœur, qui ne rejetèrent pas d'emblée l'idée de cette union saugrenue.

Tandis que je repensais à cette soirée, Fiona appela. Alexandre décrocha le combiné à la première sonnerie et leur discussion dura plus d'une heure. Pendant cet appel téléphonique, Koulouris, cette plaie de paparazzi, entra dans mon bureau avec une mine réjouie, des clichés à la main. Sans prononcer un mot, il déposa le paquet sur mon bureau. Il s'agissait de photos d'Alexandre et de Fiona. Je lui versai sur-le-champ la somme qu'il exigeait pour le faire sortir du bureau au plus vite.

Les photos étaient magnifiques. Elles avaient été prises pendant un séjour récent d'Alexandre et de Fiona à Porto-Heli. Ils ressemblaient à des enfants. On les voyait courir sur la plage, nager et jouer dans l'eau, s'embrasser au bord du rivage. Alexandre était superbe, ténébreux, athlétique, le visage éclairé de sourires. Fiona, avec son corps mince et ses longs cheveux châtain clair soulevés par le vent, était éblouissante. Elle avait l'air d'avoir dix ans de moins que son âge. Avait-elle déjà perdu son bébé au moment où ces photos avaient été prises, était-elle encore enceinte et, même, l'avait-elle jamais été ? Etait-ce à Porto-Heli qu'ils avaient pris la décision de se marier ?

Comment deux êtres si épris et si manifestement faits l'un pour l'autre pouvaient-ils rencontrer des obstacles insurmontables de la part de la famille Onassis ?

Alexandre sortit de son bureau. Une heure s'était écoulée depuis le départ de Koulouris. « Que regardez-vous, Kiki ? » me demanda-t-il. Son visage était grave.

Je lui tendis la pile de photos, mais il y jeta à peine un coup d'œil. « Elles vous ont coûté cher ? me demanda-t-il.

— Comme d'habitude. » Il hocha la tête et me les rendit.

« Je les regarderai à mon retour, poursuivit-il. Je vais à l'aéroport.

— Mais vous n'avez pas déjeuné...

— Je n'ai pas faim. »

Il finit par commander une assiette de toasts et un Coca-Cola. Assis sur un coin de mon bureau, il grignota ce semblant de repas, pressé de se rendre à l'aéroport. Comme à l'ordinaire, il portait un costume bleu marine sur une chemise et une cravate de soie à la mode. Ce n'était pas le même homme que celui en maillot de bain sur les photographies. Les histoires qui circulaient à propos des prouesses sexuelles d'Alexandre me traversèrent l'esprit et me firent piquer un fard. Fiona avait bien de la chance. Alexandre ne ressemblait pas tant que cela à son père et il était beaucoup plus beau. Quelques années plus tard, alors que je m'apprêtais à épouser George Moutsasos, Artémis me qualifia de « gentille, bonne, belle et innocente ». « Mais Kiki n'est pas si intelligente que cela, ajouta-t-elle, sinon elle aurait épousé Alexandros. » Alexandros était mon patron, rien de plus.

Sa liaison avec Fiona assombrissait ses relations avec son père et leur mariage éventuel ne ferait que compliquer les choses. Tout comme le mariage de M. Onassis avec Jackie avait embrouillé leurs vies.

Sa relation avec son père n'avait pas beaucoup évolué au cours des quatre années précédentes. En dépit de leur amour mutuel, elle restait toujours aussi bancale. M. Onassis était bien trop occupé par ses affaires et sa vie privée pour lui manifester vraiment de l'affection. Et il continuait à lui faire subir ses sautes d'humeur.

Un instant, je regrettai d'avoir payé une telle somme au photographe pour ces clichés. Avec mon refus, le monde entier aurait su une bonne fois pour toutes qu'Alexandre Onassis était amoureux de la baronne Fiona von Thyssen-Bornemisza et qu'il allait l'épouser.

Alexandros se leva. Il avait rendez-vous avec un pilote américain pour lui donner une leçon de pilotage du Piaggio. Il était déjà plus de quatorze heures. « Kiki, je vais voler. Si vous avez besoin de moi, vous pourrez me joindre au Hilton plus tard. Sinon, à demain. »

Après le départ d'Alexandre, j'ouvris de nouveau le paquet de photos. Il n'avait jamais eu l'air aussi insouciant, beau et heureux. Subitement, je vis mes larmes tomber sur les photos. Le téléphone sonna, peu avant seize heures. C'était Miltos Yiannacopoulos. « Kikitsa, me dit-il d'une voix que j'eus du mal à reconnaître, nous avons perdu Alexandros. »

Je ne compris pas tout de suite. « Comment ?

— L'avion d'Alexandros s'est écrasé. Un accident épouvantable. Nous ne savons pas s'il est mort ou vivant. »

Je voulus me lever, mais mes jambes refusèrent de me porter. Je ne savais plus où j'étais et j'avais la tête complètement vide. Je parvins enfin à joindre Panagiotis. La nouvelle leur était parvenue quelques minutes plus tôt. On entendait des hurlements derrière lui. Artémis piquait une crise de nerfs.

Costas Konialidis entra. « Kiki, quelle tragédie s'est abattue sur nous, me dit-il. Quelle destruction ! » Il me serra dans ses bras et nous nous mîmes tous les deux à sangloter. Sans un mot, nous trouvâmes les numéros de téléphone pour prévenir les membres de la famille. Ensemble, nous appelâmes Aristote et Jackie à New York, Christina au Brésil, Tina en Suisse et Fiona à Londres.

« Comment vais-je pouvoir l'annoncer à Aristo ? » se demanda Costas. En apprenant la nouvelle, M. Onassis resta presque muet, comme s'il avait perdu la faculté de s'exprimer.

Je composai le numéro de Fiona sans parvenir à la joindre. Une minute plus tard, ce fut elle qui appela. « Kiki, me demanda-t-elle avec un filet de voix, est-ce vrai ?

— Oui », répondis-je, et elle raccrocha.

Dès que Costas Konialidis fut sorti du bureau pour aller accueillir la famille à l'aéroport, un cameraman fit irruption et voulut absolument filmer le bureau d'Alexandre. Je crus que j'allais tuer cet individu de mes propres mains, mais à la place, je me mis à hurler, et des collègues vinrent expulser le cameraman, *manu militari*.

La nouvelle de l'accident se propagea rapidement et tous nos téléphones se mirent à sonner sans trêve. Je décrochais, mais en fait, je n'étais pas là. La personne qui évoquait l'accident d'Alexandros n'était pas moi.

M. Onassis recommandait sans cesse à Alexandre de vérifier l'état de son avion avant de décoller. Alexandre l'écoutait toujours, le visage éclairé d'un sourire mi-gentil, mi-ironique. « Oui, baba, disait-il. Je vais tout vérifier. Tu n'as pas à t'inquiéter. » Aristote poussait alors son fils hors de la pièce tout en le retenant et il le suivait des yeux. Cette scène si souvent répétée ne se produirait plus jamais. Plus jamais on n'entendrait Alexandros dire : « Oui, baba. » C'était un cauchemar.

Mais non. Immédiatement après l'accident, on apprit que les volets de l'appareil avaient été inversés, le gauche à la place du droit, et vice versa. D'où la raison pour laquelle le Piaggio, à quinze heures cet après-midi-là, avec à son bord Alexandre sur le siège de droite, le pilote américain qu'il entraînait, Donald McCusker, à sa gauche, et le pilote canadien chevronné, Donald McGregor, sur le siège arrière gauche, s'était écrasé sur la piste au lieu de s'élever dans les airs. Les deux autres pilotes survécurent, mais pas Alexandros. Les médecins de l'hôpital Kat d'Athènes le maintinrent artificiellement en vie jusqu'à l'arrivée de sa famille, mais il n'avait aucune chance de s'en sortir.

Les vingt-quatre heures suivantes furent cauchemardesques. Le beau visage d'Alexandros avait été réduit en bouillie. M. Onassis et sa femme se rendirent directement à l'hôpital, mais la foule massée devant le bâtiment était si dense qu'elle empêcha leur voiture de passer. Jackie essaya de descendre pour parcourir les derniers mètres à pied, mais Aristote resta complètement bloqué. Elle regagna la voiture et reprit place à ses côtés, en attendant que le véhicule puisse enfin franchir les grilles de l'hôpital. Tina et Stavros Niarchos arrivèrent quelques secondes plus tard. Le visage blême sous l'effet du choc et de la douleur, Tina embrassa Aristote, et Aristote embrassa Niarchos. En cet instant, tous leurs différends étaient oubliés. Plus rien ne comptait en dehors d'Alexandros. Personne n'embrassa Jackie, qui restait silencieuse aux côtés de son mari, les yeux baissés.

Despina, la femme du président Papadopoulos, était arrivée la première au chevet d'Alexandre. Fiona la suivit de très près et n'en bougea plus. Elle était déjà là quand Aristote arriva à l'hôpital. Durant les vingt heures suivantes, elle ne quitta pas le chevet d'Alexandros. Ses yeux restaient fixés sur lui, même lorsqu'elle répondait aux questions que Tina ou Aristote lui posaient. Elle ne mangea pas davantage le moindre morceau de pain qu'elle n'avala la moindre gorgée d'eau. Les infirmières lui avaient fait enfiler une blouse blanche, qui la pâlissait et la faisait paraître plus grande. Ses cheveux châtain clair balayés de mèches blondes et sa peau translucide lui donnaient un air presque angélique, comme si elle était une apparition au milieu de cet enfer dans lequel nous avions tous été précipités. Mais si elle était un ange, il s'agissait d'un ange inerte. Ses yeux, accrochés au visage d'Alexandros, ne paraissaient rien voir d'autre que lui. Elle lui tenait la main, comme si elle croyait qu'il pouvait la sentir. Ses lèvres remuaient en une prière muette.

Durant ces dernières heures de la vie d'Alexandros, la chambre fut remplie des membres de sa famille. Artémis, Tina, Mérope, Kalliroi, Christina, Aristote et Jackie entraient et sortaient. Ils pleuraient tous, certains tout bas, d'autres bruyamment, et leurs lèvres remuaient, comme celles de Fiona, pour prier. Etrange déférence manifestée par la famille à l'égard de cette femme qui avait été écartée pendant six ans ! Même quand Aristote venait effleurer son fils, elle tressaillait à peine. Serrant sa main dans la sienne, elle occupait, autour de son lit de mort, la position qui lui avait été refusée dans la vie, attachée à lui par un lien qu'aucun Onassis n'osait rompre. Parfois, elle laissait sa main errer sur le visage de son amant, dont seuls n'étaient pas bandés le nez, qui avait été miraculeusement préservé, et les yeux, qui ne se rouvrirent pas, ou sur son corps inerte sous le drap blanc. Mais c'était surtout sa main qu'elle ne lâchait pas.

Dans cette pièce peuplée de personnages de tragédie, Christina était sans doute l'une des figures les plus tragiques. Soutenue par ses tantes, elle se tenait au bout du lit, secouée de sanglots. Elle hochait la tête, comme si elle voulait se débarrasser d'un rêve affreux, et appelait son frère à cor et à cri, le suppliant de se réveiller et de lui parler. Mais les supplications de Christina ne paraissaient pas plus atteindre Fiona. Elle n'entendait rien, en dehors du bruit des machines qui maintenaient Alexandros en vie.

Debout près de son mari, Jackie, le visage nu, priait tout bas. Elle était si pâle qu'elle donnait l'impression d'être au bord de l'évanouissement. Fiona paraissait assez fragile pour être balayée comme un fétu de paille par la plus faible des brises, mais il émanait d'elle une telle force qu'on aurait dit que c'était son souffle qui empêchait tous ceux qui étaient présents dans la chambre, y compris le corps recouvert par le drap, de rendre l'âme. En fermant les yeux, je revoyais ce corps courir comme celui d'un enfant sur la plage de Porto-Heli.

De nombreux médecins, neurochirurgiens, cardiologues et chirurgiens plastiques, convoqués de tous les coins de la planète, vinrent au chevet d'Alexandre, mais aucun ne laissa le moindre espoir de survie. M. Onassis les écouta tous, puis il s'adressa au chirurgien plastique qu'il avait fait venir de Suisse par avion privé. « Réparez son visage, lui demanda-t-il. Je veux qu'il ressemble de nouveau à celui d'Alexandros, pour que je puisse m'en souvenir tel qu'il était. « Le chirurgien lui obéit et procéda à une opération de chirurgie plastique relevant du grand art sur le visage d'un homme aux portes de la mort.

Le mardi, Fiona se tenait toujours près de lui, main dans la main. Malgré toutes les heures passées par le chirurgien à remodeler son visage, il était encore terriblement défiguré. Son corps était relié à un si grand nombre de machines qu'on avait l'impression qu'une espèce de monstre affreux muni de tubes de plastique en guise de bras l'avait avalé.

Vers six heures de l'après-midi, M. Onassis revint au bureau. « Mon garçon est perdu », dit-il en s'approchant de moi. Ses cheveux noirs et argentés avaient blanchi du jour au lendemain.

Je fis celle qui n'y croyait pas : « C'est impossible ! » Il ne me répondit rien.

Puis il me demanda d'appeler l'hôpital Kat. Je n'oublierai jamais la question qu'il posa au neurochirurgien : « Si je vous donne tous mes bateaux, tous mes biens, tous mes avions, tout mon argent, y a-t-il un espoir que vous sauviez mon fils ? » « Dans ce cas, laissez-le en paix », dit ensuite M. Onassis. Il me tendit le combiné pour raccrocher.

« C'est fini. Mon fils est parti. » Il me contempla longuement, puis il me demanda d'appeler Johannesburg. Il voulait parler affaires à quelqu'un.

« Non, monsieur Onassis. Ce n'est pas le moment de donner un coup de fil professionnel. » Mais il était fou de douleur, et ce téléphone était son seul moyen de ne pas perdre l'esprit.

Alexandros sur son lit de mort, les journalistes ne nous laissèrent pas en paix. Chaque fois que M. Onassis quittait l'hôpital pour venir à Olympic Airways, ils s'introduisaient de force au bureau pour essayer de le voir. Très vite les efforts que je devais déployer pour les supporter eurent raison de moi. Une seule chose les intéressait : les ragots. Après la mort d'Alexandre, la situation ne fit qu'empirer. Nulle part où se réfugier pour éviter cette armada de journalistes. Une heure après la mort de son fils, M. Onassis décida de donner une conférence de presse. « Vous n'y êtes pas obligé, monsieur Onassis », lui dis-je. Mais il n'en démordit pas.

« Je vous demande simplement de vous tenir près de moi. » Nous fîmes entrer une quarantaine de journalistes dans le bureau. Dix minutes durant, M. Onassis essaya de répondre le plus précisément possible à leurs questions. Puis sa voix faillit se briser. C'était un homme fier qui se refusait à fondre en larmes en public et qui faisait des efforts désespérés pour ne pas étaler son chagrin. D'une voix à peine audible, il leur raconta comment il avait offert tout ce qu'il possédait en échange de la vie de son fils, pour s'entendre dire qu'il n'y avait plus aucun espoir. Il leur fit part de ses projets pour Olympic Airways et de son intention de poursuivre le travail accompli par Alexandre à Olympic Aviation. Il leur parla de la douleur de perdre son fils unique. Les larmes dégoulinaient à présent sur son visage, mais les journalistes continuaient à le harceler de questions.

« Ça suffit », dis-je, et je fis signe aux gardes chargés de la sécurité d'entrer dans la pièce. M. Onassis s'assit à mon bureau et ne prononça plus une parole, tant que les journalistes ne furent pas sortis.

Le lendemain matin, je portai à l'hôpital les vêtements d'Alexandros pour ses obsèques. Panagiotis n'eut aucun mal à trouver un costume noir qui ferait l'affaire, mais Alexandre avait les pieds trop enflés pour ses souliers. Pétrifiée, je regardai Fiona essayer de les lui mettre. Il était allongé sur une table de la morgue, et pendant ce temps-là, le chirurgien continuait à recoudre son visage. La peau enflammée et boursouflée du visage était couverte de points de suture. Je perdis conscience et glissai à terre. Une infirmière m'aida à reprendre connaissance et Fiona me tendit un verre d'eau.

Dans la suite immaculée qu'occupait Alexandros à l'hôtel Hilton, je cherchai vainement une paire de chaussures noires de taille 48. Je finis par en acheter chez un chausseur. Je tendis les chaussures à Fiona, passai les doigts sur le visage froid et défiguré d'Alexandros et quittai l'hôpital.

Après mûre réflexion, M. Onassis décida de faire enterrer Alexandre dans un mausolée qui serait construit le plus vite possible sur Skorpios. Ses funérailles auraient lieu le jeudi dans l'église orthodoxe Saint-Lazare, au centre d'Athènes. Son cercueil resterait ouvert. L'église n'était pas grande, mais une foule énorme était venue pleurer Alexandre. Tous les membres de la famille étaient dans un état pitoyable, à commercer par Christina. Elle était pratiquement incapable de se tenir debout et de se déplacer dans la foule. Ceux qui l'entouraient parvinrent à se la passer de main en main jusqu'à l'entrée du sanctuaire, sans qu'elle ait à se mouvoir d'elle-même. Devant le cercueil de son frère, elle sanglota : « Pourquoi m'as-tu abandonnée ? C'est moi qui voulais mourir, pas toi. Reviens, Alexandros. Je t'en supplie, reviens. »

Fiona était encadrée de deux amis qui la soutenaient fermement. Elle aussi semblait à peine capable de marcher seule. Elle parvint à garder la tête haute, à côté du cercueil dans lequel était allongé Alexandros, en costume noir et souliers neufs, lunettes posées sur son nez droit. Je crus un instant être victime d'une hallucination : le chirurgien avait fini par accomplir une espèce de miracle et rendu son intégrité au visage d'Alexandros. Non seulement on le reconnaissait, mais il était aussi beau que dans mes souvenirs. Les lèvres de Fiona remuèrent alors qu'elle lui effleurait le visage de la main. Elle inclina la tête pour l'embrasser. Je faisais des efforts surhumains pour retenir mes sanglots.

De tous les pays affluèrent pour ses funérailles personnalités et hommes d'affaires. Ted Kennedy y assista, ainsi que les nombreux amis de la famille Onassis et les directeurs d'Olympic Airways. M. Onassis ne semblait reconnaître personne. Muet, il gardait les yeux rivés sur le cercueil de son fils. Caroline et John étaient là aussi. Ils étaient assis aux côtés de Martha Sugbin. Les yeux de Jackie ne cessaient d'aller et venir entre son mari et ses enfants, mais elle ne leur adressa pratiquement pas une parole. Avant de ressortir de l'église, M. Onassis s'agenouilla devant le cercueil et embrassa tendrement le visage de son fils. Fiona, Tina et Christina firent de même. Alors qu'elle embrassait son frère, Christina s'effondra contre le cercueil. Deux porteurs durent l'aider à se relever. Jackie resta aux côtés de son époux pendant tout le service, mais en sortant, ce dernier enlaça Christina qui s'accrochait à lui désespérément. « Je n'ai plus que toi désormais, baba », l'entendis-je dire, et il répondit d'un faible hochement de tête. Jackie laissa Aristote et sa fille la devancer et elle sortit de l'église derrière eux avec Artémis, leurs bras minces étroitement enlacés.

Le cercueil d'Alexandre fut placé dans une voiture fermée pour le protéger de la foule de journalistes et de photographes qui s'agglutinait. Fiona monta dans la voiture avec le cercueil. Puis ce dernier fut transporté par avion à Skorpios. Fiona prit place dans un autre avion. Tous les parents et les amis proches se rendirent à l'aéroport où plusieurs appareils les emmenèrent à Preveza. De là, ils gagnèrent Skorpios par bateau. Aristote, Jackie et la famille empruntèrent le même avion que Tina et Niarchos. En dehors de quelques pleurs étouffés, le plus grand silence régnait à bord.

Il faisait encore plus froid et plus sombre qu'à Athènes. On avait l'impression que le ciel furieux allait à tout moment exploser en averses torrentielles. A l'approche de Skorpios, je ne reconnus pas l'île magnifique des joies et des plaisirs. Tandis que des marins amarraient le bateau le long du quai, un souvenir me revint à l'esprit : deux ans plus tôt environ, j'observais de la plage Alexandre se rapprocher du Piaggio prêt à décoller, en compagnie de plusieurs amis. Des éclats de rires avaient jailli et Alexandre avait jeté à l'eau un de ses amis en costume de ville. Une seconde plus tard, c'était à son tour d'être poussé à la mer tout habillé par un autre de ses amis.

« Attention, Kiki ! avait-il hurlé en sortant la tête de l'eau. Sauvez-vous ! » J'avais pris mes jambes à mon cou et couru à perdre haleine jusqu'au *Christina*. A présent, par cette journée glaciale et noire, il n'y avait plus d'Alexandros. Plus de joie. Plus de rires. Les ténèbres avaient remplacé l'éclat du soleil et un silence mortel le chant des oiseaux. Non loin de nous se dressait la silhouette imposante du *Christina*, silencieux et triste, avec son pavillon en berne qui frissonnait à peine. Le sol de Skorpios la magique s'était mué en terre cruelle où les rêves se flétrissaient et où les cauchemars devenaient réalité.

Le service funèbre se tint donc à Skorpios, dans la même petite chapelle où Aristote et Jackie s'étaient mariés quatre ans et demi plus tôt. Cette fois, la chapelle était remplie de fleurs blanches et les personnes présentes étaient toutes vêtues de noir. Six porteurs transportèrent le cercueil dans la chapelle. Tous étaient des employés du *Christina* qui connaissaient Alexandre depuis sa plus tendre enfance. Tous pleuraient en silence. Alexandre fut enterré près de la chapelle, dans une tombe qui fut par la suite recouverte d'un mausolée. Quelques photographes et journalistes furent autorisés à assister au service, mais des centaines de personnes arrivèrent de Leucade dans une flottille de petits bateaux et envahirent l'île. La mise en terre fut accompagnée de sanglots et de hurlements hystériques, mais personne ne perdit connaissance. Fiona, toujours soutenue par ses deux amis, se tenait à l'écart. Elle n'adressa la parole à personne.

Une dernière fois, M. Onassis se pencha au-dessus du cercueil et effleura le visage de son fils. Les autres membres de la famille l'imitèrent, et laissèrent tomber du vin, de la terre et des fleurs sur le cercueil. Au sortir de la chapelle, son bras étroitement noué à celui de Christina, M. Onassis parut, l'espace d'une seconde atroce, sur le point de tomber. Christina fit un gros effort pour le soutenir ; son père ne semblait plus avoir l'énergie de marcher. Un homme simple de Nydri qui se tenait non loin de là, le visage mouillé de larmes, lui hurla : « Courage, vieil homme ; tu dois marcher tout seul, vieil homme ! »

M. Onassis adressa un faible signe de tête au paysan. Se produisit un petit miracle : reprenant des forces, la tête haute et le corps droit, il s'avança d'une démarche alerte qui faisait penser à celle d'un jeune homme. L'homme simple de Nydri avait ranimé son orgueil, toujours vivant.

Ce sombre jour d'hiver se termina dans la Maison Rose, où on nous servit du café et des petits pains frais. Rares furent ceux qui parvinrent à avaler quelque chose. Lentement, en silence, les membres du cortège funèbre regagnèrent leur bateau ou leur avion pour rentrer à Athènes ou Leucade.

Aristote, Jackie et le reste de la famille restèrent sur le *Christina*. Mais pas Fiona.

Quarante jours après le décès d'Alexandre, un service commémoratif se tint dans la chapelle de Skorpios pour marquer la fin de la période de deuil. Tout comme le jour de l'enterrement, il faisait un temps froid, sombre et pluvieux. Le mausolée avait été érigé et je m'étais assurée qu'il serait recouvert de fleurs blanches lors de l'office. De nouveau, la plus grande partie de la population de Leucade rejoignit les amis et la famille. Le service ne dura pas plus d'une demi-heure. Tina et Artémis se tenaient côte à côte ; Christina resta aux côtés de son père et de Jackie. Fiona, comme toujours, demeura à l'écart. Il n'y eut ni pleurs ni paroles. Tout le monde garda la tête baissée. Contrairement au jour des funérailles, en dehors de la voix du prêtre, pas un murmure ne montait de la foule.

A la fin de la cérémonie, un simple buffet composé de pain, de vin et de café nous attendait à la Maison Rose. Le retour à Athènes et Leucade se fit comme la fois précédente, mais en cette occasion, Artémis et Théodore restèrent eux aussi à bord du *Christina.*

Fiona a aujourd'hui la soixantaine. La dernière fois que je l'ai vue, elle semblait souffrante. Elle était très proche de Dimitris et Vitalis Vitos, de bons amis du professeur Georgakis à l'université Pantios. Le professeur avait toujours beaucoup apprécié Fiona et les moments qu'il partageait avec elle et Alexandre, en l'absence d'Aristote, évidemment.

« Fiona est une femme merveilleuse, m'avait-il dit un jour.

Aristo a tort de s'opposer à son mariage avec Alexandre. » Aujourd'hui, Fiona partage la vie de Dimitris Vitos. D'après Roula Strathis, elle avait l'intention de lui racheter sa maison de Plaka, mais cela ne s'est pas fait. Elle réside à Londres avec Dimitris, et il est question qu'ils achètent une maison à Mykonos. Je n'ai plus en ma possession les photos d'elle et d'Alexandre batifolant sur la plage de Porto-Heli, mais elles ne s'effaceront jamais de mon esprit. J'espère de tout cœur qu'après la mort d'Alexandre, Fiona a trouvé le bonheur qui lui échappait.

Il y eut bien évidemment une enquête sur l'accident d'avion qui coûta la vie à Alexandre. Il était quand même étrange que l'appareil ait piqué du nez au lieu de s'élever dans les airs. Personne n'avait oublié le crash du Learjet deux années plus tôt, à l'approche de l'aéroport de Nice. Cette seconde enquête se révéla aussi improductive que celle sur le crash des deux frères Kouris. M. Onassis offrit une récompense de 20 millions de dollars à quiconque lui apporterait des informations sur l'accident de son fils, mais rien ne lui permit de découvrir la vérité. Rien ne l'aida davantage à se remettre de la disparition d'Alexandros. Il essayait de travailler comme avant et de prouver qu'il restait le même, mais il s'agissait d'un jeu qu'il ne pouvait plus ni jouer ni gagner. L'énergie qui l'avait poussé à construire son empire s'écoulait peu à peu de lui.

M. Onassis ne se contentait pas de perdre la force qui lui permettait de réussir, mais la volonté de vivre. Il ne voyait plus aucune raison de vivre. Trois mois plus tôt, Aristote Onassis sidérait le monde en menant de front un mariage et une liaison avec deux femmes extrêmement désirables et célèbres. Mais ce genre d'exploit n'avait plus aucune importance aux yeux d'Aristote. Aucune femme, quel que soit l'amour qu'il lui portait, ne pourrait combler le vide laissé par Alexandre.

13

Bienvenue, Thanatos

Avant la mort d'Alexandre, M. Onassis avait vécu sa vie comme un jeu facile à gagner. En affaires, affirmait-il, la seule règle était l'absence de règles. Avec les femmes, nous l'avions tous vu se comporter de la même façon. Cette stratégie avait toujours fonctionné pour lui. Mais lorsque le destin intervint et changea les règles du jeu, le privant de son bien le plus précieux, il fut incapable de continuer à jouer.

Toutes les femmes qu'il aimait étaient encore vivantes et toutes luttaient à ses côtés pour l'aider à reprendre goût à la vie. Mais aucune n'y parvint. Artémis, elle-même bouleversée par la mort de son neveu bien-aimé, se mettait encore davantage en quatre pour lui qu'auparavant. Mais ce n'était pas avec ses éloges et ses petits plats qu'elle parviendrait à lui remonter le moral. Christina s'efforçait de refouler sa douleur afin d'essayer d'aider son père à surmonter la sienne, mais il ne l'autorisait pas à le réconforter. Après la mort d'Alexandre, Aristote multiplia ses voyages à Paris pour y chercher un réconfort auprès de son âme sœur, la seule femme qui, dans son esprit, pouvait comprendre son chagrin. Mais à son retour à Athènes, il semblait être le même homme triste et vaincu qu'avant son départ.

Quant à Jackie, elle faisait tout ce qu'elle pouvait pour soutenir le mari dont elle s'était éloignée. Pendant les quarante jours de deuil conformes à la tradition grecque, elle porta des robes noires comme les tantes et la sœur d'Alexandre, et supprima maquillage et bijoux. Il émanait d'elle une tristesse mêlée de regrets. Je la soupçonnais de s'en vouloir de ne pas avoir aimé son beau-fils davantage, de ne pas avoir cherché à gagner son affection, ou tout au moins, son approbation. Immédiatement après les funérailles, elle me parla de lui et me demanda si j'éprouvais des difficultés à travailler sans lui.

J'accueillis avec gratitude la suggestion de Costas Konialidis de travailler pendant un certain temps aux bureaux de l'aéroport. Au bout des quarante jours, je retournai avenue Syngrou, un peu plus armée pour affronter les souvenirs omniprésents. Ce fut alors que commencèrent à circuler les rumeurs de malédiction. « Tout a commencé le jour où il l'a épousée », chuchotaient les employés de la compagnie, de Skorpios et de Glyfada. « Lorsqu'il vivait avec Maria, tout se passait bien. Quelque chose a provoqué la mort d'Alexandre. C'est peut-être elle. »

Partout où j'allais, j'entendais les gens de la rue évoquer cette malédiction. Le mot *atyhya* (malédiction) circulait de plus en plus, et un petit journal grec l'écrivit même en toutes lettres. Aristote était un homme superstitieux, capable de mettre un costume donné pour une réunion parce qu'il le portait la semaine précédente, lors d'une autre réunion qui s'était bien déroulée. Il détestait renvoyer un employé, par crainte de renverser le cours des choses, au cas où ce dernier — sait-on jamais ? — portait chance. Il lui arrivait même de dire en plaisantant qu'il restait avec une femme de peur qu'en la quittant la roue de la chance ne se retourne contre lui. Il m'avait engagée parce que la valeur de la drachme avait augmenté le jour de mon entretien d'embauche ! Mais jamais il n'aurait cru que sa seconde femme avait causé la mort de son fils.

Artémis n'évoquait jamais elle-même cette malédiction, mais quand un de ses invités mettait le sujet sur le tapis, elle ne les empêchait pas d'en discuter. « C'est une question de mauvais *kismet*, rien d'autre, affirma-t-elle un soir. Jackie n'y est absolument pour rien. »

Jackie ne paraissait pas entendre les bruits qui couraient derrière son dos. Elle s'évertuait à se montrer plus aimante à l'égard de son mari. Pas un jour ne se passait sans qu'elle appelle le bureau pour prendre de ses nouvelles. Et elle s'efforçait de passer davantage de temps en Grèce. « Comment va Aristo aujourd'hui, Kiki ? demandait-elle en téléphonant de Grèce ou de New York. Mieux qu'hier ?

— Un peu mieux, madame Jackie. » Nous savions toutes deux que je mentais.

« A-t-il bien déjeuné ? » me demandait-elle le lendemain. Et je mentais de nouveau avant de la mettre en communication avec lui.

De jour en jour, il paraissait plus amaigri, plus triste et plus égaré. « Pourquoi n'est-ce pas moi qui suis mort ? me demandait-il. Pourquoi est-ce moi, le père, qui suis encore en vie, alors que mon fils est mort ? »

Jackie me demandait également d'organiser des voyages, des visites et des dîners pour mettre du baume au cœur d'Aristote. Elle organisa une croisière avec Pierre Salinger et sa femme, de Dakar aux Antilles. Elle fit un voyage en Egypte et un autre au Mexique avec son mari. Par moments il avait l'air d'apprécier leurs dîners dans une taverne ou leurs promenades sur la plage de Glyfada, mais la plupart du temps, rien de ce que faisait Jackie ni personne ne l'égayait.

Artémis et moi les regardions du patio se promener le long du rivage. Jackie essayait de l'entraîner dans une promenade quotidienne. Parfois il acceptait, mais il refusait bien plus souvent. Il avait l'air d'avoir pris vingt ans en quelques mois. Son dos s'était voûté et il semblait avoir des difficultés à marcher. Jackie paraissait elle aussi moins énergique et avançait d'un pas lent et prudent.

Un couple de voisins les rencontra un jour sur la plage. « Ils étaient silencieux et ils avaient l'air tristes, me confia la femme. Mon mari et moi leur avons offert nos bras et nous avons été surpris qu'ils acceptent. Nous avons poursuivi la promenade à quatre, mais M. et Mme Onassis avaient vraiment du mal à marcher. »

Une fois, je les rejoignis sur la plage. Ils se dirigeaient vers moi, bras dessus, bras dessous, plongés dans leur conversation. Ce jour-là, comme bien d'autres depuis le décès d'Alexandre, Jackie me parut plus humaine qu'avant. Son sempiternel sourire avait disparu et une expression douloureuse marquait son visage. Elle partageait vraiment la peine de son mari.

Cela n'empêcha pas les rumeurs de malédiction d'enfler. Vinrent s'y ajouter celles d'un divorce éventuel entre Jackie et Aristote. En janvier 1974, lors du retour en avion de leur séjour à Acapulco, Aristote rédigea un nouveau testament. Cette nouvelle mouture privait Jackie de son quart d'héritage sur le *Christina* et tous ses biens, auquel, selon la loi grecque, elle avait droit. Mais je n'ai jamais entendu M. Onassis évoquer ce projet de divorce. Il n'en parla pas davantage à Miltos Yiannacopoulos, qu'il tenait au courant de toutes ses décisions importantes.

La vie de M. et Mme Onassis devenait de plus en plus pénible et douloureuse. Avant la mort d'Alexandre, il avait toujours dormi de façon anarchique, mais à présent, il était complètement insomniaque. Le personnel du *Christina* le voyait souvent partir se promener dans Skorpios au beau milieu de la nuit, accompagné en général de Vana, sa chienne bâtarde. Vana était une chienne perdue qu'Achille avait trouvée de nombreuses années auparavant errant dans l'île. Tout l'équipage du *Christina* la nourrissait, mais elle ne reconnaissait qu'un seul maître : Aristote. Elle trottait sur la plage avec impatience, dans l'attente qu'il débarque du Piaggio. Un sixième sens, presque surnaturel, permettait à cette chienne de deviner le moment où M. Onassis se mettait en route pour l'île. Avant même que l'hydravion n'apparaisse à l'horizon, elle se précipitait sur la plage et restait immobile sur place, jusqu'à l'amerrissage du Piaggio.

Après la mort d'Alexandre, Vana prit une place plus importante dans la vie de son maître qui l'emmenait lors de ses promenades nocturnes. M. Onassis lui parlait et la chienne, les yeux rivés sur son visage, lui prêtait une attention intense, comme si elle comprenait ce qu'il lui disait. Un cigare à la bouche, sa chienne à ses côtés, ayant ingurgité plus d'ouzo et de vin qu'à l'accoutumée, M. Onassis s'efforçait de combattre les démons nocturnes qui l'éloignaient de sa femme et de son lit.

Souvent, Aristote et Vana achevaient leurs déambulations devant la tombe d'Alexandre. Aristote s'asseyait sur le gazon humide, sortait une bouteille d'ouzo et deux verres de sa veste et buvait en parlant à son fils. Un employé du *Christina*, qui l'aurait suivi à distance respectable à plusieurs reprises, me rapporta qu'il lui parlait des problèmes d'Olympic Airways et d'Olympic Aviation, d'une voix posée et claire. Au cours de ces conversations à sens unique, il s'arrêtait et gardait le silence, comme s'il écoutait les réponses de son fils. « Oui, Alexandros, disait-il au bout d'un moment. Tu as raison. C'est ce que je vais faire, mon garçon. »

Le même employé me raconta que M. Onassis passait des heures à pleurer sur la tombe, à dire à son fils combien il lui manquait et à lui demander comment un tel accident avait pu se produire. Il plaçait un verre d'ouzo à côté de la tombe et levait le sien en répétant : « Mon fils, je veux que nous trinquions, mais tu ne peux pas m'entendre. »

Lors de ces sorties nocturnes sur l'île, M. Onassis, vêtu d'une chemisette et d'un pantalon, ne semblait prêter aucune attention à la fraîcheur de l'air. A ma demande, l'employé se rendit chaque soir au mausolée d'Alexandre pour étaler une couverture de laine sur le gazon froid. M. Onassis ne demanda jamais comment la couverture avait abouti là. Il se contentait de s'asseoir dessus et d'y placer le vin, le fromage et le pain qu'il avait apportés pour lui-même, son fils et sa chienne. Ces nuits-là, il restait sur place jusqu'à l'aube.

Cela ne l'empêchait pas de retourner souvent à la tombe dans la journée. Il racontait à tout le monde qu'il se rendait à Ithaque et il s'éloignait à bord d'un petit Chris-Craft, avec une bouteille d'ouzo, deux verres, du pain et du fromage. Nous savions tous que son embarcation n'accosterait pas à Ithaque. Nous entendions le bruit du moteur se rapprocher d'un coin éloigné de Skorpios, où il amarrait le bateau, pour gagner lentement le mausolée à pied. Apparemment, c'était le seul endroit où il parvenait à trouver un semblant de paix.

Par un dimanche après-midi particulièrement triste où je leur rendais visite, il demanda à Jackie et moi de l'accompagner à deux heures de l'après-midi au mausolée. A notre arrivée là-bas, une table drapée d'une nappe blanche, dressée pour quatre personnes avec couverts en argent, belles assiettes, verres de cristal et serviettes nous attendait. Nous prîmes place et un domestique du *Christina* apporta un déjeuner sur un plateau. M. Onassis versa lui-même le vin dans les quatre verres et tint absolument à faire remplir les quatre assiettes, en particulier de boulettes de viande qu'Alexandre adorait. Il se montra enjoué tout au long du repas, durant lequel il nous raconta des souvenirs heureux sur son fils. Il trinqua à plusieurs reprises à sa santé, en nous disant que, non loin de là, il avait entendu plusieurs fois la voix d'Alexandros s'adresser à lui. Jackie croisa mes yeux alors qu'il portait un de ces toasts et hocha la tête tristement.

Artémis me parla d'un repas identique qu'elle avait partagé avec son frère, son mari et son « neveu ». Elle aussi avait eu droit à la nappe blanche, aux plats préférés d'Alexandre, aux toasts et aux souvenirs. Et à la fin du repas, aux mêmes larmes déchirantes. « Ni moi ni Théodore n'avons été capables d'avaler une seule bouchée. J'ai cru mourir à la mort de ma belle Popi, mais j'ai survécu. Mon frère, je le crains, ne survivra pas. »

Christina, aussi anéantie que son père par la mort de son frère, essaya de surmonter son désespoir pour le distraire de son chagrin. Quand sa mère évoqua l'éventualité d'une union entre elle et son cousin, Philippe Niarchos, le fils aîné de sa tante Eugénie et de Stavros Niarchos, elle l'écouta poliment. Philippe était beau garçon, il avait un caractère expansif et Aristote serait peut-être content de la voir épouser le fils de son plus grand rival. Le mariage entre cousins germains est interdit par la loi grecque, mais comme toujours, on peut tout contourner quand on dispose de suffisamment d'argent. Le père de Philippe voyait cette union d'un bon œil et poussa les deux jeunes gens à passer le plus de temps possible ensemble pour voir s'ils s'entendaient. Aristote ne soutint pas activement ce projet, mais étant donné son état dépressif, le seul fait qu'il ne s'y oppose pas incita Christina à s'y jeter à corps perdu. Philippe, qui ressemblait un peu physiquement à Alexandre, était plus que prêt à obéir à son père. Lui et Christina s'entendaient effectivement bien et ils allèrent jusqu'à passer un week-end en tête à tête. Mais il n'y fut absolument pas question d'aventure amoureuse. Cette escapade fut simplement l'occasion pour eux de se détendre agréablement, comme l'auraient fait deux amis proches ou deux cousins. Par la suite, ils firent bien comprendre à leurs parents qu'il n'y aurait jamais de mariage Onassis-Niarchos.

Cet épisode passé, Christina chercha quelqu'un à blâmer pour tout le malheur qui s'était abattu sur sa famille. Il ne lui fallut pas longtemps pour trouver un bouc émissaire : Jackie. Elle n'avait jamais caché l'aversion que sa belle-mère lui inspirait, mais on aurait dit à présent que cette antipathie la submergeait. Elle se délectait de toutes les rumeurs à propos du sort maléfique prétendument jeté par Jackie et versait de l'huile sur une situation déjà explosive. « J'ai toujours su que Jackie portait la guigne, me dit-elle. Avant son entrée dans la famille, nous étions tous forts et en bonne santé. Maintenant les frères Kouris sont morts, ma tante Eugénie est morte, mon frère est mort, Olympic Airways nous échappe peu à peu et mon père aussi. Elle était aux côtés de son premier mari quand il a été assassiné. Il a fallu que mon père ait la malchance de la rencontrer et de la ramener chez nous. La malédiction est désormais entrée dans notre famille et il ne lui faudra pas longtemps pour nous tuer tous. »

Malgré tous mes efforts pour la raisonner, Christina était incapable de m'écouter. Dans son esprit, Jackie était coupable de tous les drames qui étaient survenus. Chaque fois qu'elle voyait son père, Christina lui faisait part de son opinion. La plupart du temps, il lui donnait l'ordre de se taire, mais les semaines et les mois passant, il la réduisit moins au silence.

A la liste des catastrophes établie par Christina depuis que Jackie était entrée dans la famille Onassis vint s'ajouter en 1974 l'échec du projet d'établissement d'une raffinerie de pétrole dans le New Hampshire. L'opération, soigneusement orchestrée par Costas Gratsos et encouragée par le gouverneur de l'Etat du New Hampshire, Meldrim Thomson Jr., paraissait se dérouler sous les meilleurs auspices quand elle rencontra un obstacle insurmontable en mars. Costas Gratsos incita M. Onassis à mettre un terme aux négociations. « Jouis de ce que tu as, lui conseilla-t-il. Tu possèdes assez d'argent pour vivre dans le luxe jusqu'à la fin de tes jours. Laisse tomber. »

En ce qui concernait Olympic Airways, il apparut rapidement que Christina voyait juste. Le pouvoir échappait rapidement aux mains de son père. M. Onassis avait toujours affirmé que les navires constituaient le noyau de ses affaires, alors que les avions étaient destinés à Alexandre. Mais l'amour que ce dernier portait au pilotage avait donné de l'importance aux compagnies d'aviation à ses yeux. Sans Alexandre, M. Onassis n'avait plus l'énergie de poursuivre dans cette voie. Pour empirer les choses, le gouvernement le mettait sans cesse au défi de vendre la compagnie. Enfin, après des années de combat, M. Onassis demanda à son avocat, Tryfon Koutalidis, d'organiser la vente d'Olympic Airways en janvier 1975. Une nuit, aux alentours d'une heure trente du matin, après d'âpres négociations, M. Onassis, manches de chemise retroussées, sortit d'une réunion avec Koutalidis et des ministres du gouvernement. Il était de fort mauvaise humeur. Son visage était sombre.

« Kiki, préparez-moi les documents dont nous avons besoin. Après nous partirons. » Quand il eut signé les documents, nous gagnâmes l'ascenseur. Il se mit à pleurer. « Vous savez ce que c'est que de mettre au monde un enfant ? Eh bien, j'ai donné naissance à Olympic Airways en 1958 et je l'ai regardé grandir pendant dix-huit ans. Le voir prendre une telle importance, puis le perdre et le laisser mourir, c'est affreux.

— Comment est-ce arrivé ? lui demandai-je. Je n'y comprends rien. »

Il me répondit que c'était inévitable. S'il avait conservé Olympic Airways, il aurait dû donner autre chose au gouvernement. Pour la première fois de sa vie, il était pris au piège. « Mais je n'arrivais pas à croire qu'ils me prendraient Olympic. C'était tout ce qui me restait. » Il possédait toujours une flotte d'une bonne centaine de pétroliers, de nombreuses propriétés, des entreprises dans le monde entier et une fortune colossale. Mais c'était comme s'il perdait son fils pour la seconde fois. Comme si l'avion d'Alexandros était abattu de nouveau en plein ciel.

Les termes de l'accord conclu avec le gouvernement n'étaient ni parfaits ni inacceptables. Au lieu des 78 millions de dollars qu'il demandait, M. Onassis en obtint 68. Frustré d'avoir été traité de la sorte par le gouvernement, il lui fit un procès. De par la décision du tribunal, le gouvernement fut contraint de lui payer 1,5 million de dollars supplémentaires, en quatre versements, qui couvriraient le coût des réparations des avions qu'il avait déjà réglé. M. Onassis fut également autorisé à vendre deux Boeing 707 à Jordan pour 9 millions de dollars et à conserver son Learjet et deux hélicoptères.

Pourtant, ce soir-là, à l'issue de la négociation, mon patron ne montra aucun signe de satisfaction tandis que nous montions dans la voiture. Les larmes coulaient de nouveau sur son visage. Je compris qu'il ne vivrait plus longtemps. Les bateaux ne suffiraient pas à le soutenir. Il n'avait plus aucune raison de vivre. Jackie avait essayé, mais n'y était pas parvenue.

Plusieurs mois avant que M. Onassis ne cède Olympic Airways au gouvernement, il avait subi une autre perte irréparable : Tina Onassis Niarchos était morte le 10 septembre 1974. Après l'accident mortel d'Alexandre, elle était tombée malade et M. Onassis se faisait de gros soucis pour elle. Il m'avait souvent répété que Tina était une enfant qui n'avait jamais grandi : « Quand j'étais son mari, j'avais trois enfants : Alexandre, Christina et Tina. »

Après le décès d'Alexandre, le comportement de Tina était devenu encore plus puéril. Elle téléphonait souvent à M. Onassis au bureau et marmonnait en pleurant, à moitié en grec, à moitié en anglais : « Mon bébé, mon bébé. Où est mon bébé ? Je veux voir mon bébé. » La relation entre Niarchos et M. Onassis s'était détériorée après la mort d'Alexandre, et Aristo savait que Stavros ne voulait pas qu'il appelle ou qu'il rende visite à son ex-femme. Il avait dit à Tina qu'elle serait la bienvenue à Skorpios chaque fois qu'elle souhaiterait se rendre sur la tombe de leur fils, mais il savait aussi que Stavros Niarchos voyait d'un mauvais œil tous les voyages de son épouse en Grèce.

M. Onassis fut enchanté quand Tina lui annonça par téléphone qu'elle et Stavros acceptaient son invitation. Aristote organisa cette visite durant une semaine où Jackie se trouvait à New York pour voir ses enfants. Tina et Stavros arrivèrent le lendemain de son départ et restèrent deux jours à bord du *Christina*. M. Onassis fit en sorte de remettre à sa place le beau portrait de Tina que Jackie avait fait enlever du salon.

Le délabrement physique de son ex-femme perturba beaucoup M. Onassis. Ils passèrent presque tous les instants où ils étaient ensemble à parler d'Alexandre. En tête à tête, Tina lui confia qu'elle était presque persuadée qu'un mois avant sa mort,

Alexandre avait commencé à lui pardonner son remariage, qu'il considérait comme sa plus grave erreur. Stavros les accompagna sur la tombe de leur fils, mais ce fut Aristote qui prit Tina dans ses bras quand elle faillit s'effondrer en sanglots.

Tous ceux qui virent Tina après la mort de son fils remarquèrent son pitoyable état physique. Sa beauté s'était évanouie du jour au lendemain. On racontait qu'elle prenait trop de médicaments, mais jusque-là, elle ne s'était jamais laissée aller physiquement. A quarante-cinq ans, Tina Onassis, cette belle femme toujours entourée d'une cour d'admirateurs, avait l'air d'une vieille femme.

Christina elle-même était tellement instable qu'Aristote ne pouvait pas compter sur elle pour s'occuper de sa mère, laquelle trouva la force de venir à son chevet.

Au lieu de demander à Christina de se rendre auprès de sa mère, Aristote avait prié Roula, l'ancienne couturière et amie proche de Tina, de passer quelque temps avec elle à Paris où elle se remettait d'une nouvelle rechute. Roula descendit quelques jours au Plaza-Athénée, non loin de l'appartement de Tina, qu'elle s'arrangea pour voir tous les jours.

Chaque soir, dès son retour à l'hôtel, Roula appelait M. Onassis pour lui donner des nouvelles. Tout en ne comprenant pas pourquoi Roula venait si souvent rendre visite à sa femme, Stavros Niarchos ne lui prêtait guère attention. A plusieurs reprises, Roula parvint à convaincre Tina de venir se promener avec elle. Tandis qu'elles marchaient lentement le long des quais de la Seine, Tina n'arrêtait pas de lui parler de ses enfants d'une voix pâteuse. « Je suis sûre que vous n'avez pas oublié à quel point Alexandros était beau, lui disait-elle. Personne n'a jamais eu un fils aussi beau que lui. Ni aussi gentil. Il était gentil, non ? Et ma fille, vous ne trouvez pas qu'elle est belle aussi ? Je suis sûre qu'elle va faire bientôt un beau mariage qui la rendra heureuse. J'en suis persuadée. »

Roula approuvait tout ce que lui disait Tina et lui rappelait l'amour que Christina lui portait et à quel point elle avait besoin d'elle. Roula regretta de ne pouvoir passer qu'une semaine à Paris, mais sa maison de couture exigeait sa présence à Athènes. Lors de leur dernière sortie, Tina, trop épuisée pour marcher, ne put faire que quelques pas avant d'être obligée de s'asseoir. Elle avait de grands cernes, le visage ridé et le teint cireux. Elle eut du mal à allumer une cigarette, tant ses mains tremblaient. Roula trouva qu'on lui donnait presque soixante-quinze ans.

Dans le même temps, l'antipathie qu'éprouvait M. Onassis à l'égard de Stavros Niarchos ne faisait qu'empirer. Il essayait désespérément de trouver un moyen de protéger son ex-épouse d'un homme qu'il considérait comme dangereux. Lorsque Tina mourut dans les mêmes circonstances que sa sœur aînée, Eugénie, M. Onassis vit ses pires craintes se réaliser. Dès qu'il apprit la nouvelle, il fut convaincu que Niarchos, qui se trouvait dans la maison au moment de la mort de sa femme, en était responsable. Les rapports officiels ne mentionnaient aucune marque sur le corps de Tina, mais Aristote était persuadé que son mari l'avait battue. Tout le monde savait que Tina prenait trop de médicaments, mais l'autopsie imputa son décès à un œdème pulmonaire aigu, sans même mentionner la présence de barbituriques dans son sang et sans autre explication. Ce qui laissait le champ libre aux spéculations.

Tina fut enterrée auprès de sa sœur Eugénie, dans le caveau familial de Lausanne, en Suisse. Jackie, à la demande de Christina, n'assista pas aux funérailles. Ni aucune de ses trois ex-belles-sœurs. La mort de sa mère, survenue si vite après celle de son frère, brisa Christina. Elle en fit une nouvelle fois porter le blâme à Jackie et répéta qu'elle portait malheur : la preuve en était ce nouvel acte de destruction qui les frappait depuis son entrée dans la famille Onassis. Bien qu'il n'y ait jamais eu de tentatives de réconciliation entre ses parents, Christina savait qu'ils s'étaient rapprochés après la mort d'Alexandre. Elle avait assisté à leurs conversations chaleureuses lors de leurs retrouvailles sur la tombe de son frère à Skorpios. Ses parents étaient divorcés depuis plus de quinze ans, mais elle était persuadée que son père n'avait jamais cessé d'éprouver une profonde affection pour sa mère et que son délabrement le préoccupait.

Christina nourrissait tellement l'espoir que cela pouvait les amener à se réconcilier qu'elle ne reculait pas devant les tentatives de suicide pour les obliger à communiquer. Une de ses tentatives les fit effectivement courir à son chevet à Paris, mais lorsqu'elle reprit conscience, ils étaient partis. Elle alla jusqu'à imaginer qu'elle parviendrait à renvoyer Jackie aux Etats-Unis, en qualité d'ex-épouse de son père, tandis que sa mère reviendrait en Grèce pour se remarier avec lui. Seule la mort de sa mère la força à abandonner ce fantasme. Et à nourrir pour Niarchos une haine aussi vive que celle qu'elle éprouvait à l'égard de Jackie.

M. Onassis, quant à lui, faillit perdre la raison à la mort de Tina. Ses proches savaient qu'à sa manière il n'avait jamais cessé de l'aimer. Elle était sa première épouse et la mère de ses deux enfants, et malgré tous les événements survenus depuis leur mariage en 1946, elle tenait toujours une grande place dans son cœur.

M. Onassis fit mener une enquête privée sur la mort de Tina et en discuta de longues heures durant avec son médecin personnel. Il scrutait au peigne fin chaque détail du rapport officiel et me dictait de longues listes de questions à taper. Pour la première fois depuis la mort de son fils, il semblait avoir un but et un regain d'énergie. Comme s'il reportait toute la frustration et la douleur causées par la mort d'Alexandre sur cette enquête, qui lui permettait de fixer son attention sur la mort énigmatique d'une femme aimée.

Plusieurs semaines après le décès de Tina, M. Onassis m'informa que nous allions nous rendre à Paris en compagnie de Miltos Yiannacopoulos, afin de continuer à travailler sur l'enquête. Nous passâmes une semaine avenue Foch, à nous y consacrer jour et nuit. M. Onassis téléphona à un grand nombre de personnes qui avaient eu affaire à Tina de son vivant ou au moment de sa mort : ses médecins, ses psychiatres, ses amis, les membres de sa famille et ses domestiques. Il contacta tous ceux qui avaient été en relation avec elle les six derniers mois de son existence et leur posa à tous des questions directes à son propos. Après chaque coup de téléphone, il me dictait les réponses précises de son interlocuteur. Après relecture, il rappelait le médecin pour lui poser des questions supplémentaires. Il pressait Miltos d'obtenir et d'analyser les commentaires du médecin sur la mort de Tina et il s'énervait au moindre retard rencontré par Miltos. L'attitude calme et sensible de Miltos, sa manière d'encourager M. Onassis tout en lui tenant la bride rendirent cette semaine supportable.

A de très nombreuses reprises, M. Onassis me répéta que notre enquête était secrète. Personne ne devait être tenu au courant. Il ne voyait pas d'inconvénient à ce qu'on pense qu'il était bouleversé par la mort de Tina et curieux d'en savoir davantage sur ses dernières heures, mais à part Miltos et moi, personne ne devait savoir que tous les renseignements qu'il réunissait allaient servir à une enquête officielle de grande envergure sur son décès. Au cours de toutes les années où je fus sa secrétaire, pas une seule de ses grandes négociations d'affaires ne fut menée aussi secrètement que cette enquête.

Un soir, à Paris, un verre d'ouzo à la main, il me posa les mêmes questions un nombre incalculable de fois : « Pourquoi l'a-t-il tuée, Kiki ? Elle était si frêle, si délicate ! Comment pouvait-il la battre comme ça ? Comment un mari peut-il faire ça à sa femme ? »

Presque tous les soirs, quand il estimait avoir assez travaillé pour la journée, il sortait de l'appartement et ne revenait pas avant le lendemain matin. Bien évidemment, il passait ces soirées auprès de Maria. Connaissant la force de leurs liens, la valeur qu'il accordait à son opinion, j'étais persuadée que la plus grande partie de leur temps était consacrée à ruminer de manière obsessionnelle la mort de Tina.

Puis, sans la moindre explication, quelques semaines après notre retour à Athènes, il m'annonça qu'il mettait un terme à son enquête. Il avait décidé qu'un tribunal ne parviendrait jamais à prouver que Niarchos avait tué Tina. Et de fait, il n'y eut jamais d'enquête officielle et Niarchos ne fut accusé de rien. Lorsque je lui demandai pourquoi, M. Onassis se contenta de hocher la tête. On aurait dit qu'il n'avait plus la force d'y penser. Le masque de défaite qu'il portait sur le visage depuis la mort d'Alexandre était revenu. Cette fois, pour ne plus jamais le quitter.

Peu de temps après notre retour de Paris, comme en réponse à un vœu qu'il aurait formé, M. Onassis tomba malade. Il ne se contentait pas d'être pâle, il était constamment fatigué et avait des problèmes oculaires. Je commandai plusieurs paires de lunettes spéciales en Suisse, mais il refusa de les porter. Comme s'il ne voulait plus rien voir. Il refusait aussi de s'habiller chaudement et ne prenait aucun soin de sa santé.

L'hiver à New York, par temps glacial, il ne portait pas de pardessus. En Grèce, il sortait en chemisette les jours de pluie. Jackie et Artémis lui en voulaient terriblement et ne cessaient de lui reprocher sa négligence. Mais il était trop entêté pour les écouter. De toute façon, il se fichait de leurs conseils.

Pour finir, au printemps 1974, on diagnostiqua qu'il souffrait de myasthénie grave, un désordre neuromusculaire qui n'est en général pas fatal. Au début, ce diagnostic nous soulagea tous. Nous étions persuadés que même si elle l'obligeait à changer de mode de vie, cette maladie ne le tuerait pas.

Avant de tomber malade, M. Onassis, de même que sa femme, avalait toutes sortes de pilules que je commandais en Suisse. Certaines étaient des vitamines destinées aux personnes âgées, qu'il prenait pour se sentir jeune et en forme. J'en commandais tous les mois une grande quantité, car Artémis en distribuait également à ses amis. Je n'ai jamais parlé de ces médicaments avec M. et Mme Onassis, mais ils s'assuraient fréquemment que je n'avais pas oublié de les commander. Peu de temps après la mort d'Alexandre, M. Onassis me donna toutefois l'ordre de ne plus en faire venir. « Votre femme les apprécie beaucoup », lui rappelai-je. Il haussa les épaules et me dit de continuer à en importer pour elle, mais plus pour lui. Quand sa myasthénie fut diagnostiquée, on lui prescrivit de nouveaux médicaments, mais il n'avait pas plus envie de les prendre que les autres.

L'incapacité de garder les yeux ouverts était l'un des plus douloureux effets secondaires de la maladie de M. Onassis. Ses paupières se fermaient toutes seules, malgré tous ses efforts. Un de ses médecins préconisa le port de lunettes spéciales. Un matin, je lui suggérai d'essayer de maintenir ses paupières avec du papier collant. Il accepta et je m'occupai de les lui scotcher dans la salle de bains, équipée d'un grand miroir et de lumières vives. Pendant que j'opérais, je fus frappée par sa patience. Il attendait tranquillement de voir ce qu'allait donner mon idée. Durant toute la semaine que prit la fabrication des lunettes, il colla lui-même le papier sur ses paupières ou demanda à Christina de le faire. Les lunettes prescrites étaient en écaille bleue et maintenaient ses paupières en place sans le scotch. Elles parurent le soulager pendant un certain temps.

Mais mon patron se moquait de trouver des solutions à ses problèmes physiques. Il avait maintenant un nouvel objectif. Et il ne s'agissait ni d'acheter un nouveau pétrolier, ni de courtiser une femme. Il souhaitait atteindre une chose d'un ordre beaucoup plus intime : sa propre mort. Toute l'énergie que le décès d'Alexandre avait sapée lui revenait. Un homme moins exceptionnel aurait avalé une overdose de médicaments ou se serait brûlé la cervelle pour mettre un terme à sa vie, mais M. Onassis était incapable d'avoir recours à ces méthodes. Pour atteindre sa mort, il allait assumer le rôle de Dieu en s'obligeant à tomber malade et en précipitant les effets de la maladie qui tuerait son corps. Evidemment, personne ne pouvait l'empêcher de mourir, car il ne s'agissait pas davantage de lui subtiliser des pilules qu'un revolver. Le maître d'œuvre, c'était lui. Il allait réussir et obliger son corps à mourir. Et les personnes qui l'aimaient ne pourraient être que spectatrices.

Maria Callas fut certainement une de celles qui assista au premier rang à la représentation d'adieux de son amant. Durant les deux années entre la mort d'Alexandre et la sienne, M. Onassis passa plus de temps avec elle que durant les quatre années précédentes. Les amants s'en remettaient toujours à Miltos Yiannacopoulos pour l'organisation de leurs rencontres, mais M. Onassis me demandait à présent d'appeler Maria directement. Il se laissa aussi photographier à plusieurs reprises en sa compagnie. La publication de ces photos par la presse faisait enrager Artémis, mais elle ne pipait mot. La détérioration de la santé de son frère la mettait dans un tel état d'inquiétude qu'elle ne pouvait plus parler de rien d'autre.

Plus la maladie de M. Onassis empirait, plus la place de Maria dans sa vie augmentait. Un matin, le 15 août, alors qu'il se trouvait dans la maison de Glyfada avec Jackie, il me demanda par téléphone de dire à Jean-Pierre de Vitry de tenir l'hélicoptère Alouette III prêt pour un déplacement dans la journée. Jean-Pierre m'interrogea sur sa destination, mais je ne sus que lui dire.

Je rappelai M. Onassis pour lui demander où Jean-Pierre devait l'emmener et il me répondit : « Je n'en sais rien encore. Dites-lui simplement que je suis sur le point de partir pour l'aéroport. » Beaucoup de pilotes refusaient de voler pour M. Onassis à cause de ses fréquentes décisions de dernière minute et de son refus de leur communiquer un plan de vol à l'avance. Jean-Pierre lui aussi savait que cela ne servirait à rien d'argumenter avec M. Onassis, si ce dernier avait décidé de ne pas révéler sa destination.

Jean-Pierre fut très inquiet par la pâleur et l'air maladif de son patron quand ils se retrouvèrent à l'aéroport. Il le pria de l'excuser un instant pour me passer un coup de fil. « Je ne sais pas si M. Onassis est en état d'aller quelque part. J'hésite à l'emmener. »

Chaque jour, je trouvais M. Onassis plus maigre et plus frêle que la veille. Mais il n'était pas de mon ressort d'interdire à son pilote de l'emmener là où il voulait aller. J'appelai Glyfada. Jackie était partie faire du shopping et Artémis se reposait. Je demandai à Panagiotis de la réveiller. « Laisse-le partir, me dit-elle d'une voix somnolente quand je lui fis part de l'inquiétude de Jean-Pierre. Il ne faut l'empêcher d'aller nulle part. » Et elle raccrocha.

Avant le décollage, Jean-Pierre revint à la charge. M. Onassis sourit. « Nous allons à Petalio », lui apprit-il enfin. Et Jean-Pierre comprit tout de suite ce que cela signifiait. Petalio était une île privée située en face d'Ewia, non loin d'Athènes. Elle appartenait à un riche armateur, Emberico, et servait souvent de retraite à Maria. « Le 15 août est le jour de la fête de Maria et j'ai un cadeau à lui remettre », précisa-t-il à son pilote.

Tout s'éclaircissait donc. Il était normal que M. Onassis veuille passer la fête de Maria en sa compagnie. Normal qu'il n'en parle à personne. Sans faire de commentaire, Jean-Pierre fit donc décoller l'hélicoptère pour emmener son patron à Petalio.

Après leur atterrissage, M. Onassis ne mit pas longtemps à trouver Maria. Elle se promenait seule sur la plage et parut choquée de le voir approcher.

L'espace d'un instant, Jean-Pierre faillit suivre M. Onassis, par crainte qu'il n'arrive pas à marcher sur le sable. Mais il le vit avancer douloureusement sur ses jambes frêles à la rencontre de sa maîtresse. Puis il entendit le cri de joie de Maria qui se précipitait dans les bras d'Aristote. Ils s'étreignirent longuement puis s'assirent au bord de l'eau, serrés l'un contre l'autre. Jean-Pierre avait l'impression que Maria soutenait M. Onassis. Il le vit aussi lui tendre un petit paquet cadeau et entendit Maria lui dire merci avec amour. Malgré la distance, il constata qu'elle s'empressait de mettre le paquet de côté pour concentrer toute son attention sur le moment présent qui avait autrement d'importance à ses yeux.

Jean-Pierre passa les six heures suivantes à surveiller son patron à son insu. Les deux amants continuèrent leur conversation en s'étreignant tendrement. Puis ils s'éloignèrent de la plage pour gagner à pas lents une petite villa. Jean-Pierre était soulagé : M. Onassis se trouvait dans de bonnes mains.

Quelques heures plus tard, M. Onassis ressortit de la villa et demanda à Jean-Pierre de redécoller pour Athènes. Maria l'accompagna jusqu'à l'hélicoptère. En proie à une profonde émotion, ils s'étreignirent une dernière fois longuement, sans se soucier ni l'un ni l'autre de la présence du pilote. Ils ne voulaient pas interrompre leur étreinte. Jean-Pierre constata qu'ils pleuraient tous les deux. M. Onassis dormit pendant tout le vol de retour. Il dormait toujours lorsqu'ils atterrirent à Athènes. Jean-Pierre ne voulut pas le déranger et attendit une heure qu'il se réveille. En le regardant s'éloigner de l'hélicoptère, il fut de nouveau alarmé par sa décrépitude physique. Pourtant, il avait la certitude qu'en dépit de la maladie qui ravageait son corps et son esprit, son patron était, à cet instant précis, un homme comblé.

Christina essaya de donner une raison de vivre à son père. Après la mort de son frère, elle avait commencé à fréquenter Peter Goulandris, le fils d'une famille grecque fortunée de constructeurs navals. M. Onassis espérait qu'elle allait en faire son second mari. C'était son seul sujet de réjouissance. Christina m'avait avoué qu'elle n'aimait pas vraiment Peter et qu'elle ne pouvait pas l'épouser, mais elle ne voulait pas décevoir son père en le lui disant. Elle faisait donc semblant de vouloir se marier avec Peter. Je jouais aussi le jeu et chaque fois que M. Onassis mentionnait le nom de Peter Goulandris, je convenais que sa fille allait enfin épouser le compagnon idéal.

Au cours de cette période, M. Onassis continua à venir dîner chez Artémis, souvent en compagnie de Jackie et de Niki Goulandris, et toujours avec son ami, le professeur Georgakis. Il se montrait plus silencieux et plus morose au cours de ces repas qu'il ne l'avait jamais été et il paraissait à des années-lumière des conversations. Le professeur continuait à raconter des blagues pour essayer de le distraire et il tentait de le faire parler affaires. Mais il était conscient que ces tactiques n'aboutissaient pas à grand-chose. Aristo avait perdu sa volonté de vivre et personne, dans son entourage, ne pouvait la lui redonner.

Pourtant je me refusai longtemps à envisager l'éventualité de sa mort. Même en plein déclin, il restait plus grand que nature. Je me disais qu'il allait se lasser d'être malade. Un jour, il m'annoncerait : « J'en ai assez de cette maladie, Kiki. Appelez-moi Londres, on va se remettre au travail. » Mais il n'en fut rien.

Lors de son dernier Noël à Glyfada, M. Onassis se montra particulièrement mélancolique. Ce jour-là, il demanda à Artémis de réunir tous les domestiques. Il accueillit chaleureusement un à un Panagiotis, Argaritis, Kokkalis, Margaritis, Georgia, Magolalini, Stavro et tous les autres employés et chauffeurs qui avaient été à son service, et leur remit à chacun dix mille drachmes, équivalant à cinquante dollars de l'époque. « Ce sera mon dernier Noël parmi vous, leur dit-il. J'aimerais bien que nous le passions ensemble. » Et il les retint tous pour le dîner. Tous essayèrent de l'encourager et de lui dire qu'il allait se remettre et que la nouvelle année lui serait bénéfique. Mais ils ne paraissaient pas croire à ce qu'ils disaient et, lorsqu'ils s'en allèrent, leurs yeux étaient rougis et embués. Artémis nous avait préparé un excellent dîner, mais le cœur n'y était pas. Nous eûmes beaucoup de mal à manger et à refouler nos larmes. A la fin de la journée, M. Onassis avait les yeux gonflés à force d'avoir pleuré, mais au moins il avait remercié tous ceux qui travaillaient pour lui.

Après Noël son état empira de jour en jour, mais, malgré l'insistance de Christina, de ses sœurs, de Jackie et du professeur Georgakis, il refusa de se faire admettre à l'hôpital. Tout comme il refusa de prendre des vitamines ou aucun des médicaments prescrits contre sa myasthénie. Son refus de manger affolait Artémis. « Il n'arrête pas de maigrir, me dit-elle un matin à Glyfada. Je crois qu'il se laisse mourir de faim. »

Complètement désespérée, elle lui prépara elle-même un petit déjeuner et le lui servit dans sa chambre. Je ne l'avais jamais vue le dorloter ainsi. Elle lui apporta des œufs et des rouleaux au fromage sur un plateau, avec un bouquet de fleurs qu'elle avait elle-même cueillies dans le jardin. Elle tint à ce que je l'accompagne dans la pièce. « A nous deux, nous allons réussir, me dit-elle. Tu lui parleras affaires, je bavarderai et il finira par manger sans y penser. »

Une heure plus tard, nous ressortîmes de la chambre. Je portais le plateau, intact. M. Onassis était resté assis dans son fauteuil à regarder dans le vide. Il ne voyait pas davantage le journal posé sur ses genoux qu'Artémis, ou quoi que ce soit. Il avait fait sa toilette et il était habillé comme s'il était prêt à partir travailler. Mais il ne parla pas, sauf pour répondre d'un oui ou d'un non à certaines de nos questions. Et il ne mangea pas. Pas la moindre bouchée. Artémis essaya de l'en convaincre par tous les moyens. Elle le supplia et l'implora. Elle pleura et gémit. Elle plaisanta et raconta des histoires. Quant à moi, j'évoquai toutes sortes de questions d'ordre professionnel. Nous déployâmes tous nos efforts en vain. M. Onassis avait décidé de ne pas manger et personne au monde ne pouvait le faire changer d'avis. Lorsqu'il se décida à quitter sa chambre une heure plus tard pour une petite promenade en voiture avec Artémis et moi, il ne nous adressa pas non plus une seule parole. Là encore, il se contenta de regarder droit devant lui sans rien voir.

Lorsqu'il finit plus tard par me parler, ce fut pour exprimer sa culpabilité. « J'avais une chance d'aimer mon fils, me dit-il la dernière fois qu'il mit les pieds au bureau. Mais j'étais trop occupé par mes affaires, et je ne l'ai pas saisie. Je ne lui ai pas donné assez d'amour. J'étais trop occupé pour aimer mon propre fils. »

« Je ne veux plus vivre, me répéta-t-il maintes et maintes fois, jusqu'à ce qu'il ne me reste plus qu'à le croire. J'ai perdu mon fils. J'ai tout perdu. Vivre ne vaut plus la peine. »

L'état d'Aristote empira encore. Il n'était plus capable de sortir de la maison et le moment de l'hospitaliser était arrivé. Mais Jackie redoutait de le faire entrer dans un hôpital grec. Elle persistait à dire qu'il souffrait d'une grippe très sérieuse et qu'un repos complet au lit lui serait bénéfique. Elle convainquit Artémis de transformer la maison de Glyfada en hôpital de fortune, équipé du matériel adéquat.

La santé de M. Onassis continuant à se dégrader, Artémis appela Christina à Gstaad, où elle skiait avec Peter Goulandris. La relation de sa fille avec Peter Goulandris était un des seuls rayons de soleil dans l'existence de M. Onassis. En dépit de sa maladie, il avait tenu à ce que Christina parte avec son ami. Artémis savait que son frère serait contrarié de voir sa fille abréger ses vacances d'hiver, mais elle n'avait pas le choix. Christina et Peter arrivèrent au chevet d'Aristote quelques heures après le coup de fil d'Artémis. « Nous nous marierons dès que tu iras mieux », annonça d'emblée Christina à son père. Au sourire qui éclairait le visage de ce dernier, elle comprit qu'éprise ou non de Peter, elle l'épouserait.

Le bref éclat d'énergie provoqué par cette nouvelle ne fit pas long feu. Le lendemain, M. Onassis s'était encore affaibli. Le médecin grec qui le soignait à domicile ne manifestant guère d'inquiétude, Jackie en fit venir un autre de Paris. Le praticien informa la famille qu'il fallait l'hospitaliser sur-le-champ et les persuada de le faire entrer à l'Hôpital américain de Neuilly. Aristote ne pesait plus que trente-cinq kilos et n'avait pas la force de s'y opposer. Le professeur Georgakis, Costas Gratsos, Miltos Yiannacopoulos et ses autres amis lui rendaient visite chaque jour et le convainquirent que le moment était venu d'entrer à l'hôpital. Miltos lui parla d'un navire qu'il envisageait d'acheter à Singapour.

« J'irai bientôt le voir là-bas.

— Vas-y maintenant, lui dit Aristote.

— Je préfère attendre que tu ailles mieux.

— Balivernes. Je vais bien. Pars par le prochain vol. »

Miltos s'en voulait beaucoup de laisser son ami dans un tel état, mais il connaissait la fierté d'Aristote. Comme lors de la mort d'Alexandre, ce dernier ne voulait surtout pas montrer ses pleurs ou son désespoir à ses amis.

Miltos prit le premier avion pour Singapour.

Le jour où M. Onassis partit pour l'Hôpital américain, il manda son ami Stélios Papadimitriou à son chevet et lui fit promettre qu'après sa mort il traiterait Christina comme une sœur. Au début, il lui dit qu'il lui donnerait tout l'argent qu'il voulait pour qu'il s'occupe de Christina. Stélios rejeta la proposition d'un éclat de rire. Il considérait comme un honneur de se voir confier la responsabilité de veiller sur Christina jusqu'à la fin de ses jours.

Après le départ de Stélios, Panagiotis prépara M. Onassis pour le conduire à l'aéroport. Il l'habilla et le porta dans ses bras en bas des escaliers jusqu'à la Cadillac. D'une voix très faible, Aristote dit aux domestiques qui s'étaient rassemblés près de la porte pour le voir partir : « Je suis désolé, mais je ne vous reverrai plus. » Tous pleuraient. Sans pouvoir retenir ses larmes, Panagiotis tendit M. Onassis à George Margaritis qui l'installa dans la limousine. Par fierté, M. Onassis aurait voulu marcher jusqu'à la voiture, mais il était trop faible. Il ne parvint même pas à étreindre Panagiotis, l'effort fut trop grand pour lui. Ses bras retombèrent sans énergie le long de son corps. Trop exsangue pour parler, il rassembla toute son énergie pour faire un signe de main à tout le monde. Puis il regarda fixement Panagiotis pendant un semblant d'éternité, avant de dire à George de fermer la portière.

Jackie et Christina l'accompagnèrent par avion à Paris ce 6 février. Le médecin de M. Onassis était aussi du voyage. Aristote tint absolument à passer une nuit avenue Foch avant d'entrer à l'hôpital. Sa femme et sa fille essayèrent en vain de le convaincre de n'en rien faire. Il rassembla ses dernières forces pour entrer debout dans l'appartement. Cette nuit-là, il souffrait tellement qu'il fut incapable de fermer l'œil. Il trébuchait de pièce en pièce en gémissant, essayant sans succès de trouver une place assez confortable pour dormir.

Une petite horde de journalistes et de photographes attendaient son arrivée le lendemain matin devant l'Hôpital américain. Jackie et Christina voulaient les empêcher de le photographier, mais elles ne purent rien y faire. Ils mitraillèrent M. Onassis. On l'installa dans une grande chambre au premier étage, et une équipe de spécialistes entreprit de faire son bilan de santé. Ce soir-là, Jackie rentra avenue Foch, tandis que Christina descendait au Plaza-Athénée. Elles s'adressaient la parole par nécessité, mais Christina entendait ne pas passer une seule nuit sous le même toit que celle qui, dans son esprit, avait apporté le malheur dans sa famille.

Après les examens, les médecins décidèrent de lui enlever la rate. Christina en informa Artémis qui prit le premier avion pour Paris. L'équipe médicale expliqua à M. Onassis qu'il ne survivrait pas sans cette opération. Il voulut rester seul avec son médecin pour lui poser la question qu'il avait posée aux spécialistes, alors qu'Alexandre était sur son lit de mort : « Si je vous fais cadeau de toute ma fortune, pourrez-vous me redonner la santé ? »

Le médecin lui répondit : « Je ne peux pas vous le promettre ». Aristote acquiesça comme s'il connaissait la réponse et lui demanda de le laisser mourir en paix. Mais le médecin le pressa d'accepter l'opération. La chose faite, son état empira encore. Des semaines durant, il fut entre la vie et la mort. Par intermittence et pour quelques heures, il reprenait ses esprits. Durant un de ces moments de répit, Christina lui amena Peter Goulandris et ce dernier lui demanda la main de sa fille. A cause des tubes insérés dans sa gorge, M. Onassis ne put répondre et leur donna son consentement d'un geste de la main, avant de sombrer de nouveau dans le coma.

Mérope et Kalliroi arrivèrent à Paris quelques jours après Artémis et descendirent dans l'appartement de l'avenue Foch. Jackie faisait des allées et venues à bord du Learjet entre Paris et New York, partageant son temps, comme elle l'avait fait durant les six années précédentes, entre son mari et ses enfants. Théodore Garofalidis souffrant, Artémis faisait la navette le plus souvent possible entre Paris et Athènes pour voir son mari. A l'hôpital, elle passait toutes ses journées dans la petite pièce voisine de la chambre de son frère et au lieu d'aller prendre ses repas dehors, les apportait comme toujours sur place. Mérope et Kalliroi faisaient aussi de fréquents allers et retours à Paris.

Je me joignis à la famille à plusieurs reprises. J'entrai deux fois dans la chambre de M. Onassis, mais il était chaque fois à moitié inconscient et ne se rendit pas compte de ma présence. Ses sœurs attendaient dans la pièce adjacente, le regard fixé sur la porte de sa chambre, et n'échangeaient que de rares paroles. On aurait dit que ces femmes étaient plongées dans des pensées si douloureuses qu'elles n'avaient pas la force de les partager. Je me tenais sur le seuil de la porte d'où je regardais ce corps frêle étendu sous les draps, des tubes reliés à ses bras. Comment osez-vous nous faire une chose pareille ? me demandais-je en guettant le moindre mouvement du corps sous les draps.

J'aurais voulu le secouer comme un prunier et lui hurler : « De quel droit nous quittez-vous ainsi ? Vous faites de la peine à tous ceux qui vous aiment. Comment pouvez-vous faire preuve de tant d'égoïsme et de cruauté ? » Je restais là à le fixer, incapable d'assimiler le fait que ce corps insignifiant était celui de M. Aristote Onassis.

De son côté, Maria tentait désespérément de voir son amant. Elle appelait l'hôpital ou l'appartement presque tous les jours. Mais la famille avait donné l'ordre de l'empêcher de le voir ou de lui donner des nouvelles. A l'hôpital, je demandai à chacune des sœurs d'Aristote si on ne pouvait pas faire venir Maria à l'hôpital pendant que Jackie serait à New York. Elles refusèrent toutes les trois, sous prétexte que si un journaliste faisait état de la venue de Maria, ce serait une humiliation pour Jackie.

Ses sœurs prirent sur elles d'interdire à sa maîtresse de le voir une dernière fois. Tant qu'il avait la force de marcher, rien ne pouvait l'empêcher de rencontrer Maria. Maintenant qu'il était entre leurs mains, il ne devait plus la revoir.

Un jour à l'hôpital, je pris mon courage à deux mains pour demander à Christina si on ne pourrait pas autoriser Maria à voir Aristote une dernière fois.

« Pour l'amour du ciel, Kiki ! s'exclama-t-elle d'une voix haineuse. Je n'ai pas davantage envie de la voir ici que Madame. » Elle ne pouvait même plus prononcer le prénom de sa belle-mère.

« Si je pouvais recommencer ma vie, poursuivit-elle en pleurant à chaudes larmes, je ferais tout ce qui est en mon pouvoir pour aider mon père à épouser Maria. Il a commis la plus grave erreur de sa vie en ne le faisant pas. Aujourd'hui, je sais que nous avions tous tort. Si Maria était devenue sa femme, nous ne serions pas ici à le regarder mourir. »

Désespérée, Maria finit par trouver un fil qui la reliait à son amant mourant. Eleni Syros, ancienne domestique d'Aristote désormais au service de Christina, adorait Maria et allait souvent la coiffer à domicile. Elle en profitait pour lui apporter les dernières nouvelles sur l'état de M. Onassis. Bruna, la fidèle femme de chambre de Maria, était également une amie d'Eleni, et elle l'appelait souvent au nom de Maria. Eleni devait faire preuve de prudence, car Christina se serait emportée si elle l'avait surprise en train de parler à Maria. Eleni me confia que Maria était dans un état lamentable et qu'elle aurait tout donné pour jeter ne serait-ce qu'un dernier regard sur son amant. Elle ne s'alimentait plus, ne dormait plus et passait ses journées à attendre des nouvelles d'Eleni. « On a l'impression qu'elle est à moitié morte, me rapporta cette dernière. Elle me dit que chaque fois qu'Aristote ressent une douleur, elle la ressent aussi. Quand il a du mal à respirer, elle aussi étouffe. Je crois que quand M. Onassis mourra, elle mourra aussi. »

Le 15 mars 1975, M. Onassis atteignit son but ultime. Au moment de sa mort, Jackie avait fait un saut à New York, les médecins l'ayant assurée que l'état de son mari était stationnaire et qu'il ne mourrait pas dans les soixante-douze heures. Christina était à son chevet. Elle ne l'avait pas quitté, les six semaines que dura son hospitalisation. Elle essaya de se suicider quelques minutes après le décès de son père. Seul le réflexe de l'un des médecins d'Aristote l'empêcha de le suivre dans la tombe.

Pour son dernier trajet en avion de Paris à Athènes, M. Onassis n'était accompagné que de sa fille, assise près de son cercueil, sous sédatifs. Le Boeing 727 atterrit à Aktion, près de Skorpios. Jackie, soutenue par Ted Kennedy, attendait, en compagnie des trois tantes de Christina. Celle-ci sortit de l'avion. Sa peau cireuse formait un contraste frappant avec ses cheveux noirs, balayés par un vent violent. Ses tantes se la passèrent lentement comme si elle était une poupée de verre qui pouvait se briser à tout moment.

Jackie s'approcha d'elle, l'étreignit gentiment et lui prit la main. Ces deux femmes allaient peut-être se rapprocher après la mort de l'homme qu'elles aimaient toutes les deux. Les photographes et les journalistes ne leur laissèrent aucun répit. Jackie esquissa un sourire, comme un masque pour cacher sa peine. « Que nous est-il arrivé à tous ? » chuchota-t-elle, tandis que nous avancions. Jackie étreignit une à une les trois sœurs, ce sourire triste toujours aux lèvres. Les photographes ne la ratèrent pas.

Christina s'accrocha longuement à moi, jusqu'à ce que ses tantes la détachent de mes bras. Deux voitures attendaient pour nous conduire d'Aktion au port de Nydri, où des petits bateaux nous emmèneraient aux funérailles. Un fourgon transportant le corps de M. Onassis les précédait. On fit monter Christina dans la première voiture avec Jackie et Edward Kennedy. Je pris place avec ses tantes dans la seconde. Peu avant l'arrivée à Nydri, la voiture de Christina s'arrêta. Elle en descendit et monta dans la nôtre. Le visage baigné de larmes, elle s'assit entre Artémis et Kalliroi, le regard fixe et en observant un silence mortel. Artémis lui effleura doucement la main. « Que s'est-il passé dans la voiture ? » demanda-t-elle.

Christina hocha la tête, incapable de parler, et personne ne lui posa d'autres questions.

A l'arrivée à Skorpios, les photographes se ruèrent de nouveau, nous empêchant presque d'atteindre la minuscule chapelle de Panayitsa. La petite chienne Vana attendait pitoyablement sur le rivage le retour de son maître. Comme pour les funérailles d'Alexandre, le temps était gris et pluvieux en cette journée hivernale. Le cercueil de bois tout simple, gravé du nom d'Aristote et du visage du saint dont il portait le nom, attendait à l'intérieur de la chapelle. Un par un, nous nous approchâmes pour déposer une fleur blanche et embrasser le visage du saint. Christina se pencha sur le cercueil. Elle tremblait et oscillait sur place, et je crus qu'elle allait s'effondrer. Peter Goulandris s'avança, la prit par les épaules et l'aida à regagner son siège.

Comme pour l'enterrement d'Alexandros, toute la population de Leucade avait fait la traversée à bord de petits bateaux pour venir rendre un dernier hommage à leur voisin bien-aimé. Dans la mer de visages, à l'extérieur de la chapelle où Aristote et Jackie s'étaient mariés six ans et demi plus tôt, beaucoup pleuraient. « Je le considérais comme mon père », me dirent certains. « Je le considérais comme un frère », me dirent d'autres.

Les trois sœurs, installées sur le même rang, portaient des lunettes noires qui ne dissimulaient pas leurs larmes. Elles sanglotèrent pendant tout le service. Artémis s'éloigna de Christina, toujours soutenue par Peter Goulandris, pour enlacer Jackie. Des cinq femmes, elle semblait la plus forte. Elle ne versa pas un pleur. Artémis paraissait encore plus maigre qu'à l'ordinaire. Elle avait l'air si fragile et subitement si vieille que je craignis de la voir s'effondrer. Quand je l'étreignis, elle me chuchota : « Kiki, j'ai tellement peur pour Christina. Comment va-t-elle supporter une telle douleur ? »

Stassa Voivoda, la belle-mère du frère de Tina, George Livanos, prit Christina dans ses bras. Cette vieille dame adorait Aristote. « Vous pouvez rester à Lagonissi aussi longtemps que vous voudrez », lui dit Christina à travers ses larmes. Elle se conduisait comme son père l'aurait aimé : dans son chagrin, elle pensait à une personne moins fortunée qu'elle et faisait ce qu'elle pouvait pour l'aider. Christina adorait son oncle George, ainsi que la femme et la belle-mère de ce dernier. Peut-être trouverait-elle une raison de vivre en se penchant sur le sort des autres.

Tous les amis et associés d'Aristote le pleuraient. Son proche conseiller, Miltos Yiannacopoulos, se trouvait à Singapour, bouleversé de ne pas pouvoir assister à ses funérailles. Son ami d'enfance, Costas Gratsos, se tenait près d'Asta, l'air hébété. Le professeur Georgakis paraissait tout aussi égaré. Son humour et son assurance s'étaient évaporés, comme s'il ne pouvait pas imaginer la vie sans son cher ami. Costas Konialidis ne cachait pas ses larmes. Costas avait toujours travaillé très dur, parfois vingt-quatre heures d'affilée, pour Olympic Airways. Mais en dépit de sa fatigue, son visage s'éclairait chaque fois qu'Aristote entrait dans nos bureaux. Les problèmes qui les avaient séparés par le passé étaient oubliés depuis longtemps. Davantage encore que cousins, ils étaient frères. Sa femme, Ritsa, me chuchota : « Comment allons-nous nous en sortir sans lui ? »

Pendant le service, à de nombreuses reprises des personnes de l'assistance chuchotèrent le nom de Maria : « Où est-elle ? demandaient-ils. Où est sa Maria bien-aimée ? »

« Si quelqu'un devrait être ici, c'est bien elle. » Mais Maria brillait par son absence. Eleni m'avait dit qu'elle avait essayé d'aller en Floride, mais qu'elle n'avait pas supporté de rester là-bas. Elle avait donc repris l'avion pour Paris où elle était inondée de lettres de condoléances.

« Quand il était mourant, je mourais avec lui, avait-elle confié à Eleni. Quand ils lui faisaient une piqûre, je sentais l'aiguille dans mon bras. Quand ils ont éteint les machines qui le maintenaient en vie, mon cœur s'est arrêté. Maintenant qu'il est mort, j'ai l'impression que j'étais sa femme. Tous ceux qui me téléphonent me considèrent comme telle et sont navrés de ma perte. Pourtant, quand il avait le plus besoin de moi, je n'ai pas été là pour lui. Comment pourrai-je me pardonner de ne pas les avoir tous défiés en me rendant à son chevet ? »

Au cours du service, je me retournai à plusieurs reprises, persuadée que Maria allait entrer dans la chapelle, vêtue de noir, et prendre sa place de maîtresse pleurant son amant bien-aimé. Mais par orgueil et par respect pour la famille de son amant, elle ne se montra pas dans le seul endroit où elle se languissait d'être. Un sacrifice d'une noblesse dont peu de femmes auraient été capables.

Quelques personnes chuchotèrent *atyhya* (malédiction) pendant le service. Heureusement, Jackie ne paraissait pas l'avoir entendu. Cette mort n'avait fait qu'augmenter le nombre de ceux qui croyaient que Jackie Kennedy avait causé la destruction de la famille Onassis.

A la fin de la cérémonie, nous défilâmes de nouveau un à un devant le cercueil. J'attendis que tous les membres de la famille soient passés. Je me penchai pour embrasser le visage du saint. A travers mes larmes, je vis se dessiner le mausolée d'Alexandre derrière la chapelle. Aristote était enfin heureux. Il avait accompli exactement ce qu'il avait décidé de faire. A présent, il était aux côtés de son bien-aimé Alexandros. Lentement, je m'éloignai.

Christina s'adressa aux employés de Skorpios. « Maintenant, vous êtes ma famille. Je n'ai plus que vous. »

Au loin, le *Christina* avait son pavillon en berne. Son heure de gloire appartenait au passé. L'espace d'un instant, Aristote m'apparut en plein soleil sur le pont de son navire, en short et chemisette ouverte, les cheveux emmêlés par le vent, un cigare aux lèvres et un verre d'ouzo à la main. Il contemplait la mer en silence, fasciné par le monde qui s'offrait à lui, savourant les plaisirs avec une énergie et une intelligence rares. Il était le capitaine de son navire, le maître de son propre univers. Maintenant il avait quitté ce monde qu'il ne voulait plus habiter, incapable de survivre à son fils. Personne n'avait pu le faire changer d'avis, pas même la femme à qui on avait interdit de venir lui dire un dernier adieu.

Nous retournâmes en avion à Athènes le jour-même. Les journalistes supplièrent Jackie de faire une déclaration. Elle leur dit qu'Aristote était un homme absolument unique qui lui avait enseigné beaucoup de choses sur la vie. Elle affirma qu'elle ne cesserait jamais de l'aimer, à cause de tout ce qu'il avait fait pour elle. Jackie resta quelques jours près d'Artémis, puis repartit pour New York. Elle revint deux fois à Skorpios, dont l'une pour le service commémoratif marquant la fin de la période de deuil de quarante jours.

Tout cela n'était qu'un rêve. Aristote Onassis allait apparaître subitement, hocher la tête d'incrédulité devant ce spectacle, aboyer une dizaine d'ordres en exigeant d'être obéi sur-le-champ et continuer à régner sur l'île de Skorpios et au-delà de ses rivages luxuriants. Mais ce n'était qu'une illusion.

14

Les tragiques Onassis

Christina, en l'espace de deux ans, avait perdu son frère, sa mère et son père. Comment une femme aussi fragile allait-elle résister à de telles épreuves ?

Artémis me suppliait de passer davantage de temps avec Christina. « Elle t'écoutera. Tu es beaucoup plus proche d'elle en âge que nous. Tu sais qu'elle ne supporte pas la solitude. Promets-moi de veiller sur elle. » Je le lui promis, mais il se passait des choses dans ma vie privée.

Le schéma ne changea pas : Artémis tenait toujours à ma présence à ses dîners. Il était douloureux d'être à sa table devant tous ces sièges vides. Aristote, Alexandre et Jackie n'étaient plus là. Le professeur Garofalidis était trop souffrant pour se joindre à nous, et Christina en voyage ou dehors avec des amis. Pablo Ioannidis, président d'Olympic Airways et de la fondation Alexandre S. Onassis — nom donné à tous les biens et entreprises de M. Onassis après son décès —, restait fidèle à la sœur de son ami et assistait souvent aux dîners d'Artémis avec sa femme, Katia, et Stélios Papadimitriou.

Artémis s'appuyait de plus en plus sur Pablo et sur ses conseils, surtout en ce qui concernait Christina. Elle le chargeait de demander à sa nièce de voyager moins et passer davantage de temps à Athènes. Le recours à un intermédiaire pour communiquer avec les membres de sa famille était un de ses traits de caractère. Pablo s'y prêta de bonne grâce. Comme Christina le respectait, elle ne lui en voulut pas de s'immiscer dans sa vie et écouta ses suggestions.

Les coups de téléphone quasi quotidiens que lui passait Jackie de New York éclairaient ses journées. Kalliroi et Mérope, conscientes de la solitude de leur aînée, lui rendaient visite le plus souvent possible. Certains soirs, nous restions assises toutes les quatre dans le salon de Glyfada sans un mot. Comme si le chagrin nous dépassait. Nous ne trouvions pas la force de nous entraider.

Les amies d'Artémis continuaient à venir la voir, mais elle n'avait plus grand-chose à leur dire. Elle se contentait souvent de les fixer en silence. « Le jour où mon frère est mort, Kiki, j'ai eu l'impression de mourir aussi », disait-elle. Son caractère devint de plus en plus difficile. Elle laissait de plus en plus souvent la vodka parler à sa place. Ces soirs-là, en dépit de ses paroles souvent cruelles, j'étais presque soulagée de l'entendre s'exprimer.

Artémis essayait de me culpabiliser à propos de mes prétendants : « Il est temps que tu t'installes. Je te souhaite de rencontrer l'homme qu'il te faut, de te marier et d'avoir des enfants. Mais n'abandonne pas Christina. »

Christina, à la surprise générale et de ses tantes, se mit à manifester un vif intérêt pour les affaires de son père et, en un laps de temps relativement court, se transforma en femme d'affaires efficace. En Grecque typique, elle avait toujours eu un comportement très direct. Elle n'hésitait jamais à exprimer ses sentiments et ne dissimulait jamais sa pensée. Elle ne supportait pas les flatteries et s'efforçait d'entretenir des relations basées sur l'honnêteté. Elle n'avait plus rien à voir avec l'adolescente inconstante de dix-sept ans qui n'avait pas été capable de tenir plus de six mois dans le bureau de son père. Sept ans plus tard, elle entendait démontrer qu'elle avait appris quelque chose de lui, même si elle n'avait pas travaillé sous ses ordres. Elle tint à établir une distinction méticuleuse entre les biens qui lui appartenaient et ceux qui relevaient de la fondation Alexandre S. Onassis. Aidée de Stélios Papadimitriou, qui remplissait ainsi la promesse faite à son père et que Miltos Yiannacopoulos aida plus tard à devenir président de la Fondation Onassis, elle étudia les documents légaux jusqu'à ce que soient clairement établies les divisions entre ces deux entreprises. Une tâche monumentale, mais elle fut à la hauteur. Costas Gratsos, le professeur Georgakis et Miltos Yiannacopoulos n'en revenaient pas de ce changement, et la soutinrent inconditionnellement.

Christina tenait absolument à assister à toutes les réunions avec les collaborateurs de son père, suggérant maintes solutions pratiques à des problèmes urgents. Elle fit preuve d'un sens des affaires qui rappelait celui d'Aristote Onassis. Tous les membres des entreprises essayaient de se rapprocher d'elle et de nouer avec elle des liens d'amitié. Très vite, elle sut d'instinct discerner ceux auxquels elle pouvait se fier et qui seraient un atout dans ses affaires. Elle assuma ce nouveau rôle avec naturel et succès.

Marchant sur les traces de son père, elle en imposait dans les réunions à Athènes, New York, Monte-Carlo ou Genève. Vêtue d'un tailleur strict, sérieuse, professionnelle, au courant des affaires en cours, elle gardait son calme. Pour la première fois de sa vie, elle suscitait le respect chez les associés de son père. Elle ne se contentait pas d'être l'héritière du patron, sa voix comptait de plus en plus au sein de la Fondation Onassis. Elle m'appelait souvent pour me faire part de son dernier succès, qu'il s'agisse de l'achat d'un nouveau navire ou d'une réunion tumultueuse qu'elle avait présidée.

Tandis que Christina se taillait une réputation dans les affaires, je partageais mes journées entre mes matinées dans les bureaux d'Olympic Airways et mes après-midi au siège de Springfield, 4, rue Kriezotou, où je travaillais pour le département armateur. Le matin, je m'occupais d'avions ; l'après-midi, de bateaux. Je choisis, en 1977, de me consacrer entièrement à Olympic Airways, où je devins directrice du département des subventions à l'aéroport Ouest jusqu'en 1995. Et je gardais des relations très solides avec les membres de la famille Onassis.

Hors affaires, la vie privée de Christina continuait à être une succession de hauts et de bas, avec malheureusement davantage de défaites que de victoires. Artémis continuait à déplorer son incapacité à séduire les hommes : « Elle s'avère douée pour les affaires, tant mieux. Mais elle a besoin de se marier. Une femme à la tête d'une telle fortune ne doit pas rester célibataire. C'est dangereux. Peter Goulandris aurait fait un mari idéal. »

Elle ne se remit jamais de la manière dont la relation de Christina et de Peter s'en était allée à vau-l'eau, sans raison apparente. A la seconde où son père mourut, Christina se désintéressa de Peter. Elle ne l'avait jamais aimé.

« Elle ne trouvera jamais personne comme lui. Il était intelligent et il n'avait pas besoin de son argent. » Artémis n'était pas du genre à baisser les bras. Quand elle comprit qu'il n'y avait plus aucun espoir du côté de Peter, elle endossa de nouveau son rôle de marieuse et chercha un homme qui ferait un époux convenable pour sa nièce. Depuis la mort de son frère et de son neveu, elle craignait qu'une personne haïssant la famille Onassis n'attente à la vie de Christina. Christina finit, elle aussi, par exprimer la même peur. Elle était en permanence surveillée par des gardes du corps, mais une célibataire à la tête d'une fortune aussi gigantesque, seule survivante d'une famille qui avait connu de telles tragédies, courait certains dangers. Elle avait toujours pensé que son frère et sa mère n'étaient pas décédés de mort naturelle. Etait-elle vraiment en sécurité ? Artémis porta son choix sur Alexandre Andréadis, fils d'un armateur fortuné et propriétaire de la Banque Commerciale grecque, comme époux possible pour sa nièce.

L'étape suivante consista à inviter M. et Mme Andréadis à Glyfada pour leur parler longuement de sa nièce. Une fois assurée qu'ils étaient bien disposés à son égard, Artémis organisa une rencontre entre Christina et Alexandre. Il plut tout de suite à Christina qui accepta l'idée d'une croisière sur le *Christina* avec lui, chaperonnée par Artémis. La croisière fut couronnée de succès. Dès leur retour à Athènes, Christina et Alexandre se fiancèrent. Artémis était au bord de l'extase. Sa nièce était enfin casée. Christina nourrissait de grands espoirs et imaginait qu'Alexandre Andréadis la rendrait plus heureuse que Peter Goulandris.

Le mariage fut célébré le 22 juillet 1975, quatre mois jour pour jour après la mort d'Aristote, dans l'église d'Axoni, à Glyfada. La modestie de l'église ne permit pas à plus de quarante personnes d'y assister.

Dans l'assistance se trouvait Jackie ; Christina l'avait invitée sur l'insistance de ses tantes, leur accordant une très grande concession. Immédiatement après la mort de son père, Christina avait fait clairement comprendre à Artémis que la présence de Jackie était désormais indésirable à Glyfada. Christina aurait voulu empêcher sa belle-mère d'hériter de M. Onassis. Mais conformément à la loi grecque, Jackie était en droit de recevoir une part de la fortune de son mari, et Christina ne pouvait pas y faire grand-chose.

Artémis n'avait pu convaincre sa nièce de se montrer plus accommodante à l'égard de Jackie. Christina continuait à répéter que cette dernière portait malheur et la tenait pour responsable des catastrophes qui accablaient les Onassis. Elle finit néanmoins par conclure un accord financier avec Jackie, au terme duquel sa belle-mère reçut 26 millions de dollars, ce qui l'empêchait de recevoir un quart de toute la fortune Onassis. Le nouveau testament qu'Aristote avait rédigé entre Acapulco et Athènes stipulait la création de la Fondation Alexandre Onassis et la construction d'un hôpital, baptisé Onassium, en mémoire du père et du fils, avenue Syngrou. Ce testament limitait aussi le montant dont hériterait Jackie. Mais Christina ne voulait pas courir le risque que sa belle-mère le conteste.

Aristote ne léguait rien à Maria dans ce nouveau testament.

Selon Artémis, il lui avait dit qu'elle était riche et n'avait pas besoin d'argent. « Notre relation est plus forte que l'argent, avait-il déclaré à Maria quelques mois avant de mourir. Tu n'as pas besoin d'argent pour savoir que je t'aime. »

En ce qui concernait la part de Jackie, Christina affirma à sa tante qu'elle était enchantée de s'en être sortie avec une somme aussi dérisoire à ses yeux. « Je lui aurais volontiers donné davantage pour ne plus jamais la voir », déclara-t-elle.

Artémis comprit dans quelle rage se mettrait sa nièce si elle recevait Jackie à Glyfada quand elle venait en Grèce et elle céda, le cœur gros, à sa demande. Jackie descendit à chacun de ses voyages chez son ami, Niki Goulandris. Artémis et elle se parlaient tous les jours et se rencontraient à l'insu de Christina.

Artémis interpréta le fait que Christina accepte d'inviter Jackie à son mariage intime, mais aussi qu'elle reste quelques jours à Glyfada, comme le signe que sa nièce grandissait enfin et qu'elle parvenait à se maîtriser. « Jackie a tellement à lui apprendre, me répétait-elle. Si seulement elle voulait l'écouter ! » Mais Christina précisa bien que c'était la dernière fois que Jackie mettrait les pieds à Glyfada.

Le jour du mariage de Christina, le nuage noir suspendu au-dessus de la famille Onassis depuis la mort d'Aristote parut s'écarter. Tous les invités étaient habillés de couleurs vives et paraissaient heureux, non seulement pour Christina, mais à l'idée que son père aurait approuvé cette union avec le fils d'une famille grecque estimable.

Jackie, vêtue d'une longue jupe noire et d'un corsage blanc, était particulièrement en forme et contente pour Christina. Elle fit du charme à la famille Andréadis et Christina comprit que sa présence et son raffinement étaient un atout pour sa propre famille. Jackie l'étreignit et lui dit qu'elle la trouvait en beauté. De son côté, Christina la remercia d'avoir fait le déplacement. Artémis, radieuse, assista à cette scène en s'illusionnant encore sur l'éventualité d'une entente entre sa nièce et son ex-belle-sœur.

« Alexandre a l'air d'être l'homme idéal pour Christina, me dit Jackie avant la cérémonie. Je suis vraiment contente que cette fille ait enfin trouvé le bonheur. » Puis elle demanda des nouvelles de tout le monde. Nous plaisantions à propos du fait que les premières années d'un mariage sont toujours agréables, quand Artémis se joignit à nous. Jackie la prit par les épaules et elles se plongèrent dans une conversation personnelle.

Christina ne paraissait pas en vouloir à Jackie d'assister à son mariage, car ce jour-là, elle avait d'autres problèmes : l'éblouissement des flashes des paparazzi la dérangeait davantage que la présence de son ex-belle-mère. Les deux familles avaient déployé de grands efforts pour que le mariage se déroule dans l'intimité, mais une horde de journalistes et de photographes assaillit le jeune couple à leur entrée dans l'église. Christina fut conduite à l'autel par son oncle, Théodore Garofalidis. Sa haine viscérale des paparazzi s'était transformée en peur panique depuis la mort de son père. Elle était terrifiée à la pensée que son mariage allait se transformer en cirque médiatique, c'est pourquoi elle avait choisi la petite église d'Athènes en mettant seulement la famille dans la confidence.

Cela n'empêcha pas une foule de badauds, de journalistes et de photographes d'envahir la place autour du minuscule édifice et de faire des pieds et des mains pour entrevoir la mariée. Christina, terrifiée et furieuse de se voir refuser l'intimité souhaitée, fondit en larmes à leur vue. Mais au lieu de s'effondrer au moment de pénétrer dans l'église, elle se ressaisit et les fixa avec un sourire figé. « Je me transforme en *Kyria*, me souffla-t-elle au passage. Je souris malgré moi. » Les invités parvinrent à se frayer un chemin au milieu des paparazzi. L'église débordait de roses roses et blanches, la mariée était mince et belle. Et elle souriait.

Après la cérémonie, un petit groupe de parents et d'amis se rendit chez les Andréadis qui donnaient un dîner. Le spectacle de Christina aux côtés de son mari, radieux et beau, nous convainquit qu'elle avait enfin trouvé le bonheur...

Dès le début, des problèmes surgirent dans le jeune ménage. Christina refusa d'abandonner les affaires et continua à travailler avec acharnement. De son côté, Alexandre ne manifestait guère de goût pour le travail, et il préférait de loin les motos à sa femme. Christina ne fut néanmoins jamais plus jolie qu'à cette époque. Elle était assez mince et soignée, plus calme et posée qu'elle ne l'avait jamais été. Malheureusement, Alexandre ne resta pas longtemps le beau garçon qu'il était le jour du mariage. En un rien de temps, il prit énormément de poids, au grand dam de Christina. « J'ai fait tellement d'efforts pour maigrir, me dit-elle. Comment ai-je bien pu épouser un homme qui grossit chaque fois que je le regarde ? »

J'étais moi-même sur le point de me marier et j'avais conscience qu'il faut se battre pour réussir son couple. Je lui conseillai de se concentrer sur son travail et sur ses réussites professionnelles. Elle me rétorqua que le travail et l'estime de soi ne lui posaient aucun problème. Le choix de ses maris, si.

En public, Christina donnait l'impression d'aimer Alexandre. Elle paraissait même répugner à le partager. Durant leurs fiançailles et les premiers mois de leur mariage, elle ne l'amena que très rarement dîner à Glyfada. Elle préférait rester en tête à tête avec lui. Un jour, elle alla à Skorpios avec lui et y retrouva Artémis et Roula. Artémis suggéra un déjeuner à quatre, mais Christina refusa : « J'aime bien être seule avec Alexandre. » Les nouveaux mariés déjeunèrent dans une pièce du *Christina* et Artémis et Roula dans une autre. Christina appliquait ce schéma à tous les hommes qui partagèrent sa vie. Lorsqu'elle avait un compagnon, elle le voulait pour elle toute seule. Le reste du temps, elle avait un besoin maladif de rassembler autour d'elle le plus d'amis et de membres de sa famille possible. La seule chose qu'elle ne tolérait pas, ne serait-ce que quelques minutes, était de rester seule.

Alexandre se brisa la jambe en moto à Skorpios et la rumeur se répandit que Christina en avait profité pour faire une escapade amoureuse avec Peter Goulandris en Suisse. Elle me jura ses grands dieux qu'elle s'était rendue là-bas pour affaires, non pour voir Peter. Mais Alexandre et Christina se querellaient désormais souvent en public.

Leurs disputes alarmaient Artémis. « Mais qu'est-ce qui leur prend ? Pourquoi ne s'entendent-ils pas comme les autres couples ? me demandait-elle.

— Ils ont simplement besoin de se faire à leur vie commune. Leur fortune en a fait des enfants trop gâtés. Avec le temps, ils apprendront à établir une véritable relation conjugale. » Mais deux ans plus tard, en juillet 1977, leur mariage fut officiellement rompu.

Durant ce bref mariage de Christina, je me mariai moi aussi. J'avais rencontré George Moutsatsos dans les bureaux du ministère de la Communication en 1976. George était grand, beau, avec des cheveux blonds bouclés et de superbes yeux verts. J'étais venue traiter une affaire pour le compte d'Olympic Airways, tandis que George était là en qualité d'ingénieur en chef de la compagnie de pétroliers Latsis. Nous entamâmes une conversation et outre son physique séduisant, son intelligence me frappa tout de suite. George avait travaillé brièvement sur plusieurs des pétroliers de M. Onassis et il connaissait beaucoup de monde dans ses entreprises.

Il avait douze ans de plus que moi, mais notre amour naquit

très vite. Moins d'un an après notre rencontre, nous décidâmes de nous marier. Maintenant que M. Onassis et Alexandre étaient morts, le mariage m'apparaissait comme une chose importante. Ils me manquaient tous les deux et je me languissais de trouver quelqu'un qui remplirait ce vide. George Moutsatsos n'aurait pu apparaître à un meilleur moment.

Mes fiançailles enchantèrent Artémis. Elle s'occupa des préparatifs de mon mariage, m'aida à choisir ma robe de mariée et me fit cadeau d'une croix en or incrustée de diamants que je portai le grand jour. Elle accepta d'être la *koumbara* à mon mariage et tint absolument à mettre à notre disposition la Cadillac noire d'Aristote et de Jackie, pilotée bien entendu par George Margaritis, qui nous conduisit à la petite église Saint-Dimitris Loubadiaris, sur la colline de Philopapou, juste sous l'Acropole.

Mes parents furent enchantés par ma *koumbara* et fiers de voir la famille Onassis assister à mon mariage. Mérope et Kalliroi, accompagnées de leurs époux et de leur famille, étaient là, ainsi que de nombreux collaborateurs et amis d'Aristote. En cette belle journée, tous ceux que j'avais connus depuis mon entrée à Olympic Airways dix ans plus tôt étaient venus. Seuls manquaient à l'appel M. Onassis et Alexandre.

Dès que je commençai à sortir avec George, Artémis l'accueillit chez elle. Elle lui demanda la première quand il allait m'épouser, lui représenta que j'étais une jeune femme innocente et qu'elle ne tolérerait aucune inconduite de sa part. « Si vos intentions sont honorables, vous devez l'épouser vite, lui dit-elle après notre troisième dîner à Glyfada. Sinon, mettez tout de suite un terme à votre relation. »

George, loin d'en vouloir à Artémis de se montrer si directe, l'aima tout de suite. Il comprit qu'elle tenait une place importante dans ma vie et prit l'habitude de m'accompagner régulièrement à Glyfada. Elle se reposa vite sur lui, qu'il s'agisse de sa voiture, de sa santé, de sa maison ou de ses finances George l'aidait par tous les moyens. Je fus heureuse de voir l'affection grandir entre les deux êtres qui m'étaient les plus chers.

Le 7 août 1978, je donnai naissance à mon fils aîné. En larmes, Artémis me demanda si j'acceptais de l'appeler Alexandre, en souvenir de son neveu chéri. J'acceptai tout de suite et en éprouvai une joie douce-amère. Au mois de février suivant, en l'église Saint-Artemios de Pakrati, Artémis porta mon fils sur les fonts baptismaux. Elle avait offert des croix d'or à tout le monde ainsi qu'une robe de velours rouge à son filleul. Elle remit aussi une très grosse somme d'argent au pope qui célébra la cérémonie. Depuis la mort d'Aristote, elle était plus frêle que jamais et elle eut de la peine à porter mon bébé pendant la cérémonie. Mais avec l'aide de mon mari qui se tenait derrière elle, Artémis oignit son filleul d'huile et l'enveloppa dans la grande serviette blanche avant de lui enfiler sa robe de baptême de velours rouge.

En regardant Artémis embrasser affectueusement mon fils, je fus à de nombreuses reprises, au cours de cette froide journée de février, envahie de bouffées d'espoir et d'amour. Mon fils ne remplacerait jamais la personne unique dont il portait le nom, mais il apporterait amour et bonheur à ceux qui l'avaient tant aimé.

Moins d'une semaine après la naissance de mon fils, Christina se remaria. Le nouvel élu, Serguei Kauzov, trente-cinq ans, chef du département des pétroliers de la marine soviétique, était russe. Elle avait fait sa connaissance en octobre 1976, alors qu'elle menait des négociations afin de louer à bail ses plus petits vraquiers aux Soviétiques, pour une période de cinq ans. À l'époque, Kauzov était marié à une violoncelliste soviétique, avec laquelle il avait une fille de huit ans.

Christina, toujours mariée à Andréadis, s'éprit vite de lui. Ils se virent à Paris et firent une escapade amoureuse à Monte-Carlo. Leur alliance n'avait rien d'orthodoxe : un communiste soviétique faisant la cour à une capitaliste grecque avait déjà de quoi étonner, mais l'identité de cette capitaliste, héritière de la fortune Onassis, rendait la chose encore plus sidérante. Ce fut d'ailleurs le côté improbable de leur relation qui convainquit Christina qu'elle devait absolument l'épouser. Physiquement déjà, ils formaient un couple mal assorti. Avec son mètre soixante-deux, Kauzov était plus petit qu'elle, et le contraste entre sa blondeur ordinaire et la peau sombre, les cheveux de jais et les yeux noirs de Christina était frappant. Le port d'un œil de verre bleu, résultat d'un accident d'enfance, qu'il enlevait souvent en public, participa à la séduction théâtrale que Serguei exerçait sur elle.

Un tel mariage provoqua scepticisme et inquiétude dans l'entourage de Christina. Mais elle se montra intraitable : en Serguei, elle avait enfin trouvé l'homme capable de lui apporter le bonheur qui lui échappait.

« Il me rappelle mon père, me confia-t-elle lors d'un déjeuner en tête à tête. Ils ne se ressemblent absolument pas physiquement, mais il possède la même forme d'intelligence et de charme que lui. Je suis certaine qu'il lui aurait plu. »

Christina pleurait toujours son père et son frère et allait souvent à Skorpios déposer des fleurs sur leurs tombes. Dès qu'elle les évoquait, elle fondait en larmes. Elle parlait aussi de sa mère en déplorant qu'elle n'ait trouvé le bonheur dans aucun de ses mariages. « Je ne veux pas commettre la même erreur que mes parents, me dit-elle. Je ne passerai pas à côté du seul homme qui m'apportera le bonheur. » Elle n'avait pas changé : comme autrefois, elle cherchait le parfait amour qui pourrait la guérir de tous les maux dont elle souffrait.

Je rencontrai Serguei pour la première fois lors d'une réception donnée par Kalliroi à Lagonissi pour le jeune couple et compris pourquoi Christina le comparait à son père. Il possédait un charisme qui rappelait, à une bien moindre échelle, le magnétisme d'Aristote Onassis. Serguei ne parlait pas grec et il ne s'exprima que fort peu lors de cette soirée, mais chaque réflexion qu'il fit, dans un français parfait, méritait l'attention. Comme Aristote, il restait assis dans une pièce pleine de monde à écouter les autres parler sans dire grand-chose. Et subitement, il lançait une remarque provocatrice, que ce soit sur la politique ou la religion, qui captivait l'assistance.

Par-dessus tout, il était clair que Serguei Kauzov aimait Christina. Je n'avais vu aucun des hommes de sa vie lui manifester une telle dévotion. Toute la soirée, il la suivit d'un regard admiratif et adorateur. Christina était fière et comblée par ce nouvel amour qui la faisait rayonner. Avait-elle trouvé enfin l'homme qui lui apporterait le bonheur ?

Le dîner et la soirée donnés par Kalliroi furent très gais. Elle s'était surpassée pour les desserts. Christina, en robe noire créée par Roula, était éclatante. Elle avait perdu le poids qu'elle avait pris dès que son mariage avec Andréadis avait commencé à battre de l'aile, et elle se contenta de picorer dans son assiette. Elle n'avait d'yeux que pour son Russe blond.

Comme à l'accoutumée, Artémis approuvait le nouveau prétendant de sa nièce. « Je trouve vraiment qu'il sort de l'ordinaire », me dit-elle ce soir-là dans la voiture qui nous ramenait à Athènes. Il est intelligent et très séduisant. Je ne désire que le bonheur de Christina et j'ai l'impression qu'il va la rendre heureuse. »

Costas Gratsos fut plus difficile à convaincre. Il essaya de démontrer à Christina toutes les ramifications qu'impliquerait un mariage avec un communiste soviétique, les conséquences qu'il aurait sur les affaires de la Fondation Onassis au Moyen-Orient et aux États-Unis. Mais il finit par se ranger du côté de Christina et par la soutenir comme il pensait que l'aurait fait son père. Ce fut lui qui obtint la permission que Serguei l'épouse lors d'une courte cérémonie civile moscovite. Aucun membre de la famille Onassis n'assista à ce mariage ; seule la mère de Serguei, Maria, se trouvait auprès du jeune couple. Christina portait une robe blanche toute simple, et tenait un petit bouquet de fleurs. Serguei était en costume bleu marine. La foule de journalistes et de photographes gâcha une fois de plus le bonheur sans mélange qu'aurait dû éprouver Christina.

Ce mariage comportait une autre difficulté : Christina se retrouvait séparée de sa fidèle femme de chambre et confidente, Eleni Syros, qui était à son service depuis 1973. Eleni et son mari, George, avaient été les domestiques préférés d'Aristote à Paris et à Skorpios. Après la mort d'Alexandre, il les avait laissés au service de sa fille. Christina croyait qu'Eleni et George l'accompagneraient à Moscou, mais la bureaucratie soviétique ne permettait même pas à une milliardaire grecque d'avoir des employés de maison. Christina fut obligée de vivre avec son mari et sa belle-mère dans un appartement de Moscou comprenant en tout et pour tout deux chambres et une salle de bains. La dernière fois que je la vis avant son mariage, elle m'assura qu'elle n'aurait pas de difficultés à vivre en Union soviétique avec son mari. « Même si je dois habiter dans une baraque minuscule et sombre, ça n'a pas d'importance. Eleni va bien sûr beaucoup me manquer, mais tout ira bien, du moment que je vis sous le même toit que Serguei. »

Ce jour-là, je notai qu'elle avait commencé à reprendre une partie du poids perdu lorsqu'elle était tombée amoureuse de Serguei, mais elle restait convaincue que son mariage lui apporterait félicité et minceur. Ce fut un échec sur tous les plans. Il faisait très froid à Moscou et les conditions de vie n'y étaient pas faciles. Comme elle ne pouvait pas s'y procurer son Coca de régime, la nouvelle mariée se remit à enfler à toute allure. Christina persévéra pourtant. Lors d'une célébration à Skorpios où elle vint en compagnie de Serguei, elle apparut toujours aussi éprise de son époux.

Durant cette triste et brève union, Christina continua à travailler pour la Fondation Onassis avec autant de diligence qu'avant. Bien que mariée à un Soviétique, elle continua à assister à presque toutes ses réunions, quel que soit le lieu où elles se tenaient. Seul un petit nombre de membres de la Fondation Onassis approuvaient son mariage et beaucoup exprimaient ouvertement l'espoir qu'elle divorcerait de Serguei. De son côté, Costas Gratsos me confia que Christina serait sous peu en mesure de régler tous les problèmes importants sans l'aide de ses associés. La manière dont elle s'en sortait, dans le monde des affaires dominé par les hommes, mariée de plus à un Soviétique et résidant à Moscou, le stupéfiait.

Peu après avoir épousé Serguei, Christina reçut un appel téléphonique de sa tante Artémis. Cette dernière lui annonça qu'elle était souffrante et lui demanda de venir le plus vite possible en Grèce. Christina sauta dans le premier avion en partance pour Athènes et fut tout étonnée de trouver sa tante en parfaite santé. Comme elle était venue seule, Artémis en conclut que son mariage battait de l'aile et qu'elle allait rentrer en Grèce. Artémis avait retourné sa veste : apprenant que Christina était malheureuse à Moscou, elle avait décidé qu'il valait mieux qu'elle vive seule en Grèce qu'avec Serguei là-bas ! Elle accueillit sa nièce en lui demandant de lui pardonner de l'avoir inquiétée : « Tu me manquais tellement que je voulais absolument te voir. Te savoir seule à Moscou m'a fait perdre la tête, j'en ai bien peur. »

Christina serra la vieille dame fragile contre son cœur. « Ce n'est pas loin du tout, l'assura-t-elle. Chaque fois que tu veux me voir, tu n'as qu'à m'appeler et je viendrai au plus vite. » Pendant quelques jours, Artémis fut convaincue que le mariage était terminé et que Christina ne repartirait pas pour Moscou. Mais à la fin de la semaine, Christina quittait Athènes pour retourner auprès de son mari.

Le souhait d'Artémis se concrétisa malheureusement rapidement. Les rigueurs de l'hiver moscovite, la difficulté de trouver un logement adéquat, la répulsion que lui inspirait la nourriture russe et l'absence de vie mondaine étaient des obstacles que Christina serait peut-être parvenue à surmonter avec le temps. Mais elle n'était pas de taille à vaincre l'aversion que lui manifestaient les compatriotes de son mari. Partout où elle allait, Christina ne rencontrait que désapprobation. Elle était une capitaliste vivant dans une société communiste, et elle ne se sentait nulle part en sécurité. L'obscurité de l'hiver russe nourrissait le côté sombre de son caractère et elle continua à prendre du poids, tandis que son moral dégringolait. L'adoration qu'elle portait à son mari ne pouvait compenser la haine que lui inspirait ce pays terne et hostile.

Lorsque Serguei et Christina, évitant des kilomètres de paperasseries, se virent attribuer un appartement de sept pièces sur Tyopoly Stan, près du Jardin botanique, la décoration de leur nouveau foyer s'avéra une tâche impossible. Le simple achat d'un réfrigérateur ou d'un pot de peinture relevait de l'exploit. En proie à une frustration intense, Christina bouillait d'impatience. Elle persévéra encore un peu, car elle se refusait à quitter ce pays sans lutter. Elle offrit un pétrolier de trois millions de dollars à son mari pour son trente-sixième anniversaire, avec lequel il créa sa propre entreprise.

Malheureusement, ils commencèrent à se quereller. Lors de son voyage suivant en Grèce, Christina vint seule et se plaignit amèrement de sa vie en Union soviétique. « Si Serguei pouvait partir, nous aurions une chance, expliqua-t-elle à sa tante qui l'écoutait avec sympathie. Mais je ne sais pas s'il y parviendra un jour. Je ne veux pas m'encroûter là-bas et vieillir en Union soviétique. »

Elle tint parole. Au mois de novembre, Christina demanda le divorce. Et elle offrit un autre pétrolier à Kauzov, l'*Olympic Phaeton*, en cadeau d'adieu. Dès le mois de décembre, elle était à Saint-Moritz pour les fêtes de Noël.

Au début, sa liberté retrouvée lui procura un sentiment d'allégresse. Mais très vite, elle retomba dans les idées noires. A tel point qu'Artémis se demandait si elle n'avait pas eu tort de souhaiter l'échec de son mariage. « Qu'est-ce qui ne va pas chez ma nièce ? ne cessait-elle de me demander, l'air aussi égarée que Christina. Elle a vingt-huit ans et elle est toujours seule. Pourquoi ne parvient-elle pas à faire durer aucune de ses relations ? Elle se lasse tout de suite de tout. J'ai peur qu'elle reste seule toute sa vie et qu'elle ne soit jamais à l'abri. Que vais-je bien pouvoir faire d'elle ? »

Après leur divorce, Christina resta en contact avec Serguei. Elle lui téléphonait souvent et souhaitait garder son amitié. On avait d'ailleurs l'impression qu'elle l'aimait encore. Et à l'en croire, Serguei était toujours épris d'elle. Elle s'assombrissait de jour en jour et passait de longues heures à pleurer, inconsolable. Elle ne savait absolument pas que faire d'elle-même. Ses cheveux étaient noirs et brillants. Le lendemain, elle se teignait en blonde pour plaire à un homme. Elle mangeait et buvait beaucoup trop, de nouveau à la merci de ses deux vieux ennemis : le chocolat et le Coca-Cola.

Le week-end, elle parvenait à se ressaisir et organisait à Skorpios des fêtes pour ses amis, au cours desquelles elle buvait plus que de raison, chantait et dansait pieds nus jusqu'aux petites heures de l'aube. Elle fit même construire des maisons supplémentaires sur l'île pour ses invités. Elle était toujours en quête désespérée d'amis, mais elle avait autant de mal à s'en faire qu'à les conserver. L'une des fidèles et des plus loyales, Marina Tchomlekdjoglou Dodero, comptait au nombre de ses amies d'enfance. Mais comme la plupart des amies de Christina, Marina eut un jour besoin de lui demander quelque chose. Ce « quelque chose » était une somme de quatre millions de dollars, destinée à répondre aux problèmes financiers de sa famille. Christina s'empressa de les lui donner.

Christina se faisait des illusions sur les gens et pensait que tous ceux qu'elle conviait à Skorpios étaient ses « amis ». Elle trouvait tout à fait normal d'envoyer le Learjet chercher un invité ou une dizaine de connaissances à Paris, Genève ou Londres pour les ramener à Aktion, d'où ils étaient embarqués à bord d'un hélicoptère pour passer un week-end au paradis.

Elle organisait l'emploi du temps de ses invités heure par heure, qui se divisait en baignades dans la mer ou la piscine de l'île, achat de bijoux sur une autre île, soirée disco sur une troisième île, repas somptueux sur le *Christina* ou pique-niques fastueux dans des sites éloignés de l'île. Ses exigences faisaient tourner en bourrique le personnel de Skorpios. Mais ils s'inclinaient tous, dénichaient les mets rares qu'elle souhaitait offrir lors de ces banquets exorbitants et se souciaient par-dessus tout de la protéger et de lui plaire.

Le joueur de polo argentin, Luis Basualdo, était l'un de ses invités favoris. Il venait toujours accompagné de sa petite amie, Clara, mais Christina le payait pour lui tenir compagnie. Elle lui versait la somme inouïe de 30 000 dollars par mois pour l'avoir toujours à sa botte. Il surveillait de près ses invités, s'assurait que ses demandes étaient satisfaites, et restait à sa disposition vingt-quatre heures sur vingt-quatre. Il était là pour éloigner son démon de la solitude et faire comprendre à ceux qui avaient des vues sur elle qu'ils n'étaient pas seuls sur les rangs.

Ces réjouissance frénétiques n'empêchaient pas Christina de continuer à assumer ses responsabilités professionnelles. Elle répondait sans délai aux demandes de ses avocats ou de ses directeurs. Elle faisait confiance à ses collaborateurs et leur déléguait ses responsabilités, mais elle travaillait dur et les rencontrait, même s'il lui fallait interrompre ses divertissements.

La plupart de ces journées fastueuses sur Skorpios se terminaient dans un disco d'une île voisine, en compagnie de ses quelques invités encore capables de se tenir debout. Complètement déchaînée, elle s'abandonnait à la musique et à son hystérie, dansait sur les tables. Mais à la seconde où ces aventures capricieuses se terminaient et où ses invités repartaient, son euphorie s'évanouissait et elle retombait dans sa tristesse et sa nervosité de femme trop grosse, larmoyante et par-dessus tout, seule.

Après le troisième divorce de Christina, Artémis s'affola. « Elle n'a que vingt-huit ans. Je l'entends pleurer toute la nuit. Comment va-t-elle trouver un homme si elle continue à être déprimée et à se conduire comme une folle ? J'ai peur de mourir avant que ma nièce soit casée. »

L'emploi du temps surchargé de Christina réduisait d'autant ses visites à Glyfada. C'était pur miracle qu'elle parvînt à assumer encore ses responsabilités professionnelles. Mais elle tenait à remplir la promesse faite à son père de ne perdre aucune part de ses biens de son vivant. Elle finit par faire cadeau du *Christina* au gouvernement en 1978, afin qu'il serve de musée selon la volonté testamentaire de son père, mais jusque-là elle l'entretint avec autant de soin et de faste que lui. Entre ses voyages constants à New York, Paris et Monte-Carlo, ses croisières et ses vacances lointaines, il lui arrivait de ne pas mettre les pieds un mois durant à Glyfada. « Vous vous absentez trop souvent, lui dis-je un jour. Vous n'êtes jamais à la maison et vos tantes ne vous voient plus.

— C'est plus fort que moi, reconnut-elle. J'ignore où se trouve ma vraie maison et je ne sais plus où j'en suis. »

Peu de temps après, Christina fit un effort pour passer davantage de temps à Glyfada. Comme son poids et sa peur des journalistes ne cessaient d'augmenter, elle fit planter de gros arbres autour de la piscine afin de pouvoir nager incognito. Même quand elle atteignait son poids record d'une centaine de kilos, Christina restait une très bonne nageuse. Elle avait besoin de sa séance quotidienne de natation pour se remonter le moral. Chaque fois qu'une photo de la grosse Christina atterrissait sur mon bureau, je tressaillais, payais le photographe et la jetais. Malheureusement, ces photos paraissaient quand même, et Christina en souffrait affreusement.

Christina se fit construire son propre appartement, avec entrée privée, au deuxième étage de la résidence de sa tante à Glyfada, et elle le décora à son goût. Comparé aux demeures luxueuses qu'elle entretenait à Paris et à Saint-Moritz, cet appartement était un refuge petit et ordinaire. Pourtant, elle l'adorait. Elle en était très fière et me le fit visiter à la seconde où les travaux furent terminés. Murs et sols, tout était blanc, dans des matériaux de la meilleure qualité. Il s'en dégageait une impression de netteté et de simplicité. Christina adorait la vue sur la mer qu'on avait de toutes les fenêtres. Elle ne passerait pas beaucoup de temps dans cet appartement, mais il révélait une facette inconnue de cette femme exposée, gâtée, trop grosse, et pas assez aimée.

Christina, pareille à toutes les divorcées qui se réjouissent d'avoir un endroit bien à elles, l'appelait « sa » maison. Mais, je ne le savais que trop, elle n'était pas une femme ordinaire. Chaque fois qu'elle mettait les pieds dans cet appartement, elle rêvait de l'être.

Peu de temps après son emménagement, Christina me demanda de lui trouver une femme de chambre. A l'exception de son séjour à Moscou, elle avait toujours été accompagnée d'Eleni Syros. Mais ses exigences avaient épuisé son Eleni bien-aimée, qui réclamait que quelqu'un la décharge d'une partie de son travail. Je portai mon choix sur une employée à la retraite d'Olympic Airways, Patra Argyrou, qui plut tout de suite à Christina. Patra était une femme petite et maigre, très travailleuse. Elle resta au service de Christina dans toutes ses demeures, pendant trois ans. Patra finit par souffrir de la relation exclusive qui liait Christina à Eleni et qui lui donnait l'impression de ne pas être appréciée à sa juste valeur. Et elle décida de donner son congé.

Patra me confia les soucis que lui inspiraient sa patronne. « C'est une femme merveilleuse, mais jamais heureuse. Quand elle est tout habillée et prête à sortir, elle fond en larmes. Elle me dit que tout le monde ne s'intéresse qu'à son argent. Elle dépense des sommes astronomiques pour les inciter à rester près d'elle, mais ça ne dure jamais longtemps. J'éprouve une grande tristesse pour elle. »

Christina ne faisait que passer dans son appartement de Glyfada, mais avait de plus en plus besoin de la compagnie de ses tantes. Elle les suppliait de venir lui rendre visite à Paris. « Je suis tellement seule, Kiki, me disait-elle. J'ai besoin de ta présence. Tu te souviens des bons moments ensemble à Paris ? Reviens. Ce sera formidable. » Malheureusement, mes obligations professionnelles à Olympic Airways et ma vie de famille m'interdisaient de boucler ma valise et de prendre l'avion pour Paris.

Comme Artémis vieillissait et devenait trop fragile pour voyager, ce fut Kalliroi qui se rendit à Paris, afin d'essayer d'égayer sa nièce. Christina, enchantée de la recevoir, dormit mieux et suivit un régime alimentaire équilibré. Kalliroi lui prodiguait la même affection qu'à sa fille, Marilena. Au bout de quelques semaines, Christina redevint cyclothymique et se remit à piquer des crises de rage. Kalliroi resta auprès d'elle un an. Elle ne rentrait en Grèce que lorsque Christina séjournait dans l'une de ses autres résidences. Au bout du compte, la situation devint intenable et Kalliroi retourna pour de bon à Lagonissi, auprès de sa fille et de ses petits-enfants. Le cœur gros de voir sa tante partir, Christina admit qu'elle avait sa propre vie. Elle lui offrit une superbe bague incrustée de diamants avant son départ.

En 1983, la réapparition de Thierry Roussel marqua le début de son quatrième mariage, le pire, le plus destructeur, et le dernier. Elle avait rencontré Thierry dix ans plus tôt à Skorpios, où M. Onassis l'avait invité en compagnie de son père, magnat de l'industrie pharmaceutique, à passer des vacances. Ils avaient eu une brève aventure qui leur avait laissé de bons souvenirs, mais sans les engager le moins du monde. Lors de leurs retrouvailles, Christina avait trois mariages et trois divorces derrière elle ; Thierry, quant à lui, poursuivait une liaison de longue date avec Gaby Landhage, qui était à la fois mannequin et traductrice.

Cette nouvelle rencontre, organisée par Henry Roussel en personne, donna à Artémis des frissons dans le dos. « Ce play-boy n'aime pas ma nièce, me confia-t-elle lorsque Christina lui annonça son intention d'épouser Thierry. Avec lui, elle sera toujours vulnérable. »

Je la pressai d'avertir Christina de ses craintes. « Ça ne sert à rien, me répondit-elle. J'ai essayé. Elle refuse absolument de m'écouter. Elle n'a d'ailleurs jamais écouté personne. Pourquoi le ferait-elle aujourd'hui ? »

Thierry était blond, grand, extrêmement beau et il déchira le cœur de Christina comme aucun homme ne l'avait fait avant lui. Eleni Syros partageait l'opinion d'Artémis. « Christina se voile la face à propos de Thierry. Pour elle, il est l'homme idéal et elle l'aimera toujours. Quoi qu'il puisse lui faire. »

Ce que lui fit Thierry fut de continuer à aimer la femme qu'il aimait depuis toujours. Gaby Landhage ne sortit jamais de sa vie, pas même après son mariage avec Christina à Paris, en mars 1984. Cet homme ne l'aimait pas. Il aimait toujours Gaby, mais restait trop play-boy pour l'épouser. Artémis pensait que Thierry et son père avaient été incapables de résister à l'immense fortune de Christina. « Si en épousant Christina, Thierry parvient à la fois à résoudre les énormes difficultés financières de sa famille et à conserver Gaby, pourquoi ne deviendrait-il pas son quatrième mari ? » disait-elle.

Les choses étaient tout aussi simples du côté de Christina : elle aimait Thierry, et elle avait l'habitude d'obtenir tout ce qu'elle désirait. Par conséquent, elle l'épouserait, même s'il l'aimait moins que Gaby.

Avant leur mariage, Thierry essaya de restructurer l'existence déboussolée de Christina. Pour commencer, il s'attaqua à son état physique. Elle était énorme, et accrochée aux barbituriques et aux amphétamines. Il la pressa d'abandonner. Il savait qu'elle prenait des médicaments pour se calmer, pour dormir, pour perdre du poids. Elle devait tout arrêter. Etant donné sa dépendance vis-à-vis de ces drogues, obéir à Thierry était une tâche surhumaine, mais par miracle ou grâce à l'amour qu'elle lui portait et à son désir de lui plaire, elle s'y attela pour de bon.

Thierry ne tourna pas autour du pot. Le marché était simple : si elle voulait qu'il entre dans sa vie et dans son lit, elle devait maigrir et abandonner ses pilules. Le chocolat était également banni de sa vie.

La manière dont il traitait sa nièce faisait pleurer Artémis. « Mais il l'aide à retrouver la santé, lui dis-je quand elle me raconta comment il l'insultait devant elle. C'est peut-être le seul moyen d'obtenir un résultat avec elle. »

Mais Artémis s'arrachait plus que jamais les cheveux pour Christina. « S'il y a un homme qui n'aime rien d'elle, c'est bien lui. »

Dans la liste des exigences de Thierry figurait la vie mondaine de Christina. Tout comme le poids et les pilules, ses amis devaient disparaître. Il n'en approuvait pratiquement aucun. Mais si la plupart des amis de Christina attendaient qu'elle jette l'argent par les fenêtres pour eux, et rien d'autre, elle, en aimait certains très sincèrement. Thierry les mit tous dans le même sac. C'était des parasites et il entendait faire place nette. Là encore, sans manifester la moindre réserve, par amour pour Thierry et subjuguée de le voir se soucier de son bien, Christina fit table rase et rompit avec presque tous ses anciens amis.

Thierry s'y prit aussi à sa façon pour faire comprendre à Christina qu'il n'avait aucune envie de vivre dans son appartement de l'avenue Foch. Ils résidèrent dans l'immeuble, mais dans un autre appartement situé à un autre étage, réaménagé à grands frais selon les instructions de Thierry. Christina remplaça également son Learjet de 15 millions de dollars, d'une capacité de dix-huit passagers, par un Falcon de 50 millions de dollars, qui en contenait vingt. Thierry ne se contentait pas d'améliorer sa nouvelle épouse, mais aussi de dépenser son argent.

Christina continuait à nourrir l'espoir que tous les actes de Thierry étaient dictés par le désir de cimenter leur relation et de paver le chemin de lendemains chantants. Elle lui fit même rencontrer son ancienne belle-mère à New York, pour montrer à Jackie son nouveau butin. Elle était persuadée que Thierry serait tout aussi impressionné par la veuve de son père que Jackie le serait par son beau et séduisant prochain mari. Christina avait vu juste. Thierry ne lui demanda pas de rayer Jackie de la liste de ses connaissances. Christina confia à Artémis que la rencontre s'était superbement passée, que Jackie s'était montrée cordiale et impressionnée par le charme et le physique de Thierry. Elle avait bavardé en français avec lui de Paris et de New York et ils s'étaient tous deux montrés très chaleureux à son égard. « Jackie n'a jamais été si gentille avec moi. Si je ne la connaissais pas, j'aurais pu croire qu'elle m'aimait vraiment », raconta-t-elle à sa tante. Christina était convaincue que la malédiction n'agissait plus sur sa famille. Thierry s'était chargé de la dissiper.

Leur mariage à Paris se déroula selon les rites catholique et orthodoxe grec et fut suivi d'un dîner chez Maxim's. Artémis, contente que Christina, en tailleur blanc, ait minci et soit en beauté, nourrissait cependant les mêmes craintes. « Christina est aveugle, me dit-elle à son retour. Elle ne voit pas ce qui crève les yeux de tout le monde. Cet homme ne lui rendra jamais son amour. Quoi qu'elle fasse, il va lui briser le cœur comme les autres l'ont fait. »

Christina fit de gros efforts pour faire mentir la prophétie de sa tante. Ce mariage ne serait pas un échec, elle l'avait décidé. A n'importe quel prix. Quand Thierry fit emménager sa maîtresse à moins de cinq cents mètres de l'avenue Foch, ce fut tout juste si elle cilla. Artémis considérait comme un signe du *kismet* le fait que son frère et le mari de la fille d'Aristote vivent à Paris à deux pas de leurs maîtresses. Aristote avait épousé Jackie, mais il n'avait jamais cessé d'aimer Maria. Thierry avait épousé Christina, mais il n'abandonnerait jamais Gaby. Mais contrairement au beau-fils qu'il aurait sans nul doute détesté, Aristote s'était montré discret et n'avait jamais raillé ou humilié sa femme en exhibant sa maîtresse. Artémis était convaincue qu'Aristote aimait aussi sa seconde épouse. Il ne lui portait sans doute pas l'adoration qu'il vouait à Maria Callas, mais une profonde affection. Thierry, à son avis, n'avait jamais aimé Christina. Même pas l'espace d'une journée.

Ce mariage n'avait donc rien de conventionnel, mais Christina s'était mis en tête de le faire fonctionner. Si cela signifiait que Gaby devait faire partie de sa vie, qu'à cela ne tienne. Après tout, m'assura-t-elle fièrement, c'était elle que Thierry avait épousée, et pas Gaby. « Je suis la seule Mme Thierry Roussel. Et il n'y en aura pas d'autre. » Gaby était douce et charmante et Christina voulait en faire son amie. La seule chose qu'elle ne voulait pas, c'était qu'elle devienne Mme Thierry Roussel. Elle ne voyait pas pourquoi elles auraient dû être jalouses l'une de l'autre. Elles n'avaient qu'à apprendre à vivre ensemble.

En échange de sa présence, Thierry élargit la liste de ses exigences : comme l'appartement de l'avenue Foch ne satisfaisait pas son désir de posséder une maison à lui, Christina trouva une villa de dix-huit pièces dans la petite ville de Gingins près de Genève, qui donnait sur le lac Léman. Elle acheta la propriété cinq millions de dollars et entreprit de la remettre en état. Cette dernière aventure financière jeta le désarroi parmi ses tantes. « Cette bâtisse est vieille et en ruines, me dit Artémis. Mais elle est trop aveugle pour s'en apercevoir. Elle voit juste que son mari en a envie, alors elle l'achète et elle la rafistole pour lui. Elle devient un peu plus folle chaque jour. » Artémis jura qu'elle n'irait jamais voir cette « affreuse vieille bicoque » que Christina baptisa Boislande et dans laquelle elle engloutit deux millions et demi de dollars supplémentaires de restauration ; Artémis tint sa promesse. Les tantes de Christina en voulaient à Thierry de forcer leur nièce à passer tout son temps en Suisse ou à Paris, partout sauf en Grèce ou avec sa famille. Quoi que puisse leur dire Christina, elles ne se sentaient pas les bienvenues dans ses nouvelles résidences.

Plusieurs mois avant son mariage, Christina m'avait demandé de l'accompagner chez un gynécologue pour faire des tests de fertilité. Déçue de ne pas être tombée enceinte plus rapidement, elle était convaincue d'avoir un problème grave. Sa nature impatiente l'empêchait de comprendre que la nature ferait d'elle-même les choses, le moment venu. Le Dr Cohen l'assura que tout allait bien et que c'était uniquement le stress qui l'empêchait d'attendre un enfant. Christina suivit ses instructions pour se détendre. La nouvelle de sa grossesse, quelques mois après son mariage, la fit monter au septième ciel.

Artémis en pleura de bonheur. « Maintenant, ma nièce va être heureuse. Il ne me reste plus que cet espoir. Grâce à cette maternité, elle va devenir normale et son mariage va marcher. En définitive, elle ne sera plus seule. »

Comme à l'accoutumée, Christina fut incapable de prendre son nouvel état de manière naturelle et calme. Le futur bébé se transforma en obsession. Terrifiée à l'idée de le perdre, elle prit des précautions insensées pendant toute sa grossesse. Persuadée qu'il serait menacé, elle entreprit de rénover les systèmes de sécurité de toutes ses résidences. Cette grossesse paraissait enchanter Thierry, qui ne s'était néanmoins pas gêné pour ajouter une nouvelle femme à sa liste de conquêtes en la personne de Kirsten Gile, un joli mannequin. En dépit du temps qu'il consacrait à Kirsten et à Gaby, il donnait l'impression d'être plus souvent aux côtés de Christina qu'auparavant. La prise de poids ultra-rapide de son épouse l'alarmait pourtant, et il ne cessait de lui intimer de ne pas se laisser aller comme par le passé.

Quelques mois avant que Christina soit enceinte, Thierry apprit que Gaby attendait elle aussi un bébé. Afin que cette grossesse passe inaperçue aux yeux de la presse et de sa femme, il envoya Gaby dans sa famille en Suède pendant sept mois.

Le 28 janvier 1985, plusieurs semaines avant la date prévue, Christina donna naissance par césarienne à une petite fille qu'elle appela Athina, d'après sa mère, Tina. A en croire Artémis, le bébé possédait les superbes grands yeux noirs de sa mère et le long corps mince de son père.

Le baptême, qui se tint à Skorpios quand Athina eut sept mois, fut une joyeuse réunion de famille et d'amis. L'île resplendissait par cette brûlante journée d'août. La cérémonie eut lieu dans le salon de la Maison sur la colline, où Aristote et Jackie aimaient à prendre leur repas en contemplant la mer. Toutes les portes et les fenêtres étaient ouvertes et la réception se tint dehors. On apercevait le grand voilier du père de Thierry Roussel, ancré non loin du rivage. L'île n'avait pas connu tant d'allégresse et de joie depuis de longues années.

Ayant endossé leurs habits noirs de cérémonie, les domestiques faisaient circuler les plateaux de caviar, boulettes de viande, crevettes et fruits de mer, poulet, fruits frais et boissons. Après les funérailles sinistres qui s'étaient déroulées sur l'île, c'était une joie pure que de célébrer le début d'une nouvelle vie.

Le parrain était George Livanos, oncle de Christina et frère de sa mère. La cérémonie elle-même fut émouvante. La fierté qui éclairait le visage de Christina nous frappa tous. Elle était plus proche du bonheur qu'elle ne l'avait jamais été.

M. Onassis eût été fier de connaître cette petite Athinoula, son premier petit-enfant, et de savoir que sa lignée continuerait. Christina était radieuse, mais beaucoup trop grosse. Thierry était beau, mais manifestement mal à l'aise au milieu de sa belle-famille. Christina elle-même m'avait parlé de sa douloureuse enfance, et j'avais été témoin de toute la peine qu'elle avait éprouvée, adulte. Il faudrait un miracle pour que ce bébé grandisse normalement.

Au cours des trois années et demie suivantes, Christina se jeta dans la maternité. Toute son énergie était consacrée à protéger, équiper et adorer sa fille, Athinoula. Elle fit installer toutes sortes de systèmes de protection dans sa propriété de Boislande. Il ne s'agissait pas seulement de dispositifs destinés à dissuader d'éventuels kidnappeurs, mais de toute une série de gadgets qui permettaient d'entendre pleurer, tousser, respirer et dormir le bébé. Elle s'occupait elle-même de régler tous ces instruments, de manière à suivre le moindre geste de sa fille vingt-quatre heures sur vingt-quatre. La pression des photographes ne fit qu'augmenter après la naissance d'Athina, de pair avec la haine que leur vouait Christina. « J'essaie de ne pas être trop nerveuse quand je suis avec ma fille, me confia-t-elle. Je sais que c'est mal de lui communiquer mes peurs. »

Avant la naissance du bébé, elle lui commanda une garde-robe complète chez un grand couturier. Dès le début, elle la changea de vêtements deux ou trois fois par jour.

Les vêtements d'Athina étaient absolument adorables, presque tous griffés Dior. Elle tint aussi à lui faire porter le nom d'Onassis. Sa fille s'appellerait Athina Onassis-Roussel et serait fière d'appartenir à la famille Onassis. « Maintenant que j'ai un enfant, ma vie a un but, me dit-elle. Je ne peux plus imaginer de vivre sans mon Athinoula. »

Elle essaya de lui donner une existence normale, chercha la compagnie de mères ayant des enfants de l'âge d'Athina et les invita à Boislande. Elle passait des heures à parler bébé avec elles et, au fur et à mesure qu'Athina grandissait, se réjouissait de la voir se mêler aux autres petits garçons et petites filles. Elle tenait absolument à ce que sa fille ait des parents aimants et des amis pour vivre une enfance heureuse.

Pour ce qui était des parents aimants, Thierry partageait son existence entre les somptueuses résidences que Christina leur achetait, à lui et à sa fille, et la modeste villa où Gaby vivait avec les deux enfants, un fils et une fille, qu'il lui avait donnés tout en étant marié à Christina.

Peu après le baptême d'Athina, la santé d'Artémis commença à nous inquiéter. Elle n'avait pratiquement aucune énergie et ses yeux étaient jaunes. Elle avait du mal à parler et s'exprimait si lentement qu'on parvenait à peine à la comprendre. Elle marchait très difficilement et n'arrivait pas à se lever. Quand George et moi venions dîner à Glyfada, elle souffrait tellement qu'elle ne pouvait pas rester à table plus d'une demi-heure. La détérioration de l'état de sa tante affola Christina qui la fit entrer à l'hôpital Igia d'Athènes. Les médecins diagnostiquèrent un cancer du foie. Christina refusa de croire que le cancer en était à un stade avancé. Pendant deux semaines, elle et moi rendîmes visite quotidiennement à Artémis. Christina lui apporta des dizaines de pyjamas de soie dans ses couleurs favorites, le rose et le bleu clair, et des bouquets de roses roses. Comme les médecins lui administraient de fortes doses de morphine pour atténuer ses souffrances, Artémis ne nous reconnaissait ni l'une ni l'autre.

Bizarrement, durant ces longues et douloureuses heures au chevet de sa tante, je fus frappée par l'état des dents de Christina. La négligence faisait partie de ses traits de caractère. Quand elle était déprimée, son apparence physique était le cadet de ses soucis. Non seulement elle prenait du poids, mais elle oubliait de se coiffer et de se brosser les dents. Le chagrin dévastateur que lui inspirait la maladie de sa tante lui faisait totalement oublier son apparence.

Elle n'avait qu'une idée en tête : guérir sa tante. Sans tenir compte de l'avis des médecins qui lui représentaient qu'il n'y avait plus rien à faire, elle emmena Artémis à New York à bord du jet. « Je ne peux pas perdre ma tante », sanglota-t-elle avant le décollage d'Athènes, alors que dans mon cœur, je savais que je ne reverrais pas Artémis vivante. « Elle est la seule personne au monde qui m'aime vraiment. Je ne peux pas vivre sans elle. » Christina et moi sanglotâmes dans les bras l'une de l'autre jusqu'au moment du départ. Artémis survécut miraculeusement au voyage et fut admise au Memorial Sloan-Kettering Cancer Center de New York.

Comme l'avaient prédit les médecins, son état continua à empirer et elle mourut quelques semaines plus tard, Christina à son chevet.

Jackie fut très émue par la mort d'Artémis en 1985. Par considération à l'égard de Christina, elle ne lui rendit que des visites très brèves à l'hôpital. Christina ne lui adressait pas la parole, mais cela n'empêcha pas Jackie de venir et d'apporter chaque fois un bouquet de roses roses, les fleurs préférées d'Artémis.

« Vous allez guérir bientôt, disait-elle à Artémis. Nous pourrons faire une promenade à Glyfada, et nous bavarderons jusqu'à ce que je sois trop fatiguée pour marcher. »

La nuit où mourut Artémis, Jackie m'appela de New York. « Je n'arrive pas à croire qu'elle est partie, me dit-elle, la voix brisée par l'émotion. C'est une belle-sœur, une mère et une amie qui va me manquer chaque jour. » Elle avait dit adieu à Artémis à l'hôpital, car elle savait que sa présence aux obsèques en Grèce bouleverserait Christina. Artémis fut enterrée à Skorpios, aux côtés de son frère et de son neveu. Après le service commémoratif, Christina pleura dans les bras de Kalliroi. « Une grande partie de ceux que j'aime sont ici. Ma fille n'aura jamais la chance de les connaître. Quand je vois tout ce que j'ai perdu, j'ignore où je pourrais puiser la force de survivre sans mon Athinoula. »

Je fus moi aussi anéantie par la mort d'Artémis. C'était comme si j'avais perdu à la fois ma mère, ma meilleure amie et mon mentor. Par moments, la vodka avait pris le dessus sur son cœur généreux, mais ce n'était que passager. C'était sa voix claire et fidèle, jamais entachée de jalousie ou d'insensibilité, qui restait. La pensée que je n'entendrais plus sa voix scintillante, que c'en était fini de nos disputes, de nos rires, de nos bavardages, m'attristait davantage que les morts des membres de ma famille.

En 1993, cinq ans après le décès de Christina, les deux belles résidences de Glyfada furent détruites. Les impôts étaient devenus exorbitants et la Fondation ne pouvait plus les payer. Aujourd'hui, il ne reste plus à leur place qu'un terrain vague, sans la moindre trace des êtres qui vécurent là.

Après la mort d'Artémis, Christina rendit visite avec Athina à Kalliroi dans sa villa en Suisse, mais pas aussi souvent que Kalliroi l'aurait souhaité. Kalliroi envoyait la fille de Marilena, Alexandra, à Genève à l'occasion de l'anniversaire d'Athina. Lorsque Christina venait en Grèce, Marilena avait hâte de la rejoindre à Skorpios ou à Glyfada avec ses trois enfants, Alexandra, George et Peryklis, pour qu'Athina fasse ample connaissance avec ses cousins grecs. Mais Christina et Thierry venaient de plus en plus rarement en Grèce avec leur fille. A chacune de leurs visites, Thierry paraissait mal à l'aise avec la famille de sa femme, et trouvait un prétexte pour repartir au plus tôt. Il était particulièrement gêné de voir sa femme et sa fille se mêler aux Grecs. Kalliroi, de son côté, mettait toute son énergie à empêcher Thierry de couper Christina et Athina de leurs origines grecques. Elle poussait sa nièce à apprendre le grec à sa fille et ne jamais oublier sa famille grecque. « Athina est une Onassis, la rassurait Christina. Elle le saura toujours. »

En dépit des objections de son mari à l'égard de ses amis grecs, Christina ne coupa pas les ponts avec Marina Tchomlekdjoglou Dodero. Marina exerçait une influence positive sur Christina. Ce n'était pas une tête brûlée, et contrairement à la plupart des amis de Christina, elle ne faisait pas la fête à outrance. A chaque frasque de Thierry, Marina essayait d'être à l'écoute de Christina. Malheureusement, Artémis avait vu juste : Thierry laissait tomber sa nièce, et cruellement. Et pour finir, il l'abandonna tout à fait.

Le 8 août 1988, après cinq années et demie d'un mariage fait de séparations et réconciliations, et à la suite d'une réception somptueuse dans la villa Trianon sur la Côte d'Azur, que Christina avait louée pour faire plaisir à son mari, Thierry demanda le divorce afin de pouvoir épouser Gaby. Christina savait qu'il avait poursuivi sa liaison avec Gaby, mais elle était persuadée qu'il ne les quitterait jamais, elle et Athina. Non seulement durant leur mariage, elle avait payé le loyer de la maison où résidait la maîtresse de son mari, afin de permettre à cette dernière de vivre près de lui, mais elle avait réglé toutes les dépenses concernant les deux enfants que Thierry avait eus de Gaby. Pour le forcer à rester près d'elle, elle essaya d'acheter Thierry, lui proposant 10 millions de dollars pour qu'il lui fasse un deuxième enfant, mais elle ne parvint pas à lui faire renoncer à son projet d'épouser Gaby. Ce fut un coup d'assommoir pour elle, mais cette fois, à la surprise générale, elle ne tenta pas de se suicider.

Christina paraissait capable d'affronter la vie sans Thierry. Après son divorce, Maria Dodero fut l'une des premières à voler à son secours. Elle la persuada de séjourner plus souvent dans la famille Tchomlekdjoglou à Buenos Aires. Marina avait un frère célibataire, Jorge, que Christina avait connu dans son enfance. Quoique toujours obsédée par Thierry et déterminée à le reconquérir, Christina entama une liaison avec Jorge qui exerça sur elle une influence positive. Elle devint plus calme et plus maîtresse d'elle-même. Elle parvenait à se concentrer sur des détails professionnels et restait en contact avec les dirigeants de la Fondation Onassis. Elle continuait à évoquer Thierry et ne répugnait pas à se faire photographier en compagnie d'un beau compagnon, dans l'espoir insensé d'éveiller sa jalousie, mais elle semblait prête à commencer une nouvelle vie sans lui.

Sur les conseils de Marina, elle se fit faire un balayage de mèches blondes qui la rendit plus séduisante. Elle perdit du poids et parvint à entrer dans des robes qu'elle ne mettait plus depuis quinze ans. Jorge, très attiré par elle, essaya de la convaincre de ne pas précipiter leurs relations. Au début, Christina l'écouta, mais son impatience refit surface et elle le pressa de l'épouser.

En octobre 1988, Christina se vengea de Thierry en modifiant les termes de son testament. Par son nouveau testament, elle léguait toute sa fortune à Athina et en plaçait le contrôle entre les mains d'un comité de cinq membres, dont quatre appartenaient à la Fondation Onassis : Stélios Papadimitriou, Pablo Ioannidis, Apostolas Zambelas et Théodore Gavrilidis. Le cinquième était Thierry Roussel. Les décisions importantes seraient prises à la majorité des voix. De nombreuses années après sa mort, cette clause fit l'objet de maints débats et controverses au sujet de la Fondation Onassis et de l'avenir d'Athina.

En octobre 1988, Christina séjournait toujours en Argentine. Elle appréciait de plus en plus Buenos Aires et envisageait d'y acheter une maison où elle emménagerait avec Athina. La mort dont parlait son testament semblait bien être la dernière de ses préoccupations. Elle revint en Suisse le 24 octobre, obéissant à la volonté de Jorge Tchomlekdjoglou que leur histoire d'amour mûrisse et se consolide. Dès la première semaine de novembre, elle était néanmoins prête à regagner Buenos Aires. Pour de bon, cette fois. Et avec Athina. Malheureusement, Athina eut une otite et le départ de Christina fut repoussé au 9 novembre.

Impatiente de rejoindre Jorge, elle laissa sa fille entre les mains de la nurse, Monique, et de Thierry, et s'arrangea pour qu'Athina la rejoigne dès qu'elle serait guérie. Dès son arrivée à Buenos Aires, elle se mit à chercher activement une maison et à faire des plans pour sa nouvelle vie en Argentine. Le destin tragique tua cette nouvelle vie dans l'œuf.

Ce fut seulement cinq semaines après la mort de Christina qu'Eleni Syros fut capable de me raconter ce qui était arrivé à sa maîtresse bien-aimée. Eleni, mon mari, George, et moi-même nous trouvions à l'hôpital Igia d'Athènes dans la chambre de Kalliroi, qui se remettait d'une hémorragie cérébrale. En ce 31 décembre 1988, Eleni était toujours vêtue de noir, conformément au deuil de quarante jours consécutif à la mort de Christina. Les journaux avaient rapporté le décès à leur façon, mais je ne faisais confiance qu'à la version d'Eleni.

Eleni se sentait un devoir de protéger sa patronne en toutes circonstances, même si cela impliquait d'écouter ses conversations en cachette. « Christina était une femme égarée et déroutante, me dit-elle. Pour pouvoir l'aider, je devais être au courant du plus grand nombre de détails possible sur sa vie. Quand je savais ce que les gens lui disaient, je pouvais l'aider à surmonter les problèmes qui ne manquaient jamais de surgir. » Christina n'hésitait pas à confier ses secrets les plus intimes à Eleni et à s'appuyer sur son bon sens pour prendre ses décisions et résoudre ses problèmes. Eleni Syros savait pratiquement tout de la vie quotidienne de Christina.

D'après Eleni, le jeudi 17 novembre 1988, Christina se rendit dans une église orthodoxe de Buenos Aires, où elle parla à un prêtre des deux fausses couches qu'elle avait faites avant d'être enceinte d'Athina. On avait écrit que Christina s'était fait avorter, mais Eleni jurait le contraire, et c'est toujours elle que j'ai crue. Christina avait beaucoup souffert de ces fausses couches et craignait d'avoir des difficultés à être enceinte de nouveau. Elle confia au prêtre que son plus cher désir était d'avoir un second enfant, le plus vite possible. Le prêtre lui promit de prier pour elle. Christina but le vin qu'il lui offrait avec une petite cuiller et le remercia de sa sollicitude. Elle lui demanda ce qu'elle pouvait faire pour lui. Il lui répondit que son père lui avait promis d'aider la population pauvre de Buenos Aires en faisant un don à son église. Mais il n'avait pas envoyé l'argent promis.

Elle répondit au prêtre que quelque chose avait dû faire oublier sa promesse à M. Onassis. Elle allait réparer ce contretemps en faisant don de 30 000 dollars à l'église. Le prêtre la remercia et lui dit que Dieu lui revaudrait sa bonne action.

Dès sa sortie de l'église, Christina appela Pablo Ioannidis, le principal conseiller financier de la fondation Onassis. Ioannidis, contrarié qu'elle se soit engagée sur une impulsion à verser tant d'argent, lui fit promettre de le consulter avant toute décision de cet ordre. Sa demande attrista Christina, mais elle ne raccrocha pas avant d'être sûre qu'il enverrait sur-le-champ la somme au prêtre.

Ce soir-là, selon Eleni, Christina se conduisit bizarrement. Elle sortit tard de l'hôtel Alvear Palace où elle résidait et ne revint pas avant plusieurs heures. Lorsqu'elles voyageaient, Christina, même si elle ne dormait jamais seule, tenait absolument à réserver deux suites. A l'Alvear Palace, celle d'Eleni était située juste au-dessous de la sienne. Christina passait son temps dans la suite d'Eleni, à lui parler de Jorge, de ses projets d'emménagement en Argentine et du reste. Ce soir-là, Eleni, réalisant que sa maîtresse se promenait toute seule dans une ville dangereuse, alerta la direction de l'hôtel qui se mit en quête de Christina. Cette dernière réapparut au bout de quelques heures, seule, et apparemment de bonne humeur.

Le lendemain, Marina et son mari, Alberto, vinrent chercher Christina et Eleni pour les emmener au Tortugas Club, un country-club des environs de Buenos Aires où Alberto possédait une villa et où ils passeraient le week-end. Ils arrivèrent tous les quatre au club vers cinq heures de l'après-midi. Eleni parvint à convaincre Christina qu'une seule suite leur suffirait.

Comme chaque fois qu'elle arrivait quelque part, Christina voulut tout de suite parler à sa fille. Elle avait téléphoné à Athina avant de quitter Buenos Aires, mais elle était déjà impatiente d'entendre de nouveau sa voix. Ce fut Thierry qui lui répondit à Boislande. Il lui apprit qu'Athinoula se trouvait chez Gaby.

« Comment peux-tu me faire une chose pareille ? hurla Christina. J'ai subvenu à tous les besoins de tes enfants. J'ai accepté que Gaby vive à côté. Mais je ne peux pas accepter qu'Athinoula aille chez elle en mon absence. » En sanglots, désespérée de ne pouvoir entendre la voix de sa fille, Christina raccrocha.

Elle pleura pendant une heure auprès d'Eleni, en se plaignant du traitement que lui infligeait Thierry et des malheurs de son existence. Eleni la réconforta. « Athinoula et vous, allez bientôt avoir une vie formidable avec Jorge. Vous devez vous montrer patiente, ne pas vous mettre dans des états pareils quand quelque chose ne va pas. » Christina finit par se calmer et Eleni l'aida à préparer son dîner avec Jorge. Eleni se souvenait lui avoir longuement brossé les cheveux, qu'elle portait dénoués ce soir-là. Christina garda son calme pendant qu'Eleni l'aidait à se maquiller et à s'habiller. Elle marqua une hésitation sur le pas de la porte, et revint embrasser Eleni pour lui souhaiter bonne nuit avec davantage d'émotion qu'à l'accoutumée.

Christina n'avait jamais paru plus heureuse que lors de cette soirée. Après le dîner, Jorge et elle restèrent en tête à tête à se promener et à bavarder à l'extérieur de la villa. « J'épiais toujours ses conversations, me répéta Eleni à l'hôpital. De la terrasse sur laquelle donnaient nos chambres, je l'ai entendue bavarder avec Jorge. Elle lui a dit qu'elle voulait l'épouser tout de suite ; il lui a répondu qu'il tenait beaucoup à elle, mais qu'il préférait attendre encore : « Tu t'es déjà mariée quatre fois. Moi aucune. Pour moi, il ne s'agit pas d'un jeu. Je veux me marier une seule fois dans ma vie. Ne précipitons pas les choses et ne nous lançons pas dans une union qui ne tiendra pas. Je t'aime, je veux t'épouser, mais je veux prendre mon temps. »

« C'est le seul soir où je l'ai laissée dormir seule », me raconta Eleni, les yeux pleins de larmes. « Quand elle m'a dit d'aller me coucher, qu'elle n'avait plus besoin de moi, j'ai pensé qu'elle voulait rester seule avec Jorge, qu'ils allaient faire l'amour. Marina aussi les avait laissés seuls parce qu'ils avaient l'air très heureux. Je suis donc allée me coucher.

« Vers trois heures et demie du matin, je me suis levée et j'ai constaté que la porte de la chambre de Christina était entrebâillée. J'ai passé la tête et j'ai vu une petite lampe allumée. Il y avait de la musique. Je me suis rendormie pendant environ une heure. Je me suis levée, la musique et la lampe restaient allumées. J'ai pensé que Christina et Jorge étaient toujours ensemble. J'ai fait ça trois ou quatre fois dans la nuit. Vers six heures, je me suis dit que j'allais y regarder de plus près, pour m'assurer que Jorge était toujours là et que Christina n'avait pas besoin de moi. Le lit était vide. J'en ai conclu qu'elle était allée dans la chambre de Jorge. »

Mais Eleni se trompait. Christina avait pris ses somnifères et était allée se coucher seule. Sa chambre était vide parce qu'elle se trouvait dans la salle de bains. Morte.

« Je ne comprends pas ce qui s'est passé, nous dit Eleni, à mon mari et moi, dans la chambre d'hôpital de Kalliroi. Christina n'avait aucune raison de se suicider. Elle prenait beaucoup moins de médicaments. Elle me l'avait promis. Elle était mince. Elle avait perdu beaucoup de kilos, elle était belle, et par-dessus tout, elle se tenait à son régime. Elle avait des tas de projets : une nouvelle vie avec Athinoula à Buenos Aires, son mariage avec Jorge. Je serais entrée dans sa chambre beaucoup plus tôt si je n'avais pas craint de les déranger, Jorge et elle. Si seulement j'étais entrée dans sa chambre avant six heures du matin ! Si seulement elle n'avait pas bu du whisky la veille ! En général, elle évitait l'alcool. Si seulement elle n'avait pas pris ses somnifères trop tôt après avoir ingurgité l'alcool ! Si seulement... »

Le rapport officiel imputa la mort de Christina à un œdème pulmonaire. Beaucoup pensèrent qu'elle s'était suicidée ; d'autres attribuèrent son décès à l'effet exercé sur son cœur par toutes ces années de régime et de prise de poids. Il n'y eut aucune preuve d'un acte criminel, ni aucune enquête détaillée. Peut-être justement parce que ce décès ne présentait rien de louche. Peut-être parce que aucun Aristote Onassis, le cœur brisé, n'était là pour s'élever contre la mort dénuée de sens d'un être à la dérive.

Comme Eleni, Artémis et Kalliroi, je connaissais trop bien Christina pour croire que son histoire aurait connu une issue heureuse. Un jour, d'une manière ou d'une autre, elle se serait lassée de Jorge, de sa vie en Argentine et de son corps mince. Et sa tristesse, son insatisfaction, son désir de posséder ce qu'elle ne pouvait pas avoir auraient repris le dessus. Même unie au seul être au monde qui ne l'aimait pas pour son argent, son Athinoula chérie, aucun lieu ni personne ne seraient parvenus à lui apporter le bonheur.

Les funérailles de Christina se tinrent dans l'église de Nea Smyrni, près d'Athènes. Un bon millier de personnes attendaient à l'extérieur de l'édifice, sous une pluie torrentielle, mais seuls les membres de la famille et les intimes furent autorisés à pénétrer dans l'église. Je me tenais à la gauche du corps de Christina, au milieu de la famille. Parmi la foule d'amis proches, Serguei Kauzov sanglotait.

Thierry et Gaby se tenaient au milieu des amis de Christina. Des larmes coulaient sur les joues de Thierry. Il était vêtu d'un grand pardessus noir et gardait la tête baissée. Pour la première fois il me semblait sincère. Et profondément peiné. Dès l'entrée dans l'église, j'entendis des persiflages : « Il l'a tuée », chuchota quelqu'un derrière moi.

« Assassin ! » chuchota une autre personne. Tous ces visages m'étaient inconnus. On ne pouvait évidemment pas accuser Thierry Roussel d'avoir assassiné sa femme. Beaucoup pensaient que si Christina n'était pas tombée amoureuse de lui, si leur mariage n'avait pas connu une fin si triste, elle aurait encore été parmi nous. Elle l'avait effectivement aimé davantage que ses autres maris, mais faire porter à Thierry la responsabilité de sa mort était injuste. L'existence de Christina avait été bien trop remplie de douleur pour accuser un seul homme.

Allongée sous le couvercle de verre, Christina, habillée de blanc, une rose rose dans la main, n'avait jamais été plus belle. Des fleurs blanches — roses et *krinakia* — recouvraient le cercueil. Christina était mince et ses cheveux noirs brillaient. Je n'avais jamais vu sur son visage un tel air de sérénité. Christina Onassis n'avait trouvé la paix que dans la mort. En trente-huit années de vie, cette femme avait connu davantage de douleurs que de joies, d'angoisse que de plaisir, de conflits que d'harmonie. Tout l'argent du monde n'avait pas réussi à la protéger de l'enfer intérieur qui la consumait presque constamment. Même l'amour de sa petite fille de trois ans n'était pas parvenu à faire taire ses démons. Je priai pour qu'aux côtés de son père, de son frère et de sa tante, elle trouve enfin le repos qui lui avait échappé.

Son enterrement à Skorpios fut bref. On interdit à la foule de passagers des bateaux venant de Leucade de débarquer sur l'île, contrairement à ce qui s'était passé pour les enterrements de son frère et de son père. Seuls les proches, sans y croire, regardèrent le cercueil, dont le couvercle de verre avait été remplacé par un autre de bois massif, prendre sa place dans le mausolée blanc. Athinoula n'assista ni au service religieux ni à l'enterrement. On lui dit que sa maman était partie faire un très long voyage.

Aujourd'hui, Athina Onassis-Roussel vit près de Lausanne avec son père et sa femme, Gaby, et leurs trois enfants, ses deux demi-sœurs et son demi-frère. Une famille étonnamment normale. Ses parents essaient de la tenir à l'écart de la curiosité médiatique. Elle est accompagnée partout de gardes du corps, mais semble accepter ce fardeau. Elle est inscrite dans une école française et se rend à Skorpios une fois par an environ avec sa famille et ses amis proches. Là-bas, elle se conduit comme une adolescente de son âge, gaie et détendue. Elle profite de ce que l'île lui offre, en apparence inconsciente de tout le malheur qui s'est abattu sur ses anciens habitants. L'entretien de l'île, pour quelques jours de vacances chaque année, revient à million de dollars annuels.

Thierry est toujours resté en contact avec Kalliroi, qui a tout fait pour ne pas couper le fil avec sa nièce. Les petits enfants de Kalliroi, Peryklis, vingt ans, et George, trente ans, rendent souvent visite en Suisse à leur petite cousine Athina. Le père d'Athina la laissait aussi séjourner chez sa tante en Suisse ; mais Kalliroi, récemment, a été victime d'une autre attaque, qui l'oblige à rester en chaise roulante, chez elle en Grèce.

Athina est plus mince et plus grande que sa mère au même âge, son nez est plus droit, elle possède les mêmes grands yeux noirs qu'elle. Elle parle français et ne connaît malheureusement pas du tout le grec. Polie, amicale, elle possède une sérénité et une assurance que sa mère n'a jamais connues.

La mort de sa mère continuera à susciter des controverses. Une fois par an, un journaliste relance la machine et affirme que son décès n'était pas accidentel, qu'elle ne s'est pas suicidée et qu'elle n'est pas morte de mort naturelle. Les deux enfants d'Aristote Onassis auraient été tués par les ennemis de leur père. Mais aucun de ces journalistes n'a apporté la moindre preuve qu'Alexandre et Christina auraient été assassinés.

Aujourd'hui, une bataille sérieuse concerne Athina. Elle oppose son père, Thierry Roussel, et Stélios Papadimitriou, le président de la Fondation Onassis, à propos de son patrimoine de trois milliards de dollars. Stélios s'inquiète de voir que l'héritière de la fortune Onassis ne parle pas un mot de grec, à l'exception peut-être de *Ti kanis ?* (Comment allez-vous ?) et qu'elle ne comprendra jamais la structure et la politique des entreprises dont elle héritera à dix-huit ans. Son père a fait en sorte qu'elle parle quatre langues, mais pas le grec. Des personnes proches d'Athina affirment qu'elle ne manifeste aucun sentiment ni intérêt pour la Grèce et les Grecs. Interrogée sur son grand-père, elle a répondu qu'elle savait seulement qu'Aristote Onassis possédait une immense fortune.

Il se peut que l'ancien play-boy Thierry perde la bataille juridique pour que sa fille dirige la Fondation Onassis, dont il l'a délibérément laissée dans l'ignorance. Il faut reconnaître que Gaby, sa femme, est parvenue à créer un foyer chaleureux, stable et aimant pour la fille de Christina et de Thierry et ses trois enfants. Récemment, Thierry a accusé la Fondation Onassis d'avoir engagé des agents secrets israéliens dans le but de kidnapper Athina. Selon lui, les agents ont procédé à une reconnaissance aérienne de la demeure des Roussel en Suisse. L'idée que des membres de la Fondation Onassis, qui se sont toujours montrés loyaux à l'égard de la famille Onassis et qui ont été choisis par Christina elle-même pour protéger les intérêts de sa fille, veuillent faire du mal à Athina semble ridicule. Les deux parties se renvoient la balle en s'accusant de se moquer du sort d'Athina. J'ignore ce qui se passe à l'intérieur du foyer des Roussel. En revanche, j'ai été souvent témoin de l'amour que les tantes et les cousins grecs d'Athina portent à la fille et à la petite-fille de la femme et de l'homme qu'ils aimaient tant. Souhaitons qu'Athina continue à se rendre à Skorpios, afin de prier sur la tombe de ses proches, et qu'elle soit un jour capable de gérer les biens que les siens auraient voulu lui voir confier.

Au milieu de toute cette confusion émerge une certitude : en 2003, lorsqu'elle atteindra ses dix-huit ans, Athina héritera des trois milliards de dollars amassés par son grand-père dans la navigation maritime. Le résultat de l'âpre bataille juridique qui se déroule aujourd'hui entre son père et la Fondation Onassis déterminera si Athina pourra dépenser une partie de cette fortune ou si elle passera une grande partie de son temps dans le pays de son grand-père maternel. Si elle ne parle pas le grec et qu'elle n'est pas au courant des affaires qu'elle est censée diriger, il se peut qu'elle ne devienne jamais présidente de la Fondation Onassis. Athina ne connaîtra jamais la mère qui l'a aimée davantage que tout ce qu'elle a possédé au cours de ses trente-huit années de vie, peut-être plus encore qu'elle n'adorait son père. Faut-il craindre que cet argent, gagné par le père de Christina et grand-père d'Athina, ne cause une fois de plus que problèmes et chagrins aux femmes d'Aristote Onassis ?

15

Adieu, Skorpios

Durant les treize années où elle survécut à son père, ceux qui aimaient Christina consacrèrent tellement de temps à sa vie chaotique que son départ laissa un vide qui mit longtemps à se combler.

Jackie envoya ses condoléances aux tantes de Christina. Indépendamment des sentiments qu'elle lui portait, elle avait conscience du chagrin que sa mort leur causait. Elle me demanda des nouvelles de Kalliroi, car elle se faisait beaucoup de souci pour sa santé. Son absence aux funérailles de Christina parut tout à fait logique. Etant donné les relations que ces deux femmes avaient entretenues, sa venue n'aurait été que pure hypocrisie.

La mort d'Aristote avait laissé bien davantage de sujets d'inquiétude que celle de sa fille. Jackie avait alors quarante-six ans, elle était encore belle et elle était américaine. Elle trouverait un mari américain fortuné et elle oublierait la Grèce.

Jackie regagna New York tout de suite après la mort d'Aristote. M. Onassis avait légué à chacune de ses sœurs 100 000 dollars par an jusqu'à leur mort, indexés sur le coût de la vie. Mais cela n'empêchait pas Jackie de se faire du souci pour Artémis. Comment allait-elle pouvoir vivre sans son frère ? Théodore Garofalidis était très souffrant et sa mort éventuelle, alors qu'Aristote venait de disparaître, aurait un effet dévastateur sur Artémis.

Artémis téléphona la première à Jackie vers la fin de la période de deuil de quarante jours, l'incitant à porter maquillage et bijoux et à abandonner ses vêtements de deuil. « Jackie, vous êtes encore si belle et si jeune, lui dit-elle, les larmes aux yeux. Vous allez recommencer une nouvelle vie et rencontrer un autre homme qui vous rendra heureuse. »

Jackie revint en Grèce pour la cérémonie de commémoration marquant ces quarante jours de deuil. A sa descente d'avion, son apparence physique, traits tirés et maigreur extrême, laissait penser qu'elle était malade. Dans la voiture pour Glyfada, elle m'assura qu'il s'agissait seulement de la fatigue du voyage. Artémis embrassa Jackie à la grecque à son arrivée et esquissa son premier sourire depuis la mort de son frère. Christina avait fait exprès de quitter Glyfada à la seconde où son ex-belle-mère atterrissait à Athènes.

Le jour de la cérémonie, alors que nous attendions le vol pour Skorpios, de nombreux employés d'Olympic Airways vinrent saluer Jackie. Elle les accueillit avec simplicité, chaleur et naturel. Elle garda leurs mains dans les siennes en leur parlant et se souvint de la plupart de leurs noms. Manifestement, leurs témoignages de sympathie la touchaient. Christina et elle se rencontrèrent à Skorpios. Surmontant leur antagonisme, elles s'embrassèrent et prirent des nouvelles l'une de l'autre. Au prix d'efforts surhumains, Christina parvint à faire plaisir à sa tante Artémis.

Bien que catholique, Jackie participa à chaque moment de la cérémonie orthodoxe grecque. Les deux belles-sœurs étaient assises côte à côte. Elle se tenaient la main et murmuraient souvent à l'oreille l'une de l'autre. Des livres n'en ont pas moins affirmé que les trois belles-sœurs de Jackie l'avaient battue froid pendant cet office...

Ce service marquait la fin de la vie de Jackie en Grèce. Pendant la cérémonie, elle jeta de discrets coups d'œil sur la droite, vers le banc où était assise Christina, tête baissée.

Une fois la cérémonie achevée, Christina et la plupart des invités repartis, Jackie resta sur l'île. Elle me dit qu'elle avait besoin d'être un peu seule, le temps de rassembler ses affaires à la Maison Rose et sur le *Christina*, pour les expédier à New York. Elle me donna rendez-vous à la Maison Rose une heure plus tard. « Il reste tant de choses à faire, me dit-elle, en se reposant quelques minutes dans un fauteuil beige devant la maison. Je viens juste de m'en rendre compte. » La maison était toujours aussi belle, mais au souvenir des moments de bonheur qu'elle avait abrités, ses yeux se remplirent de larmes.

« Vous n'êtes pas obligée de tout faire aujourd'hui, lui dis-je. Tout le monde vous aime à Skorpios. Si vous ne revenez pas, ils seront tous très tristes. »

Les habitants de Skorpios auraient sans doute été enchantés de la revoir, mais pas leur nouvelle patronne, Christina Onassis. Jackie pouvait évidemment venir se recueillir sur la tombe de son mari quand elle le souhaitait, mais elle ne le ferait jamais quand sa belle-fille séjournait sur l'île.

Je l'aidai à trier les objets qu'elle allait laisser et ceux qu'elle ferait expédier à New York. On a souvent écrit qu'elle ne s'intéressait qu'à l'argent et aux biens matériels. Pourtant, alors qu'elle contemplait tout ce qu'elle avait acheté au cours de son mariage avec Aristote, c'était une femme seule, plongée dans ses souvenirs. Après avoir placé un vase, une statue ou un bougeoir dans une boîte, elle restait figée, silencieuse, perdue dans un lointain passé.

A bord du *Christina*, elle rassembla les derniers objets destinés à New York. La dernière pièce qu'elle mit de côté était le Bouddha de jade incrusté de rubis qu'Aristote adorait. J. Paul Getty, un des hommes les plus riches du monde et ami d'Aristote, en possédait un semblable, mais celui d'Aristote était encore plus exquis. Christina commença par refuser de laisser la statue à sa belle-mère, mais Artémis réussit à la convaincre de la donner à Jackie. « Elle n'a qu'à emporter ce qu'elle veut, répliqua Christina. Du moment que je ne vois plus son visage maudit, elle peut embarquer tout ce qu'il y a sur ce fichu bateau. »

Jackie, debout à l'arrière du navire, contemplait la mer en pleurant discrètement. Elle se retourna vers moi, le visage couvert de larmes.

« Un jour, à la Maison Rose, Aristote était d'humeur particulièrement tendre. “Ma chérie, la femme ressemble au monde”, commença-t-il à me dire. Cette entrée en matière me fit sourire, car je savais qu'il allait me raconter une de ses histoires surprenantes. “Ah oui, dis-je, comment ça ?

— Eh bien, à vingt ans, elle ressemble à l'Afrique : en partie inexplorée. A trente ans, elle ressemble aux Indes : chaude, mûre et mystérieuse. A quarante, à l'Amérique : techniquement parfaite. A cinquante, à l'Europe : en ruines. A soixante, à la Sibérie : tout le monde sait où la trouver, mais personne ne veut y aller.”

« A la fin de ce petit conte, je lui ai dit qu'il était un philosophe. “Promets-moi de me raconter cette histoire tous les dix ans”, lui ai-je demandé. Il a acquiescé. Je l'ai embrassé et j'ai senti qu'il était très content de lui, de sa vie, et de moi. Aujourd'hui, je n'arrive pas à penser à autre chose qu'à cette journée. »

Toujours face à la mer, elle chuchota : « Mon chéri, j'aimerais que tu puisses me raconter ce conte maintenant. Ça fait presque sept ans et j'ai envie de l'entendre de nouveau. »

De retour à Athènes, Jackie resta une semaine chez Artémis. Un séjour doux-amer, car nous savions tous que Christina s'opposerait à ce qu'elle revienne. Les deux femmes passèrent ces quelques jours à bavarder et à se promener sur la plage en se tenant par la main.

Avant le départ de Jackie, Artémis donna un dîner en son honneur, et les employés se mirent en quatre pour lui mitonner ses plats préférés.

Jackie fit bonne figure au cours du dîner, prit part à la conversation, mais son chagrin se lisait dans ses yeux. Artémis évoqua longuement son frère, leur enfance à Smyrne, la sévérité de leurs parents. Elle raconta les croisières qu'elle avait effectuées avec lui en compagnie du gratin et de toutes les femmes qui avaient été séduites par son frère cadet. « Mais Jackie est la seule femme qui l'ait rendu heureux, affirma-t-elle. Il m'a toujours dit qu'il avait eu beaucoup de chance de la rencontrer. » Jackie souriait, de son sourire triste. Je ne pus m'empêcher de penser à Maria. Elle aussi avait rendu le frère d'Artémis heureux. Jackie avait-elle ce triste sourire aux lèvres parce qu'elle y pensait aussi ?

Ce soir-là, Jackie et Artémis restèrent très longtemps au salon après le départ des invités. « Je me sens si fragile, confia Jackie à sa belle-sœur. Parfois, je me dis que je suis responsable de mon malheur. Mon premier mari est mort dans mes bras. Je lui disais toujours d'augmenter sa protection, mais il ne m'écoutait pas. J'ai supplié mon second mari de prendre soin de sa santé, mais il ne m'a pas écoutée non plus. Il ne voulait pas voir le médecin. Il ne voulait pas prendre ses médicaments. Il n'avait même pas de garde du corps. Il aurait pu être assassiné à tout moment. Je n'ai pas réussi à protéger les deux hommes que j'ai aimés.

— C'est la volonté de Dieu, répondit Artémis. Maintenant, vous devez veiller sur vos deux enfants et vous construire une nouvelle vie. » Comme à l'accoutumée, Jackie promit qu'elle essaierait.

George et moi emmenâmes Jackie à l'aéroport. Je l'observai dans le rétroviseur, assise sur la banquette arrière. Pas un sourire n'éclaira son visage durant tout le trajet, au rebours de toutes les photographies où elle exhibait son célèbre sourire, que l'occasion soit tragique ou heureuse.

Elle ne remettrait plus les pieds à Glyfada et à Skorpios que pour de brefs instants. Sa vie en Grèce appartenait désormais au passé. Jackie devait recommencer sa vie. Il lui resterait des souvenirs d'Aristote, mais cette femme encore jeune avait assez souffert comme cela.

Ceux qui avaient aimé la seconde Mme Aristote Onassis ne l'oublieraient pas. Je la revis, charmante, gracieuse, pleine d'espoir, impatiente d'entamer une nouvelle vie dans un nouveau pays. Tout cela était fini. Elle repartait, avec les souvenirs d'une union pleine d'espérances et d'amour, de chagrin et de douleur, de cadeaux extravagants et de voyages exotiques, de tromperies et de désespoir. Et surtout le souvenir d'une passion que le plus tenace des paparazzi traquant ce couple extraordinaire n'était jamais parvenu à fixer sur la pellicule.

Jackie et Artémis restèrent en contact téléphonique. Artémis la pressait de prendre un nouveau compagnon. Il s'agissait de Michaël Cacoyannis, un Grec, ancien associé d'Aristote qu'elle avait rencontré à New York. Metteur en scène, il avait dirigé Irène Papas dans plusieurs films. Il ressemblait un peu à Aristote et avait une foule d'anecdotes à raconter sur lui. Jackie était séduite et envisageait de sortir avec lui. « J'en serais enchantée », me confia Artémis.

En définitive, leur relation ne se transforma pas en liaison amoureuse. Jackie n'éprouvait qu'une vive amitié pour lui. « Elle est à la recherche d'un homme qui lui rappelle Aristo, me dit Artémis. Elle n'arrête pas de me dire qu'Aristo lui donnait l'impression d'être une vraie femme et qu'elle ne trouvera jamais un autre homme comme lui. Aristo lui a apporté tout ce qu'elle cherchait, à commencer par le soutien et la sécurité. Elle prétend que personne ne pourra le remplacer. Je lui ai dit qu'elle se trompait. Mais je ne sais pas si elle me croit. »

Jackie entretenait une relation différente avec les deux autres sœurs. Avec Artémis, elle était sérieuse et avide de conseils. Avec Kalliroi, elle se montrait plus enjouée, plus détendue et plus superficielle. Elles papotaient toilettes, restaurants, hommes et connaissances. Kalliroi profitait de ses voyages à New York pour sortir et faire du shopping avec sa belle-sœur.

Un mois après la mort de Christina, Kalliroi fut victime d'une hémorragie cérébrale. Elle fut condamée à rester en fauteuil roulant. L'hiver, elle réside dans son appartement du centre d'Athènes. Elle est la seule Onassis à vivre encore en Grèce. Kalliroi et Jackie étaient toujours en contact téléphonique quand Jackie tomba très malade. Lors de leur dernière conversation, en mai 1994, Jackie rassura Kalliroi sur sa santé : « J'ai l'intention de venir vous rendre visite bientôt, j'aimerais passer plusieurs jours à Lagonissi », lui déclara-t-elle. C'est Martha Sugbin qui fit part à Kalliroi de l'état désespéré de Jackie, car cette dernière ne voulait pas alarmer Kalliroi.

Dès l'annonce de la mort de Jackie, le 19 mai 1994, j'appelai Kalliroi. Nous versâmes des larmes ensemble. Plus tard dans la journée, Miltos Yiannacopoulos passa au bureau et nous évoquâmes cette femme, son énergie et sa séduction. « Il l'aimait beaucoup », observa Miltos. J'acquiesçai. « Elle n'est pas la seule femme qu'il a aimée, mais il l'aimait vraiment beaucoup. »

Repensant au patron qui avait aimé plus d'une femme, je revis cette autre femme, Maria Callas, et les images de notre dernière rencontre, en 1977, deux ans après la mort d'Aristote.

Un jour brûlant d'août, j'eus la surprise d'entendre la voix douce et frémissante de Maria au téléphone. Elle souhaitait se rendre sur la tombe d'Aristote à Skorpios. Christina m'avait confié, lors d'une visite à son père à l'hôpital, qu'elle regrettait de tout son cœur que Maria n'ait pas épousé Aristote. L'interdiction cruelle faite à cette femme de se rendre au chevet de son amant mourant m'avait toujours hantée. Sans demander la permission à Artémis ni Christina, je promis à Maria d'organiser cette visite au plus vite.

Deux jours plus tard, j'allai chercher Maria à l'avion de Paris. Maria apparut plus mince et plus âgée, et d'une tristesse infinie. Elle portait un grand chapeau noir, une robe noire, des chaussures plates, et n'était presque pas maquillée. Rares furent les voyageurs qui reconnurent la célèbre cantatrice. Elle avait un petit sac et un bouquet de roses rouges à la main.

Sa voix était si plate que j'eus du mal à me convaincre qu'il s'agissait de celle de Maria Callas. Elle enleva ses lunettes de soleil qui dévoilèrent ses grands yeux noirs, ourlés de rouge et empreints de souffrance. Elle ne paraissait pas tant avoir envie de parler que de ne pas pouvoir s'en empêcher. Comme si ses paroles avaient été contenues si longtemps que rien, pas même son épuisement physique, ne pouvait les empêcher de jaillir.

« A partir du jour où Aristote a épousé Jackie Kennedy en 1968, j'ai interprété ma propre tragédie. Je ne sais pas comment j'ai pu la faire durer si longtemps. Je n'ai jamais su comment cette tragédie se finirait exactement, mais je savais que la fin serait douloureuse. Très douloureuse. Maintenant qu'Aristote est mort, je donne ma dernière représentation. Mon rôle est terminé.

« Quand Alexandre est mort, j'ai compris la douleur d'Aristote. J'ai essayé de remonter sur scène à Londres cette année-là, mais j'ai dû annuler une représentation parce que je n'avais plus l'énergie de chanter. Il a essayé de vivre sans Alexandre, mais il avait perdu comme moi son assurance et son amour de la vie. Nous avons tous les deux perdu ce qui comptait le plus pour nous. Je n'ai pas eu d'enfant, mais j'ai compris l'immense tragédie qu'il vivait. Il ne chantait pas, mais il a compris qu'une partie de moi était morte aussi. Nous n'avions plus que l'un et l'autre. Ça nous a suffi un moment, mais un tout petit moment. »

Elle s'arrêta là. En l'accompagnant jusqu'à l'appareil, je lui demandai si elle souhaitait que je l'accompagne. Sa faiblesse et sa tristesse m'inquiétaient.

Elle n'hésita pas. « Je préfère y aller seule. Je connais bien l'île et je sais où trouver Aristo. »

Après son départ, je regrettai d'être restée muette, de ne pas lui avoir dit à quel point Aristote l'avait aimée jusqu'au jour de sa mort. Qu'il souhaitait uniquement voir son visage avant de mourir. Que lui avoir interdit de le voir sur son lit de mort était un acte d'une grande cruauté.

Un employé de Skorpios vint la chercher à Aktion pour l'escorter à Skorpios. Maria resta une heure à peine sur la tombe et regagna Athènes.

Trois heures après son départ, Maria était de retour. J'attendis près d'elle son vol pour Paris. Elle ne paraissait pas plus faible qu'en partant, mais son regard indiquait qu'elle avait accompli ce qu'elle voulait. Ce ne fut pas la célèbre cantatrice qui s'éloigna, mais simplement, après tout ce temps, une simple veuve grecque accablée de chagrin. Elle ne portait plus les roses et marchait d'un pas encore plus lent qu'en arrivant. J'avais assisté à la dernière représentation de sa vie.

J'ai toujours caché à Artémis et Christina que Maria était venue. Elle mourut très peu de temps après, le 16 septembre 1977. C'était une morte vivante qui s'était rendue à Skorpios.

La nuit de la mort de Jackie, dix-sept ans après celle de Maria, mes pensées se tournèrent une fois encore vers l'île magique où Aristote avait amené ces deux femmes qu'il avait aimées. En dépit des pouvoirs inouïs de cette île et de cet homme, ces amours n'avaient pas été assez fortes pour les faire échapper à leur destin.

C'était pourtant là que, comme Maria, Jackie était venue dire un dernier adieu à son second mari. Christina se trouvait alors en Suisse. Je passai l'après-midi sur l'île avec Jackie. Elle séjourna dans la Maison Rose, et après un déjeuner tranquille, nous fîmes une promenade dans les ruelles qu'elle avait tant aimées.

Muette, Jackie cueillit des fleurs sauvages blanches, jaunes, rouges et mauves afin de les déposer sur la tombe de son mari. Elle se recueillit seule. Elle s'agenouilla avec gravité devant la sépulture de son mari pour disposer les fleurs autour de la pierre tombale. Comme Artémis, allongée désormais aux côtés de son frère sous la terre de cette île, je n'avais qu'un seul vœu : que Jackie Onassis retrouve le bonheur. Vite.

Jackie n'avait surpris personne en continuant à vivre sans l'homme qui régnait sur cette île enchanteresse. Malgré sa tristesse et son chagrin, elle réagit comme à la mort de son premier mari et persévéra sans lui. Maria, elle, fut incapable de survivre à la disparition de cet homme indomptable, le seul amour de sa vie. Sans sa présence scintillante, elle ne pouvait plus affronter l'existence. Jackie était-elle plus solide que Maria ? Aimait-elle moins Aristote Onassis ? Je ne suis sûre que d'une chose : ces deux femmes ont aimé le même homme et ont été aimées de lui.

La mort de Jackie a marqué la fin du dernier chapitre du livre des femmes qui avaient aimé Aristote Onassis. Le chapitre de Maria, terminé depuis dix-sept ans, était d'une tristesse incommensurable, tel un opéra à l'intrigue calamiteuse.

Aujourd'hui, les vagues bleu cristal de la Méditerranée continuent à se briser doucement sur les plages de l'île de Skorpios, alors qu'ont péri tant de ses habitants, balayés par la maladie, le désespoir et les forces destructrices qu'ils étaient incapables de maîtriser. Mais aucune mer ne pourra effacer leur histoire qui, de même que les espoirs et les amours des acteurs de cette tragédie, vivra à jamais.

Table

Cet ouvrage a été composé par
Nord Compo (Villeneuve-d'Ascq)
et imprimé par **Bussière Camedan Imprimeries**
à Saint-Amand-Montrond (Cher)
pour le compte de la Librairie Plon

Achevé d'imprimer en mai 2000.

Imprimé en France

Dépôt légal : juin 2000.
N° d'édition : 13236. — N° d'impression : 002506/1.